LIAO YIWU

18 GEFANGENE

18個囚徒

Fluchtgeschichten aus China, dem größten Gefängnis der Welt

Aus dem Chinesischen
von Brigitte Höhenrieder
und Hans Peter Hoffmann

S. FISCHER

Erschienen bei S. FISCHER

Die Originalausgabe erschien 2020 unter dem Titel
»18ge qiutu yu 2ge Xianggangren de yueyu (18個囚徒與2個香港人的越獄)«
im Verlag Asian Culture (Yunchen Wenhua 允晨文化) in Taiwan.

Redaktioneller Mitarbeiter und Dolmetscher: Hung-Yu Dominik Wu

Satz: Dörlemann Satz, Lemförde
Druck und Bindung: GGP Media GmbH, Pößneck
ISBN 978-3-10-397078-4

Kontaktadresse nach EU-Produktsicherheitsverordnung:
produktsicherheit@fischerverlage.de

Meiner Verlegerin
Monika Schoeller
1939 – 2019

Nachdem ich mich im Juli 2011 von China bis nach Deutschland ins Exil durchgeschlagen hatte, hieß mich Monika mit Geschenken willkommen, Orwells *1984*, übersetzt ins Chinesische von Dong Leshan, einem berühmten Gefangenen Mao Zedongs, sowie fünf CDs mit deutschen Kinderliedern. Heute, einige Jahre später, ist meine Tochter Mayi zehn Jahre alt und mit Monikas Kinderliedern aufgewachsen. *1984* liegt auf meinem Schreibtisch und motiviert mich bis heute, mit Wahrheiten und den Mitteln der Literatur gegen Lügen und Tyrannei anzukämpfen.

INHALT

PROLOG

»Ein Schriftsteller muss im Gefängnis gewesen sein.« Entstehung und Therapie der Gefängniskrankheit

監獄病

1

Weil ich 1989 in der Nacht des *Tian'anmen*-Massakers vom 3. auf den 4. Juni ein Langgedicht mit dem Titel *Das Massaker* schrieb, kam ich für vier Jahre ins Gefängnis, mein Leben war wie von einem Schwertstreich in ein Davor und ein Danach geteilt. Davor war ich ein anerkannter junger Dichter gewesen, der fasziniert das Reich des Spirituellen erkundete und für Politik nichts übrig hatte; danach war ich ein politischer Gefangener, gehörte zum Bodensatz der Gesellschaft und wurde ein Experte für Gefängniserzählungen. Bis heute werde ich, inzwischen seit Jahren im Exil, von vielen westlichen Lesern als »politischer Gefangenenschriftsteller«, ein Schriftsteller wie Alexander Solschenizyn in der ehemaligen Sowjetunion, gesehen.

Im Laufe der Zeit war ich mit mehr als zwanzig zum Tode verurteilten Gefangenen von früh bis spät zusammen gewesen und hatte jedes Mal wieder hilflos dabei zugesehen, wie sie aus der Gefängniszelle gebracht wurden, um erschossen zu werden. – Vor ihrer Exekution war ich jeden Tag noch von diesen »Todgeweihten« erbarmungslos mit Unmengen von Details über ihre Fälle überschüttet worden. – Das war schrecklicher als die Gehirnwäschen durch die Kommunistische Partei, auch wenn ich es eigentlich nicht hören wollte, ich musste zuhören.

Und genau das ist nun schon mein halbes Leben die Quelle meines schriftstellerischen Zeugnisablegens. Deshalb sage ich immer wieder: »Ein Schriftsteller muss im Gefängnis gewesen sein.«

Ich saß während vier Jahren in vier Gefängnissen. Im dritten Jahr sagte ein Aufseher, der gerne las und viel nachdachte, eines Herbsttages zu mir: »Das Gefängnis ist die Kloake der chinesischen Gesellschaft, ist man da erst reingefallen, soll man nicht glauben, je wieder als Mensch sauber rauszukommen.«

Damals saß ich tief in der Hocke wie ein Hund am Boden, Vorderpfoten auf den Knien. Der Aufseher fuhr fort: »Im Knast sitzen bedeutet Scheiße fressen, und hast du sie einmal gefressen, kannst du sie auch ein zweites und ein drittes Mal fressen. Deshalb hatte ich es auch schon mit verdammt vielen Wiederholungstätern zu tun, der verrückteste von allen ist gleich fünfmal hier eingefahren.«

Ich fühlte mich wie der letzte Dreck, nur zu gern hätte ich gesagt: »Friss du doch erstmal diese Scheiße.« Aber als ich aufsah, fiel mir sein Elektroschlagstock ins Auge und ich antwortete stattdessen: »Aber da waren doch sicher keine politischen Gefangenen drunter?«

»Doch, auch. Hier gibt es eine Menge Konterrevolutionäre, die zum zweiten, zum dritten Mal eingefahren sind. Die sind wie süchtig danach, den Staat zu stürzen.«

Ich stand auf.

»Hock dich wieder hin.«

»Nein.«

»Hock dich, das ist ein Befehl.«

»Ich muss mal.«

»In Ordnung, danach hockst du dich aber wieder hin.«

Der Aufseher pfiff munter vor sich hin, während er auf mich wartete. Um dieser Strafe irgendwie zu entkommen, hatte ich mir etwas Schlaues zurechtgelegt: »Scheiße fressen ist eigentlich gar nichts, im alten China haben berühmte Ärzte regelmäßig Diagnosen über Krankheiten gestellt, indem sie Exkremente verkostet haben, das gehörte zu einem bunten Leben der fünf Geschmäcker dazu. In der Frühlings- und Herbstperiode vor über 3000 Jahren waren die Staaten Wu und Yue im Süden miteinander im Krieg und der Führer des unterlegenen Staates Yue, König Gou Jian, wurde gefangen genommen und eingesperrt. Als der Führer des siegreichen Staates Wu, König Fuchai, bettlägrig wurde, aß der herbeigerufene Gou Jian zum Beispiel von seiner Scheiße, legte mit einem Lächeln die Hände vor der Brust zusammen, um sich respektvoll zu verbeugen, und sagte: ›Die Krankheit wird bald vorüber sein, großer König, meine Glückwünsche.‹«

Ich erinnere mich noch, wie der Aufseher seine Mausaugen taubeneigroß aufriss und erst nach einer halben Ewigkeit antwortete: »Und du bist Gou Jian, was? 099, krank bist du, sonst nichts.«

Erst viel später wurde mir klar, dass ich wirklich krank war, ich litt an der sogenannten »Gefängniskrankheit«. Jeder Gefangene, egal ob politisch oder nicht, erkrankt über den langen Zeitraum hinweg irgendwann schwer an diesem Leiden. Zumindest solange er nicht alles Gewöhnliche hinter sich lassen kann und zum Weisen wird oder von Gott auserwählt. Weil es so lange keine Gelegenheit zur körperlichen Liebe gibt, sind sexuelle Funktionsstörungen im Gefängnis an der Tagesordnung, und die dadurch hervorgerufene Geilheit, die Lügen und die Gewalt wuchern im fleischlichen Körper, in dem die Hormone verrückt spielen, und wandeln sich allmählich in eine unkontrollierbare Gemütsverfassung extremer Unterdrückung aller Gefühle oder plötzlicher emotionaler Ausbrüche. Und wer kann sehen, dass du krank bist? Merkst du es selbst?

Gleich nach der Entlassung aus dem Gefängnis traf ich meine Ex-Frau nach langer Trennung wieder und hatte noch während der ersten Umarmung einen vorzeitigen Samenerguss. Kurz darauf ließen wir uns scheiden und ich kehrte aus der Metropole Chongqing, aus der Gebirgsstadt Fuling am Jangtse, in das Flachland von Chengdu zurück, wo ich bei meinen betagten Eltern, so eng es dort war, unterkroch. Ich konnte es kaum erwarten, meine Komplizen, die gut zwei Jahre früher entlassen worden waren, anzurufen. Ich war einmal ein Held gewesen, meine Tonkassetten, auf denen ich aus Protest gegen das Massaker auf dem Platz des Himmlischen Friedens mein Gedicht rezitierte, hatten sich in über 20 Städte verbreitet. Glücklicherweise wurde mein Fall erst neun Monate danach aufgeklärt und ich gefasst, hätten sie mich in flagranti erwischt, wäre es mein Ende gewesen. So war ich gerade noch davongekommen, die Henker allerdings standen weiterhin auf der Bühne und niemand wagte, mich öffentlich zu begrüßen. Aber hätte es nicht wenigstens ein privates Willkommensessen geben können? – Nein, auch das nicht, nicht einmal meine Anrufe wurden entgegengenommen.

Deng Xiaoping, der im Hintergrund nach wie vor die Strippen zog, hatte nämlich auf seiner berühmten Reise in Chinas Süden in der Sonderverwaltungszone Shenzhen angemerkt, dass »Armut kein Sozialismus« sei. Daraufhin waren die ehemals vaterlandsliebenden Massen scharenweise zur Profitjagd ausgezogen und ich, an dem die Zeit vorübergegangen war, war herabgesunken zum Hundehaufen auf dem Bürgersteig, dem jeder, kaum dass er ihn sah, ausweichen wollte – das ließ in mir eine unaussprechliche Wut aufsteigen, die nirgendwohin aus konnte, und als ich schon drauf und dran war, aus purer Enttäuschung auf die Wände ringsum einzutrommeln, klingelte das Festnetztelefon zu Hause, ich hob ab und am anderen Ende hieß es ohne Umschweife: »Sie sind raus? Kommen Sie zu mir, jetzt gleich.«

Wie sich herausstellte, war es ein hochangesehener Lehrer aus den literarischen Kreisen der 1980er Jahre. Ein im Ausland wie zu Hause bekannter, bedeutender Vertreter der sogenannten »Rechten« hatte er unter Mao Zedong im Gefängnis gesessen und später das Gedicht *Ein Geist wandert auf chinesischer Erde* veröffentlicht.

Meine Wut war mit einem Schlag dahin, dafür durchströmten mich Gefühle voller Wärme.

Doch dann die Überraschung: Nachdem ich den ganzen Weg bis zum Wohnblock der Chinesischen Vereinigung für Literatur- und Kunstschaffende so gerannt war, dass ich bei meinem Eintreffen erstmal Luft holen musste, saß der geschätzte Lehrer, früher gegen jedermann gleichermaßen liebenswürdig, aufrecht da und regte sich nicht, das Gesicht voller Verachtung. Seine Frau stand an seiner Seite, und als ich mich ihm schließlich mit dem gebührenden Respekt näherte und nach seinem Befinden erkundigte, stellte er mich unvermittelt zur Rede:

»Ich habe gehört, Sie waren im Gefängnis von Chongqing ein Tyrannenboss, haben Neuankömmlinge gezwungen, Ihnen den Schwanz zu lecken …«

»Das, das – wer sagt das?«

»Egal, wer das sagt, ein politischer Gefangener, wie kann der so was tun?«

»Wer hat es gesagt?«

»Ihr Mithäftling Sowieso.«

Ich knirschte vor Wut mit den Zähnen und machte auf der Stelle kehrt nach Hause, wo ich aus einer Küchenschublade ein Springmesser hervorkramte, es einsteckte und diesen Sowieso anrief, der, als er abhob und meine Stimme hörte, sofort auflegte. Obwohl ich ziemlich pleite war, rief ich mir ein Taxi und fuhr direkt zur Wohnung von Sowieso. Als auf mein Klopfen niemand reagierte, hämmerte ich mit der Faust gegen die Tür, doch weiterhin keine Reaktion. Ich ließ mich im Treppenhaus nieder, um zu warten. Nach drei Stunden tauchte der Kopf seiner Mutter auf und ich brüllte: »Ihr Sohn soll kommen!«

»Wozu?«

»Etwas klären.«

Ich schoss hoch, bekam jedoch die alte Dame nicht mehr zu fassen, die sich bereits wieder zurückgezogen hatte. Keinen Augenblick später war eine 110er Polizeistreife da, ich wurde mitgenommen und der Ortspolizei des Bezirks übergeben, in dem meine Eltern wohnten. Auf der dortigen Polizeiwache wurde ich einen Tag und eine Nacht eingesperrt. Als der nächste Abend dämmerte, steckte ich das Messer erneut ein und nahm meinen Rachefeldzug wieder auf. Diesmal brauchte die alte Dame keine Polizei, sie teilte mir lediglich durch die Tür mit, Sowieso sei längst über alle Berge, ganz im Sinne des Appells des alten Deng sei er ausgezogen, um Geschäfte zu machen.

Weitere Jahre später hatte ich schließlich meine Gefängnisautobiografie beendet, deren Manuskript zweimal beschlagnahmt worden war, das dritte erst brachte ich durch, das asoziale Verhalten jedoch, das mir aus dem Gefängnis geblieben war, tobte noch immer in mir. Beim Maler Li Huasheng, zu Hause in der Kuangasse im Westtor-Viertel von Chengdu, kam es zum offenen Streit mit Sowieso, der einmal mein Freund gewesen war, und der Streit artete schnell aus in gegenseitige Beleidigungen. Der andere war ein schwerer Brocken aus dem chinesischen Nordosten, er näherte sich mir über den Tisch wie eine tiefschwarze Wolke; ich griff mir, ohne weiter nachzudenken, eine Flasche Wein, zerschlug sie mir nichts, dir nichts an der Tischkante und stieß mir nichts, dir nichts möglichst hoch in den Schatten hinein. Es war nur noch ein schauerlicher Schrei zu hören, er hielt sich den Hals und fiel. Es fehlte nicht viel und ich wäre zum Mörder geworden.

Er wurde ins Krankenhaus gebracht, wo man sein Leben rettete, seinen Hals mit einem guten Dutzend Stichen nähte. Himmel und Erde war Dank, hatte es nicht die Schlagader getroffen. Alles redete nach Kräften auf ihn ein, bis er von einer Anzeige bei der Polizei absah und nichts noch Größeres daraus wurde. Im Nachhinein machte ich mir Gedanken darüber, wie tief meine Feindschaft zu ihm geworden war. Ich wäre, selbst wenn zu Boden gerungen, kaum verprügelt worden, denn vermutlich wäre er, hätte er seine

Faust erhoben, sofort von den anderen zurückgezerrt worden. Als später Liu Xiaobo davon erfuhr, sagte er mir auf den Kopf zu:

»Lieber Liao, was ist los mit dir? Im Gefängnis wolltest du zweimal dich selbst umbringen, zum Glück ohne Erfolg, draußen wolltest du zweimal jemand anders umbringen, zum Glück ohne Erfolg. Die Selbstmordversuche im Gefängnis gehen auf das Konto der Polizei, aber hier draußen?«

»Geht es auf das Konto von diesem Scheißkerl!«

»Wie das?«

»Er ist auf mich losgegangen.«

»Und du konntest nicht ausweichen?«

»Warum zur Hölle hätte ich ausweichen sollen?«

»Du bist wirklich krank, mein lieber Liao, wenn du wegen solcher Scheiße wieder im Gefängnis landest, worin unterscheidest du dich dann von den Menschen, über die du schreibst?«

»Wen meinst du?«

»Zum Beispiel den, der seine Frau getötet und zerstückelt hat.«

Das traf mich wie ein Schlag. Die Geschichte des Mörders seiner Frau, deren Leiche er zerstückelt und Stück für Stück aufgegessen hatte, hatte ich mir gezwungenermaßen zigmal angehört. Dieser Kerl schien kaum zu schlafen, und wenn doch, ohne die Augen zu schließen. Auch mich quälte später urplötzlich ein feuchter Traum, in dem Sex und Mord in eins gingen, als ich aus dem Traum erwachte, hatte ich am ganzen Körper Gänsehaut. Aufgeschrieben habe ich die Geschichte, um den Kerl endlich hinter mir zu lassen, er sollte mir zumindest nicht mehr dauernd im Traum erscheinen. Aufzeichnen und Schreiben sind insofern für mich eine sich lang hinziehende seelische Therapie.

2

1992 im tiefsten Winter – beim Hofgang nach dem Abendessen schneite es in der Dämmerung dicke weiße Flocken – drehte ich noch im dritten Gefängnis der Provinz Sichuan mit Li Bifeng meine Runden im Hof der zweiten Brigade, der die Größe eines Basketballfeldes hatte. Wir gingen schnell, schon nach kurzer Zeit stieg von unseren Köpfen heißer Dampf auf. Rundum schlenderten und unterhielten sich die Gefangenen zu zweit, zu dritt, zwei Gefangene betrachteten alles, Schulter an Schulter, aus dem Abseits ganz nah bei der Hofmauer und der verbotenen Plattform im ersten Stock, auf der sich die Zentrale und die Wachen befanden. Ohne Durchgangserlaubnis war es keinem Gefangenen gestattet, dort hinaufzugehen. Ein wenig weiter kam die Hauptmauer um den gesamten Gefängniskomplex mit elektrischem Stacheldraht und danach eine steil aufragende Ummauerung um das gesamte Gefängnisgelände; höher und steiler als diese Ummauerung war zuletzt eine schier endlose Bergkette, die uns eingesperrte Menschen selbst noch vom kaum einsehbaren Himmel trennte.

Die beiden Gefangenen begannen plötzlich, noch immer Schulter an Schulter abseits, zu streiten. Der schemenhafte Bergschatten schwankte im dichten Schneetreiben, die mit Gewehren bewaffneten Wachen befanden sich im ersten Stock. Die beiden stritten mit gesenkter Stimme. Einer von ihnen war ein Menschenhändler, er hatte das Bett unter mir; der andere hatte sein Bett über Li Bifeng, er war ein Gangster der ganz üblen Sorte.

»Eine Portion fehlt.«

»Gar nichts fehlt.«

»Du scheißt mich an.«

»Du presst mich aus.«

»Krieg ich sie noch?«

»Wofür?«

»Dafür …«

Der Satz war noch nicht verklungen, schon saß der Menschenhändler mit seinem Hintern am Boden und brachte von Krämpfen geschüttelt kein Wort mehr heraus. Der miese Gangster hob seelenruhig die Hand und rief: »Meldung an die Leitung, sein altes Leiden ist zurück, ich bring ihn auf die Krankenstation.«

Die Wache winkte: »Verstanden.«

Weil ich zwinkern musste, hatte ich die Bewegung seiner Faust nicht verfolgen können; Li Bifeng hatte alles gesehen: »Ein Blitz, das war's. Schneller als Bruce Lee.« Danach wollte er wissen: »Hast du eine Ahnung warum?«

»Ja, hab ich. Das war an einem Wochenende, ich hatte mir nach dem Mittag die Decke über den Kopf gezogen, weil ich schlafen wollte, da kam der miese Gangster zu unserem Abteil, er suchte den Menschenhändler im Bett unter mir. Als er niemanden sonst sah, kramte er ein Feuerzeug mit einem Bild von einer schönen Frau hervor, klick, klack, brannte es und man sah nur noch, wie die Kleidung, der BH und auch das Unterhöschen sich nacheinander verflüchtigten, bis sie völlig nackt war und man ihre Brustwarzen und selbst das Schamhaar genauestens erkennen konnte. Der Menschenhändler war hin und weg. Die beiden machten auf der Stelle einen Deal, der Menschenhändler hat sechs Portionen Fleisch für das Feuerzeug mit der Schönen zugesagt.«

»Wir bekommen im Gefängnis zweimal die Woche Fleisch, sonst gebratenen Kohl oder geschmorte Kartoffeln, gerade einen Löffel für jeden, die paar Brocken Fleisch gelegentlich füllen nicht mal einen hohlen Zahn … und der Menschenhändler war bereit, drei Wochen am Stück ganz auf Fleisch zu verzichten? Wahnsinn.«

»Danach konnte der Menschenhändler nicht mehr an sich halten, er war wie von Sinnen, kaum hatte er Zeit, war er im Bett, mit der linken Hand klick, klack, mit der rechten holte er sich wie verrückt einen runter. Anfangs war er ungeübt, er kam zu spät, nachdem er sich den Daumen verbrannt hatte, stellte er eine Schüssel Wasser ans Bett, um mittels Abkühlung sofort auf Notfälle reagieren zu können. Ein anderes Mal brannte er ein schwarzes Loch in die Bettdecke, fast hätte das zu einem Feuer geführt. Dafür musste er vor der versammelten Mannschaft mit Verbeugung und Kotau bezahlen, um einer Meldung nach oben zu entgehen. – Irgendwann, das Feuerzeug war fast leer, hatte der Menschenhändler so viel Erfahrung mit dem Wichsen gesammelt, dass er wusste, er musste solange streicheln, bis er etwas spürte, dann Klick-Klack, Klick-Klack, und die Gäule gingen durch, die Nackte tauchte auf, kein Finger war verbrannt, und genau da, genau an diesem Punkt, verdammte Scheiße, erlosch das Feuer für immer. Auch er war völlig ausgelaugt, vor seinen Augen drehte sich alles, trotzdem musste er sich für die Nachtschicht anstellen, eine letzte Fleischportion hätte er eigentlich noch abgeben müssen, aber als es soweit war, konnte er nicht an sich halten und aß sie mit Tränen in den Augen selbst …«

»Gut, sehr gut.«

»Was heißt ›gut‹? Er hatte jetzt zwar was gegessen, aber er hat beschissen und damit Regeln verletzt.«

»Was heißt schon ›Regeln verletzt‹? Muss man deswegen gleich derart geschlagen werden? Was, wenn er jetzt tot wäre?«

»So wenig unser Leben wert ist, sind wir Gefangenen nicht leicht totzuschlagen.«

Chinesen sind insgesamt nicht totzuschlagen. Seit die Kommunistische Partei an der Macht ist, hat sie unzählige politische Bewegungen losgetreten, und bei jedem kleinsten Anlass starben bis zu einer Million einen grausamen Tod, während der Großen Hungersnot 1959 bis 1962 verhungerten zig Millionen, am Ende jedoch liegt die chinesische Bevölkerung immer noch bei über einer Milliarde. Und das im weltweit größten Gehirnwäschegefängnis, dessen Ex-Chef Mao Zedong war, selbst ein perverser Gefängniskranker, der die Gewalt liebte. Er schloss für Jahrzehnte die Türen nach außen und riegelte das Land ab. Die Volksmassen im Land brauchten bei jeder Reise, jedem Familienbesuch, jeder Übernachtung irgendwo, selbst beim Zusammentreffen von Ehepartnern nach längerer Trennung, eine Bescheinigung mit offiziellem rotem Siegel von Organisationen und Einheiten vor Ort, andernfalls konnte man verpfiffen, mitten in der Nacht kontrolliert und aufgegriffen werden und vom unsichtbaren ins sichtbare Gefängnis wandern.

In gleicher Weise ist der heutige Gefängnischef Xi Jinping ein gewaltverliebter, perverser Gefängniskranker, der sich anmaßt, über Hu Jintao, Jiang Zemin und Deng Xiaoping hinweg direkt Mao Zedongs brennende Fackel weiterzutragen. Er stiehlt und nutzt westliche Internettechnologien, um von neuem ein abgeriegeltes Land der verschlossenen Tür zu schaffen, in dem sich jeder bedroht fühlt. Sein sogenannter »chinesischer Traum« besteht darin, die ganze Welt mit technologischen Mitteln in ein unsichtbares chinesisches Gefängnis zu verwandeln. – Mao Zedong und Xi Jinping wussten bzw. wissen beide nicht, was sie tun, wenn sie wie der miese Gangster und der Menschenhändler, von denen ich oben erzählt habe, aus einer unkontrollierbaren Gier heraus ihre Geschäfte machen, bescheißen und dann Gewalt anwenden. Sie wissen nicht, dass sie an der Gefängniskrankheit leiden. Es ist, wie Jesus am Kreuz sagte: Gott, vergib ihnen, denn sie wissen nicht, was sie tun.

Vielleicht würde Xi Jinping sagen, ich weiß wohl, was ich tue: Die gut eine Million Uiguren in Xinjiang sperre ich in Konzentrationslager zur Umerziehung, um unsere Grenzen zu schützen und den Terrorismus zu bekämpfen; Bürger aus anderen Ländern wie Gui Minhai, Li Bo und Lin Rongji lasse ich in Thailand und in Hongkong entführen und über die Grenze hierher verschleppen, um Pornografie und illegale Schriften auszurotten. Ich, der Vorsitzende Xi, bin schließlich so groß, so ruhmreich, so ohne Fehl und Tadel, in der Liebe und der Familie so standhaft und unerschütterlich treu wie der diktatorischen Macht, wie könnte ich euch da ein *Xi Jinping und seine Liebschaften* durchgehen lassen? In den gleichen Sack gehört der Lump Liao Yiwu, von dem ich gehört habe, er habe sich im Gefängnis den Schwanz lecken lassen. Ist er nicht auch aufgesprungen, hat ein Springmesser eingesteckt und ist auf Rachefeldzug gegangen?

Deshalb habe ich der Regierungschefin der Sonderverwaltungszone Hongkong, Carrie Lam, Befehl gegeben, das »Gesetz zur Auslieferung flüchtiger Straftäter« zu korrigieren und die grenzüberschreitende Entführung zu legalisieren. Das rechtfertigt sich aus gerechter Empörung im Rahmen der Proletarischen Revolution. Habt ihr in Hongkong dagegen etwas einzuwenden? Rottet euch ruhig zusammen und geht auf den Straßen demonstrieren, ihr seid gerade mal sieben Millionen, ich aber kontrolliere mit meiner eigenen Hand 1,4 Milliarden. Das steht in keinem Verhältnis, oder?

3

In meinem Buch *Die Kugel und das Opium*, mit den schriftlichen Interviews mit Opfern des Massakers auf dem Platz des Himmlischen Friedens, das den Maler Wu Wenjian und den Dichter Li Bifeng mir freundschaftlich verband, kamen wir zum ersten Mal auf die Gefängniskrankheit zu sprechen und jeder wusste sofort, was gemeint ist.

Wu Wenjian hatte vor meiner Flucht aus China noch zwei Ölgemälde mit Panzern, die Menschen überrollen, verkauft und dabei ordentlich Kasse gemacht. Daraufhin konnte es ihm gar nicht schnell genug gehen, mich zu einer gemeinsamen Reise mit der Hochgeschwindigkeitsbahn von Peking nach Tianjin einzuladen, in einem Luxushotel zu übernachten und die Nacht durch zu zechen und zu reden – Leute, die von den Hintergründen keine Ahnung hatten, dachten gleich, es gäbe Geheimnisse, irgendwelche großen Geschichts-, Gegenwarts-, Widerstands-, Charta- oder ähnliche Erzählungen.

Weil wir beide zudem als politisch heikel und böswillig galten, sollten wir, obwohl nicht in der Weise heikel und böswillig wie ein Zhao Ziyang, ein Bao Tong, eine Ding Zilin oder auch ein Liu Xiaobo, denen man auf Schritt und Tritt folgte, trotzdem immerhin qualifiziert sein, von der Nationalen Sicherheit beschattet und abgehört zu werden. – Jedenfalls waren davon unsere konterrevolutionären Kumpel überzeugt, weshalb sie nur davor oder im Nachhinein etwas von unserer Unternehmung erfahren haben oder erfahren mussten, um uns unvermeidlich zu warnen: »Seid vorsichtig.« Lediglich Li Bifeng machte sich lustig: »Vorsichtig, Scheiße, wenn zwei Single-Knackis die Nacht durch zechen und reden, geht es sowieso immer nur um Sex.«

Damit traf er genau ins Schwarze, ich war zutiefst beschämt. Tatsächlich war unser Gespräch an jenem Abend nicht zum Anhören, ein Angriff auf jeden guten Geschmack. Noch als wir stockbesoffen waren, hatte ich es gewohnheitsmäßig heimlich aufgenommen. Ich wäre dabei nie auf die Idee gekommen, dass viele Jahre später Wu Wenjian einiges davon niederschreiben würde, darunter einen Abschnitt mit dem Titel »Sex im Gefängnis«, aus dem ich das Folgende herausgreifen möchte:

Einmal sagte ein Gefangener auf Schicht zu mir, der is' echt der Enkel einer Amme, ich hab ihn gefragt, warum er seit einer Weile zu der großen Katze so nett is' und ihr ständig zu fressen gibt. Gestern, ich hab mich nach Mittag kurz hingehauen, is' das Vieh auf meine Decke gesprungen und aus ihr is' so ein klebriges Zeug rausgelaufen, als ich genauer hinseh', is' es Sperma, verdammte Scheiße. Ich sagte, das kann doch nicht sein, die Muschi einer Katze ist doch nichts, wenn er seinen Schwanz da reinstecken will, beißt die den doch ratzfatz ab, und ergänzte, und wenn die schreit, das hört doch jeder. Der Kumpel fragte leicht ungehalten, warum soll ich lügen? Die Katze is' groß, also is' auch ihre Muschi nich' klein, und sie is' rollig, wenn man sich richtig anstrengt, bekommt man ihn schon rein. Außerdem is' die Katze brav, geschrien hat se noch nie. Ich sagte, trotzdem, eine Katze ist kein

Mensch, wie macht man das denn, die Katze spielt doch nicht mit. Einfach is' es nich', schau. Der Kumpel setzte sich aufrecht auf ein Bett und erklärte, mit links hältst du die Vorderpfoten, mit rechts die Hinterpfoten, dann so. Während er erklärte, führte er die Bewegung mit beiden Händen mit aller Kraft Richtung Unterleib vor. Alle im Abteil brachen in schallendes Gelächter aus, ich sagte, das sieht voll professionell aus, Mann. Mach du hier bloß nich' einen auf nix wissen, Spund Wu, ging er auf mich los.
Zwei Tage später schlugen sie vor, die Katze zu schmoren, und diskutierten, wie die Katze zu töten sei. Sie sollte, bevor sie etwas merkte, mit einem Stock einen Hieb auf den Kopf bekommen, mit dem ersten Schlag musste sie tot sein, denn wenn eine Katze erst was merkt, schlägst du sie nicht mehr tot und so weiter. Und tatsächlich wurde die Katze von den Brüdern geschmort. Aus meinem Abteil der »dumme Soldat« hatte sich ein paar Brocken vom Katzenfleisch geschnappt und futterte sie, während er zu mir sagte: Iss-ach (isste auch was)? Iss gutt nä, wie Hase. Ich sagte, iss du nur, Geficktes is' für mich nix. Die arme Katze, erst von den Kerlen missbraucht, dann getötet und am Ende das Fleisch mit Suppe gegessen. Menschen sind wirklich was zum Abgewöhnen.

Li Bifeng hat Ähnliches beschrieben, wobei in seinem Dokumentarroman *Flügel des Himmels* an die Stelle der missbrauchten Katze ein missbrauchtes Schwein tritt:

Ich habe mal mit eigenen Augen zwei Gefangene die Wette eingehen sehen, in einer Stunde fünfmal ihre Handflinte abschießen zu können, der Einsatz war eine Zigarette der Marke Feicui. Und du liebe Güte, einer kam wirklich vor aller Augen ganze fünfmal zum Schuss, bis nur noch Wasser kam. Dummerweise rauschte jedoch, nach einer Meldung und bevor die Feicui-Zigarette vergeben war, der Abteilungskader der Gefängnisverwaltung heran. Beide wurden in einen Minikerker gesperrt. Nach einem halben Jahr bohrte sich der Sieger mit seinem fünfmaligen Abschuss der Handflinte in einer Stunde, sich mit beiden Händen an der Wand stützend, aus dem pechschwarzen Kerker wieder hervor.

Im ersten Gefängnis der Provinz Sichuan gab es bei der Logistiktruppe eine Schweinezucht außerhalb des inneren Rings, einer, den die Verwaltung für besonders brav hielt, war mit der Aufgabe betraut, die Schweine zu füttern. Eines Nachmittags rief die Truppe zur Generalversammlung, alle Gefangenen waren zur Stelle, nur der Schweinehirt fehlte. Also zog ein Gefängnispolizist los, ihn zu holen. Und dann das, kaum im Stall hörte er ein eigenartiges Grunzen. Als sein Blick dem Geräusch folgte, sah der Polizist, wie der Schweinehirt mit einer Hand den Schweineschwanz hoch- und mit der anderen das Hinterbein festhielt, mit fest geschlossenen Augen und halb in der Hocke kraftvoll seine Möhre in das Schwein stieß und zurück holte, rein, raus, und damit das Schwein zum Grunzen brachte, ein ähnliches Geräusch drang aus dem Mund des Schweinehirten.

»Cao Genbao, was treibst du Hundebastard?«

»Hämmere bisschen, gleich kommt's.«

»Du traust dich vielleicht was, am helllichten Tag im Schweinestall ficken, dann erwisch' ich dich dabei und du scherst dich nicht mal drum, machst einfach weiter.«

Tatsächlich war es unter Gefängnisinsassen zur Umerziehung durch Arbeit nicht unüblich, Schweine genauso wie Männer zu ficken, unter normalen Umständen kümmerte das auch niemanden. Dieser Strohkopf jedoch dachte, irgendsoein dahergelaufener Sträfling wolle sich über ihn lustig machen, weshalb der mit einem üblen Tritt bäuchlings niedergestreckt wurde.

Als nächstes wurde er der Versammlung vorgeführt und, nachdem er als umerziehungsresistent vor der versammelten Mannschaft ausreichend kritisiert und fertig gemacht worden war, für mehrere Monate in einen Minikerker gesperrt. Aufgrund des äußerst schädlichen Einflusses, hieß es auf Gefängnisseite, müsse ein höheres Strafmaß her.

Dass es jedoch dazu nicht kam, lag daran, dass es keine Handhabe gab, eine Strafe festzulegen: für »Unzucht von Haustieren« oder »Unzucht mit Haustieren« gibt es in China noch kein Gesetz, das man zur Anwendung hätte bringen können …

Wu Wenjian und Li Bifeng sind jünger als ich, ihre Gefängnisstrafzeit aber ist länger als meine, ihre Aufzeichnungen aus dem Inneren dieses Irrsinns machten auch auf mich natürlich größten Eindruck. Als jedoch die beiden die Dutzende nach typischen Sichuaner Gerichten benannten grausamen Folterarten in meinem Buch *Für ein Lied und hundert Lieder. Ein Zeugenbericht aus chinesischen Gefängnissen* und die Geschichten »Noch ein Kind und schon Verbrecher« und »Zum Tode verurteilt« in diesem Buch über Chinas »Archipel Gulag« gelesen hatten, machte das auch auf sie, wie sie selbst lobten, »den größten Eindruck«.

1957 wurde Yang Jinian, als ein verbrecherisches Kind im Alter von elf Jahren, weil aufgedeckt worden war, dass er ein Schaf gestohlen hatte, zu einer zehnjährigen Haftstrafe verurteilt. Doch er rannte wieder und wieder fort und jedes Mal wurde die Strafe höher, bis er 34 Jahre seines Lebens im Gefängnis verbracht hatte, bevor er schließlich nach Hause entlassen wurde. Dort war er allerdings inzwischen ohne Familie, alle seine Angehörigen waren in der Großen Hungersnot von 1959 bis 1962 verhungert. Auch gab es an seinem Heimatort niemanden mehr, der sich noch an ihn erinnerte. Deshalb kehrte er den weiten Weg bis zum Gefängnis zurück, heulte von außerhalb der hohen Mauern nach Vater und Mutter, doch es war kein Hineinkommen mehr.

Li Bifeng sagte, er habe selbst einmal gesehen, wie Yang Jinian vor dem Gefängnistor kniete und Kotau machte, die Obersten anflehte, ihn für den Rest seines Lebens weiter zum sozialistischen Projekt der Umerziehung durch Arbeit beitragen zu lassen. Später ging er nach Peking, um an eine höhere Instanz zu appellieren, und wurde in seinem gemieteten Zimmer im Pekinger Wohnbezirk Maizidian von irgendjemandem bei lebendigem Leibe verbrannt.

Wu Wenjian, Li Bifeng und jeder in diesem Buch war eine gewisse Zeit mein Psychiater. Während wir in diesen so abnorm scheinenden dialogischen Erzählungen uns das Elend schilderten, es verulkten und noch darin wetteiferten, errang ich für mich zuletzt sogar eine Art schamfreien Überlegenheitskomplex. – Vielleicht war ich unter allen Gefangenen dieses diktatorischen Imperiums, dessen Kontrollnetz bis in die letzten Winkel des Landes reicht, derjenige, der am meisten Glück hatte. Und mit diesem »Glück« meine ich nicht, dass ich durch glückliche Umstände nach Deutschland fliehen konnte und dadurch zu Freiheit, zu Ehren, zu Liebe und zu einer Familie gekommen bin, sondern, dass ich mir, als ich aus dem Gefängnis entlassen wurde, und im Grunde auch schon während ich noch im Gefängnis heimlich schrieb, der »Gefängniskrankheit« deutlich bewusst geworden war, die jedes Selbstwertgefühl zerstört:

Im Gefängnis konnte ich keine ruhmreiche Rolle spielen. Mein Status war gering, meine soziale Reputation ebenfalls nicht besonders, für eine Einzelzelle war ich nicht qualifiziert. Länger in einer Großraumzelle eingesperrt, in der sich kleine Fische und große Drachen mischten, musste ich mich, um zu überleben, wohl oder übel mit zahlreichen schlechten Angewohnheiten infizieren …
Gestern Abend lud mich mein Freund Li Yadong zum Feuertopfessen ein. Als wir an der Südtorbrücke vorbeikamen, lehnte ein Bettler am Geländer und masturbierte in aller Öffentlichkeit. Ich blieb stehen und hatte meinen Spaß daran, er war völlig weggetreten. Meinem Freund Li kam fast das Kotzen. Der kampfunerprobte Bücherwurm packte mich und wollte gesenkten Kopfes nichts wie weg. Ich drehte mich, unwillig zu gehen, nochmal um und murmelte: »Das sieht man nicht oft auf offener Straße.«

Der gute Li musterte mich eine ganze Weile, bevor er meinte: »Du bist so unerschütterlich robust, so robust, dass es schon krank ist.«
»Wieso denn krank? Ich futtere dir bei einer Mahlzeit drei große Schalen weg wie nix.«
»Schwein.«
Ich muss zugeben, ich lebte tatsächlich wie ein Schwein. Erst schlief ich ewig bis halb elf, sprang kurz unter die kalte Dusche, trainierte meine Muskeln, danach konzentrierte ich mich ausschließlich aufs Essen. Arme Leute sind so, selbst wenn der Himmel einstürzt, müssen sie sich noch den Bauch vollschlagen. Ich konnte nicht krank werden, denn in diesem Schweinestall-Land brauchte man eben den Magen eines Allesfressers. Aber den eisernen Magen eines Augenzeugen bekommt man nicht durch Denken, das ist pure Peristaltik …
Meine Maxime beim Schreiben lautet: »Schweinehaar zeigt sich nur am Schwein.« Um etwas eingehend und genau zu verstehen, musst du quälen wie eine Fliege und, weil deren Gesumme derart nervtötend ist, dich in Acht nehmen vor schlagenden Händen. Aber die schmutzige Arbeit ist dir naturgegeben, denn wie ein Arzt in alter Zeit erkennst du, indem du von den Exkrementen eines Menschen kostest, die chronischen Leiden dieser Zeit …

Das war meine persönliche Quintessenz und Erkenntnis aus meinem *Zeugenbericht aus chinesischen Gefängnissen*, damals war ich gerade dreißig, Sexhunger und Impotenz legten sich allmählich, aber die Empfindlichkeit, die Depressionen, die Paranoia und die Gewalt, die daraus resultierten, verfolgt, vergessen, verachtet und verlacht zu werden, waren mir in den Körper gedrungen und fast schon ein integraler Teil des Blutes, Teil meines Wesens, geworden. Ich kann es nicht oft genug wiederholen: »Schreiben hilft entgiften.«

Im Gefängnis wie draußen habe ich Hunderte von Erzählungen festgehalten, um die Mehrzahl der Protagonisten dieser Erzählungen musste man sich mehr sorgen als um mich, sie mussten mehr erdulden als ich, waren oftmals paranoider und schamloser und umso weniger zu retten und zu kurieren. – Indem ich die Traumata, die vernichtenden Niederlagen und die Gefängniskrankheiten anderer auskundschaftete und auspresste, wurde meine Gefängniskrankheit leichter und leichter, bis mit einem Mal Liebe und Mitleid wieder ihren Platz in mir fanden.

方和

1

FANG HE

Gefängnisausbruch und Flucht nach Hongkong

Am 5. Juli 2011 setzte ich, nachdem ich mit Hilfe des Untergrunds durch Bestechung mit einem ordentlichen Batzen Geld illegal über die Grenze von China nach Vietnam gelangt war, von dort meine Flucht nach Deutschland fort. Einige Zeit später, am Vorabend des 11. September, flog ich von Berlin nach New York, um in Amerika mit der englischsprachigen Ausgabe meines Buches Gott ist rot *durch etwa 20 Städte auf Lesereise zu gehen. Einen der Protagonisten dieses Buchs, Fang He, konnte ich in San Francisco, zu Hause bei Feng Congde, persönlich kennenlernen. Feng Congde gehörte nach dem Massaker auf dem Platz des Himmlischen Friedens 1989 zu den 21 landesweit meistgesuchten Straftätern, er konnte jedoch von der Hongkonger Untergrundbewegung »Operation Yellowbird« heimlich über die Grenze geschafft werden. Tja, so unterschiedlich bei uns dreien der zeitgeschichtliche Hintergrund auch war, hatten wir alle gleichermaßen einen Exilstatus, weshalb wir uns wohl auf Anhieb gut verstanden.*

Fang He, ein Schrank von einem Mann, war sechzig, aber noch fit wie ein Turnschuh und voller Energie und Lebensfreude. Im Sitzen, im Stehen, im Gehen, er und ich redeten pausenlos. Dabei sprangen wir so munter von Thema zu Thema, dass mir erst acht Jahre später das ganze Ausmaß unserer Verworrenheit bewusst wurde. Als in Hongkong über zwei Millionen Menschen gegen das Auslieferungsgesetz nach China auf die Straße gingen, suchte ich die Dateien der Gesprä-

che heraus, um zu sichten, was sich lohne, zu verschriftlichen. Beispielsweise kamen wir gleich zu Anfang ohne jede Vorrede direkt zur Sache: »Noch Jahre, nachdem ich raus war, hab ich von der Flucht geträumt – irgendwann hab ich mal jemand anderen gefragt, der auch im Gefängnis war, und er träumte tatsächlich nahezu dasselbe, du schlägst mit Händen und Füßen wie mit Flügeln, immer weiter, auch wenn du gar keine Kraft mehr hast, schließlich stürzt du ab, hast Wadenkrämpfe und steckst Kopf voran in einer Erdspalte, und am Ende wirst du geschnappt. Durch diesen Schreck bin ich im gleichen Augenblick wach geworden, und den Traum hatte ich wieder und wieder. Wie ist das bei dir? Hm?«

Danach ist zehn Minuten lang nichts zu hören. Denn wir waren unterwegs, mein Aufnahmestick steckte in der Hosentasche, und weil Fang He mit Riesenschritten dahinlief, konnte der Stick nicht aufnehmen. Eine Durchsicht meiner Notizen ergab die Schilderungen vom 1. Oktober als eine zentrale Schlüsselstelle. Wir saßen in einem Zimmer im ersten Stock, das klein war wie ein Hamsterkäfig, weshalb Fang He immer wieder vorschlug, nach draußen zu gehen. Ich machte jedoch keine Anstalten, aufzustehen, sondern befragte ihn nach meinem vorbereiteten Muster, und er antwortete durchaus darauf, trotzdem sprudelte unser Gespräch auch hier ohne Punkt und Komma dahin, sprang wieder munter hin und her, je nachdem, was uns gerade einfiel.

Alles in allem dauerte es gute drei Wochen, bis ich die nachfolgende Geschichte geordnet und herausgeschält hatte, die so hoffentlich ihrem Erzähler auch gerecht wird.

Der Weg ins Gefängnis

FANG HE: 1966 begann die Kulturrevolution, der Vorsitzende Mao nahm am Platz des Himmlischen Friedens in Peking vom Stadttorturm aus insgesamt achtmal eine Parade der Roten Garden ab und

trieb damit den Personenkult um ihn immer weiter seinem Höhepunkt zu. China war damals ein Volk von 800 Millionen Menschen, *Die Worte des Vorsitzenden Mao Zedong*, auch die »Mao-Bibel« genannt, wurden jedoch in über drei Milliarden Exemplaren gedruckt, im Schnitt gab es also für jeden vier Exemplare, und man musste *Die Worte* wie am Schnürchen auswendig herunterbeten können. Doch damit nicht genug, gab der Vorsitzende Mao, der sich angewöhnt hatte, die Nacht zum Tag zu machen, mit dem Jahr 1969 regelmäßig um Mitternacht »Neueste oberste Direktiven« heraus, die »Zentrale Gruppe Kulturrevolution« schrieb sie auf der Stelle nieder und gab sie weiter, und das gesamte Volk, sowieso im Dauerfieber, musste bei allem noch mitten in der Nacht aus den Betten kriechen, sich anziehen, in Reih und Glied aufstellen und kollektiv lauschen. Danach wurden Gongs und Trommeln geschlagen und alles paradierte durch die Straßen, um den einen Satz oder die zwei, drei zu feiern, die der hochehrwürdige Herr von sich gegeben hatte und die die Nacht nicht hatten abwarten können, Sätze wie: »Ihr müsst euch um die Angelegenheiten des Staates kümmern«, oder: »Ihr jungen Menschen, die ihr voller jugendlicher Kraft seid, inmitten einer Zeit der Hoffnung, wie die Sonne frühmorgens um acht, neun Uhr, die Hoffnung ruht auf euren Schultern« – und wehe dem, der es wagte, nicht mit allen anderen aus dem Bett zu springen und zu jubeln, der war sofort ein Konterrevolutionär.
Auf der anderen Seite stand ich, 21 Jahre, im zweiten Jahr an der Uni, ein Riesenkerl von eins fünfundachtzig, ich liebte Sport und schlief so tief und fest, dass ich jedes Mal ganz wirr im Kopf war, wenn ich so hart aus den Träumen gerissen wurde, was mich ungemein verdross, aber äußerlich musste ich mir ein Lächeln abringen. Am meisten Sorgen machte mir, ich könnte im Schlaf reden, das wäre einer Selbstoffenbarung gleichgekommen. Hätten Kommilitonen das gehört, wäre ich erledigt gewesen.
Ich war also schon reichlich dumm dran, aber es gab einen, der stellte sich noch dümmer an als ich. – Wir waren in einem Wohn-

heimzimmer zu sechst, und wir beide hatten einen ähnlichen Familienhintergrund. Meine Familie kam aus Hongkong, seine aus Indonesien. Als patriotische Auslandschinesen waren wir in den 1950er Jahren dem Ruf des Ministerpräsidenten Zhou Enlai gefolgt und zurückgekehrt, wir beide waren sogar ungefähr gleich groß. So wurden wir die besten Freunde, er war an der ganzen Uni der einzige Freund, mit dem ich über alles reden konnte. Er war Fußballtorwart in der Unimannschaft, flink wie eine Katze, und nicht wenige Mädchen waren insgeheim in ihn verliebt. Unglücklicherweise hatte er es noch mehr mit dem Schlafen als ich, er legte sich hin und schnarchte wenige Sekunden später wie Donnerhall, womit er den allgemeinen Unmut der Kommilitonen auf sich zog.

Eines nachts begannen die Lautsprecher am Trainingsplatz der Uni wieder mal um Mitternacht urplötzlich ihren Höllenlärm und wir schlüpften einer nach dem anderen in die Klamotten und standen auf, er jedoch schnarchte seelenruhig weiter. Deshalb machte der Kommilitone vom unteren Bett ein Mordstrara, verpasste ihm sogar mit aller Kraft ein paar. Er schoss völlig orientierungslos hoch und brabbelte noch ganz im Schlaf den Satz: »Es hat der Kaiser wieder seinen Goldmund aufgetan!«

Du lieber Himmel! Das konnte ihn Kopf und Kragen kosten. Die Kommilitonen scharten sich um den Übeltäter, der gegen den Vorsitzenden Mao auf solche Weise gewütet hatte, und zerrten ihn von seinem oberen Bett herunter, selbst aus dem Nebenzimmer kamen sie angerannt, und alle gemeinsam schleppten sie ihn zum Trainingsplatz, wo sich immer mehr Leute dazugesellten. Bald traf auch der mit Gewehren bewaffnete Ordnertrupp der Volksbefreiungsarmee ein. Das war im Herbst 1969, in der Spätphase der Kulturrevolution, als an jeder Hochschule Arbeiter und Militärs stationiert waren, die das Kommando innehatten und das Revolutionskomitee bildeten. Die Massen waren damals extrem aufgewiegelt, ich weiß nicht, wie viele von ihnen auf ihn einschlugen und eintraten, am Ende ersetzten Stöcke die Hände und Füße, es prasselte wie Regen und Donner auf ihn ein. Er war ein trainierter Spitzensportler, konnte mehr einstecken als andere Leute, er schützte mit beiden Händen seinen Kopf und rollte sich über den Boden hin und her. Aber irgendwann rollte er langsamer und zuletzt bewegte er sich gar nicht mehr. Als schließlich die Leute herandrängten, die ihn aufsammeln wollten, konnte ich in der rabenschwarzen Dunkelheit noch eine Frau ausmachen, die ihn mit beiden Händen an den Haaren packte und seinen Kopf gegen einen Ziegelstein knallte. Das ging zu weit, ich konnte nicht mehr an mich halten und brüllte: »Lasst ihn in Ruhe! Sonst stirbt er!«

Im nächsten Augenblick begannen sich Himmel und Erde für mich zu drehen, ich hatte selbst einen Stock von hinten an den Kopf bekommen und ging bewusstlos zu Boden.

Als ich die Augen wieder öffnete, befand ich mich in einem blickdicht isolierten Minibus; beim nächsten Öffnen in einem blickdicht isolierten Raum. Leute kamen herein, leuchteten mit ihren Taschenlampen hin und her, dann brachten sie mich zu einem Verhör. Einige Tage danach gab es bei uns zu Hause eine Durchsuchung, bei der einiges beschlagnahmt wurde. Mein Tagebuch sowie Texte, die ich heimlich geschrieben, nach Hongkong mitgenommen und dort unter Pseudonym veröffentlicht hatte, Zeitungen und Zeitschriften, die mir Verwandte aus Hongkong mitgebracht hatten, alles fiel ihnen in die Hände. Das war ein echtes Desaster, denn während mein Mitgefühl für einen Konterrevolutionär ursprünglich nur ein Problem des Klassenstandpunkts gewesen war, war ich durch diese Hausdurchsuchung selbst zum aktiven Konterrevolutionär aufgestiegen. Ich weiß noch, dass ich nach dem Tag, an dem ich mitgenommen worden war, 21 wurde und meine Mutter jede Menge Zeug vorbereitet hatte, das ich gern aß, sie wartete und wartete, aber wer nicht kam, war ich. Also fuhr sie zur Uni und fragte nach mir, doch niemand verriet ihr etwas.

Jahre später erzählte Mutter von damals, sie hatte den ganzen Heimweg über geweint, war voller Sorge, verzweifelt, aber es war zu spät für Reue. Man muss sich mal überlegen: Meine Familie war vor den Opiumkriegen nach Südostasien ausgewandert, zu jener Zeit waren die Chinesen, die ins Ausland gingen, allesamt Arbeiter, nach Südostasien, Indonesien, Malaysia, in die USA, selbst nach Mexiko, überallhin gingen sie, man kann das als eine erste chinesische Auswanderungswelle bezeichnen. Die Generation meines Großvaters väterlicherseits trieb dann schon Handel, später war mein Vater in ganz Südostasien unterwegs und hat recht profitabel Kautschuk und Erze verkauft, wodurch er einiges auf die Seite legen konnte. Ich wurde 1948 in Singapur geboren, kurz darauf ließen wir uns in Hongkong nieder. Damals hatte die Kommunistische Partei gerade die Nationalpartei besiegt, China befreit und eigentlich wollten sie sich auch unbedingt Hongkong einverleiben, die Propaganda der Einheitsfront war entsprechend heftig, man log, dass sich die Balken bogen, es war noch übler, als der Spruch dieses Goebbels: Eine Lüge muss nur hundertmal wiederholt werden, dann wird sie zur Wahrheit.
Mein Vater las Tag für Tag die von der Kommunistischen Partei finanzierten und herausgegebenen Zeitungen *Wen Wei Po* und *Ta Kung Pao,* und mit der Zeit ließ er sich davon fangen. Am 6. Nationalfeiertag des neuen China ging er den Verlautbarungen endgültig auf den Leim, er wollte zurück in die Heimat, bei Revolution und Aufbau mithelfen. Mutter machte ihm deswegen eine Riesenszene, es ging die ganze Nacht durch, doch er liebte sein Land nun wie besessen und ließ am Ende sogar die Familie dafür zurück, er ging alleine, blieb fürs erste in Kanton und wurde Abteilungsleiter in der Verkehrsbehörde. Er fuhr im Fernverkehr durchs Land, was zwar anstrengend war, ihm jedoch das Gefühl gab, sein langgehegter Wunsch, dem Land seiner Vorfahren etwas zurückgeben zu können, werde wahr. Später wurde er etwas bodenständiger und kam schließlich nach Hongkong zurück, um resolut Mutter und uns drei Kinder zu sich zu holen.

Anfangs war man den patriotischen, aus dem Ausland zurückgekehrten Chinesen gegenüber recht freundlich; auch 1957 während der Anti-Rechts-Bewegung passierte meinem Vater nichts. Erst mit der Kulturrevolution 1966 ließ man in der Organisation nicht mehr davon ab, dass er zugeben müsse, ein von Amerika und Chiang Kai-shek geschickter Agent zu sein. Mein Vater tobte, unsere Familie habe in Hongkong ein Haus, ein Auto und ein Boot besessen, zurückgekommen sei er auf den Ruf des Ministerpräsidenten Zhou hin, um den Sozialismus mit aufzubauen. Das wiederum brachte die Volksmassen in noch größere Rage, eine öffentliche Kritikversammlung wurde einberufen, um mit ihm abzurechnen, er wurde verprügelt ohne Rücksicht auf Verluste und meine ganze Familie wurde mit reingezogen. Vergangenes Jahr ist mein Vater in Hongkong gestorben, kurz vor seinem Ende sagte er noch, die größte verdammte Dummheit seines Lebens sei es gewesen, denen auf den Leim und in die Heimat zurückzugehen; Mutter, die an seiner Seite wachte, hätte gern hinzugefügt, auf den Leim gegangen bist du dir schon selbst, und du hast auch mich gleich mit reingezogen, aber sie verkniff es sich.

Die Welt kennt kein Mittel gegen Reue, meine Eltern steckten im Pech fest. Trotzdem wäre ihnen niemals in den Sinn gekommen, auch ihr Sohn könne im Gefängnis landen. Damals waren alle öffentlichen Sicherheitsorgane, Staatsanwaltschaften und Volksgerichte lahmgelegt, weder gab es Gerichtshöfe noch irgendwelche Gerichtsverfahren. Wer aufgegriffen wurde, wurde in einen dunklen Raum gesperrt, jemand von der Öffentlichen Sicherheit führte eine einzige behördliche Vernehmung durch und ab ging es in ein verdammt riesiges Gefängnis.

LAO WEI: Wie viele Wachpostenreihen hintereinander gab es?

FANG HE: Drei, glaub ich. Die Ummauerung war sehr hoch, die Drahtverhaue waren in großen Rollen gedreht, und auf der Mauer waren nicht nur die elektrisch, es gab außerdem Eisennägel, Glasscherben, Eisenzwicken, Stahlklingen und anderes mehr. Es hieß, das Gefängnis war während der Qing-Dynastie gebaut worden und seit über einem Jahrhundert ist dort nie jemand ausgebrochen. Ich kam gleich in Einzelhaft, mein Verbrechen wog zu schwer.

LAO WEI: Wie lange?

FANG HE: Wie lange am Ende, hab ich vergessen. Ich erinnere mich nur noch, dass es mitten im Winter war, und obwohl es in Kanton nicht schneit, war es wirklich kalt, auf dem Zementboden lag eine dünne Schlafmatte, der Zementboden selbst stand unter Wasser und war von weißen Schimmelflecken überzogen. »Rückfeuchten« nennt sich das. Nur mit einer dünnen Bettdecke zugedeckt war ich die ganze Nacht über stocksteif, wenn ich am Morgen aufwachte, war ich fast zur Leiche gefroren. Und es gab Bettwanzen, eine an der anderen, hatte ich nichts zu tun, fing ich sie, so ging das Tag für Tag. Essen gab es im Gefängnis zweimal am Tag, zwei Maisbrötchen mit salzig eingelegtem Rettich, die Maisbrötchen stanken faulig, unter normalen Umständen hätte man die garantiert nicht runtergebracht, aber damals konnte ich alles schlucken. Ging es gar nicht anders, konnte ich sogar Scheiße fressen.

In der Provinz Kanton gibt es Kakerlaken, die eine Nummer kleiner sind als Kakerlaken anderswo, ihre Flügel und der Schwanz sind ganz glänzend, und die sind manchmal nachts zu mir hereingeflogen und auf Futtersuche in die Latrine abgetaucht. Als ich die erste entdeckte, war ich hoch, bevor ich irgendeinen Gedanken fassen konnte, fischte nach ihr, pulte sie aus dem Panzer wie eine Erdnuss aus der Schale, warf sie in den Mund und kaute, dann kehrte ich unter meine Decke zurück, wo ich ein Auge noch eine Weile offen hielt, denn wenn nochmal eine hereinkam, wollte ich mich sofort wieder drauf stürzen. Ich war unfassbar, unfassbar hungrig. Selbst die Bettwanzen habe ich zu essen versucht, aber da würgte es mich sofort endlos und mir stießen wie einem Wiederkäuer Wogen von Magensaft auf, mir war so was von hundeelend. Im Vergleich dazu waren die Kakerlaken echt nicht schlecht, ich hab einige von ihnen verspeist.

LAO WEI: Gleich wird mir schlecht.
FANG HE: Was ist denn da dabei? Du bist ja vielleicht zimperlich.
LAO WEI: Wie hast du denn so allein die Zeit rumgebracht?
FANG HE: Ich habe *Die Worte des Vorsitzenden Mao* auswendig gelernt. Während der Kulturrevolution hatte sogar im Gefängnis jeder sein Büchlein zur Hand, ich konnte sie schon rückwärts hersagen, und wenn ich nichts zu tun hatte, spielte ich mit mir selbst ein Quiz oder Schriftzeichenraten. Eines Tages kam aber noch jemand in meine Einzelzelle, Yuan hieß er, war grade dreißig, stammte aus einer anderen Gegend des Landes, und er war zu meiner Verblüffung schon Universitätsprofessor, hatte in der Sowjetunion studiert. Wir unterhielten uns auf Russisch, viel über Geschichte und Literatur, die Politik allerdings ließen wir fein säuberlich außen vor. Achje, das ist so unglaublich lang her, ich hatte ihn schon fast vergessen, aber eines unserer Gespräche hat sich in mein Gedächtnis tief eingegraben:
Was hast du verbrochen?
Konterrevolution.
Genau wie ich.
Könnte man für irgendwas Freiheit eintauschen, was würdest du hergeben?
Weiß nicht. Geld hab ich nicht.
Du hast einen Körper.
Ich säg mir ein Bein ab. Der Weltrekord einer Amerikanerin im 100-Meter-Sprint liegt bei 11 Sekunden, diesen Rekord hab ich schon mal eingestellt, meine Beine haben also verdammt was drauf. Auch beim Hochsprung, ich bin schließlich eins fünfundachtzig groß, da kann ich schon eins sechsundneunzig überspringen. Du?
Ich würde wohl mehr hergeben, meine Beine können mit deinen nicht mithalten, ich würde mir also beide Beine absägen. Auch im Rollstuhl kann man weiterleben … Nur ist Freiheit so billig nicht zu haben …
Dann reiß ich mir noch ein Auge raus. Du?

Ich nehme beide.
Reicht immer noch nicht, Freiheit ist mehr wert als das …
Dann geb ich zusätzlich ein Ohr, ein Nasenloch, eine Niere …
So kann man aber sterben.
Solange ich nur fürs erste nicht sterben müsste, solange ich nur nochmal ins Ausland könnte, ein paar Züge Freiheit atmen, dann sterben …
Der Wahnsinn, ich konnte nicht mehr! Meine Tränen schossen wie nach einem Dammbruch. Ich hatte ihn nie mit »Professor« angeredet, doch jetzt nannte ich ihn »Herr«, das sagte ich nur zu jemandem, vor dem ich allerhöchsten Respekt hatte. Während der Kulturrevolution durfte man niemanden mit »Herr«, »Fräulein« oder »Frau« anreden, tat man es, war man sofort ein Bourgeois, was einen auf der Verbrechensskala eins raufrücken lassen konnte. Aber ich spürte tief in mir eine solche Bewunderung für diesen Menschen, diesen unbeugsamen Gelehrten, der in seinen Händen nicht genug Kraft hatte, um ein zappelndes Huhn zu verschnüren, für die Freiheit jedoch zu allem bereit war. Wir unterhielten uns weiter, redeten die ganze Nacht lang Chinesisch und Russisch durcheinander und, höchst erstaunlich, lief die Gefängnispolizei zwar vor der Tür auf und ab, doch niemand rief uns zur Ordnung. Der Herr war bereits verheiratet und hatte Kinder, am Ende sagte er mir seine Heimatadresse.
Am nächsten Morgen schloss ein Gefängnispolizist sehr früh auf und holte ihn zum Verhör, und, niemals hätte ich das erwartet, kaum war er ein paar Minuten fort, knallten nebenan zwei Schüsse, er war hingerichtet worden! Ich hörte gerade noch ein »aah, aah« von ihm und mir sträubten sich im Moment alle Haare am Körper. In meinem Kopf rotierte ein einziger Gedanke: »Ich muss raus hier, ich muss raus hier!«

Der Ausbruch

Ich verbrachte ein paar weitere Tage in größter Furcht und Unruhe, bis ich endlich aus der Einzelzelle in den Großknast verlegt wurde. An sich war das ein Kerker für zehn, aber es waren gut zwanzig Leute reingepfercht. Es war echt eng. Schlafen konnten wir nur schichtweise, dabei lagen die einen auf dem Boden, andere lehnten an der Wand. Der Mensch ist schon wirklich ein erstaunliches Wesen, er kann selbst unter den unerträglichsten Bedingungen noch an eine Wand gelehnt schlafen und sogar schnarchen. Klos gab es im Großknast nicht, in der Einzelzelle hatte es immerhin eines gegeben, stattdessen hier nur einen Holzkübel, der für jede Art von Geschäft herhalten musste ... Unter den Gefangenen gab es sowohl kleine Fische als auch große Drachen, es gab Diebe und Einbrecher, Raufbolde und richtige Verbrecher. Die Konterrevolutionäre jedoch waren in jener Zeit überall in der Mehrheit. Und je mieser die Umstände, desto rastloser der Geist, die Konterrevolutionäre wisperten Mund an Ohr in aller Heimlichkeit von einem zum anderen, bis zuletzt ein kollektiver Ausbruch verabredet war.

Anfangs wollten auch noch alle weg, als es am Ende drauf ankam, gerieten einige ins Wanken, sie fanden das Risiko zu groß, so dass sich zuletzt zwölf tatsächlich auf den Weg machten.

Das Gefängnis erschoss von Zeit zu Zeit Leute, und einmal kam uns dann der Zufall zu Hilfe, die Gefängnispolizei zog aus unserer Zelle Gefangene raus, die eine Leiche wegtragen sollten, und weil der Tote vermutlich ein gewisses Ansehen hatte, gab es dafür einen Sarg aus dünnen Brettern. Diese Gelegenheit ließ sich ein Schlaukopf nicht entgehen, er steckte einen Sargnagel ein, kleinfingerdick und eine gute halbe Hand lang; mit diesem Sargnagel begannen wir nun in einer Ecke zu stochern, eisern jeden Tag, bis nach einer langen Zeit schließlich durch den Spalt im Zement zwei alte Steine sichtbar wurden. Jetzt stocherten wir in den Spalt zwischen den Steinen, das war härter als die Zementschicht auf der Wand,

wir schoben schon höchste Panik, es könnte zu Ende sein, trotzdem stocherten wir weiter, immer im Wechsel, es war wie bei Alexandre Dumas' *Grafen von Monte Christo*, aber dort gab es nur einen anderen, wir waren viele und umso stärker.
LAO WEI: Hat euch niemand verpfiffen?
FANG HE: Damals war es so, dass über jedem ein und derselbe Topfdeckel schwebte, hätte uns jemand verpfiffen, wäre das für uns alle der Tod gewesen, vorher jedoch hätten wir den Verräter erwürgt. Wir sangen immer zu bestimmten Zeiten, wie von einem Wecker alarmiert, im lauten Chor *Die Worte des Vorsitzenden Mao*, um die Geräusche in der Zelle zu übertönen. Nach etwa weiteren zwei Wochen lockerte sich der erste alte Stein in der Mauerecke und ließ sich rausziehen. Nun gab es aber zwischen der Mauer und der folgenden Außenmauer einen Abstand und man konnte mit dem Nagel kaum weitermachen, wir hätten etwas zum Stemmen gebraucht. Doch außer dem Nagel hatten wir nichts. Trotzdem war jedem klar, dass Aufhören keine Option mehr war, also hängten wir uns noch mehr rein, immer weiter im Schichtbetrieb. Die Außenmauer schien wie aus Gusseisen, mit jedem Kratzen wurde der Nagel kürzer und eine Hand brachte nicht mehr genug Kraft drauf, also ritzten wir wild mit beiden Händen. Es war zum Verrücktwerden, niemand wusste ja, wie dick die Mauer war …
Doch irgendwann löste sich auch in der Außenmauer ein Stein! Ich konnte gerade noch ›Stop‹ rufen, wäre es sonst von außen entdeckt worden, wäre das unser Ruin gewesen. Der innere und der äußere Stein hatten die Größe einer Suppenschüssel bzw. einer Fischplatte, aber in jenen Hungerjahren gab es in ganz China keine hundert Dickwänste mehr, der Vorsitzende Mao galt noch als einer der dicksten, deshalb konnten wir uns alle, wenn wir Schultern und Bauch einzogen, durch diese vermaledeiten Löcher quetschen, auch wenn es uns den Kopf presste wie der Goldreif den Affenkönig Sun Wukong. – Weil gerade tiefe Nacht war, meinte jemand, wir sollten sofort loslegen.

Ich sagte: Das geht nicht, nachts werden wir schwerer bewacht als tagsüber, die Drahtverhaue auf den Mauern stehen überall unter Strom, außerdem gibt es Polizeistreifen mit Wolfshunden, Abhauen geht nur am Tag.
Der andere darauf: Du bist verrückt, wie soll das denn am helllichten Tag gehen?
Ich: Wir verschwinden beim Mittagsschlaf, der Vorsitzende Mao hat alle Chinesen angewiesen, nach Mittag zu schlafen, da werden gerade die vom Gefängnis keine Ausnahme machen, oder?

LAO WEI: Ist das auch aus seinen *Worten*?
FANG HE: Definitiv. Und definitiv hatte Gott bei der Sache seine Hand im Spiel, denn am nächsten Tag begann es nur wenige Minuten nach dem Mittagsschlafläuten platschend zu regnen. Laut Wettervorhersage sollte ein Taifun folgen. Deshalb sprang ich auf und sagte: Wir dürfen nicht länger warten! Da auf einmal bekam es allerdings die Hälfte der Leute mit der Angst, auf einmal fanden sie das Risiko zu groß.
Ich sagte: Ihr dürftet auch in Schwierigkeiten geraten, wenn ihr nicht abhaut.
Sie darauf: Sobald ihr draußen seid, schreien wir, so können wir vielleicht für uns noch was rausschlagen.
Ich sagte: Besser machen wir euch auf der Stelle platt.
Alle, die fort wollten, warfen den anderen bitterböse Blicke zu, einer hantierte auffällig mit dem Sargnagel. Daraufhin meinten sie: Is gut, is ja gut, wer wollte nicht in die Freiheit, es sei nur so, dass sie schon zu schwach seien, wahrscheinlich würden sie nach wenigen Schritten zusammenbrechen und griffe man sie so auf, bedeutete das garantiert ihr sofortiges Ende.
Ich sagte: Also gut, wenn wir durch die Löcher durch sind, müssen wir noch über einen großen Hof und über eine Mauer, dafür brauchen wir mindestens zehn Minuten. Zehn Minuten, danach macht, was ihr wollt.

LAO WEI: Und wenn sie früher gerufen hätten?
FANG HE: Diese Leute damals waren nicht gerade die hellsten. Vor allem aber waren wir zwölf Ausbrecher groß und noch immer gut bei Kräften und wir waren voller Überzeugung, dass wir es schaffen konnten, damit gelang es uns, die Schwachen einzuschüchtern. Ich sagte zu ihnen: Denkt daran, dass auf Ausbruch wie auf Mord der Tod steht, wenn man sich auf euer Wort nicht verlassen kann und ihr früher schreit, müssen wir wohl oder übel wieder reinkriechen und werden euch einem nach dem anderen den Hals umdrehen.

LAO WEI: Wie wurde die Zeit gemessen?
FANG HE: Wenn man gleichmäßig langsam bis 600 zählt, sind das zehn Minuten. Als nächstes knoteten wir Kleidung, Betttücher und Decken zu mehreren Strängen zusammen und jeder nahm einen an sich, danach zwängten wir uns nacheinander durch die Hundelöcher nach draußen. Es regnete nicht nur, es donnerte auch, und wir stürmten keinen Augenaufschlag später schon zur Mauer gegenüber, als wir dort genauer nach oben sahen, zeigte sich, dass der elektrifizierte Drahtverhau gar nicht komplett war, an zwei, drei Stellen gab es Lücken. Daraufhin bauten wir sofort eine Räuberleiter, für die drei zusammenarbeiteten, der Oberste nahm Kleider und Decken an sich und bedeckte in einer der Lücken in dicken Schichten die aufgebrachten Glasscherben, Nägel, Winkeleisen, Stahlklingen und Sägeblätter.
LAO WEI: Das war sehr vorausschauend.
FANG HE: Wir hatten ja einen ganzen Tag daran gefeilt. Hätte es die Lücken nicht gegeben, hätten wir eine Menge Kleider, Betttücher und Decken allein schon zum Überwinden des Drahtverhaus gebraucht, um sicherzustellen, dass auf keinen Fall jemand hängen geblieben wäre. Zudem mussten wir auch am Tag aufpassen, dass niemand einen Stromschlag bekam.
Auf diese Weise gelangte also der Oberste auf die Mauer, legte sich bäuchlings in die dick gepolsterte Lücke, zog den zweiten rauf, dann

sprang er runter. Natürlich fiel er auf die Schnauze, aber er überschlug sich zweimal und war fürs erste frei. Danach ersetzte der zweite den ersten und so ging es weiter wie beim Hindernistraining einer militärischen Spezialeinheit. Ich mit meinen eins fünfundachtzig und zudem der Fitteste von uns gab die untere Stütze, pausenlos ging ich in die Hocke und stand wieder auf, um elf Leuten, auf meinen Schultern stehend, auf die Mauer zu helfen. Als zuletzt nur ich noch übrig war, wurde von der Mauer ein aus Betttüchern gedrehtes Seil heruntergelassen, ich hielt mich fest und oben zogen mich zwei gemeinsam hoch. Und dann, verdammte Scheiße, genau in dem Moment, als ich auf die Mauer klettern wollte, ging in der Zelle explosionsartig das Geschrei los: »Ausbruch! Ein Ausbruch! Da sind welche ausgebrochen …« Vor Schreck hätte ich fast den Halt verloren. Mir war gleich klar, was die Stunde geschlagen hatte, gefühlt war die Zeit lang gewesen, tatsächlich aber hatten sie nach höchstens fünf, sechs Minuten losgeschrien … das war die Angst vor dem Tod, etwas zu wissen und es nicht zu melden, bedeutete auch den Tod.

Die Wachen auf dem Beobachtungsturm waren umgehend auf Posten, das Feuer eröffneten sie vermutlich, bevor ihre Augen ganz auf waren, denn die Kugeln knatterten in die Mauer, bis die voller Löcher war, und es nahm kein Ende. Ein Glück waren die Leute damals alle sture Dickköpfe, die beiden oben ließen keinen Handbreit nach, erst als ich sicher oben war, sprangen sie. Als ich sprang, waren die ersten schon sehr weit fort, ich sprintete hinterher, meine Hose war total zerfetzt, über Hintern und Oberschenkel lief Blut und mit einem Mal spürte ich nichts mehr, ich rannte und rannte … wie im Traum … über eine ebene Straße, über einen Abhang, als es aufwärts ging, packte ich einen von den anderen am Kragen, er saß auf seinem Hintern und war am Heulen, hatte, wie sich herausstellte, einen Krampf im Oberschenkel, dann, als wäre das ansteckend, saßen alle zehn vor mir auf dem Hintern und heulten, hatten Krämpfe in den Oberschenkeln, manche auch in Schultern und

Armen, alles war ein einziges Zittern. Glücklicherweise goss es in Strömen, Blitz und Donner folgten einander auf dem Fuß, und obwohl mitten am Tag, war es so stockdunkel wie sonst nachts. Einen Banyan-Baum vor uns, dessen Stamm zwei Menschen gerade so umfassen konnten, fällte krachend ein Blitzschlag. Ich selbst war im Grunde auch schon angesteckt, hatte die ersten leichten Krämpfe, aber der Schreck rückte mich wieder zurecht und ich brüllte: Lauft, schnell! Lauft in die Berge!

Ganz schemenhaft hatte ich nämlich unsere Verfolgertruppen ausgemacht, mit ihren roten Armbinden waren sie bereits überall, das war Volksmiliz, und noch weiter weg waren jede Menge Autos.

Aber definitiv, Gott hatte seine Hand im Spiel, denn allen Krämpfen zum Trotz schafften wir es ins wolkenumhangene Baiyun-Gebirge. Sie hatten uns eingekreist, ins Gebirge aber folgten sie uns nicht. Stattdessen brüllten sie, dass es von überall her schallte: »Fangt die Agenten von Amerika und Chiang Kai-shek«. Zu Maos Zeiten jagte man »Agenten von Amerika und Chiang« bei jedem kleinsten Anlass, das war echt abartig. Die Agenten sollten von Taiwan geschickt sein, um auf dem Festland eine Gegenoffensive zu starten, mit Gewehren, mit Kanonen und übers Radio. Und weil alle sich das so sehr ausmalten, bekamen sie es mit der Angst.

Bis die richtige Volksbefreiungsarmee auf Befehl heranrauschte, waren wir längst von den Hügeln ins hohe Gebirge hineingelaufen. Zwölf Menschen rannten aufgeteilt auf zwei Gruppen um ihr Leben. Der dichte Wald bot Schutz, er war ein passables Versteck, aber die Kälte drang uns bis in die Knochen. Auf dem Weg wurde jedes noch so kleine Tier aufgesammelt, wie üblich der Kopf abgezwickt, der Leib herausgepult und in den Mund gesteckt. Anzuhalten war unmöglich, selbst wenn man fiel, musste es direkt weitergehen. Irgendwann waren nur noch ich und ein anderer übrig und er meinte, wir könnten nicht endlos ohne Pause auf diese Weise weitermachen, wenn wir vor Erschöpfung zusammenbrächen, könnten wir nur noch tatenlos auf den Tod warten.

Ich fragte: Was schlägst du also vor?
Er sagte: Verschwinden wir direkt nach Hongkong.
Ich sagte: So einfach ist das nicht, sieht vielleicht auf der Karte nah aus, aber in Wirklichkeit sind beide Seiten verdammt weit auseinander. Außerdem müssten wir hohe Berge und unbewohntes Land durchqueren, im Handumdrehen hat man sich verirrt.
Er fragte, welchen Vorschlag ich hätte.
Ich sagte: Wie viele Menschen werden wohl im Taifun umkommen? Wenn wir zufällig auf ein offenes Grabgewölbe eines frisch Bestatteten stoßen würden, könnten wir uns an den Opfergaben beim Grab zuerst satt essen, Obst, *Mantou*, *Baozi*, und dann gleich im Gang zum Grab ein wenig schlafen.
Er meinte darauf nur: Träum weiter, bei einem Ausbruch von zwölf Häftlingen wird ganz Kanton in Aufruhr sein, solange die uns nicht alle wieder eingefangen haben, geben die keine Ruhe mehr.

LAO WEI: Das wäre wirklich ein Wunder gewesen.
FANG HE: Ja, das wäre es. Ein Jahr später lief mir, schon in Hongkong, der Anführer der anderen Gruppe über den Weg, er hieß Shang Fang, und er sagte, sie seien alle sechs geschnappt worden, die anderen fünf wurden an Ort und Stelle erschossen. Auch ihm presste man die Gewehrmündung bereits gegen die Stirn, als er, praktisch im Augenblick des Abfeuerns, noch schnell rief: »Ich bin ein heimgekehrter Patriot!! Mein Vater ist ein Freund des Vorsitzenden Mao!!« Tatsächlich wurde nach einem kurzen Zögern das Gewehr abgezogen und er ins Gefängnis zurückgebracht, das Gefängnis prüfte seine Akte: Er war in Indonesien geboren und hatte noch die indonesische Staatsangehörigkeit. In den fünfziger Jahren hatte der Vorsitzende Mao seinen Vater wirklich einmal empfangen, das stand sogar in der Zeitung. Daraufhin übergab ihn das Gefängnis der Volksbefreiungsarmee, wo man ihn derart übel zusammenschlug, dass am Ende alle seine Rippen gebrochen waren, und weil die bis zu seiner Entlassung aus dem Gefängnis zu lang

gebrochen geblieben waren, konnte er sich gar nicht mehr gerade aufrichten, seine inneren Organe pappten aneinander und er litt den ganzen Tag unter Schmerzen. Nur wenige Tage nach unserem Wiedersehen, ist er in einem Hongkonger Krankenhaus gestorben. Den sechs meiner Gruppe war es etwas besser ergangen, keiner wurde geschnappt, früher oder später entkamen wir alle dem Gebirge wieder und erreichten im stürmischen Taifun und strömenden Regen einen Fluss am äußeren Rand der Perlfluss-Schwemmebene. Dort zweigen von der Hauptader unzählige Nebenflüsse ab, auf den Landkarten ist das ein riesiges Wassernetz, dessen Hochwasser damals alles überflutete und etliche Flussdeiche bereits überwunden hatte, so dass aus dem Perlfluss nach und nach eine schier endlose Wasserfläche geworden war. Wie sollten wir auf unserer Flucht da rauskommen? Wir konnten eigentlich nur ins Wasser steigen und Richtung Hongkong schwimmen. Wären wir dabei alle ertrunken, hätte niemals jemand erfahren, wo wir geblieben sind.
Ich war von uns Zwölfen der Kräftigste, und immer wenn ich unterwegs auf ein Zuckerrohrfeld stieß, kaute ich mit meinen scharfen Zähnen so viele Stangen wie möglich und erholte mich jedes Mal unglaublich schnell wieder. Kaut man aber nur Zuckerrohr, ohne irgendwas anderes zu essen, ist es um die Kondition trotzdem im Handumdrehen geschehen. Ein lautes Auflachen und ich konnte einen Krampf bekommen, dass ich mich vor Schmerzen nur noch krümmte. Erst wenn der Krampf vorüber war, konnte ich wieder ins Wasser, paddelte einmal und hatte den nächsten; so ging das, bis ich mich schließlich nicht mehr ins Wasser traute und ins Baiyun-Gebirge zurücklief. Dort marschierte ich anfangs ununterbrochen Tag und Nacht, wenn ich zu fertig war, versteckte ich mich in einem hohlen Baum oder in einem Grabgang, gegen den Hunger suchte ich ringsum alles ab, Vögel, Schlangen, Mäuse, alles kam in Frage. Eines Tages wurde mir schwindelig, ich kam gerade an eine steil abfallende Felswand, machte noch einen Schritt und fiel prompt runter, wobei ich in der Astgabel eines Baumes hängen

blieb. Wieder bei Bewusstsein, musste ich Stück für Stück alles wieder hochklettern. Von da an traute ich mich nicht mehr, nachts zu gehen. Ich lebte einen guten Monat vielleicht als Wilder in den Bergen und Wäldern, bis mir das allmählich unerträglich wurde und ich einmal wieder nach Hause und unter Menschen wollte, aber vor den Menschen hatte ich ebenfalls Angst. Ich stieg deshalb erstmal vorsichtig von den Bergen runter. Auf einem Hügel stieß ich zwischen Büschen und Sträuchern auf zwei landverschickte Schüler, mit meinen scharfen Augen sah ich sie zuerst und versteckte mich, um sie eine Weile zu beobachten, als ich mir dann wegen ihrer Kleidung, ihres Aussehens und ihrer Aussprache sicher war, dass sie keine einheimischen Bauern waren, zeigte ich mich ohne Vorwarnung und erschreckte sie zu Tode. Ich sah damals aber auch aus: fast nackt, meine Haare völlig struppig und zerzaust und die Augen eines Wolfes. Trotzdem, sie rannten weder davon, noch schrien sie, sie hatten eben doch eine gewisse Bildung und das ein oder andere schon gesehen in ihrem Leben. Ich sagte ihnen ganz direkt, ich sei ausgeraubt worden, und fragte, ob sie mir etwas Geld leihen könnten.

Zu meiner Überraschung gaben sie mir kommentarlos jeder zehn Kuai und zogen sogar noch los, um mir passende Kleidung zu besorgen. Ich war so gerührt, dass ich mich am liebsten vor ihnen auf die Knie niedergeworfen hätte. Der kollektive Ausbruch von zwölf Häftlingen war damals garantiert in ganz Kanton rum, hätten sie mich bei der Polizei verpfiffen, sie hätten eine Belohnung erhalten können, doch stattdessen haben sie mir an der Schwelle des Todes geholfen.

LAO WEI: Du hattest ganz schön Nerven.

FANG HE: Es war ein Zocken um mein Leben. Mit den zwanzig Kuai und in halbwegs normaler Kleidung traute ich mich dann in einen kleinen Ort am Fuß der Berge, ging zum Friseur, schlug mir den Bauch voll und schickte an zwei Freunde in Kanton ein Telegramm. Das waren zwei Kumpels, die ich seit Jahren kannte und die schon lange nach Hongkong abhauen wollten. Ich gab ihnen irgendeine Adresse auf dem Land, sie verstanden und machten mich ausfindig. In jenen Jahren konnte man ohne Personalausweis kaum einen Schritt tun, deshalb dingten wir am Bahnhof einen Dieb und ließen Leute mit »Grenzausweisen« nicht mehr aus den Augen, bis er sie beklauen konnte. Nachdem wir hatten, was wir brauchten, schnitt einer der beiden Kumpels, ein kunstfertiger Maler und äußerst clever, mit einer Rasierklinge die »Grenzausweise« heraus, fummelte die Fotos raus und ersetzte sie durch unsere, über den Rand bekamen sie sogar noch einen Stempel! Dann machte er alles mit einem Feuerzeug ein wenig heiß und klebte sie wieder ein; die Personalausweise waren noch weniger ein Problem, er schnitzte eigenhändig Holzstempel, tauchte sie in rote Siegelpaste und probierte sie zigmal aus, den schönsten suchte er heraus, sogar Unebenheiten konnte man ertasten.

Mit den gefälschten Papieren kauften wir Fahrkarten und stiegen in den Zug von Kanton nach Shenzhen. Auf der Karte sah das nicht weit aus, doch zu Fuß wären wir, weil es über Berg und Tal ging, mehrere Tage unterwegs gewesen. Die Zugfahrt andererseits ließ mir das Herz in die Hose rutschen, da unsere Fahrkarten unterwegs etliche Male kontrolliert werden mussten. Die Grenzpolizisten waren immer zu viert in der Gruppe und hatten Flinten und Pistolen dabei, kamen von beiden Enden des Waggons, so dass es kein Entkommen gab, und nahmen Fahrgast für Fahrgast unter die Lupe. Auch wenn die Fahrkarten echt waren und die Ausweispapiere keine Mängel aufwiesen, wurdest du fest in den Blick genommen und musstest nur eine Spur von Unwohlsein zeigen, schon konntest du abgeführt werden. Glücklicherweise waren wir alle drei fest entschlossen, alles zu geben, wir wussten, erwischt zu werden, wäre unser Tod, deshalb setzten wir unser schönstes Pokerface auf. Und wir schafften es. Und das, obwohl aus den Waggons vor uns wie hinter uns Leute abgeführt wurden.

Mit diesem Zug fuhren immer eine ganze Menge Reisende nach Hongkong, für die Grenzkontrolle musste man in Shenzhen aussteigen, dann ging es zu Fuß über die Grenze. Zu jener Zeit war Shenzhen quasi Grenzdorf, wenn man direkt dorthin fuhr, konnte man, ohne damit zu rechnen, plötzlich verdächtig wirken. Deshalb stiegen wir an einer kleinen Station vor Shenzhen, mit dem Namen Pinggu, aus, versteckten uns anschließend geleitet von einer handgezeichneten Karte, die wir auf dem Schwarzmarkt gekauft hatten, in einem Zuckerrohrwald und warteten auf zwei Einheimische, die mit illegalen Grenzübertritten ihr Geld verdienten und uns zu Hilfe kommen sollten.

Erneut im Netz

Wie habt ihr sie kontaktiert?
Bevor wir in den Zug stiegen, hatten die beiden Kameraden telegrafiert, alles sah nach einer einfachen Routineunternehmung aus. Von der dreijährigen großen Hungersnot bis zur Kulturrevolution hatten sich Menschen in endlosen Wellen illegal nach Hongkong aufgemacht, auf dem Kantoner Schwarzmarkt gab es sogar eine jenseitig teure »Fluchtbibel für Hongkong«, die letztlich nichts anderes enthielt als mehrere Dutzend handgezeichnete Wegkarten, Gefahrenmarkierungen zu offenen und versteckten Wachposten, Drahtverhauen, Wolfshunden, Gezeiten und Patrouillenbooten, wie man lokale Führergruppen kontaktieren konnte und vieles andere mehr.
LAO WEI: Ich werde das Gefühl nicht los, da passiert noch was.
FANG HE: Ganz richtig. Zwischen dem Bahnhof und dem Zuckerrohrwald, in dem wir uns versteckt hatten, lag ein riesiges leeres Fabrikgelände, im Nachhinein erfuhr ich, dass viele illegal Reisende schon bei der Überquerung des Fabrikgeländes aufgefallen waren. Fremde aus anderen Teilen des Landes in großer Eile, da schaltet

ein Einheimischer schnell, was du vorhast, und umgehend war die Polizei alarmiert. Daraufhin bliesen Öffentliche Sicherheit und Volksmiliz auf Seemuscheln ein Alarmsignal, und wir waren ins weite Meer von Maos Volkskrieg gefallen.
LAO WEI: Und eure Führer?
FANG HE: Die waren davor schon geschnappt worden, wir sind auf direktem Weg ins Netz gegangen. Ich habe, eins, zwei, drei, mit bloßen Händen ein Loch gebuddelt, die gefälschten Papiere eingegraben und den Boden mit den Füßen wieder festgestampft; die beiden Kameraden haben sie mit dem Feuerzeug angezündet, aber es war zu spät dafür, ein Pulk Volksmiliz war herangerauscht, drückte uns zu Boden, fesselte die Hände auf den Rücken und schlang uns das Seil zusätzlich um den Hals, so wurden wir, den ganzen Weg Gewehrkolben neben uns, zurück zur Polizeiwache in Bahnhofsnähe eskortiert, oberflächlich befragt und sofort eingesperrt.
In jener Zeit ohne Internet und mit primitiven Telefonen musste es etwas dauern, unseren Background zu checken, klar, doch wir schmorten vom Morgengrauen bis zur Dämmerung vor uns hin, ohne dass es irgendeine Reaktion gab. Ich war angesichts meiner Fluchtgeschichte natürlich irre nervös und zapplig und mir lief der kalte Schweiß in Strömen; die beiden anderen waren aus keinem Gefängnis ausgebrochen, aber gefälschte Papiere und der Versuch eines illegalen Grenzübertritts reichten auch schon für zehn Jahre Haft. Also sagte ich, wir sollten überlegen, wie wir abhauen könnten.
Sie sagten: Beide Hände auf den Rücken gefesselt, wie sollen wir da abhauen?
Ich sagte: Wir haben unsere Beine, wir waren den ganzen Tag so blöde, dass wir nicht mal daran gedacht haben, aufs Klo zu gehen, jetzt schreien wir einfach gemeinsam: Meldung, müssen aufs Klo.
Sie sagten: Und wenn es uns nicht erlaubt wird, zusammen zu gehen?
Ich sagte: Versuchen wir doch unser Glück, die haben schon so

viele illegal Reisende geschnappt, für die ist das ein ganz alltäglicher Vorgang, am Ende werden alle in ein Untersuchungsgefängnis gebracht, wo man ein paar Tage eingesperrt bleibt, bis alles erledigt ist, die kommen gar nicht auf die Idee, dass wir so was veranstalten könnten.
Endlich nickten beide. Ich ermahnte sie noch: Wenn wir wirklich loslaufen, lauft nicht geradeaus, sondern zickzack, so können sie nicht so gut zielen, wenn sie das Feuer eröffnen. Erst in den Bergen sind wir außer Gefahr.

Daraufhin machten wir gemeinsam ein Mordstamtam und tatsächlich schloss die Volksmiliz schimpfend und fluchend auf, aber fürs erste ließen sie nur die beiden anderen raus. Ich dachte, jetzt bin ich am Arsch, wenn die beiden nicht zurückkommen, wartet auf mich eine Kugel. Doch oh Wunder, hehehe, sie kamen zurück! Vielleicht hatten die Volksmilizionäre sie so gut bewacht, dass sie im letzten Moment den Mut verloren. Schnell lärmte ich wieder los, so gehe es nicht, ich würde mir gleich in die Hose scheißen.
Die Volksmiliz sagte irritiert: Wieso muss erst keiner von euch aufs Klo und jetzt auf einmal alle drei?
Ich sagte: Was weiß denn ich? Vielleicht wegen der rohen Süßkartoffeln, die wir gegessen haben.
Daraufhin eskortierten die Milizionäre mich auf den Abtritt, einer Hundehütte aus Stroh recht ähnlich, direkt an die Ummauerung gebaut, und bevor ich den Kopf senkte, um hineinzukriechen, nahmen sie mir tatsächlich die Fesseln ab. Aaah, wie angenehm! Im Handumdrehen floss das Blut wieder ungehindert. Der Anführer der Volksmiliz leuchtete mit seiner Taschenlampe hinein, da waren einige Holzstangen über die reichlich volle Abortgrube gelegt, und er sagte: Du hast fünf Minuten, erledigt oder nicht, dann bist du mir wieder draußen.
Vor Aufregung blieb mir fast die Luft weg, ich keuchte und schnaufte, ich wusste, das war die Gelegenheit, dann beugte ich mich vor

und kroch hinein, zog die Hose aus und hockte mich. Verstohlen streckte ich ein Bein aus und rührte zweimal durch die Grube, auf einen Schlag stieg ein unsäglicher Gestank auf, fast blieb mir die Luft weg, auch die Milizionäre draußen trieb es zwei Meter rückwärts, das Licht einer Taschenlampe huschte übers Mauereck. Auf einmal sprang ich in die Grube, ohne allerdings damit zu rechnen, dass ich bis zum Hals untergehen könnte. Ich hielt die Luft an, durchschlug mit dem Ellbogen die Trennbretter des Abtritts nach draußen, biss die Zähne zusammen, tauchte unter der Mauer hindurch und kämpfte mich noch weitere zwei Meter raus. Kaum aus der Grube wieder draußen, bemerkte ich Licht, das hinter mir her leuchtete, und als nächstes platzte die Bombe auch schon. Die Trillerpfeifen der Wachen gellten und von überall her brüllte es, »fangt den Schuft«. Unter dem suchenden Lichtschein von Taschenlampen sprintete ich los wie verrückt, stürmte immer weiter fort, durch den Zuckerrohrwald hindurch, den Berghang hinauf, erst dort fiel ich in weites Unterholz. Ich stand ziemlich unter Schock, zum Glück war ich groß und hatte lange athletische Beine, die Leute aus der Gegend hier waren klein und hatten kurze Beine. Das Licht der Taschenlampen war zusehends schwächer geworden, die Sterne leuchteten immer heller, sehr leise war in der Ferne Hundegebell zu hören, vermutlich hatte sich die Öffentliche Sicherheit in Bewegung gesetzt. Ich brach wieder auf, weiter in die Berge hinein, ich hatte gerade erst einen guten Monat im Kantoner Baiyun-Gebirge überstanden, mitten im Winter, wie ein Wilder, jetzt war ich wieder auf der Flucht. Und, ach ja, ich scherte mich damals keinen Deut um meine beiden Kameraden, nicht auszuschließen, dass sie totgeprügelt wurden, zumindest aber dürfte ihr Strafmaß um einen Rang hochgestuft worden sein. Ich habe sie jedenfalls nie mehr wieder gesehen.

Illegal über die Grenze

Ich suchte in den Bergen nach einem Bach, um mich zu waschen, aber ich konnte mich waschen, so viel ich wollte, der Gestank blieb. Splitternackt rollte ich mich in einer Höhle zusammen und schlief ein paar Minuten, es fühlte sich an wie Stunden, sprang sofort wieder auf und marschierte die ganze Nacht weiter voran. Ich marschierte geradewegs Richtung Zhongshan. Hinter Shenzhen, an Zhongshans Stadtgrenze, war in der Ferne schon das Meer zu erkennen. Die Götter müssen mir zur Seite gestanden haben, denn ich war ganz nach Gefühl mal links, mal rechts abgebogen, trotzdem hatte ich mich nicht nur nicht verirrt, ich hatte sogar eine Abkürzung gefunden. Nach einem weiteren Tag und nochmal einem Nachtmarsch überquerte ich gerade eine der höchsten Gebirgsketten, als wieder Abendröte herabsank; auf dem Weg hangabwärts wurde es nach einer Weile stockdunkel. Ich war mit meinen Kräften am Ende, setzte mich mitten ins Laub, griff mir eine Handvoll, stopfte es in den Mund, kaute, kaute und spuckte es wieder aus, kroch auf dem Boden weiter, aß jede Wildfrucht, ohne nachzudenken, ob sie giftig sein könnte, ich war hier schon sehr südlich, die Temperaturen fielen nicht mehr tief. Dann endlich war weit hinten am Horizont großflächig Licht zu sehen, grell fast schon, das war es, das war Hongkong!

Wildfrüchte, Blätter, Graswurzeln, bitter, sauer, herb, ich würgte alles mit letzter Kraft hinunter, auch was wirklich kaum zu schlucken war, und wo die Physiologie rebellierte, käute ich automatisch wieder wie ein Rind. Ich wollte überleben, unbedingt. Unter Gottes Fürsorge stolperte ich über nichts ernsthaft Giftiges, aber ich war noch immer durstig und hungrig. Plötzlich erkannte ich den Schatten eines Menschen! Mein erster Gedanke war: Volksmiliz oder Grenzschutz. Dann kam mein Verstand ins Spiel: Eher nicht. Denn Volksmiliz wie Grenzschutz traten in großen Haufen auf, es hätten also viele Schatten sein müssen. Also tastete ich mich lautlos heran, um ein wenig lebensrettende Nahrung zu klauen. Mein Arm wand sich wie eine Schlange um langes Haar, das im Grasgestrüpp verborgen lag, und im Moment, als ich nach dem Rucksack griff, spürte ich ein Messer in der Hüftgegend: »Nicht bewegen.«

Ich hob beide Hände und sagte, ohne mich umzudrehen: »Ihr seid zu zweit, ein Pärchen. Ihr wollt auch illegal über die Grenze, oder? Geht mit mir, wie wär das? Wir bleiben zusammen auf Leben und Tod. Ich hab es schon mehrmals versucht, hab meine Erfahrungen damit gemacht, ich weiß, wie man rüberkommt. Aber ich hab alles verloren, mein Gepäck, meinen Proviant, für meine Führung könntet ihr euer Essen mit mir teilen.«

Daraufhin wurde das Messer zurückgezogen, ein junger Bursche trat vor mich und sagte: »In Ordnung, Bruder.«

Wurst, Mondkuchen, Teeeier, ich langte kräftig zu, lange hatte ich nicht mehr so viel und so fabelhaft gegessen. Pappsatt, der Durst gestillt, gähnte ich, gähnte, und als ich von den beiden wachgerüttelt wurde, dämmerte schon fast der Morgen herauf. Wir machten uns auf den Weg, ich war voller Tatendrang. Jetzt waren wir wieder drei, zwei Kameraden hatte ich noch vor kurzem im Stich gelassen, stattdessen war nun dieses Pärchen aufgetaucht, wer weiß, was nun passieren würde.

Wir marschierten einen weiteren Tag. Wir hätten bis zur Abenddämmerung den Strand erreichen können, doch wir stoppten und verkrochen uns im dichten Buschwerk, von wo aus wir durch Zweige und Blätter den Wald an der Küste im Blick hatten und eine Autostraße für die Grenzsicherung, die durch den Wald verlief. Ich starrte, vermied jedes Blinzeln, nach einer Weile kam die Grenzwache heraus und hatte zwei Wolfshunde dabei. Ich hob meine Hand, um die Windrichtung zu testen, flüsterte, wenn er zu ihnen hinüber wehen würde, könnten die Hunde uns riechen, vor allem mich mit meinem Gestank. Die beiden waren ebenfalls an der Uni gewesen und setzten sich zum ersten Mal einer solchen Gefahr aus, sie hatten keinerlei Erfahrung und nickten zu allem, was ich sagte. Der

Junge trug eine Uhr am Arm und auf dem Rücken viel gutes Essen, er hatte sogar einen Schwimm-Sack dabei, den aufzublasen eine halbe Stunde in Anspruch genommen hätte.

Wir lagen weiter auf der Lauer. Ich hieß sie, die Uhr im Auge zu behalten und zu berechnen, wie lange die Wachstreifen zum Vorübergehen brauchten, wie lange sie zum Beispiel auf der Grenzstraße für die »Landesverteidigung« liefen und nach wie vielen Minuten sie kehrtmachten. Als es dunkler wurde, schweiften Autoscheinwerfer gemächlich über die Meeresoberfläche, dann kam ein weißes Polizeiauto langsam, sehr langsam angefahren, bis es schließlich in etwa 300 Meter Entfernung am Fuß des Berges hielt. Ein Hund bellte, woher? Es gab weit und breit keine Ansiedlung, nicht einmal eine Herberge. Aber es gab, wie sich herausstellte, einen ziemlich versteckten stationären Wachposten. Danach dauerte es weitere zig Minuten, bis wir einen zweiten stationären Wachposten ausmachen konnten. Es gab keinen anderen Weg, wir mussten zwischen diesen beiden Wachposten hindurch, die gute zehn Meter auseinander lagen, und genau im richtigen Augenblick über die Straße bis zum Strand hinunterstürmen. Natürlich mussten wir uns dabei ebenfalls vor den Wachstreifen, den Wolfshunden und vor dem hin- und herfahrenden Polizeiauto in Acht nehmen.

Die beiden zitterten wie Espenlaub und wollten das ganze Vorhaben abblasen, sie meinten, hier sei es zu gefährlich, besser umkehren und es auf einer anderen Route von neuem versuchen.

Ich sagte, die Grenzstraße winde sich kurvenreich weit hin, wo man auch von den Bergen runtergehe, man müsse drüber, das sei an jedem Streckenabschnitt das Gleiche. Gehe man aber von hier aus ins Meer, sei Hongkong etwas näher, außerdem folge man mehr der Strömung.

Hilflos wie die beiden waren, machten sie sich dann wohl oder übel doch mit mir auf den Weg, allerdings taumelten sie mehr und gingen nur noch sehr langsam. Ich legte nach: Und es gibt die Gesetzmäßigkeit der Gezeiten, das Meer sollte heute Nacht ruhig sein.

Die beiden zögerten immer noch. Ich hatte ihnen, nachdem ich von ihrem Proviant gegessen hatte, ein Versprechen gegeben und fand, ich dürfe sie nicht im Stich lassen. Ich war immer ein Sturkopf, von heute aus gesehen hätte ich sie, wenn sie die Sache abblasen wollten, einfach zurückkehren lassen können. Tatsächlich habe ich das auch zu ihnen gesagt, aber da meinte das Mädchen nur, zurückkehren hieße ebenfalls Knast, als ich fragte, warum denn, wollten beide mit der Sprache nicht so recht raus, es war offenbar etwas, worüber sie nur schwer reden konnten.

Um vier Uhr früh, vor Tagesanbruch, tasteten die beiden sich, nachdem sie sich nochmal umarmt, etwas ins Ohr geflüstert und gegenseitig Mut gemacht hatten, schließlich hinter mir her bergab, anfangs war es stockdunkel, kurz bevor wir uns den stationären Wachposten näherten, blendete uns Licht und kaum war die Wachstreife aufgebrochen, stürmten wir aus dem Schatten auf die Straße. Von den stationären Wachposten kam keine Reaktion, aber die Streife war noch nicht weit gekommen und wir hatten gerade Straße und Strand hinter uns gelassen und standen im Wasser, als plötzlich Wolfshunde bellten und zwei, von der Leine gelassen, wie Geschosse auf uns zu sausten. Auch der Alarm ging, *wuualaa, wuualaa*, los und Autoscheinwerfer schweiften heran. Ich sagte nur: Schnell, schnell, schnell. Doch die beiden standen auf einmal wie zur Salzsäule erstarrt. Ich konnte nichts tun, als selbst ins Meer abzutauchen. Und Gott erbarmte sich meiner, das ursprünglich ruhige Meer schlug unvermittelt hohe Wellen, wenigstens zehn Meter hoch, ich tauchte hinein, streckte den Kopf wieder raus, tauchte wieder hinein, das wiederholte ich ein Dutzend Male. In den Wellen hörte ich die Schüsse pfeifen und knallen, ohne zu wissen, ob man auf mich oder die beiden feuerte. Kurzum, tot oder noch am Leben, es war bei ihnen wie bei den beiden Kameraden zuvor, begegnet sind wir uns niemals wieder … Dabei hatte ich ihre Adressen im Gedächtnis und später versucht, Kontakt aufzunehmen, aber vergeblich – ein Stein, der klanglos im Meer verschwand.

Und so schwamm also mitten im Winter ein Mensch alleine im Meer, ließ sich treiben, auf hoher See wurden die Wellen flacher und länger, es wurde um vieles ruhiger als vorher. Oben konnte man die Sterne sehen, wie es im Osten heller wurde und das Hongkonger Licht traumgleich langsam verdämmerte. Ich verbrachte mindestens elf Stunden im Meer, schwamm gute 40 Kilometer, wäre alles glatt gegangen, hätte ich keine elf Stunden gebraucht. Einmal traf ich jedoch auf eine Flutwelle und es riss mich, als sie sich wieder zurückzog, vom Scheitel volles Karacho bis runter in die Talsohle, schneller als beim Sprint-Weltrekord. Beim nächsten Mal wollte ich mit aller Kraft meine Position halten und nicht nochmal zurückgerissen werden. Aber hast du solche Trichterwellen schon mal erlebt?

Schließlich erreichte ich in der Nähe der Chinese University von Hongkong das Ufer. Ich war vielleicht fertig. Mir ist völlig klar, dass ohne Gottes Fürsorge das Spiel um mein Leben erfolglos geblieben wäre. In diesem Meer sind so viele illegale Migranten von Haien gefressen oder aus Patrouillenbooten heraus erschossen worden, und manchmal schießen sie auch gar nicht, sie greifen dich auch nicht auf, sondern fahren dich einfach über den Haufen und du wirst von der Schiffsschraube geschreddert, die Haie riechen das und kommen von überall her. Oder man bekommt einen Krampf oder das Herz setzt plötzlich aus, oder ein Schock, und weil das Meerwasser durch Mark und Bein dringt, bewegen sich deine Arme und Beine in einer Phase der Bewusstseinseintrübung immer langsamer und du merkst erst, wenn du untergehst, plötzlich, dass du so nicht sterben willst.

Auf jeden Fall bin ich schließlich ans Ufer gelangt und nirgendwo war Polizei. Ich kam aber ja ursprünglich aus Hongkong und wusste, dass dieser Grenzort Sha Tau Kok ein hochgefährliches Pflaster war, denn es gab dort die mit den Kommunisten eng verbandelten Linken, ich musste mich in Acht nehmen, nicht doch noch von ihnen aufgegriffen zu werden. So todmüde ich also war, kehrte ich wieder ins Wasser zurück und schaffte es an der Küste entlang mit Ach und Krach bis zur Chinese University, wo ich endgültig an Land kroch und mit den ersten Schritten zusammenbrach.

Als ich wieder zu Bewusstsein kam, befand ich mich auf einem Polizeirevier. Später erfuhr ich, dass ich kaum ein paar Minuten weggetreten war, schon war die Polizei da und rief sofort einen Rettungswagen. Auf dem Revier war es schön warm, die Polizei hatte mir zu essen gegeben und auch was zum Anziehen und erst danach fragten sie mich, warum ich mich den Gefahren einer illegalen Einwanderung ausgesetzt hatte. Ob ich in Hongkong Verwandtschaft hätte. Ich sagte, ja. Daraufhin nahmen sie Kontakt zu meinen Verwandten auf, damit sie mich fürs erste zu sich nach Hause holten.

Mutter habe ich erst ganze zwölf Jahre später wiedergesehen. Ich war von Hongkong direkt nach Amerika, nach San Francisco, ausgewandert. Als ich sie hier am Flughafen abholte, war das Erste, was sie zu mir sagte: Das Geburtstagsessen, das ich damals für dich gemacht habe, hat niemand mehr gegessen.

Ja, niemand hat es gegessen. Weil ich ausgerechnet am Tag vor meinem Geburtstag geschnappt werden musste.

楊繼年

2

YANG JINIAN

Noch ein Kind und schon ein Verbrecher

Am 13. Januar 2002, spät nachts, fand mein Bekannter Lu Dachun, der sich in Peking aufhielt, um an höherer Stelle eine Petition einzureichen, bei einem Großbrand in einem Privathaus im Stadtbezirk von Maizidian einen vom Feuer völlig entstellten Bettler, und dieser war niemand anders als der Protagonist des nachfolgenden Textes, Yang Jinian.

Voller Mitleid für einen Leidensgenossen brachte Lu den Verletzten sofort in eine nahegelegene Klinik des Zentralen Militärkrankenhauses von Peking, wo man ihn retten konnte. Am 5. Februar sah sich Yang Jinian jedoch gezwungen, die Klinik zu verlassen, weil er die aufgelaufenen Behandlungskosten von über zweitausend Yuan nicht bezahlen konnte, er wurde in seine Heimatprovinz Sichuan abgeschoben, wo er in dem kleinen Ort Shuangqiao im Kreis Neijiang in ein Altersheim kam und nach nur fünf Tagen an einer unbehandelten Wundinfektion verstarb.

Als Erbe hinterließ Yang Jinian jede Menge schriftliche Klagen gegen erlittenes Unrecht, mehrere Millionen Schriftzeichen, womit er wohl als der weltweit schöpferischste »Petitionsautor« gelten konnte. – Als mir dieser Ehrentitel im Herbst des Vorjahres erstmals zugetragen wurde, fragte ich spontan zurück: »Und schon mit elf Jahren im Knast? Werden Sie einen Roman darüber schreiben?«

Ich selbst hatte Yang Jinian am Nachmittag des 12. Oktober 2001 irgendwo am Straßenrand beim Westtor-Busbahnhof in Chengdu noch einen Besuch abstatten können, habe jedoch keine besonders gute Erinnerung daran. Er zwirbelte an seinen Augenbrauen und schaute vollkommen verbittert. Als ich sagte, ich würde mich gern mit ihm unterhalten, antwortete er: »Unterhalten is doch'n Furz wert, Sie sind schließlich kein Richter. Heute sind Sie ein Literat ohne Einfluss und Macht, der, weil er nichts Besseres zu tun hat, Material sammelt, und deshalb können Sie hier neben mir sitzen und schwadronieren; wenn sich morgen die Dinge für Sie zum Besseren wenden und Sie unvorsichtig den Posten eines hohen Beamten annehmen, werden sich Ihre guten Absichten schnell verfinstern.«
Das machte mich derart verlegen, dass ich nur noch ein »Wiedersehen« von mir geben und den Rückzug antreten konnte.
Eine Woche später suchte ich Yang Jinian nochmal in Zimmer 3 auf dem Obergeschoss des »Petitionshotels« in unmittelbarer Nähe des Obersten Gerichtshofs der Provinz Sichuan auf und nutzte seine ausgeglichenere Verfassung für ein langes Gespräch, das wie am Schnürchen lief. Danach trennten sich unsere Wege, er machte sich für weitere Petitionen auf nach Peking.

Nach einem guten halben Jahr Arbeit am Material war ich mir noch immer nicht im Klaren darüber, wie ich am besten über diesen Fall schreiben sollte. Ich baute das Manuskript mehrfach um, probierte die dokumentarische Form genauso wie die des Romans … Ich konnte mir das Hirn zermartern, so viel ich wollte, ich hatte am Ende bloß dieses rohe Erstinterview. Da Yang Jinian inzwischen gestorben war, war eine große Zahl von Lücken nicht mehr zu füllen … Welche Implikationen hätte jedoch andererseits literarische Fiktion bei einem Menschen, der dermaßen elend dran gewesen war? Besser lässt man dann doch direkt die rachedürstende Seele des aufgrund unrechter Missstände Verstorbenen, also die Originalstimme unverändert zum Leser sprechen.

Suche nach der Urteilsschrift

LAO WEI: Sie sind wirklich schon mit elf Jahren verurteilt worden?
YANG JINIAN: Ich bin am 8. Dezember 1946 geboren, am 5. November 1957 wurde ich vom Gericht des Kreises Neijiang wegen Diebstahls zu zehn Jahren verurteilt; am 10. Januar 1958 kamen drei weitere Jahre dazu. Genosse Lao Wei, schauen Sie, hier sind beide Urteilsschriften.
LAO WEI: Die Originale?
YANG JINIAN: Nein.
LAO WEI: Haft ist keine Kleinigkeit, wie kommt es, dass Sie keine Originaldokumente haben?
YANG JINIAN: Ist das eigentlich bewusst, dass Sie an allem etwas auszusetzen haben?
LAO WEI: Herr Yang, bitte seien Sie nicht ärgerlich, mich macht etwas stutzig … diese sogenannten »Urteilsschriften« sind recht unleserlich von Hand geschrieben, wahrscheinlich hätte selbst ein Universitätsprofessor seine liebe Mühe, das zu entziffern, und auf dieser Grundlage haben Sie 34 Jahre im Gefängnis gesessen …
YANG JINIAN: In den 1950er Jahren propagierte man den »Aufbau des Sozialismus: mehr, schneller, besser, sparsamer«, deshalb sind alle Gesetzesdokumente von damals handschriftlich, sie wurden an Ort und Stelle geschrieben und an Ort und Stelle vollstreckt, da wurde nicht lange gefackelt. Dass die sich über alle erhebenden Herren Richter es nicht notwendig fanden, mir die Urteilsschriften auszuhändigen, war vielleicht, weil ich noch so zierlich und klein war, auch die Kopien, die ich hier habe, wurden überhaupt erst am 23. Juni 1998 auf meine Suche im Archiv des Gerichts im Bezirk Dongxing des Kreises Neijiang hin angefertigt. Das ist normal, in den Gruppen zur »Umerziehung durch Arbeit« haben viele keine Urteilsschrift bekommen, entweder war die vom Urteil sprechenden Gericht gleich einbehalten und mit allem anderen zu den Akten gelegt worden oder von irgendeinem Erziehungskader auf

Dauer »entliehen«. Von den Bauern sind die meisten Analphabeten, solange man keine Berufung einlegen will, ist eine Urteilsschrift nur ein wertloses Stück Papier.
LAO WEI: War Ihnen dieses »Stück Papier« auch nichts wert?
YANG JINIAN: Doch natürlich. Deswegen habe ich ja Dutzende Eingaben gemacht und über 700 Mal Berufung eingelegt. Anfangs wollte das Regionalgericht seiner Schuldigkeit nicht nachkommen und erlaubte keine Nachforschungen, also wartete ich mit einem Schreiben an die Beschwerdestelle des Nationalen Volkskongresses und des Obersten Gerichtshofs auf. Aber die verdammten Hunde schoben mich hinaus, ohne es auch nur anzusehen. Ich war am Ende meiner Weisheit und schlug am Eingang des Gerichts meine Zelte auf, wo ich für gut zwei Monate blieb und immerhin tagtäglich die Aufmerksamkeit von einigen Hundert Leuten erregte. Schließlich gaben die verdammten Hundefressen klein bei und willigten in Nachforschungen ein.
Als nächstes war es an mir, mir die Füße wundzulaufen, im Ort, in der Stadt, im Kreis, im Bezirk, es gab so viele Archive, ich brauchte Tage dafür. Das Archiv des Gerichts im Bezirk Dongxing war dann ein ganzes Lagerhaus, stockdunkel, der Aufseher öffnete die Tür und deutete hinein – such selbst, aber bring nichts durcheinander, sonst weiß man nicht mehr, wie aufräumen. Völlig stumpfsinnig ging ich hinein, um mich herum waren nur Wände aus Ehrfurcht gebietenden Rieseneisenschränken, alle mit dicker Rostkruste. Der Geruch von Schimmel, toten Ratten und Mäusen und vom Gift gegen Papier fressende Insekten kratzte mich die ganze Kehle runter. Der Aufseher schaltete das Neonlicht an und brüllte, während er den Schlüssel umdrehte – jetzt such, jedes Unrecht hat seinen Täter, jede Schuld hat ihren Schuldner, musst nur suchen.
Ich kreiste durch Gänge zwischen Schränken und verschwendete mehr als eine Stunde, bis ich endlich kapierte: das war ja nicht anders als im Urnenraum eines Krematoriums, auch hier war alles nach Jahr und Monat geordnet, oben auf jeder senkrechten Ak-

tenschrankreihe klebte eine Beschriftung. Ecke um Ecke bohrte ich mich immer tiefer hinein, plötzlich fiel mir die Aufschrift »1957–1958« ins Auge, ganze sieben große Schränke! Stellen Sie sich das mal vor, das Material von Verhör und Verurteilung eines Häftlings umfasst im Schnitt ein paar Dutzend Seiten, sieben große Schränke, wie viele Verurteilungen, wie viele Hinrichtungen mussten das sein? Mein Herz schlug, da wäre jede Trommel ins Hintertreffen geraten, nach einem Schluck Wasser beruhigte ich mich wieder und begann von unten nach oben Schublade für Schublade zu durchforsten, in dicken, dicken Stößen klemmte das Papier zwischen Aktendeckeln, das älteste war zu »Tausendschichtigem Fladenbrot« zusammengerostet. Auch Papier kann rosten, hätten Sie das geglaubt?
Es war ein heißer Tag und ich wühlte und wühlte und wühlte, immer ungeduldiger, dass mir schwarz vor Augen wurde. Ich hatte eine Plastikflasche mit immerhin zweieinhalb Litern Wasser dabei, das war ruckzuck weg. Ich schwitzte so was von, das Hemd klebte mir am Rücken, als ich es schließlich schon ausziehen wollte, brüllte der Aufseher am Eingang: Feierabend!
Am nächsten Morgen stand ich sehr früh auf und eilte zurück, um weiterzusuchen, wieder durchwühlte ich von unten nach oben Schublade für Schublade, wieder war da dieses zusammengerostete »Tausendschichtige Fladenbrot« aus Papier. Und kaum hatte ich mich so richtig vertieft, waren schon wieder Stunden vorüber. Ich hatte nicht einmal bemerkt, dass eine Spinne auf meinem Rücken ein Netz webte. Mit »1957« war ich schließlich durch und auf keinem Aktendeckel hatten die drei Schriftzeichen »Yang Jinian« gestanden. Unter »1958« waren sämtliche Schubladen festgerostet, keine ließ sich öffnen. Ich trat mit dem Fuß dagegen, hämmerte mit den Fäusten, durch die Erschütterung fiel ein Rattennest vom Schrank. Und dann, noch bevor ich es recht mitbekam, zersplitterte ein handtellergroßes Stück alter Rost krachend und prangte mir im Gesicht.

Ich konnte meine Augen nicht mehr öffnen, knallte mit meiner Birne gegen das Eisen, aber ich musste mich ja wohl oder übel raustasten, um mich unter fließendem Wasser zu waschen. Als ich den Kopf wieder sauber und klar hatte, tat ich, als würde ich eine Pause machen, suchte mir unauffällig einen halben Backstein, nahm ihn mit rein und schlug mit aller Macht zu. Schlägst du da alles kurz und klein? – Der Aufseher beließ es zum Glück bei diesem kurzen Gebrüll und kam nicht rein. Ich schätze mal, der ist sein ganzes Leben da nicht oft reingekommen, denn als ich nach einer Weile den Backstein von neuem schwang, blieb draußen schon wieder alles ruhig.

Diesmal zerrte ich zuerst an der obersten Schublade und da drin lag nun tatsächlich ein »Yang Jilian« (Schreibfehler im Gerichtsurteil, es sollte »Yang Jinian« heißen – Anmerkung Lao Wei)! Auch das war aber nur noch ein Brocken rostiges »Tausendschichtiges Fladenbrot«, ich hielt den Atem an und versuchte es rauszubrechen, meine Hände zitterten heftig; ich riss die ganze Schublade ins helle Licht runter und konnte die Akte schließlich aufbrechen. Himmel! Meine Originalurteile! Durch schwarzen Dreck schien das vergilbte Papier durch, an Rostrissen entlang zog sich eine weites Feld Insekteneier, ich pustete, klatschte, schüttelte und schüttelte. Dieses Zeug hatte mir mein ganzes Leben versaut, und ich behandelte es wie einen Schatz …

LAO WEI: Die Sucherei muss für Sie absolut nervenaufreibend gewesen sein, aber ich kann Sie gut verstehen, denn auch meine Urteilsschrift wurde vor einem guten Jahrzehnt von einem Politkommissar Huang des Zweiten Gefängnisses der Provinz Sichuan dauerhaft entliehen. Wenn ich jetzt eine Petition einreichen oder Berufung einlegen wollte, wäre ich, fürchte ich, in der gleichen verteufelten Situation wie Sie, hätte jedoch nicht unbedingt Ihr Glück. Aber gut. Sprechen wir über die Urteile, die eine auffällige Ungereimtheit aufweisen: Ihre Verurteilung zur Hauptstrafe trägt das Datum »ausgefertigt am 8. April 1958«, die Verurteilung zur Zusatz-

strafe »ausgefertigt am 10. Januar 1958«, das heißt, bevor das Hauptverbrechen endgültig schriftlich fixiert war, steckten Sie bereits in der Umerziehung durch Arbeit und sind wegen »Widerstands gegen die Umerziehung« mit weiteren drei Jahren bestraft worden.
YANG JINIAN: Sie sind ein gewitzter Kopf, Sie hätten das Zeug zum Anwalt.
LAO WEI: Die schriftlich festgehaltenen Straftatbestände für Ihre zusätzliche Strafe sind: Hat in aller Öffentlichkeit den Volkspolizisten Xu Guocheng gefragt: »Was hab ich gemacht, für was es 10 Jahre gibt? Ich hab nichts gemacht, ich hab gar nichts Böses gemacht.« Sehr anmaßend und aggressiv. Sagte weiterhin mehrfach zu Gefangenen wie Zhang Jinshan und später Liu Biao: »Ich hau ab.« Hetzte weitere Gefangene auf: »Im Untersuchungsknast war das Essen ja noch in Ordnung, hier in diesem Yujiaya ist nichts in Ordnung, gibt nicht mal Sauerkraut.« Im April 1957 sagte er zu den Gefangenen Dong Guanghua und Peng Kebin: »Bei dieser Schweinekälte müssen wir Setzlinge pflanzen und das in den Klamotten.« Wer andere Gefangene aufhetzt, widersetzt sich der Umerziehung …
YANG JINIAN: Ich war ein Kind, ich hab gemotzt und es sofort wieder vergessen. Wie wäre ich denn auf die Idee gekommen, dass jemand hinter meinem Rücken fein säuberlich mitschrieb?

Der Schafdieb

Der Anfang von allem war ein Schaf. 1953 hat mein ältester Halbbruder, gleicher Vater, verschiedene Mütter, im Nachbardorf ein Schaf gestohlen, wurde angezeigt, zu zehn Jahren verurteilt und zur Umerziehung durch Arbeit nach Xinjiang geschickt, von wo wir nichts mehr von ihm hörten. Zu Hause wurden alle sieben, acht von uns in Sippenhaft genommen und wir mussten für vier Jahre unter Aufsicht arbeiten. 1957 nahmen in der Region die Diebstähle überhand, die Öffentliche Sicherheit hatte nicht genug Mitarbeiter und konnte die Fälle oft nicht aufklären. Nach dem Motto, »wer ein Schaf stiehlt, ist familiär vorbelastet«, blieb sie aber nicht untätig, sondern schlachtete aufgrund von Denunziationen durch die Massen ein Huhn, um die Affen abzuschrecken.

Meine Eltern wurden mit den Klassenfeinden, den Grundbesitzern, Reichen, Reaktionären, schlechten Elementen, den Soldaten, Polizisten, Gendarmen der Nationalisten und Spionen in einen Topf geworfen und wieder und wieder in öffentlichen Versammlungen runtergemacht und gequält, bis sie es schließlich nicht mehr aushielten und mitten in der Nacht mit der ganzen Familie samt Sack und Pack die Flucht ergriffen. In belebtere Gegenden trauten sie sich nicht, wir konnten uns nur in einer Berghöhle in einer großen Schlucht verkriechen, um wie Wilde zu leben. Ich allerdings verirrte mich unterwegs und bin bei Tagesanbruch nach Hause zurück, wo ich prompt dem Volkspolizisten Xiao vom Kreisbüro der Öffentlichen Sicherheit in die Arme lief, der eine Suche nach »Diebesgut« leitete, das aus den Kollektiven verschwunden war: Sicheln, Hacken, Reis, Schweinedarm, Fleisch, Sojabohnen und so weiter. Nicht die Spur davon war wieder aufzutreiben.

Der Volkspolizist Xiao griff sich deshalb mich und brüllte in flammender Wut, sie sollten unser Haus plattmachen. Ein paar Volkspolizisten legten ihre Gewehre beiseite, holten sich lange Bambusstangen und schlugen damit auf die Dachziegel ein, zerstießen Reihe für Reihe, dass es nur so rauschte und schepperte, bis das ganze Haus mit seinen drei Räumen offen dalag. Volkspolizist Xiao führte das Kommando aus der Ferne, der Staub wirbelte bis zu uns herüber. Erst als wieder Stille herrschte, trat er zu weiteren Aufklärungen näher. Er grub die zertrümmerten Ziegel von zuunterst nach zuoberst und fand auf einmal Gefallen an einer Handvoll Weizensamen, die er auflas. Er hob den Kopf, überlegte eine ganze Weile, winkte dann, mich herzuschicken, und fragte: »Yang, Kleiner, wie viel Weizen hast du der Gemeinschaft gestohlen?«

Vor Schreck zuckten nur meine Wangen, ich brachte kein Wort heraus. Xiao klatschte selbstzufrieden in die Hände und sagte: »Hast wohl ein schlechtes Gewissen? Konntest das Gestohlene nicht aufessen und hast es Rest für Rest auf dem Dach ausgestreut, zweifellos der Unterschlupf eines Verbrechers.«

Ich wollte abstreiten: »Die Spatzen sind die untergeschlüpften Verbrecher, bei wem gibt es zwischen Dachziegeln denn keine Körner, die sie fallen lassen?« Stattdessen zitterte und bebte ich, dass ich mich kaum noch auf den Beinen halten konnte. Volkspolizist Xiao zerrte meine Hände zu sich hin und legte mir Handschellen an, die Stahlringe rutschten allerdings sofort wieder von meinen reisstängeldürren Handgelenken. Dieser Xiao wusste sich daraufhin keinen anderen Rat, als mir die Hände mit einem Hanfseil zu binden. Ich fiel auf meinen Hintern und plärrte lauthals los, doch Volkspolizist Xiao sagte nur: »Kannst dich gern totheulen, das schreckt die Volksregierung nicht, die proletarische Staatsmacht ist eisenhart!«

Die umstehenden Massen applaudierten begeistert und riefen: »Gut gemacht!« Der Buchhalter der Produktionsgruppe hatte einen Kanister Tusche bei sich und schrieb mit einem breiten Streichpinsel Slogans auf die Mauer, ich konnte noch nicht lesen, aber ich vermute, es war das, was alle brüllten: »Strenge Strafen für konterrevolutionäre Schafdiebe!« »Nieder mit Saboteuren, nieder mit dem Rotzbengel Yang!« und Ähnliches. Als Volkspolizist Xiao die Kampfstimmung aufgeheizt genug fand, kramte er sein Notizbuch heraus, schrieb kratzend etwas hinein und las es dann öffentlich vor: »Um den Frieden in der Region sicherzustellen und damit das Land und das Kollektiveigentum keinen weiteren Schaden nimmt, nehme ich als Vertreter der Organe für Öffentliche Sicherheit hiermit den gewohnheitsmäßigen Dieb, den kleinen Yang, in Haft.«

Weil ich hartnäckig auf dem Boden sitzen blieb, packte Volkspolizist Xiao mich um die Hüfte, klemmte mich unter den Arm und ging ein paar Schritte zwischen den anderen durch. Ich heulte und trat mit den Beinen, dass Xiao sich kaum halten konnte, ärgerlich wurde

und mich als »Hundesohn« beschimpfte. Dann legte er mich übers Knie und versohlte mir klatschend den Hintern. Die umstehenden Massen brachen in schallendes Gelächter aus, ein paar Volkspolizisten mussten so lachen, dass sie ihre Gewehre nicht mehr auf der Schulter halten konnten, nachdem ich mich heiser geschrien hatte, trat dann noch jemand heran und scherzte: »Öffentliche Sicherheit Xiao, Sie erziehen ihn ja wie einen Ihrer eigenen Knaben.« Und Xiao tat, als müsse er ernsthaft seufzen: »Es ist das Pech meines Lebens, einen diebischen Sohn großgezogen zu haben.«
Ein Polizeiauto wartete an der Hauptstraße beim Dorfeingang, die Dorfbewohner »begleiteten« mich begeistert und emsig wie beim Neujahrsfest zum Auto, in dem ich zwei Stunden lang bis zum Kreisbüro der Öffentlichen Sicherheit durchgeschüttelt wurde. Das »Belastungsmaterial« war längst zusammengetragen, Volkspolizist Xiao zog die Uniformjacke aus, legte beide Füße auf den Bürotisch und knabberte an einem mit Schweinefleisch gefüllten *Baozi*, während er seinen Kampf fortsetzte und mich fragte: »Name, Alter, woher?« Nach wenigen Minuten war auch dieser Justizformalität Genüge getan und Volkspolizist Xiao befahl mir, meinen Handabdruck drunter zu setzen, ich hatte jedoch schrecklichen Hunger, das Wasser lief mir im Mund zusammen und ich konnte meine Augen nicht vom *Baozi* an seinem Mund abwenden. Er drängte mehrmals, »los, dein Handabdruck«, doch ich nahm es gar nicht wahr, ich sagte nur: »Onkel, bitte auch ein *Baozi* für mich.« Darauf sagte dieser Xiao: »Dein Handabdruck, dann kannst du dich satt essen.« Nun ja, seit ich als Landkind aus dem Bauch meiner Mutter gekrochen war, habe ich nichts häufiger gesehen als arme Schlucker, die nur Haut und Knochen waren, und nichts seltener als Essen mit fettem Fleisch. Sobald ich hörte, »kannst dich an *Baozi* mit Fleisch satt essen«, schwoll mir schwirrend der Kopf. Ich lehnte mich über den Tisch und setzte meinen Abdruck, wohin er wollte; als Xiao erkannte, welcher Heißhunger mich quälte, sollte ich selbst Seite für Seite umblättern und meine Hand draufsetzen. Bald war ich

kurz vor einem Hitzekollaps, ich dampfte und schwitzte wie ein ganzer Dämpfkorb voller *Baozi*. Als Xiao sah, dass ich meine Aufgabe erledigt hatte, holte er aus der Gemeinschaftsküche vier große *Baozi* und eine große Schüssel Gemüsesuppe. Ich drehte fast durch, stürzte mich regelrecht drauf und hatte mir nichts, dir nichts *Baozi* und Suppe verschlungen, ohne irgendwas geschmeckt zu haben. Schmatzend kaute ich noch eine ganze Weile Luft, was Xiao sehr amüsierte, und er ging nochmal drei *Mantou* holen. Ich war so aufgeregt, dass ich in einem fort nur »danke Onkel« rief, bis Volkspolizist Xiao mit dem Fuß meinen Kopf anhob, zweimal draufklopfte und sagte: »Dass du mir bloß nicht platzt, sonst fehlt dem Land eine Arbeitskraft.«

Den Mund mit einem *Mantou* vollgestopft antwortete ich vor mich hin nuschelnd: »In so einem Gefängnistrupp zähle ich doch sowieso nicht mal als halbe Arbeitskraft.«

Volkspolizist Xiao blieb kurz die Spucke weg, dann sagte er: »Könntest für den Knast wirklich ein wenig klein sein.«

LAO WEI: So wurden Sie also mit Hilfe von vier *Baozi* und drei *Mantou* schuldig gesprochen?

YANG JINIAN: In jenen Jahren waren die Menschen verrückt vor Hunger, anderen, die geschnappt wurden, erging es nicht anders.

LAO WEI: Obwohl in dieser Urteilsschrift schwarz auf weiß »11 Jahre« steht, finde ich das noch immer ganz und gar unglaublich, das von den chinesischen Kommunisten 1955 erlassene Strafgesetz legte doch fest, dass Kinder unter Vormundschaft gestellt und nicht strafrechtlich verfolgt werden sollten …

YANG JINIAN: Hier, mein Personalausweis, mein Wahlberechtigungsschein, meine Entlassungspapiere, das ist meine Geburtsurkunde, ausgestellt von der Gemeindeverwaltung von Fengtian und vom Dorfkomitee von Yangjiachong, und hier noch die Zeugenaussagen von einheimischen Dorfältesten und anderen Dorfbewohnern – ich bin 1946 geboren, da gibt es kein Vertun!

LAO WEI: Regen Sie sich bitte nicht auf, Herr Yang.
YANG JINIAN: Wie soll ich mich da nicht aufregen? Ein Kind geht aufgrund falscher Anschuldigungen in den Knast und kein Erwachsener stellt sich hin und sagt etwas zu seiner Rechtfertigung. Ich wurde auf einer großen Massenversammlung ganz offiziell festgenommen und verurteilt. An dem Tag waren auf dem Sportplatz der Gemeinde Fengtian ohne Pause schon Dutzende von Klassenfeinden abgeurteilt worden, ich musste als letzter auf die Bühne und mich erklären, vor lauter Angst hatte ich kaum noch Kontrolle über meine Blase. Alle reckten ihre Fäuste und standen dichter als ein Wald, und alle schrien: »Macht ihn fertig!«
LAO WEI: Das waren alles Irre.
YANG JINIAN: Irre warst du, wenn du dich nicht an die Großwetterlage angepasst hast.
LAO WEI: Und die Verurteilung eines Kindes entsprach der »Großwetterlage«? Wie ging es also weiter?

Vier zusätzliche Strafen

YANG JINIAN: Dann war ich auch schon in der Umerziehung durch Arbeit und begann mit meinen Einsprüchen. Mit meinen vier zusätzlichen Strafen saß ich von 1957 bis 1991 vierunddreißig Jahre lang im Gefängnis. Der einzige Lichtblick im Knast war, dass jeder sich weiterbilden musste, nach zwei, drei Jahren war ich meinen Analphabetenmakel los und musste mir von niemandem mehr beim Abfassen meiner Einsprüche helfen lassen. Genosse Lao Wei, schauen Sie, hier unter dem Bett in den Kartons und Jutesäcken, das sind alles meine Werke, von kaum älter als zehn bis heute über vierzig Jahre keine Familie und kein Obdach, ein alter Kauz, der allein ist, aber in meinen Einsprüchen kann man ersaufen. So viele Male habe ich gebrüllt, man muss diesen Justizirrtum korrigieren, doch

erst 1991 hat ein Gericht geantwortet: »Das Alter von nur 11 Jahren bei der Verurteilung ist gemäß Untersuchung unzutreffend.«
LAO WEI: Was dachte das Gericht denn, wann Sie geboren sind?
YANG JINIAN: Mehr als »ist gemäß Untersuchung unzutreffend« wurde mir nicht mitgeteilt. Das machte mich so wütend, dass ich mir erstmal hundert Ohrfeigen verpasste. War ich ein übernatürliches Wesen, entsprungen aus einer Felsritze? Ich konnte doch meine verstorbenen Eltern nicht unter dem Lössboden hervor und vor diese idiotischen Richter zerren.
LAO WEI: Mir ist das Gefängnis ja auch nicht unbekannt, Sie sind schon ein ganz besonderer Fall. Dass eine Strafe viermal verlängert wird, passiert selten. Können Sie erzählen, wie es dazu gekommen ist?
YANG JINIAN: Das habe ich schon Tage und Nächte lang von vorne bis hinten immer wieder erzählt.
LAO WEI: Dann erzählen Sie es kurz. Ich les mal zuerst diese handgeschriebene Anklageschrift der Volksstaatsanwaltschaft des Kreises Guangyuan vor – … Der Delinquent hat sich, seit er in der Umerziehung durch Arbeit ist, weder schuldig bekannt noch befolgt er die Gesetze, er schreit in aller Öffentlichkeit herum, er sei unschuldig, hat wiederholt Einsprüche eingereicht mit dem Ziel, dass sein Urteil rückgängig gemacht wird. Selbst nach der Ablehnung seiner Einsprüche auf der mittleren Volksgerichtsebene XY beharrt er weiter auf seiner reaktionären Haltung und in der Folge des Einfalls der Chiang-Banditen auf unser Festland im Juni 62 hat der Delinquent im Juli 62 dreimal reaktionäre Äußerungen verfasst (wegen Durchfalls verwendet als Klopapier). Am 14. Juli um zwei Uhr nachts warf er eine bereits vorbereitete reaktionäre Äußerung auf den Tisch in einem Allzweckraum, den die Gehangenen (Gefangenen, ein Schreibfehler – Anmerkung Lao Wei) regelmäßig aufsuchen. Der Inhalt lautet: »Beachtet bitte, alle Umerziehungsgenossen, unter den Tatsachen erkennt, Folgendes wird normal. Hoffnungen treffen ein, in der Welt 62 gibt es zuerst die Erwachsenen,

drei Pfund Reis, zwei Pfund Brennholz, dies Jahr im vierten Krieg wird Chiang Kai-shek sicher entschlossen zurückschlagen. Danach wird es normal, jeder einzelne Kader wird im ganzen Land gleichzeitig ein Gefangener in Umerziehung durch Arbeit, aber man kann auch aktiv werkeln. Beachtet Ausweitung von Verbrechen und Verbindung zum Vollen, nieder mit dem Vorsitzenden Mao.« …

YANG JINIAN: Wollte man nur auf den rechten Weg zurück, hieß es ja gleich, man wirke beim Gegenangriff des alten Chiang aufs Festland mit.

LAO WEI: Haben Sie das geschrieben?

YANG JINIAN: Ich habe bis heute den Sinn dieser »reaktionären Äußerung« nicht begriffen. Ich erinnere mich, dass es damals in der *Renmin ribao* oft Berichte über amerikanische und Chiang-Spione gab, die in Küstengebieten an Land gingen, und dass das Gefängnis im Zuge dieser Ereignisse eine Diskussionsversammlung einberief, in der es die Häftlinge ermahnte, den Schwanz einzuziehen und sich zu benehmen und bloß keine leeren Hoffnungen wegen dieser Reaktionäre zu hegen, sonst würden »die strengen Strafen noch verdoppelt«. Selbst wenn ich den Mut eines Leoparden gehabt hätte, hätte ich es nicht gewagt, gegen den herrschenden Wind Verbrechen zu begehen und einen reaktionären Slogan wie »Nieder mit dem Vorsitzenden Mao« zu schreiben, für den man abgeknallt wurde! – Und meine Strafe wurde ja um zwei Jahre verlängert, überlegen Sie mal, für einmal Feindradio (verweist auf Hongkonger, taiwanische, sowjetische und westliche Radiosender – Anmerkung Lao Wei) hören, wurde man mit zehn Jahren und mehr bestraft, und für das Verfassen eines reaktionären Slogans sollte man so leicht davonkommen?

LAO WEI: Was war also geschehen?

YANG JINIAN: Man hatte mich, weil ich auf meiner Unschuld beharrte, zum Exempel eines Rebellen gegen die Umerziehung erklärt, und kaum waren die amerikanischen und Chiang-Spione irgendwo an Land gegangen, wurde ich sofort unter besondere

Kontrolle gestellt und in eine winzige Arrestzelle verfrachtet. Lang musste ich dort zu meiner Überraschung aber nicht bleiben, denn es kam gleich zum Eklat in der »Angelegenheit reaktionärer Slogans«. Splitternackt wurde ich mehrere Tage und Nächte aufgehängt und geprügelt, bis ich nicht mehr anders konnte als zuzugeben, der Rädelsführer der »reaktionären Slogans« zu sein. Das Gefängnis stellte schon das Material zusammen und war drauf und dran, nach oben zu melden, der Schuldige der reaktionären Slogans sei entlarvt, als sich herausstellte, dass es »Feng-Shui-Meister« XXY aus derselben Brigade gewesen war. Eine Scheiße war das! Als der Feng-Shui-Meister exekutiert werden sollte, musste ich mit zur Hinrichtungsstätte auf einem offenen Platz neben einer aufgelassenen Mine. Im Gefängnis hatte er bei einer Generalversammlung der Gefangenen noch seinen lebensmüden Slogan aufgesteckt bekommen und war damit in der Kreisstadt öffentlich an den Pranger gestellt worden. Kurz vor Mittag bekam auch ich den Oberkörper gefesselt, Arme auf den Rücken, Schlinge um den Hals, um Kopf an Kopf mit ihm die Höllenpforte zu betreten. Im entscheidenden Augenblick allerdings, während ich mit diesem XXY am Rand einer Grube kniete, beide waren wir noch immer auf dem Rücken gefesselt, nur ein Meter Abstand zwischen uns, – um ehrlich zu sein, ich hab nicht gesehen, wie er umgefallen ist. Als der Schuss knallte, machte ich meine Augen zu und spürte nur noch einen mächtigen Schwall heiße Brühe mir mitten ins Gesicht klatschen, grauenhaft, ich hab mir direkt in die Hosen gepisst. Danach wurden mir die Fesseln abgenommen, und als ich mir den Schweiß abwischte, hatte ich in der einen Gesichtshälfte und auf einer Schulter alles voller Blut von diesem Feng-Shui-Meister, an meinen Bartstoppeln klebten sogar Hirnreste. Als ich wieder in der Brigade war, duschte ich, aber ich konnte mit der Seife schrubben, so viel ich wollte, das Gefühl, XXY sei bei mir, blieb, ich weiß, dass Haut und Fleisch sich nicht reinwaschen lassen, und sind sie erst vom Kohleöl durchtränkt, bleibst du bis in die Eingeweide schwarz.

Immerhin waren es nur zwei Jahre mehr geworden! Ich seufzte noch an Ort und Stelle tief und fühlte mich äußerst glimpflich davongekommen. Fünf Jahre später allerdings wurde meine Strafe nochmals wegen des »Verbrechens reaktionärer Slogans« erhöht! Und das ging so: Als ich am 15. Mai 1968 in einem besonders streng kontrollierten Kohleminenausbildungstrupp bei der Reinigung der Klos neben der Latrinengrube eine dicke Handvoll Zettel entdeckte, schob ich sie mit dem Besen auseinander und sah zu meiner Verblüffung, dass es wieder reaktionäre Slogans waren: »Nieder mit der Kommunistischen Partei! Nieder mit dem Vorsitzenden Mao! Stürzt die kommunistische Diktatur!«, insgesamt bestimmt fünfzig Zettel. Weil ich nirgendwo jemanden sah, kümmerte ich mich zunächst nicht weiter darum, mein Gedanke war, nach dem Putzen die feindliche Aktion zu melden. Bis ich aber von meiner großen Runde zurück kam, waren die reaktionären Slogans verschwunden. Eine Woche später tauchte dann auf einmal der Erziehungskader für unsere Gruppe, ein Fu XY, höchstpersönlich in meiner Zelle auf und zerrte mich mitten in der Nacht um eins aus dem Bett. Schleifte mich zum stinkenden Wassergraben hinter der Kantine, trat mich hinein und peitschte mit einer Dornenrute auf mich ein, dass mir Hören und Sehen verging. Danach rief er die Gruppenführer unter den Häftlingen zusammen, damit sie mir Fußschellen verpassten, an die Schellen wurde noch ein großes, zig Pfund schweres Eisengewicht gehängt, meine Hände wurden in Hufeisenhandschellen gesteckt. Ich schrie unentwegt: »Unrecht!« Doch dieser Fu XY sagte nur: »Ich schenk dir ein Leben, dass du dir den Tod wünschst.«
Dann zog er mich an einem Seil hoch und befahl den anderen, reihum auf mich einzuprügeln. Als ich die Quälerei nicht mehr ertrug, blieb mir nur, ein Geständnis zu schreiben und meine Verbrechen zu bekennen: reaktionäre Slogans geschrieben zu haben, grundlos Berufungen einzulegen, Bestrafungsausrüstung zerstört zu haben und mich mit der Absicht zu tragen, mit einer versteckten Waffe den Verhörkader zu ermorden und zu fliehen; außerdem be-

richtete und enthüllte ich »Verbrechen« von Li Xingming, Hou Dawen, Xie Pi'an, Wang Yuexi, Li Ping und Wang Qingyun. Aufgrund meiner völlig aus der Luft gegriffenen Anzeigen bekam Hou Dawen drei Jahre zusätzlich, Xie Pi'an zusätzlich zwölf Jahre, Wang Yuexi wurde wegen des »Verbrechens reaktionärer Slogans« erschossen und Wang Qingyun bekam lebenslänglich.

Ich selbst wartete in einer Arrestzelle hockend nach einer Vollversammlung auf meine Hinrichtung, über mir passten zwei Wachen auf, Hofgang oder Dusche gab es nicht. Hände und Füße in harten Schellen klirrte und schepperte es, kaum dass ich mich rührte, dass die Erde erzitterte. Tja, und dann war es doch wieder nicht um mich geschehen, es war vielmehr wie beim letzten Mal, kurz vor Schluss wurden die wahren Schuldigen entdeckt: Die Untersuchung hatte nachgewiesen, dass in die »Angelegenheit reaktionärer Slogans« die vier Häftlinge Wang Chunlin, Liu Yonglong, Tan Yongzhao und Hua Chaoqun aus meiner Gruppe verstrickt waren und ich nichts damit zu tun hatte. Drei von ihnen, Wang, Liu und Tan, sollten umgehend erschossen werden, Hua bekam vier Jahre zusätzlich aufgebrummt. Ich erhielt, weil ich etwas gewusst und nicht gemeldet hatte, als »Mitwisser« zusätzliche sieben Jahre. Um eine Gesetzeslücke zu umschiffen, erhielt ich eine andere Urteilsschrift als die anderen.

LAO WEI: Es gab noch Gesetze während der Kulturrevolution?

YANG JINIAN: Die Organe der Öffentlichen Sicherheit, Staatsanwaltschaften und Volksgerichte waren vollständig zerschlagen und durch diktatorische Strukturen ersetzt worden, durch die »Volksverteidigungsgruppe des Revolutionskomitees der Region XY« nämlich und die »Militärkontrollkommissionen für öffentliche Sicherheit, Staatsanwaltschaft und Volksgerichte des Verwaltungsbezirks XY der chinesischen Volksbefreiungsarmee«, und meine Verurteilungsinstanzen gehörten zu beiden. Im Kopf der Urteilsschrift steht als »Oberste Direktive: Wo immer ein konterrevolutionäres Element Unruhe stiftet, ist es entschlossen zu vernichten.«

LAO WEI: Darf ich mir davon eine Kopie machen? Das ist ja ein kulturgeschichtliches Zeugnis.
YANG JINIAN: Ein kulturgeschichtliches Zeugnis? Mich hat das vor Wut schier in den Wahnsinn getrieben. Weil man vermutlich fürchtete, ich könnte auf dem Hinrichtungsplatz diesmal reaktionäre Slogans brüllen, hatte mir der Gefängnisarzt an dem Tag mit einer Spritze den Mund betäubt und ihn mir zusätzlich mit Baumwolle gestopft. Nachdem ich das alles nun schon einmal erlebt hatte, machte ich die Augen nicht mehr zu und mir auch nicht mehr in die Hosen. Sobald ich die Schüsse hörte, drehte ich den Kopf und sah neben mir die Schädel von allen dreien bersten, ihre Füße traten, während sie kopfüber in die Grube stürzten, ein paar Mal noch Richtung Himmel. Als einer auch nach mehreren Gewehrschüssen nicht umfiel, stieß ihn der Henker einfach mit dem Gewehrlauf hinunter. Das hervorgurgelnde Blut färbte ein verdammt großes Stück Erde ein und verfolgte mich am Abend bis in den Traum. Ich kam aus der endlosen dunkelroten Farbe gar nicht mehr heraus. Anfangs halluzinierte ich auch noch, ich sah ganz deutlich die drei Toten mich verfolgen, ihre Schädel baumelten ihnen an den Händen, dann stellten sie sich mir in den Weg und beschimpften mich, ich hätte sie in diese Scheiße geritten – nur einen Augenblick später war dann wieder heller Tag unter dem schönsten blauen Himmel. Dass es zu einem solchen Ineinanderfließen von Menschen- und Geisterwelt kommen konnte, hatte uns allen, so fand ich, einzig und allein dieser Erziehungskader Fu XY eingebrockt.
LAO WEI: Hätten Sie sich dafür gern am ihm gerächt?
YANG JINIAN: Bis heute würde ich ihn dafür gern noch ins Jenseits befördern, mich hat das völlig wahnsinnig gemacht. In dem Monat nach der Erhöhung der Strafe schrieb ich jeden Tag einen Beschwerdebrief gegen das Unrecht, das mir angetan worden war, in dem ich kein Blatt vor den Mund nahm. Außerdem suchte ich Fu einmal von mir aus auf, um ihn über meine Gedanken zu unterrichten.

Ich sagte: »Ich werde jemanden abstechen.«
Er fragte: »Wen?«
Ich sagte: »Sie.«
Er fragte: »Wann?«
Ich sagte: »Nach dem Essen.«
Er fragte: »Mit welchem Messer denn?«
Ich sagte: »'nem Hackmesser für Zuckerrohr, oder 'nem Häckselmesser.«
Er fragte: »Und wo ist das Messer?«
Ich sagte: »Ein Häckselmesser ist irgendwo vergraben, wo Sie vorbeikommen werden, und sobald ich Sie 'n Kopf kürzer gemacht hab, bin ich weg.«
Als ich meinen Bericht beendet hatte, rief Fu die Gefangenen zusammen, die mir zwei Rippen brachen, mit Gewalt den Mund aufstemmten und ihn mir mit Scheiße stopften, um herauszufinden, ob ich einen auf verrückt machen wollte. Danach wurde ich wieder in eine winzige Arrestzelle gesperrt, ohne Ausgang an die frische Luft, ohne Dusche, ohne Essstäbchen, ich war wie ein Vieh für vier Jahre in völliger Dunkelheit eingeschlossen. Erst im Frühling 1975 sah ich wieder Sonnenlicht und wurde für »Rebellion gegen die Umerziehung« zu lebenslanger Haft verurteilt.
LAO WEI: Und sind Sie mal abgehauen?
YANG JINIAN: Ich habe dreimal Folterwerkzeug ruiniert, bis ich in die Wand der Zelle ein großes Loch gestoßen hatte. Ich wollte Freiheit, ich wollte Sonnenschein. Als ich einmal bei Gericht war, tat ich, als richtete ich mich auf, um mein Geständnis zu lesen, doch dann drückte ich diesem Fu meine Hand, statt damit das Geständnis zu besiegeln, mitten ins Gesicht, drehte mich um und rannte. Ein großer Trupp Volksbefreiungsarmee jagte hinter mir her, als trieben sie eine Ente. Ich schaffte es bis zur Mauer, die aber neun Meter hoch war und oben drauf waren mehrere Reihen elektrischer Stacheldraht. Ich machte ein paar Schritte wieder rückwärts, dann stürzte ich mit gesenktem Kopf los, ich schlug einen Purzelbaum

nach dem anderen, rannte hierhin, rannte dorthin, versuchte es überall. Ich rannte mir schier die Birne ein, mein Körper war von blutigen Schrammen überzogen. Die Wachsoldaten entsicherten seelenruhig ihre Gewehre und feuerten Warnschüsse ab, ich kümmerte mich nicht darum und setzte unter Gebrüll meine Flucht fort, rannte weiter gegen die Mauer an. Schließlich schossen die Wachsoldaten tatsächlich, doch weder von links noch von rechts krümmte mir eines der Gewehre ein Haar. Ich machte weiter, bis ich nicht mehr konnte, dann saß ich mit meinem Hintern auf dem Boden und die Soldaten des Verfolgungstrupps der Volksbefreiungsarmee umringten mich grinsend und einer fragte: »Genug geflohen?« Als nächstes prasselten Faustschläge und Fußtritte wie ein Platzregen auf mich ein …

Hätte ich so weitergemacht, wäre ich im Knast verrottet. Deshalb hörte ich nun auf, Einsprüche zu verfassen, sah ich einen Kader oder einen der »roten Delinquenten«, buckelte ich unterwürfig, und wo möglich, redete ich kein Wort mehr, oder um es Ihnen klipp und klar zu sagen, außer im Unterricht, an dem wir Häftlinge uns beteiligen mussten, damit wir das Reden bzw. Berichten über unsere Gedanken lernten, ließ ich sechzehn Jahre lang niemandem mehr noch irgendetwas von mir aus über mich wissen. In der Folge lobte man mich allseits dafür, wie ich mich von Grund auf gebessert hätte, nur bin ich dadurch leider zum Autisten geworden.

Bei meiner Freilassung am 30. Januar 1991, weil meine Strafe zweimal verkürzt wurde, hing mein linker Arm herab und ich werde ihn nie wieder heben können, mein linker Fuß lahmte, zum Glück haben wenigstens meine inneren Organe keinen größeren Schaden genommen.

Zurück in der Heimat

Ich kehrte in meinen Heimatort zurück, den ich vor Jahrzehnten verlassen hatte, und erkannte nichts wieder. Nachdem ich orientierungslos ein paar Runden durchs Dorf gedreht hatte, wollte mich der Chef der Öffentlichen Sicherheit des Dorfes schon mit seinen Leuten als Dieb verhaften. Schnell kramte ich meinen Entlassungsschein hervor und der Chef der Sicherheit sagte: »Welcher Yang Jinian?! So jemanden gibt es hier nicht.«

Ich sagte: »Als ich von hier fort bin, warst du noch nicht aus dem Bauch deiner Mutter gekrochen.«

Anschließend beim Dorfkomitee trommelte der Dorfvorsteher ein paar über 70-Jährige zusammen, die mich identifizieren sollten, und alle bestätigten, dass ich der »Kleine Yang« von damals war. Aber die Alten sagten auch, meine ganze Familie, die Eltern, ältester Bruder und Schwägerin, meine Schwester, ein Neffe, eine Nichte waren 1961, 62 ausnahmslos während der großen Hungersnot verhungert! Und weil die Familie damit ausgelöscht war, war der Familienbesitz dem Kollektiv übergeben worden.

Ich fragte: »Und was ist mit dem Grund und Boden? Was ist mit den Gräbern meiner Eltern?«

Der Dorfvorsteher antwortete: »Das war alles in der alten Gesellschaft, woher soll ich das wissen? Jetzt verschwinde, wir haben Dienstschluss.«

Ich sagte: »Das hier ist mein Heimatort, du musst mir laut den Bestimmungen der Regierung helfen, irgendwo unterzukommen.«

Der Dorfvorsteher wurde direkt wütend und sagte: »Nach dem Zusammenbruch der Volkskommunen wurden Ackerland und Grund und Boden nach der Anzahl der Familienmitglieder unter den verschiedenen Haushalten aufgeteilt, das ist lange her, aber deine Familie war da bereits tot, nicht den Hauch einer Spur gab es noch von euch, und jetzt kommst du, gehörst nirgendwo dazu, wo soll ich denn hin mit dir? Wie soll ich dich denn unterbringen?«

Ich flehte ihn regelrecht an: »Egal wie, besorg mir wenigstens für heute Nacht eine Bleibe, die mich vor Wind und Regen schützt.«
Der Sicherheitschef sagte: »Willst du dich jetzt endlich vom Acker machen?«
Mir schossen die Tränen in die Augen und ich brüllte: »Ich werde mich keinesfalls vom Acker machen, eher komm ich zu dir nach Hause zum Essen.«
Der Sicherheitschef befahl ein paar Leuten, mich aus dem Dorf zu werfen, und steckte mir schnell noch eine schäbige Schüssel zu: »Die ist von Huang, unserem Wachhund, die bekommst du umsonst.«
Ich schlief die Nacht draußen, am nächsten Tag fand ich nach den Hinweisen eines freundlichen Alten des Dorfes die Stelle unseres früheren Hofes. Vor 34 Jahren war ich elfjährig vom Volkspolizisten Xiao hier erwischt und fortgeschleppt worden, die Eltern hatten sich in einer Berghöhle verkrochen, das Haus war niedergerissen worden … und jetzt war nichts mehr übrig, stattdessen stand dort eine kleine Zementfabrik, und als ich näher ranging, brach hinter einem fest verschlossenen Eisentor sofort Hundegebell los.
Als nächstes wollte ich meinen Eltern die letzte Ehre erweisen, doch so viel ich den ganzen Tag auch kreuz und quer durchs Dorf rannte, ihr Grab war nirgends zu finden. Erst später erfuhr ich, dass damals zu viele Menschen verhungert waren, es war schlichtweg unmöglich, jeden in seinem eigenen Grab zu bestatten. Wenn man es schaffte, eine große Grube auszuheben und ein Dutzend Leichen darin gemeinsam zu begraben, war das schon viel; auch Grabhügel wurden nur oberflächlich aufgeschichtet und waren, Sonne und Regen ausgesetzt, schnell von Disteln und Gras überwuchert, zwei Jahreswechsel vom Winter ins Frühjahr und von ihrer ursprünglichen Form war nichts mehr zu erkennen gewesen.
LAO WEI: Wenn Ihr Dorf so wenig Mitgefühl zeigte, hätten Sie doch die Verwaltung der Gemeinde oder der Stadt aufsuchen können, schließlich hat unser Staat die politische Richtlinie, dass »Per-

sonal aus der Umerziehung durch Arbeit« am Heimatort wieder sesshaft werden soll.

YANG JINIAN: Ich war dort, aber die Antwort der Gemeindeverwaltung Fengtian war: Die Verwaltung ist ein leeres Lager, es gibt hier weder Geld noch Nahrungsmittel noch Zimmer noch Produktionsmittel.

LAO WEI: Was haben Sie also von der Verwaltung verlangt?

YANG JINIAN: Der Gemeindevorsteher und der Parteisekretär haben mich beide zum Teufel geschickt, da sagte ich, ich würde mich über sie beschweren, darauf sagte der Gemeindevorsteher: »Beschwer dich ruhig, beschwer dich bis hinauf zu Jiang Zemin, nutzen wird es einen Hühnerschiss.«

Ich sagte: »Ich hab keine Ziegel über dem Kopf und keine Nadelbreit Boden unter den Füßen, bitte, meine verehrten Herren, sagt mir, wie ich überleben soll. Wenn ich sonst verhungere, vor dem Eingang Ihrer Verwaltung verhungere, ist das wenig ehrenvoll.«

Der Sekretär sagte: »So alt geworden und weißt noch nicht, wie alleine pissen? Du hast in Yangjiachong doch keine Wurzeln mehr, also geh am besten ins Gefängnis zurück, da drin hast du über dreißig Jahre deines Lebens verbracht, das ist dein wahres Zuhause, vielleicht kannst du dort ja eine Insassin heiraten.«

Ich fragte: »Machst du dich über mich lustig?«

Der Sekretär sagte: »Wie könnte man sich über dich Stück Dreck noch lustig machen? Pack dich zurück ins Gefängnis.«

Ich sagte: »Dann stellt mir wenigstens eine Bescheinigung aus.«

Und die Volksregierung der Gemeinde Fengtian stellte mir tatsächlich eine Gefängnisrückkehrbescheinigung aus, die auch als eine Art Reisepass für unterwegs diente: »Yang Jinian, ehemaliger Bewohner in Gruppe zwei des Dorfes Yangjiachong der Gemeinde Fengtian des Bezirks Dongxing meiner Stadt XY, hat nach der Entlassung aus der Umerziehung durch Arbeit aktuell vor Ort keine Familienangehörigen mehr und kein Eigentum oder ähnliches, deshalb hat er keine Möglichkeit, hier zu leben. Aufgrund seiner speziellen Fähigkeiten und Fertigkeiten empfehlen wir ihn für die Weiterarbeit im ersten Gefängnis der Stadt XY. Wir hoffen auf Unterstützung durch Ihre werte Abteilung, Sonderbescheinigung.« Datiert ist sie vom 4. März 1991.

Das Gefängnis ist mein Zuhause

Von der Freiheit kann man sich nicht ernähren, also ging ich lieber zurück in die Umerziehung durch Arbeit, als in meinem Heimatort als Obdachloser zu enden. Ich war einige Tage unterwegs, überlebte, indem ich am Wegesrand bettelte, als ich allerdings beim Gefängnis ankam, weigerte sich die Wache hartnäckig, mich hineinzulassen. Mir fiel nichts Besseres ein, als zum Empfang für Angehörige von Gefängnisinsassen zu gehen und dort herumzubrüllen, dass ich den Politkommissar des Gefängnisses sprechen wollte. Jemand antwortete von drinnen, der Politkommissar hat keine Zeit, da fiel ich krachend auf die Knie und rief: »Ist egal, ob er Zeit hat, ich muss ihn sehen! Sonst werde ich hier knien, bis ich tot umfalle!« Der Lärm lockte mehr und mehr Zuschauer an, und weil man auf Gefängnisseite negative Auswirkungen fürchtete, wurde jemand mit mir zur politischen Abteilung des Gefängnisses geschickt, der mich sogar noch fragte, ob es mir gut gehe. Plötzlich steckte mir ein Kloß im Hals und ich brach schluchzend in Tränen aus. Dieses Gefängnis hatte mich den Großteil meines Lebens gequält, aber jetzt wirkten die hohen Mauern und der elektrische Stacheldraht so vertraut auf mich, dass ich mir ernsthaft Flügel wünschte, um hineinzufliegen, in meine Zelle, in mein eisernes Etagenbett, dort oben zu liegen, so hätte ich wenigstens wieder ein Dach über dem Kopf, niemand würde einen vertreiben und es wäre halbwegs warm. Als nach einer Weile der Leiter der politischen Abteilung auftauchte, überreichte ich ihm mit beiden Händen höflich das Reisepapier meiner Heimatverwaltung und äußerte meinen innigen Wunsch, ins Gefängnis zurückzukehren und zu schwören, für den Rest meines Lebens meinen Beitrag zur Umerziehung durch Arbeit in unserem Vaterland zu leisten. Der Abteilungsleiter runzelte die Stirn und sagte: »Wie soll das denn gehen, du hast doch nichts mehr verbrochen.«

Ich sagte: »Ich bin halt an drinnen gewöhnt, ich bin gern bereit, die Freunde im Gefängnis unentgeltlich zu unterstützen.«

Der Leiter sagte: »Du willst hier im Gefängnis auch noch arbeiten? Das geht schon gleich gar nicht, deine Wohnsitzregistrierung ist bereits an deinen Geburtsort zurückverlegt.«

Bevor ich alle Hoffnung fahren ließ, fiel ich nochmals auf die Knie und flehte: »Herr Leiter, die Umerziehungseinheit hat sich über dreißig Jahre um mich gekümmert, wieso will man jetzt plötzlich gar nichts mehr von mir wissen? Dabei seid ihr mir zu zweiten Eltern geworden.«

Der Leiter sagte: »Yang Jinian, wenn es nur nach meinen persönlichen Gefühlen ginge, ich würde dir gern Obdach gewähren, das Essen im Gefängnis wird in Riesenkesseln gekocht, auf einmal Schüssel und Stäbchen mehr käme es wirklich nicht an, aber da sind die nationalen Gesetze vor. Dich hierzubehalten, wäre ein Amtsdelikt, ein Verbrechen. Deshalb geh bitte wieder nach Hause – oder geh sonst wohin, du bist ein freier Mensch, niemand hat das Recht, dich wieder einzukassieren.«

Ich sagte, ich hab aber wirklich keinen Ort, wo ich hin kann.

Der Leiter sagte: »Wir helfen dir, in deiner Region Arbeit zu finden, das hier ist das Land der Kommunistischen Partei, wenn jemand dir dumm kommt, kannst du ihn anklagen.«

Das Gefängnis stellte mir erneut einen Heimatrückkehrschein aus und der Leiter der politischen Abteilung rief sogar höchstpersönlich beim dortigen Amt für Öffentliche Sicherheit und bei meiner Heimatverwaltung an. Ich wurde zur Tür hinaus »gebeten« und rannte zum zweiten Mal auf einer ermüdenden und staubigen

Reise zurück an meinen Heimatort. Die Wohnsitzregistrierung, vorläufige Ausweispapiere, das lief jetzt alles glatt, aber die Heimatverwaltung verweigerte mir mit der Begründung »kein Geld für Unterbringung« weiter eine Bleibe und sagte: »Wenn du hier nochmal aufkreuzt und uns auf die Nerven gehst, brechen wir dir deine Dreckspranken.«

Was sollte ich tun, ich konnte nur wieder zum Gefängnis zurück. Diesmal stand auf der von der Heimatverwaltung ausgestellten Bescheinigung: »Euer Provinzgefängnis hat Yang Jinian nach Hause entlassen, Ihr solltet folglich auch die Verantwortung für die Finanzierung einer Bleibe und für die alltäglichen Arbeitsgeräte übernehmen, solange Ihr das nicht löst, nehmen wir ihn nicht bei uns auf. Eine staatliche Bleibe kostet 120 Yuan pro Quadratmeter, wir hier in der Volksregierung und Zivilverwaltung haben keinen einzigen Fen und unsere Lager sind leer, deshalb muss Yang Jinian dorthin zurück, wo er herkommt.«

Aber »dorthin« konnte ich ja auch nicht. Der Leiter des Gefängnisses hatte den Empfang zu höchster Wachsamkeit ermahnt und niemand wollte sich bei mir blicken lassen. Trotzdem noch nicht willens aufzugeben, umkreiste ich die hohen Mauern und blieb eine ganze Woche, doch ich bekam keinen halben mir bekannten Kader zu Gesicht. Ein guter Mensch allerdings hörte sich die Geschichte meines Unrechts an und empfahl mir, in Chengdu das Amt für Umerziehung durch Arbeit der Provinz Sichuan aufzusuchen, und weil er sah, dass es mir wirklich dreckig ging, kaufte er mir sogar die Buskarte.

Nach etwa zehn Tagen hielt ich ein weiteres offizielles Schreiben in Händen, diesmal vom Provinzamt für Umerziehung durch Arbeit an das Amt für Öffentliche Sicherheit der Stadt XY: »Yang Jinian aus der Gemeinde Fengtian, die zu Eurer Stadt gehört, hat auf unserem Amt Bericht erstattet … Er ist nach seiner Haftentlassung 1991 an den Ort zurückgekehrt, wo er vor seiner Verhaftung seinen Wohnsitz hatte, um dort wieder ansässig zu werden, doch die Verwaltung seiner Heimatgemeinde Fengtian weigert sich mit der Begründung, sie habe kein Geld, ihn aufzunehmen. Gemäß der vom Ministerium für Öffentliche Sicherheit schriftlich niedergelegten Regelung 83 ist die Heimatverwaltung in der Verantwortung, einen Kredit zu gewähren und eine geeignete Arbeit für ihn zu finden. Hiermit empfehlen wir ihn an Euer Amt weiter und ersuchen darum, die Arbeit der Heimatverwaltung zu erledigen.«

LAO WEI: Wie oft wurde der Ball denn noch hin und her gespielt, langsam hätte es doch eine Lösung geben müssen?

YANG JINIAN: Der Dorfvorsteher war jetzt erst recht sauer und verfluchte mich: »Du klagst uns doch wirklich überall an, verdammt nochmal, die ganze Verwaltung besudelst du!«

Ich sagte: »Besudelt habt ihr euch schon selbst, da braucht ihr mich nicht für.«

Der Bürgermeister sagte: »Klag ruhig weiter, vielleicht findest du irgendwo oben ja noch eine Einheit, die einen Fen für dich rausrückt!«

Ich sagte: »Du zwingst mich ja geradezu dazu.«

LAO WEI: Und diese Klagen gingen dann nochmal gute zehn Jahre weiter.

YANG JINIAN: Richtig, von der Stadt und der Provinz bis zu den zentralen Behörden habe ich auf mehreren Ebenen bei den Organen der Öffentlichen Sicherheit, Staatsanwaltschaft und der Volksgerichte sowie bei den Beschwerdestellen des Nationalen Volkskongresses und des Staatsrats und auch bei der Provinzregierung vorgesprochen, um meine Klagen einzureichen. Und wie es aussieht, werde ich sie noch ein weiteres Jahrzehnt anklagen müssen, ich werde diesen Weg bis zum bitteren Ende gehen.

LAO WEI: Dass sich ein völlig unbedeutender Staatsangestellter in der Heimat dermaßen querstellen kann?

YANG JINIAN: Hab ich ein offizielles Schreiben hingebracht, hat er es zerrissen, er hat sich auf den Tod geweigert, etwas für mich zu tun. Erst 1998 tauchte der Parteisekretär persönlich mit einer

hinterhältigen Visage auf und willigte ein, in einem Altenheim ein Zimmer für mich zu suchen. Ich sagte, ich bin gerade mal 50 und kann mich durchaus selbst um mein Essen kümmern. Der Sekretär erwiderte: »Dann sag ich in der Kantine des Heims Bescheid, dass sie für dich nicht zu kochen brauchen.«
LAO WEI: Das ist doch wirklich reine Schikane!
YANG JINIAN: Ich musste wohl oder übel zu einem Haufen einsamer alter Menschen ziehen. Es regnete rein, es gab keinen Strom, die Situation war weit schlimmer als in der Umerziehung durch Arbeit. Gleich in der ersten Nacht, nachdem ich aufgenommen worden war, starb im Nachbarbett der alte Herr Zhang an Asthma, sein Atem hatte die ganze Nacht noch wie ein Blasebalg gerasselt, kurz vor dem Hellwerden wurde es auf einen Schlag still. Mit einem unguten Gefühl stieg ich aus dem Bett und hielt die Hand an seine Nasenlöcher, er hatte aufgehört zu atmen.
Nachdem der alte Herr ins Krematorium gebracht worden war, fühlte ich mich erst recht beschissen, trotzdem hielt ich ein halbes Jahr durch. Die Mehrheit der Insassen war halbseitig gelähmt, nicht selten verrichteten sie gleich am Esstisch noch ihr Geschäft, außerdem gab es beim Essen kein Fleisch und ich wurde nicht satt. Schließlich machte ich mich davon, egal welches Altersheim, alle sind sie Friedhöfe des Lebens, wo futternd auf den Tod gewartet wird! Ich zog ohne einen Groschen in der Tasche los und wurde zum Dauerpetitionierer beim Obersten Provinzgericht, bis schließlich meine Heimatverwaltung mit folgender Aussage ebenfalls dort oben vorstellig wurde: »Unsere Verwaltung hat Yang Jinian einen geeigneten Platz zugewiesen, er konnte sich dort jedoch nicht eingewöhnen und ist fortgelaufen.«
LAO WEI: Wie lange können Sie ohne Existenzgrundlage durchhalten?
YANG JINIAN: Ich bettle, wenn es gut läuft, bekomme ich an einem Tag mehrere zehn Yuan zusammen. Manchmal, wenn der Hunger allzu schlimm wird, durchwühle ich auch Mülleimer, das

Zeug da drin ist besser als der Hundefraß im Altersheim. Der Himmel ist meine Bettdecke, die Erde meine Bettstatt, Sterne und die Strahlen des Mondes sind mein Moskitonetz. So komme ich schon ein paar Jahre durch. Ich stehe noch aufrecht, liege noch nicht auf der Fresse. Ich habe noch so viele offene Rechnungen mit dieser Gesellschaft, wenn ich irgendwann das Gefühl habe, dass ich am Ende bin, werde ich mir rechtzeitig vorher zehn Kilo Sprengstoff, zehn Kupferzünder und ein Kilo Schrotkugeln kaufen, vier Akkus miteinander verbinden und eine Explosion auslösen, die das ganze ungerechte Pack mitreißt.

方腦殼

3

Fang Naoke

Zum Tode verurteilt

Am 31. Januar 1994 wurde ich 43 Tage früher als vorgesehen aus der Haft entlassen. Die Zeiten waren andere geworden, die Menschen waren andere geworden, um dem Vergessen etwas entgegenzusetzen, begann ich mir meine Gefängnisautobiografie ins Gedächtnis zu rufen und sie aufzuschreiben. Meine handgeschriebenen Manuskripte, auf denen die Schriftzeichen sich drängelten wie Ameisen, wurden nur dummerweise zweimal unvermittelt von der Geheimpolizei bei Wohnungsdurchsuchungen konfisziert. Ich musste sie innerhalb von drei Jahren drei Mal schreiben und mir jedes Mal von neuem das Hirn zermartern. Glücklicherweise wurden irgendwann Computer immer selbstverständlicher, und ich bezahlte für das dritte Manuskript, noch bevor die Tinte der letzten Seite trocken war, einer spezialisierten Schreibkraft viel Geld, damit sie es auf 5-Zoll-Disketten übertrug, die ich wiederum an vielen verschiedenen Stellen versteckte. Das half mir aus dem Schlamassel.

Trotzdem, das Verlorene ist immer das Beste: Das erste Manuskript umfasste über 300 000 Schriftzeichen, dem zweiten fehlten ohne ersichtliche Ursache über 20 000 und das dritte hatte nochmal gut 20 000 weniger. Welche Details waren verschwunden, und in welchen Abschnitten und Kapiteln? Ich ging dem immer wieder nach, ich konnte nicht davon lassen, es war, als wäre ich hinter einer ersten großen Liebe her, die sich niemals zu mir umdreht.

Beim folgenden Text war ich allerdings nicht selbst dabei, ich hatte im Gefängnis einen zum Tode Verurteilten gebeten, mir von seinen Gefängniserlebnissen zu berichten. – Ich war damals für etwas mehr als zwei Jahre im Untersuchungsgefängnis von Chongqing eingesperrt. Bestimmte Personen, Situationen und Einzelheiten aus dieser Zeit finden sich auch in meinem später publizierten Augenzeugenbericht Für ein Lied und hundert Lieder, *aber eher spärlich. – Daran kann man sehen, dass, wenn man nur beharrlich dranbleibt, sich auch Verlorenes zu großen Teilen wieder zurückholen lässt, wenn vielleicht auch erst Jahre später.*

Vorbereitung auf den Tod

LAO WEI: Es tut mir so leid für dich, du bist erst 27.
FANG NAOKE: Das haben Anwalt, Richter und Staatsanwalt auch gesagt, ich kann es nicht mehr hören, 27, ja, und? Älter werde ich eben nicht. Auf dieser Welt gibt es viele, die kürzer gelebt haben. Von den drei Todeskandidaten in meiner Zelle ist der jüngste gerade 18, kaum war der mit Fußfesseln zu uns reingeworfen, ließ er sich auf den Kang fallen und heulte, zuckte und zuckte dabei, als würde man einer Schildkröte Wärme zuführen. Was meinst du, was er gemacht hat? Er wollte in einem öffentlichen Bus einer schwangeren Frau seinen Sitzplatz nicht überlassen, jemand beschimpfte ihn als »Bauerntrottel« und er wurde so wahnsinnswütend, dass er ein Obstmesser zog und der schwangeren Frau in den Bauch stach. Im Krankenhaus versuchte man ihr Leben zu retten, aber da war schon eine große Menge Darm herausgelaufen, das konnte man zu zweit gar nicht mehr festhalten. Als man schließlich den Bauch aufschnitt, um das Kleine rauszuholen, hauchte die Mutter ihr Leben aus, sein schwacher wackeliger Kopf soll nur faustgroß gewesen sein und vom Messer hatte es auch was abbe-

kommen. Das ist das jüngste frühverstorbene Wesen, von dem ich weiß.

LAO WEI: So kann man es natürlich auch sehen.

FANG NAOKE: Die Überprüfung meiner Todesstrafe wird bald abgeschlossen sein, ich lebe von Tag zu Tag. Heute ist ja Freitag und gerade vorhin wurden welche geholt, da dachte ich wirklich, auch ich muss mich auf den Weg machen. Sehr früh am Morgen hörte man schon das elektrische Eisengittertor von Zelle eins herüber, dann von zwei, drei, vier, Zelle fünf und sechs wurden nicht geöffnet, sie wurden übersprungen, anschließend sieben, acht, neun, ich bin Zelle zehn. Wir drei hier untergebrachten Todeskandidaten haben uns im Voraus weiße Hemden und blaue Hosen angezogen und warteten am Tor. Der alte Gefangene Ye Yar hatte aber mit mir um die Schale Fleisch vom Mittagessen gewettet und hat gewonnen. Er hat gesagt, heute muss sich niemand von Zelle zehn auf den Weg machen, garantiert, ihr müsst euch nicht so feierlich anziehen, als ginge es zum Staatsbankett. Mann, mit seinem stinkenden Maul hat er das genau richtig erraten.

LAO WEI: Und du kannst mittags kein Fleisch essen.

FANG NAOKE: Keine Chance, zwei Schälchen Fleisch pro Woche und dann in jeder Schale gerade mal ein paar fingernagelgroße Bröckchen im Weißkohl, wie soll man da denn, verdammte Scheiße, noch was hergeben?! Zwar hab ich mich noch nicht auf den Weg machen müssen, aber meine weißen Blutkörperchen sind größtenteils gekillt und gerade mittags erholen sie sich ein wenig. Du machst dir ja keine Vorstellung, sobald sich das Eisengittertor bewegt hat und die äußere Tür aufgegangen ist, ist uns drei Todeskandidaten sofort das Blut in den Adern geronnen. Unwillkürlich hat sich jeder hinter dem anderen versteckt. In dem Augenblick rief ein Diensthabender aus der Verwaltung: »Fang Naoke.« Ungewöhnlich sanft. Normalerweise wird immer verdammt schroff zum Verhör gerufen: »Fang Naoke!« Nur eine Stimme, die deine Seele will, kann so weich daherkommen, mein Kopf explodierte mit einem Knall, eine Pilzwolke stieg auf, erst nach einigen Minuten Leere war ich wieder im Leben zurück. Passiert ist am Ende nichts.

LAO WEI: Wenn einer mal so am Boden ist, da kann man nur Mitleid haben.

FANG NAOKE: Ich hab ja mal gedacht, zum Tode verurteilt würde einem der Appetit vergehen, aber keinesfalls, meiner wird mit jedem Tag größer, den ganzen Tag lang zerreißt mir der Hunger schier die Eingeweide. Vielleicht wegen der Kürbissuppe, dieser ölig-süßen »Rotarmeesuppe«, die wir seit drei Monaten in uns hineinkippen. Bei mir zu Hause hab ich eine Schallplatte mit rockigen Revolutionsoldies, top populär, und darunter ist auch ein erst kürzlich berühmt gewordenes Rotarmeelied von Jing Gangshan: »Roter Reis, aus Kürbis Suppe, Herbst-Aubergine und duftend der Reis.« Ich hab das bis zum Umfallen gehört, ohne jemals auch nur auf die Idee zu kommen, dass ich selbst diese Rotarmeesuppe mal essen müsste. Die Generationen vor uns hatten es wirklich nicht leicht, als sie für unser Land kämpften.

LAO WEI: Du hast ja nichts von deinem Humor verloren.

FANG NAOKE: In dem halben Monat seit meiner Verurteilung bin ich so fett geworden, ohne Humor hätte ich nur noch ein Bittergurkengesicht, bis ich aufs Schafott muss.

LAO WEI: Ach herrje.

FANG NAOKE: Scheiß auf ach herrje, falt lieber die Schmerzpuderschachteln schneller, sonst schaffen wir die Quote nicht und bekommen es mit dem Elektroknüppel zu tun. Ich kann mit Handschellen an einem Tag in zehn Stunden bald dreitausend falten. Je mehr ich mich aufs Falten konzentriere, umso mehr stumpft der Kopf ab und ich denke nicht mehr so viel an die ewige Liebe. Wenn mir das Herz trotzdem mal schwer wird, red ich drüber. Zum Beispiel haben wir einige Male schon über die Hinrichtung durch Erschießen diskutiert, aber wir sind zu keinem Ergebnis gekommen, wohin geschossen wird, in die Rückenmitte oder in den Hinterkopf. Beim Hinterkopf wäre man schnell ausgelöscht, wäre allerdings nicht sehr schön

anzusehen, bei einem Dumdumgeschoss wäre die Schädeldecke weg und das Hirn spritzt zumindest ein paar Fuß weit. Justizpolizisten sind aber auch Menschen, werden sie also nicht fürchten, dass sie das Hirn vollspritzt? Ich meine, für Dumdumgeschosse gibt es keine Notwendigkeit, die erschießen so oft Menschen, die werden geübte Scharfschützen sein, garantiert gibt es nur ein kleines Eintrittsloch am Hinterkopf und ein kleines Austrittsloch auf der Stirn. Einmal wollte einer wissen, ob die Gewehre auch mal nachgeladen werden müssen, im Falle dass jemand nicht tot ist. Ein anderer hat geantwortet, wenn jemand nicht tot ist, muss natürlich nachgeladen werden, oder es wird von oben her ein Ast in das Schussloch gesteckt und ein paar Mal herumgerührt, vorbei ist es erst, wenn das Hirn wie Tofupudding rausgluckert. Ich schätze, da traut sich außer den Gerichtsmedizinern dann keiner drin rumzurühren. Das sind alles die kleinen Details, genauso, ob man im Knien oder im Stehen erschossen wird oder ob vor dir ein Loch gegraben wurde, damit du Kopf voraus reinfällst. Dein Hintern wird zum Himmel ragen, und selbst wenn du deinen letzten Atemzug noch nicht getan hast, kannst du deshalb nichts mehr anrichten, außer vielleicht zweimal in die Erde beißen. Nicht mal dich umschauen und den Schützen provozieren könntest du noch, keine Chance.
Den prinzipiellen Unterschied macht dagegen die Frage, ob man in die Rückenmitte oder in den Hinterkopf geschossen wird. Bei einer Fesselung der Hände auf dem Rücken, stoßen die Daumen in der Rückenmitte aneinander, wird genau dorthin gezielt, trifft man direkt ins Herz und es gibt auf diese Weise eine praktisch intakte Leiche, verstopft man das kleine Loch wieder, ist der Mensch sogar wieder vollkommen. Aber man ist nicht so schnell tot, denn erst wenn das Hirn tot ist, kann man wirklich als tot gelten.

LIAO YIWU: Diese Frage muss ohne endgültige Antwort bleiben.
FANG NAOKE: Es ist also ein ewiger Kampf, Jahr für Jahr, Monat für Monat, Tag für Tag, manchmal glüht dir das Gesicht rot vor Wut

und du fängst eine Prügelei an. Mir wurde schon mehrmals der Elektroknüppel übergebraten, aber zurück in der Zelle prügle ich mich sofort weiter. Wenn man sowieso sterben muss, versucht man, so lautstark wie nur möglich zu sein, damit man sich nicht eines Tages plötzlich auf den Weg machen muss, ohne irgendjemand anderem wenigstens noch in den Gedanken zu bleiben. Ich war kaum eingefahren, da musste sich Liu, das Schwarze Baby, wie wir ihn nannten, auf den Weg machen. Die Neujahrsfeierlichkeiten waren noch nicht vorüber, als es am frühen Morgen schon, er hockte gerade in einer Ecke des Kang und frühstückte, drinnen wie draußen laut wurde. Ein Diensthabender aus der Verwaltung rief auf diese besondere Weise sanft: »Liu Zhongda, komm doch einmal heraus!« Er klang ein wenig wie ein Dorfvorsteher, der seine Dörfler zusammenruft, um über die Aussaat zu beraten. Liu, das Schwarze Baby, hatte gerade einen Mundvoll Reisbrei runtergeschluckt und sich ein *Mantou* halb in den Mund gestopft, kaum hörte er den Ruf nach seiner Seele, starrte er wie dusselig. Der Diensthabende rief ihn nochmal, und nachdem er noch vielleicht dreimal gerufen hatte, kam er rein und blieb am Eisengitter stehen. Das Schwarze Baby fiel mit einem Knall auf seinen Hosenboden, stemmte seinen Hintern wieder hoch und robbte rückwärts, der Diensthabende grinste, winkte kurz und zwei »rote Delinquenten« aus der Umerziehung kletterten auf den Kang, überkreuzten ihre Hände zu einer Sänfte und schaufelten das Baby Liu auf. Und der Verdammte fiel, den Blick zum Himmel gerichtet, nun in völlige Schockstarre. Im Mund steckte ihm immer noch das halbe *Mantou*, er wird im Jenseits also vermutlich zumindest nicht verhungern müssen.
LAO WEI: Was hatte er verbrochen?
FANG NAOKE: Mord. Ein Gangsterboss sah ihn am Hafen Chaotianmen in Chongqing mit einer Tragestange über der Schulter nach Arbeit suchen und fragte ihn, ob er sich auch einen großen Job zutraut. Er sagte natürlich ja. Der Boss warf ihm 5000 Yuan hin, dafür sollte er einem Feind die Nase abschneiden. Dieses dumme

Rindvieh schnitt aber nicht nur die Nase ab, sondern schlitzte den anderen mit übler Rohheit vom Mund abwärts mit einem großen Hackmesser auf, so dass der mit hervorquellenden Augen seinen letzten Atemzug tat.
Als Liu mit blutüberströmtem Kopf den Vollzug vermelden ging, bekam der Boss einen Riesenschreck und bereute gleich, einen Wanderarbeiter engagiert zu haben, ein Profikiller hätte nämlich genau und nur das abgeschnitten, was beauftragt war, schon aus Gründen der Ehre wäre er niemals über das Ziel hinausgeschossen. Liu, das Baby, hat hingegen erzählt, er sei, weil er selbst gebissen wurde, einfach kurz ausgetickt. Hier drin war er danach tatsächlich lammfromm, höflich und absolut zivilisiert. – Ihm praktisch auf den Fersen musste sich ein Vergewaltiger auf den Weg machen, der, als sein Schwanz schlapp machte, einer Prostituierten eine Schnapsflasche in den Unterleib stieß und eine gigantische Blutung verursachte. An dem betreffenden Nachmittag saß dieser Frauenschänder im Lotussitz und faltete, und zwar im Wettbewerb mit mir, Papierschachteln, von draußen gerufen entgegnete er »ja«, darauf »anwesend«, stürzte eilig vom Kang und war haste nicht gesehen rausgetrabt. Das Eisengitter war schon fast wieder zu, da kam ich erst zu mir, schoss selbst vom Kang, schnappte mir seine Schuhe und setzte ihm nach. Doch es war zu spät, in einem winzigen Augenblick hatte er die Hölle barfuß gestürmt. Seine Schuhe, die ich durch die Gittertür warf, schlugen nur noch gegen die äußere Tür und prallten mit einem Knall in den Vorhof zurück. Diesem Dämon hat es von allen am meisten pressiert. Aber das passt auch nicht, wenn ich an der Reihe bin, mich auf den Weg zu machen, wird es mir definitiv nicht pressieren, andererseits werde ich auch nicht herumtun wie das Schwarze Baby Liu, ruft man mich, werde ich laut und deutlich »anwesend« antworten, danach singe ich leise für mich zwei Zeilen aus einem Lied, sage allen Adieu und gehe.
LAO WEI: Hattest du vorhin schon Adieu gesagt?
FANG NAOKE: Weiß ich nicht mehr.

LAO WEI: Haha.
FANG NAOKE: Dein Lachen is fürn Arsch! Bist du erst mal dran, wird es dir nicht anders gehen.

JIANG

LAO WEI: Auch ohne dran zu sein, kribbelt mir schon die Kopfhaut. Wie wär's mit einem unterhaltsameren Thema?
FANG NAOKE: Unterhaltsam? Kacken ist unterhaltsam. Neulich erst ist uns hier noch ein Verbrecher reingedrückt worden, schwere Korruption, er hieß Jiang und war in seinen Vierzigern, alles an ihm war Markenware, du wusstest auf den ersten Blick, dass das der Prinzling aus einer Familie mit Kohle war, der es sich draußen mit gutem Essen und feinen Drinks gutgehen ließ. So ein edles Geschöpf hat hier drin jede Menge Probleme, weil es an einfaches Fressen, Saufen, Scheißen, Pissen nicht gewöhnt ist. Sein größtes Problem war, dass er vor anderen nicht kacken konnte.
LAO WEI: Eher ein Zeichen seiner Kultiviertheit …
FANG NAOKE: Verhalte dich auf dem Land wie die Einheimischen oder du verreckst an Verstopfung. Kultiviertheit bringt dir einen Furz. Der Abtritt im Knast ist nun mal offen, direkt dem großen Kang und dem rückseitigen Fenster gegenüber, wenn du dich da hinhockst, musst du halt einem Raum voller hart arbeitender Massen die Stirn bieten. Die mäßig Schlauen kacken blitzkriegartig wie die Gockel, gepresst und schon die Hosen wieder oben. Die mit Zweitagesbildung wollen durch langsameres Tun Besseres erreichen, da hilfst du dir mit der *Renmin ribao*, hinter der versteckst du dein Gesicht und lenkst dich gleichzeitig ab. Ist dir der Anblick wirklich unangenehm, machst du die Augen zu und rackerst blind, dann verschwindet jedes dieser scheußlichen Gesichter komplett. Der Jiang, der hatte alle schlauen Tricks schon durchprobiert, doch

sein Anus blieb hart, nach so zehn Tagen Verstopfung sprossen ihm am Schädel die ersten Giftgeschwüre, in seinen Augenwinkeln wuchsen große Klumpen Augensand, aber es war nichts zu machen. Jedes Mal zog er für eine Weile wieder ein bekümmertes Gesicht. Irgendwann konzentrierte er seine innere Kraft ganz auf die Verdauung und praktizierte Beckenbodengymnastik, dann stürmte er urplötzlich wie von einem Stromschlag getroffen zum Abtritt, doch wenn er hockte, verdrehte er wieder nur zweimal die Augen und ließ, pffhhh, pffhhh, zwei stinkende Fürze fahren, das wars. Manchmal konnte er nicht mal furzen, dann quakte er wie eine Erdkröte und lenkte damit die allgemeine Aufmerksamkeit auf sich, alles sammelte sich um ihn und brüllte ihm ins Ohr: »Hau rein!« Einmal lief ihm schon Blut aus der Nase und zugleich kamen die Tränen, wir setzten alle Hebel in Bewegung, um ihm Linderung zu verschaffen, stopften ihm was in die Nase, strichen ihm über den Schädel, während wir »Lass dir Zeit!« riefen. Selbst der alte Gangster Sun Daniao, fünfzig Jahre alt, ließ sich auf den Spaß zusammen mit der Jugend ein und frotzelte mehrfach: »Bester Jiang, so sind Erstgeburten, lass dir Zeit.«

Zum Tode Verurteilten sind Handschellen und Fußeisen angelegt, Hände und Füße sind folglich wenig beweglich, man hockte also am Kangrand und klatschte klackernd, wobei einige Schädel noch kreuz und quer über uns hingen. Im Knast ist es extrem langweilig, außer beim Schachtelfalten verstößt selbst Singen gegen die Knastregeln, Lieder durften die Kehle nicht verlassen, deswegen wurde Jiang unser dummer August. Anfangs war das ja alles noch ganz normal, frisch eingefahren fühlt man sich immer etwas unwohl, mal mehr, mal weniger. Als Jiangs Verstopfung aber in den achten Tag ging, sah man schon einen neuen Guinness-Rekord für das Untersuchungsgefängnis voraus, wenn Jiang jetzt nicht mehr seinen Mann gestanden und seine Last abgeladen hätte, hätte er die Volksmassen schwer enttäuscht.

LAO WEI: So habt ihr also euren Spaß gehabt?
FANG NAOKE: Klar. Sobald Jiang Richtung Abtritt stürmte, ging es in der Zelle zu wie beim Neujahrsfest, alle legten ihre Arbeit weg, rieben sich die Hände und waren ihm hinterher. Manche hockten sich sogar mit ihm auf den Abtritt, als wollten sie ebenfalls abladen, und immer, wenn Jiang sich abmühte, kam von ihnen ein: »Hau ruck, hau ruck!« Jiang starrte uns an und zog sich ratlos und verärgert die Hosen wieder hoch, stand auf und war keine paar Minuten nach der Niederlage wieder zurück, ließ eine Serie von Fürzen fahren, die im ganzen Raum stanken, dass sich Himmel und Erde verkehrten. Üblicherweise hielten wir uns dann natürlich die Nasen zu und verzogen uns möglichst weit weg, weil nichts schrecklicher stinkt als Verstopfungsfürze, denk nur, wie die abgelagerte alte Scheiße in den Eingeweiden gärt, wenn du bei einer solchen Furzkonzentration ein Streichholz anzündest, brennt das garantiert, wer weiß, vielleicht könnte man sogar eine Kanne Wasser zum Kochen bringen. Dann kam der Tag, an dem das Ungeheuerliche passierte, denn was Jiang nun rausließ, waren keine Schleicher mehr, keine trockenen Stinker, sondern die Fürze kamen mit Kot! Selbst auf die Gefahr hin zu ersticken, mussten wir sein Artilleriefeuer mutig stoppen. Also tätschelten Sun Daniao und Ye Yar ihm das Gesicht, klopften ihm auf den Rücken und riefen dabei mehrmals in Folge: »Jiang hat eine wirklich schwere Geburt.«
Jiang fragte mit in die Länge gezogener weinerlicher Stimme: »Was wollt ihr eigentlich?!«
Wir antworteten mit genauso in die Länge gezogener weinerlicher Stimme: »Wenn du ablädst, ist doch unser Spaß vorbei.«
Jiang: »Wo ist denn der Spaß beim Scheißen und Pissen?!«
Unsere Antwort: »Dein Arschloch ist uns einfach ans Herz gewachsen.«
Jiang darauf: »Grausames Pack.«
Wir darauf: »Keine Beleidigungen.«
Dann nutzte dieser gerissene Jiang die allseits gute Laune, die uns

weniger wachsam werden ließ, aus, machte eine schnelle Kehrtwende und hockte sich wieder hin, indem er uns seine beiden weißzarten Pobacken zuwandte! Da bleibt dir doch die Spucke weg! Gerade war es noch Spaß gewesen, doch jetzt beleidigte er uns tatsächlich! Ye Yar war Gemüsebauer. Obwohl er sein Leben lang untertänigst bis zum Abwinken jede Ungerechtigkeit geschluckt hatte, konnte das nicht einmal er ertragen. Er holte aus und schlug mit der flachen Hand zweimal kräftig zu, dass es nur so knallte. Der Platz am Abtritt war eng, viele passten dort nicht hin, weshalb die meisten Genossen vor Aufregung nicht wussten, was tun. Jiang hielt sich mit beiden Händen am Wasserrohr fest, trotz der Schläge drehte er sich nicht um, als zu sehen war, wie ein paar erdnussähnliche Schafsködel vermischt mit Blutklumpen in die Grube klackerten, trat Sun Daniao vor Aufregung der Schweiß auf die Stirn und auf einmal zerrte er Jiang zusammen mit Ye Yar, einer links, einer rechts, hart an den Schultern. Jiang wurde fast hochgehoben und kreischte schrill: »Nein, nein, nicht! Es wird, es wird, gleich kommt's!«
Sun Daniao rief laut: »Umdrehen!« Da strömten Jiang die Tränen übers Gesicht, und während er sich die Hosen hochzog, schrie er: »Wieder nichts! Nie mehr! Scheiß drauf, Verstopfung oder Flinte, sterben werd ich sowieso!«

LAO WEI: Wenn man schon so weit am Boden ist, warum quält man sich noch gegenseitig?
FANG NAOKE: Egal wie tief unten, Menschen quälen sich eben. Draußen hat man jede Menge Platz, man kann sich aus dem Weg gehen, deshalb gibt es weniger Reibereien; im Knast werden ein Dutzend Leute in eine Zelle gesperrt, und wird draußen hart durchgegriffen, können daraus auch leicht zwanzig, dreißig werden. Kommen Menschen einander aber so nah, ohne Rückzugsmöglichkeit, wie soll das funktionieren, ohne Späße zu treiben? Heute trifft es den armen Jiang, morgen ist irgendein anderer dran, wer

weiß das schon. Jedenfalls, trotz aller Rückschläge, am Ende konnte Jiang natürlich wieder – und wie, sechs, sieben Mal pro Tag, Tag und Nacht. Weil er sich, als schließlich der zwölfte Tag erreicht war, nicht mehr anders zu helfen wusste, als seinen Kopf beim Kacken mit einer Hose zu bedecken, was jedoch von einem Diensthabenden, der am hinteren Fenster vorüberging, entdeckt wurde, dachte der gleich, er wollte sich umbringen, und befahl ihm: »Aufstehen!« Da riss Jiang sich bebend vor Wut die Hose vom Schädel, wischte sich mit der Hand durch den Schritt, brachte eine große Handvoll Blut zum Vorschein und brüllte wie irre: »Schau'n Sie sich das an!« Die Verwaltung schloss auf, rief ihn hinaus und ließ ihm vom Gefängnisarzt drei Portionen Abführmittel nacheinander verabreichen, von da an lief es wie am Schnürchen, Jiang schiss, dass ihm schier die Puste ausging, und sogar seine Weltanschauung änderte sich durch diese Scheißerei. Vorher hatte er ungeschälten Naturreis, Kürbissuppe und selbst den Fleischnapf keines Blickes gewürdigt; Kohlblätter hielt er gegen das Licht, wenn es nur ein paar Insektenlöcher gab, aß er sie nicht, entdeckte er gar eine Raupe, kreischte er vor Schreck. Jetzt hatte dieser Prinzling aus gutem Hause eine 180-Grad-Drehung zu einem leidgeplagten Opfer gemacht und wollte den lieben langen Tag nichts mehr als essen, bei der Kürbissuppe legte er den Kopf in den Nacken und kippte die ganze Schale in sich hinein. Ohne dass er ein einziges Mal kaute, landete die Suppe im Magen. Niemand hatte Jiang in den ersten beiden Monaten bisher Geld geschickt, aber auch mit Geld hätte er pro Monat lediglich für 12 Yuan zusätzliche Lebensmittel kaufen können, das hätte ihm nicht mal die Lücken zwischen den Zähnen gefüllt. So wurde mit der Zeit sein Kot der Kürbissuppe immer ähnlicher, goldgelb wie die Milch unserer großen Mutter, dem Gelben Fluss. Wir alle sorgten uns jetzt schon, dass nun diese Scheißerei ihm Probleme verursachen könnte, und gingen, heimlich verabredet, im Wechsel auf den Abtritt, selbst Ye Yar, der nicht lesen konnte, machte dort plötzlich einen auf gebildet und blätterte wieder und wieder die Zeitung durch. Jiang rannte hin und her wie ein ausgezehrter Tiger in seinem Käfig, krallte sich an seiner Hose fest, fand aber keine Lücke, um durchzustoßen. Er flehte die auf dem Abtritt an, ihn dazwischen zu lassen, fiel fast vor ihnen auf die Knie und machte Kinderfaxen, als würde es ihm gleich in die Hose schießen. Einmal wurde mir zumindest deutlich, dass die Situation brenzlig war, und ich hielt Ye Yar an, sofort aus dem Weg zu gehen, aber dieser Bauerntölpel las weiter Zeitung, statt sich dagegen zu wappnen, dass Jiang sich rücksichtslos auf ihn stürzte, seinen Hintern über ihn hielt und dem Bastard die Scheiße über Kopf und Brust laufen ließ. Als der Fall zur diensthabenden Verwaltung vordrang, brach das gesamte Gefängnis in schallendes Gelächter aus. Du, kannst du auch drüber lachen?

Ein Possenstück

LAO WEI: Darüber kann ich nicht lachen.
FANG NAOKE *lacht schadenfroh*: He he he, was willst du denn, schau, dieser Jiang und dieser Ye Yar, der eine lebte im prachtvollen Himmel, der andere auf der blanken Erde, draußen wären sie sich niemals begegnet, aber hier sind sie sich in der Enge des Knasts unglücklich über den Weg gelaufen und wahre Intimfeinde geworden. Jiang dachte vor lauter Wut gar nicht mehr an seinen Fall, der Gemüsebauer Ye Yar hingegen zog nun eine Fresse und war den lieben langen Tag grundlos auf Händel aus. Im letzten Monat beim Verkauf von Extralebensmitteln gab es neben eingemachtem Dosenfleisch, von dem jeder eine Dose kaufen durfte, *Hudou*, »Exotische Feldbohnen«, eine Spezialität aus Chongqing. Davon wollten alle mit Guthaben im Rechnungsbuch gleich mehrere große Tüten. Für Jiang war noch immer kein Geld gekommen und so bekam er nichts und musste zuschauen, wie alle anderen diese knusprigen

exotischen Feldbohnen mit ihrem reichen Aroma an betäubender Schärfe kauten, dass es nur so krachte und knusperte. Ye Yar kaute mit Absicht Wange an Wange mit Jiang und sagte: »Jiang, wenn dir doch angeblich so viele Millionen gehören? Warum hast du nicht mal Geld für *Hudou*? An dir Geldsack ist offensichtlich alles unecht.«

Jiang, bei dem seit ein, zwei Wochen alles wieder normal war und der sich auch wieder recht ordentlich bei Kräften fühlte, schluckte kurz seine Mundvoll Spucke runter und hielt dagegen: »In meinen Geldscheinen würdest du ersaufen!«

Yar darauf: »Deine große Klappe hilft dir einen Scheißdreck, aber wenn du einmal ›Papa‹ zu mir sagst, verkauf ich dir eine große Handvoll auf Kredit.«

Jiang kochte vor Wut, sein schneidendes Gesicht durchzogen feine feuerrote Linien, doch erstaunlicherweise hatte er sich im Griff und sagte: »Ihr habt es alle gehört? Ich verzichte heute auf Gesicht und Ehre des Alters und anerkenne Ye Yar als meinen Papa. Papa, ich will mir selbst eine große Handvoll *Hudou* nehmen und in Zukunft, Papa, wirst du dich hoffentlich weiterhin um Speis und Trank für mich kümmern.«

Ye Yar hätte niemals erwartet, dass der millionenschwere Geldsack noch tiefer greifen könnte als er selbst, bereute sein gegebenes Wort sofort und wäre nur zu gern abgesprungen, weil er aber fürchtete, damit den allgemeinen Ärger auf sich zu ziehen, sagte er stattdessen, als müsse man mit ihm Mitleid haben: »Ich bin doch die im ganzen Untersuchungsgefängnis berühmte Riesenwampe, das tust du mir wirklich an?«

Kaum gesagt, gab Jiang direkt zurück: »Deine Wampe taugt doch nichts, da passt ja bei mir mehr rein.«

Ye Yar grunzte nur durch die Nase und Jiang sagte: »Was gibt es, stinkende Fotze, da durch deinen Bergschweinrüssel zu grunzen! Kämpfen wir es hier und heute aus.«

Ich fragte: »Wie wollt ihr das denn auskämpfen?«

Jiang sagte: »Mein Geld wird bald da sein, dann kann ich mir ohne Schwierigkeiten ein ganzes Zimmer voll von diesen merkwürdig riechenden *Hudou* kaufen. Ye Yar, wagst du es, vier Tüten *Hudou* für einen Wettstreit einzusetzen?«
Ye Yar sagte: »Was für einen Wettstreit?«
Jiang sagte: »Jeder muss zwei Tüten davon essen, gewinnst du, schulde ich dir vier Tüten, verlierst du, sind wir quitt.«
Ye Yar sagte: »Warten wir damit, bis dein Geld da ist.«
Jiang sagte: »Alles also nur heiße Luft? Dann überlass mir fürs erste eben die versprochene große Handvoll.«
So ein schönes Drama erlebst du in tausend Jahren nicht, wir waren alle mordsmäßig aufgeregt und bestürmten Ye Yar: »Wenn du jetzt nicht deinen Mann stehst, zieh'n wir dir deinen lausigen Pelz ab!« Und: »Du Bauerntrottel hast wirklich nichts als Süßkartoffelscheiße im Hirn, wenn's drauf ankommt, bist du nicht mal bereit, ein paar Bohnen einzusetzen.«
Jiang nutzte die Gelegenheit, Yars Sack mit den Lebensmitteln an sich zu reißen und stichelte: »Dummer Kuli, willst du lieber Prügel?«
Ye Yar fürchtete die Prügel so sehr, wie er seine *Hudou* liebte, also musste er wohl oder übel für sie kämpfen: »Wenn ich was kann, dann fressen, wenn du platzt, bist du Hurensohn selbst dran schuld.«
Jiang kreiste ein paar Mal mit den Hüften, machte Aufwärmübungen, dann entblößte er die Arme, die dürrer waren als Hühnerflügel: »Willst du lernen, wie unser Mao die Städte vom schwachen Land aus umzingelt hat? Träum weiter deinen Scheißbohnentraum.«
Sun Daniao band sich einen roten Stoffstreifen um die Stirn, um den Schiedsrichter zu geben, drei Todeskandidaten intonierten gemeinsam durch die Nase den *Marsch der Athleten*, die Wettkämpfer betraten die Bühne und ließen sich im Lotossitz nieder. Als sie so einander gegenüber saßen, traten ihnen vor Hass fast die Augäpfel vors Gesicht. Der Schiedsrichter kontrollierte vier Tüten mit jeweils einem Pfund »Exotische Bohnen« und legte vor jedem der beiden

zwei davon aufeinander, danach schüttelte er ihnen die Hand, positionierte sich zwischen ihnen und rief: »Fertig – los«!

Die Wettkämpfer rissen die Beutel auf und stopften sich Handvoll um Handvoll in den Mund, dass die Backen dick wurden wie große Tomaten. Am Anfang waren die Bewegungen der beiden fast gleich, sie hielten einen Packen *Hudou* in einer Hand, streckten den Hals wie ein Hahn beim Krähen, schluckten sie hinunter und stopften die nächsten hinterher. Nach einer halben Stunde hatten beide überall im Mund fette Blutblasen, und als sie gluckernd Wasser in sich hineinkippten, liefen ihnen zwei schwarze Rinnsale aus den Mundwinkeln. Es war ziemlich kalt, trotzdem dampfte der Schweiß auf ihren Schädeln. Ein anderer Todeskandidat und ich legten ihnen ein Blatt Klopapier nach dem anderen drauf, in einer Sekunde war es durchgeweicht, kam weg, das nächste drauf und war gleich wieder durch. Auch nach sieben, acht Blatt war der Schweiß nicht weg, stand vielmehr noch dicker, war ein Papier runter, war es ein Klumpen, den man nicht mehr auseinander bekam. Als die beiden am zweiten Beutel waren, wurden ihre Gesichter lila. Wampe Ye Yar hatte den natürlichen Vorteil auf seiner Seite, denn Jiang war ein Gerippe, trotz seiner Schnelligkeit konnte er nicht wirklich mithalten. Als Jiang erkannte, dass er ins Hintertreffen geriet, stand er auf, verschaffte seinen Gliedern etwas Bewegung und setzte sich wieder. Beide kauten krachend Kopf an Kopf wie irre noch eine Weile weiter, dann tranken sie wieder eine Schale Wasser, wischten sich über den Mund und klatschten dem Gegner eine Handvoll Brei an den Hals. Ye Yar murmelte, nachdem er einen vollen Mund wiedergekäuten *Hudou*-Brei hinuntergeschluckt hatte: »Jiang, du hast keine Chance, gib doch einfach auf.«

Jiang gab nur einen merkwürdigen Laut zur Antwort und rollte sich vom Kang runter. Er sinnierte eine Weile, gab sich sieben, acht Ohrfeigen und senkte mit einem Mal den Kopf, um wie ein Schwein, das im Trog wühlt, vom Kang weg zu knabbern, was naturgemäß eine effektive Vorgehensweise war, eins, zwei, drei hatte er die Nase vorne. Im Handumdrehen begann er allerdings zu schielen, Sun Daniao bewegte drei Mal einen Finger vor seiner Nasenspitze hin und her, keine Reaktion, er knabberte und kaute, kaute und knabberte beharrlich weiter. Ye Yar folgte dem Einfall und so knieten jetzt beide Seite an Seite auf dem Boden und knabberten vom Kang runter, sie keuchten und schnauften dabei, dass wir alle uns vor Lachen kugelten. Auch für die Wachen war das ein seltenes Erlebnis, sie geboten nicht nur keinen Einhalt, sondern schauten, das Gewehr entspannt in den Armen, selbst vom Gang im zweiten Stock aus zu.

Nachdem Ye Yar eine Weile kniete, hing ihm die Wampe bis auf den Boden und er sah Sterne vor den Augen. Er stand sofort auf, setzte sich zurück auf den Kang und eine Sekunde, nachdem er die nächste Handvoll in sich hineingestopft hatte, drippste gut die Hälfte davon wieder raus, aus der großen Klappe war ein unaufhörlich Scheiße pressender Hühnerpopo geworden. Jiang auf der anderen Seite war mit zunehmender Härte des Kampfes immer beherzter geworden, er futterte wie ein Fressroboter. Bei beiden waren der Kopf und der ganze Körper inzwischen mit *Hudou*-Resten übersät, nachdem sich ihnen unzählige Male schon die Augen weiß verdreht hatten, machten sie nochmal eine Pause, wischten sich über die Brust und schluckten auch das hinunter. Schließlich war Ye Yar am Ende, seine letzte Handvoll war noch nicht vollständig drin, als ihm die ganze Brühe wieder rauskam, als er sich trotzdem nochmal was reinstopfen wollte, packte der Schiedsrichter ihn am Handgelenk und verkündete sein Kampfergebnis: »Ein Pfund und 405 Gramm!«

Jiang hörte und sah nichts mehr, er fraß unverdrossen weiter, bis alle ihm in die Ohren brüllten: »Du hast gewonnen!« Da hob er verblüfft den Kopf aus den *Hudou*-Resten. Sun Daniao streckte beide Hände aus und beugte sich am Rand des Kang hinunter, um diesen verrückten Hund hochzuziehen. Der war wachsweich, es war, als hätte er keine Beine mehr. Jeder wollte dem Champion einen Arm leihen, ihn stützen, Sun Daniao nahm das rote Band ab und band es ihm um die Stirn. Jiang biss noch immer schmatzend in die Luft, erst langsam konnte er gestützt an die Wand wieder allein stehen, schob alle weg und ließ seinen Schädel sinken, so stand er einige Minuten stumm da, dann schnellte er plötzlich wie aus einem Katapult zum Abtritt. Ye Yar, der noch am Kangrand hockte und sich den Finger in den Hals steckte, kam wieder nicht schnell genug weg und wurde von Jiang in die Arme genommen, während der zwei Meter weit über ihn hinweg spie, so dass die Wände auf allen drei Seiten des Abtritts völlig verspritzt waren. Beide Kombattanten stocherten jetzt wild mit einem Finger im Hals herum und spieen, der eine oben, der andere unten, was das Zeug hielt, wahre Hurensöhne von Hurensöhnen eben, wir hatten eine Bombenstimmung. Das war einer der lustigsten Augenblicke jemals in der Zelle, zwar bekamen wir am Ende alle den Elektroknüppel zu spüren, trotzdem war das mordsmäßig lustig gewesen und wir erzählten uns noch lange davon.

LAO WEI: Jiang hat keinen Schaden davongetragen?
FANG NAOKE: Er spuckte ein paar Tage Blut, lag ein paar Tage flach, dann fehlte ihm absolut nichts mehr.
LAO WEI: Das gibt bestimmt Spätfolgen.
FANG NAOKE: Er hat sich vor fünf Tagen auf den Weg machen müssen. Schätzungsweise ist er längst beim Letzten Gericht des Totenreichkönigs Jama, wo ganz speziell Spätfolgen behandelt werden. Bald werde auch ich dorthin aufbrechen.

王敏

4

WANG MIN

Die sadistische Polizistin

An einem blühenden, warmen Frühlingstag 2019 erhielt ich zu Hause in Berlin Post von Prof. Hans Peter Hoffmann, dem Übersetzer meiner Bücher ins Deutsche: »Lieber Liao: Kannst Du mir helfen, Gedichte von Li Bifeng zusammenzutragen, vierzig etwa? Vielleicht wartet dann, wenn er aus dem Gefängnis kommt, eine zweisprachig deutsch-chinesische Gedichtanthologie auf ihn.«
Ich antwortete, ich schau mal. Danach schrieb ich überallhin Mails, aber sie gingen unter wie Steine im Meer, keine Reaktion. Also durchforstete ich meinen Computer. Wie eine geologische Schürfbrigade, die tief ins Gebirge vordringt, förderte ich in diesem völlig verwilderten Gelände tief vergrabene Vergangenheit Zoll um Zoll zu Tage. In einer viele Jahre nicht mehr geöffneten Datei zog ich ein Langgedicht hervor wie eine Python aus einer verborgenen Erdhöhle. Li Bifeng hat einmal behauptet, bei der Polizei lägen von ihm Manuskripte mit alles in allem mindestens fünf Millionen Schriftzeichen. Ich fragte ihn, ob er sie gezählt hätte. Er sagte: geschätzt natürlich. Dichter sind unzuverlässige Gesellen, ich habe zum Glück auf den Beruf eines »Aufnahmegeräts meiner Gegenwart« umgesattelt.
Und ganz unerwartet entdeckte ich noch eine Audioaufnahme aus dem Frühsommer 2005 über eine sadistische Polizistin. Damals fand ich das unbrauchbar und ließ es beiseite, irgendwann war sie dann meinem Gedächtnis entschwunden. Nun tauchte diese Aufnahme in

einem Augenblick nach vierzehn Jahren, wir beide inzwischen himmelweit voneinander entfernt, auf einmal wie von Geisterhand wieder auf, ich war blitzartig wie im Traum.

Li Bifeng und ich hatten uns im Frühwinter 1992 in der zweiten Brigade des Dritten Gefängnisses der Provinz Sichuan kennengelernt. Damals stahl er sich während eines Hofgangs zu den Zellen im ersten Stock fort, um mich aufzusuchen, und kaum hatte er sich meines Namens versichert, zog er hastig ein Langgedicht mit fast tausend Zeilen hervor, mir fuhr der Schreck dermaßen in die Knochen.

In jener Zeit waren wir beide noch jung, voller Hoffnung auf eine Revision unserer Verurteilungen wegen der Demonstrationen des 4. Juni 1989 auf dem Platz des Himmlischen Friedens in Peking, wir waren von den politischen Veränderungen unseres Landes ganz zappelig und hätten dabei niemals gedacht, dass er noch drei Mal würde einsitzen müssen, insgesamt 22 Jahre! Zwei Monate nach meiner Flucht wurde er völlig überraschend unter dem Tatvorwurf, »mir zur Flucht verholfen zu haben«, erneut verhaftet, da weiß man doch nicht mehr, ob man lachen oder weinen soll, zumal er selbst bereits sieben Mal auf der Flucht gewesen war, jedes Mal aber wieder aufgegriffen wurde. Was für ein unglaublicher Irrsinn! Einmal hatte er es sogar schon über die Grenze nach Myanmar geschafft, als er im letzten Moment noch von einem Partisanentrupp der Myanmar-Kommunisten tief im Dschungel aufgegriffen und zum chinesischen Grenzschutz von Yunnan zurückgebracht wurde. Die Volksbefreiungsarmee missbrauchte ihn in Mannschaftsstärke als Fußball, das Match ging über Dutzende Minuten, seither ist sein Gesicht vollkommen aus dem Rahmen, er hustet immer wieder Blut und sein Hodensack schwillt ebenfalls immer wieder auf die Größe eines Luftballons an.

Ich schreibe oft über ihn und kann meine Gefühle dabei nur schwer im Zaum halten. In Die Kugel und das Opium *gibt es ein Interview über sein Leben, durch den Roman* Die Wiedergeburt der Ameisen *geistert er als eine der Figuren, in* Drei wertlose Visa und ein toter

Reisepass. Meine lange Flucht aus China *sind seine sieben Fluchtversuche eingearbeitet. Am Ende gelang mir die Flucht, während ihm offiziell noch ein »Vertragsbetrug« angehängt wurde, er bekam weitere zehn Jahre, als er wieder rauskam, war er ein zerstörter, kranker und verarmter alter Mann …*

Sex-*Mantous*

LAO WEI: In wie vielen Gefängnissen warst du insgesamt?
LI BIFENG: Ich habe in vier Gefängnissen Haftstrafen abgesessen. Wenn man Verhöreinrichtungen, Untersuchungsgefängnisse und Jugenderziehungsanstalten dazuzählt, waren es gute zehn.
LAO WEI: Welches war am speziellsten?
LI BIFENG: Oh Mann, das hast du mich alles schon so oft gefragt. Wie ich zum Straftäter wurde, wie ich ins Gefängnis kam, wie ich eingesperrt war und wie ich erneut straffällig wurde, das weißt du doch alles. Vermutlich weißt du mehr über meine Erfahrungen als über die deines Vaters.
LAO WEI: Ich weiß aber noch nicht alles. Zum Beispiel jene sadistische Polizistin …
LI BIFENG: Hab ich dir von der erzählt?
LAO WEI: Drei Mal mindestens, aber immer nur nebenbei. Ich hab nie genauer nachgefragt, weil ich damals die Biografien der Gefangenenunterschicht vom 4. Juni aus Peking und auch aus Sichuan geschrieben habe (für das Jahre später publizierte Buch *Die Kugel und das Opium*), die sadistische Polizistin hat es dabei nicht in deine Biografie geschafft.
LI BIFENG: Ich hab das alles vergessen.
LAO WEI: Und ich hab im Knast nie Frauen gesehen.
LI BIFENG: Da hast du dann wohl Pech gehabt. Bei mir gab es gleich, als ich das allererste Mal in meinem Leben ins Untersu-

chungsgefängnis kam, einen wahren Hammer. Ein Wärter öffnete jeden Tag frühmorgens vorab die Zellen und hinter ihm her verteilte ein Häftling aus der Küche die Frühstücks-*Mantous*, danach wurden innere und äußere Zellentür wieder verschlossen. Zum eisig kalten Jahreswechsel hin wurde es erst spät hell, im Allgemeinen begann es gerade mal zu dämmern, wenn das Frühstück im ganzen Gefängnis vollständig ausgegeben war. An diesem einen Morgen nun öffnete der Wärter nacheinander die Zellentüren, ging rein und wieder raus, beim Öffnen der vierten Zelle schaute er sich um und stellte fest, dass der Küchenknacki ihm nicht nur nicht mehr folgte, sondern sich merkwürdigerweise noch immer an der Tür der ersten Frauenzelle aufhielt. Dem Wärter war das sofort suspekt und er ging leise zurück – und war zur Salzsäule erstarrt, noch bevor er lospoltern konnte. Er sah nämlich, wie weibliche Gefangene sich eng an das vergitterte Fenster der inneren Zellentür drückten und mit weit geöffneten Baumwolljacken alles daran setzten, ihre violett gefrorenen Brüste zwischen den eine Handbreit voneinander entfernten Gitterstäben durchzudrücken, der Küchenknacki reichte ihnen mit einer Hand *Mantous*, mit der anderen hielt er die Brust einer Gefangenen mit hübschem Gesicht, garantiert hatte er unten schon einen knallharten Ständer. »Bruder, Bruder, etwas sanfter, in Ordnung?«, gurrte sie ihm sanft entgegen.
So war ein himmelschreiend verkommener und regelwidriger Handel ans Licht gekommen – und jeder einzelne Küchenknacki wurde in die Bestrafung einbezogen. Die Wärter legten alle gemeinsam Hand an, mitten in der Nacht brannten sie denen mit Schlagstöcken eins über, banden sie mit Hanfseilen, steckten ihnen Nadeln in die Eicheln, sie machten sie nach Strich und Faden fertig. Jeder sagte, es klang, als heulten Geister und Wölfe, das war krasser als das Gezische und Geknalle von Feuerwerk am Silvesterabend.

LAO WEI: Kommen wir zurück zum Thema. Die Polizistin?
LI BIFENG: Diese sadistische Polizistin also, die hieß Wang Min,

sie war ungefähr so alt wie ich, 1989 also 25, 26, ich erinnere mich, dass ich ihr zum ersten Mal an dem Tag begegnet bin, an dem ich vom Verhörknast ins Untersuchungsgefängnis verlegt wurde, verabschiedet haben wir uns an dem Tag, an dem es vom Untersuchungsknast weiter ging in die Strafanstalt, Anfang wie Ende war in ihrer Schicht.

LAO WEI: War sie häßlich?

LI BIFENG: Weder häßlich noch schön. Nur war ich zum ersten Mal im Knast und dann auf einmal treff ich auf eine Frau, und das ohne jede gedankliche Vorbereitung. Sie stand hinter ihrem Bürotisch auf und maß mich mit einem Lächeln von oben bis unten, dass ich knallrot wurde und sogar noch auf die Idee kam, sie könnte Sympathie für politische Gefangene haben …

LAO WEI: Und dann?

LI BIFENG: Dann sagte sie: »Wenn ich mir dich babyzarte Erscheinung so ansehe, wirkst du überhaupt nicht wie ein Regionalbandit.« »Ein Regionalbandit?«, murmelte ich unwillkürlich, ich konnte mir keinen rechten Reim darauf machen, was ein Regionalbandit sein sollte, oder was ein Überregionalbandit, also stierte ich sie nur dümmlich an.

»Mein Lieber, was gibt es denn so zu glotzen, hat deine alte Mutter etwa Pockennarben im Gesicht? So wie du mich anstierst, willst du wohl was von mir?« Dann streckte sie ihre Hand aus und packte mich an der Schulter: »In die Hocke!«

Von ihr in die Hocke gedrückt, saß ich wie ein Hund auf den Hinterbeinen und schaute zu ihr auf. Ich dachte: »Warum ist diese Frau nur so furchterregend?«

»Hm, hm, wie's aussieht, wurde dir Unruhestifter vom 4. Juni noch nie die nötige Demut eingebläut, also werde ich dir heute ein bisschen Anstand beibringen.«

Sie drehte sich um, zog hinter dem Tisch einen Elektroknüppel hervor und drückte auf den Schalter, woraufhin dieses lange Gerät unheilvoll knisterte und mir vor seinem grünglitzernden Funkeln alle Farbe aus dem Gesicht wich. Wir waren uns völlig unbekannt, warum begrüßte sie mich auf diese Weise?

»Teile der Leitung mit, bin soeben erst angekommen und habe noch keinerlei Regeln verletzt. Auf welcher Grundlage soll mir eine Lektion erteilt werden?«

»Dein Babyanblick gefällt mir eben nicht, also werde ich dir heute eine Lektion erteilen. Das passt dir nicht, was? Ich bringe dir bei, wie es passt!«

Das knisternde elektrische Feuer sondierte eine Weile über meinem Kopf hin und her, am Ende fiel es jedoch nicht auf mich herab. Warum, blieb ein Rätsel, ich fragte sie deshalb unterwegs von dort zur Strafanstalt – fast ein Jahr später – noch, warum sie mir damals nichts getan hatte. Sie sagte: »Dein Fallbearbeiter hat gesagt, dass du Baby gern Unsinn daherredest und mir einen Wink gegeben, ich solle dir gleich am Anfang zeigen, wo der Hammer hängt, doch dann habe ich es mir im letzten Moment anders überlegt und dir nichts getan.«

Nachdem das an mir vorübergegangen war, hatte ich erstmal keine Angst mehr vor ihr. Später merkte ich, dass aber alle anderen Gefangenen in diesem Untersuchungsgefängnis Angst vor ihr hatten, erwähnte man sie nur, zitterten alle weit mehr als bei den männlichen Wärtern. Und zwar, weil diese Frau sehr unerfreuliche Vorlieben hatte – immer wenn sie Wochenenddienst hatte, konnte sie überall auf dem Gefängnisgelände jederzeit auftauchen, jede Zelle in Augenschein nehmen, mitten in den Hofgang hineinplatzen und durch die Gitterfenster alles genau begutachten, um herauszufinden, welcher Gefangene hübsch und entspannt wirkte. Sobald sie an irgendeinem Gefallen fand, schloss sie auf, rief ihn heraus und er musste für sie ein Lied nach dem anderen singen. War sie zufrieden, belohnte sie dich mit ein paar netten Worten, stellte sie der Gesang hingegen nicht zufrieden, war es nichts mit einem Lob, stattdessen beschimpfte sie dich als Regionalbanditen und schubste und schlug dabei ohne Unterlass, bis du in die Zelle zurückgetrieben wurdest – nachfolgend fand deine Zelle noch die ganze Nacht hindurch keine Ruhe mehr. Sie schimpfte aufs Unflätigste, immer waren Ständer und Schwänze im Spiel, sie wusste wie ein hochbesternter Koch eine unglaubliche Vielfalt an Ohrenschmausereien hervorzuzaubern und ihre Stimmbänder waren genauso topklassig wie ihre Kondition, sie konnte ohne Weiteres zwei, drei Stunden so dahinschimpfen. Und das sorgte bei jedem für größte Unruhe, man betete, wie die Christen es tun, zu Gott, dass sie nicht vor der eigenen Zelle plötzlich Halt machte, denn als nächstes konnte ihr Elektroknüppel auf jeden niedersausen.

Die Verführung

War sie in der einen Hinsicht nicht zufriedengestellt, konnte man das tatsächlich auf den ersten Blick erkennen. Einmal bei einer Frühstücksausgabe im Sommer kam sie aufschließen, zu dieser Zeit hatte ich mich schon unter die erfahrenen Banditenbosse gemischt und stand ganz vorne. Nur noch das Gitterfenster zwischen uns, war ich ihr sehr nah. Sie trug ein tief ausgeschnittenes Shirt mit Fledermausärmeln, und obwohl so nah herangetreten, zog sie die Zellentür nicht auf, sondern fragte durch das Fenster: »Brillenschlange Li, ist dein Fall schon bei der Staatsanwaltschaft?«

Als ich verneinte, lehnte sie sich gegen das Fenster und begann mit mir über alles Mögliche zu plaudern. Plötzlich spürte ich, wie hinter mir ein Haufen Kerle ans Fenster herandrängelte und mir ein Hammerständer in den Hintern fuhr, doch noch bevor ich mit einem »was soll das« reagieren konnte, zuckte Wang Min schon die Schultern: »Schau an, schau an, schau dich Hurensohn nur an, sag mir jetzt bloß nicht, deine Mutter hat keine oder die Schwestern bei dir zu Hause haben keine?«

Als Wang Min gleich darauf kehrtmachte und verschwand, war ich für einen Augenblick völlig perplex und nahm erst danach die bewundernden Ausrufe um mich herum wahr: »Bei meiner Mutter, was für Riesentitten, und sie hat keinen BH an!«

Das stimmte, ich kann es bezeugen, ihre Brüste waren tatsächlich so groß wie rund und sie trug tatsächlich keinen BH. Die Riesentitten dieser Frau wurden damals trotz ihrer demütigenden Schimpftiraden für Tage und Nächte unser Topthema. Die größte Posse war dabei, dass, kaum war die Tür wieder verschlossen, außer mir die ganze Zelle, mehr als 20 Gefangene, gemeinschaftlich und so vollkommen im Einklang wichste, als hätte das Zentralkomitee der Partei ein offizielles Dokument mit rotem Briefkopf an alle untergeordneten Einheiten verteilt, das jeder zu studieren hatte. Auch ich war, seit ich erwachsen war, zum ersten Mal so offen auf derart lebensechte Brüste gestoßen und auch mein Hammer stand den ganzen Morgen eisern, nur war ich es mir als politischer Gefangener schuldig, nicht wie die anderen Gefangenen deswegen einfach zu wichsen. An diesem Tag hatte ich beim Mittagsschlaf den ersten erotischen Traum im Knast, ich träumte, draußen im Freiganghof stünde ein gutes Dutzend splitternackte Frauen und ich stürzte zu ihnen hin, um eine in die Arme zu schließen, doch kaum streckte ich meine Hände aus, stießen sie an Fenstergitter. Aus meinem feuchten Traum wieder erwacht, war ich verdammt angefressen, wie viele Männer sich von dieser Frau mit welcher Leichtigkeit zum Narren halten ließen.

Im nächsten Sommer wurde die Hitze noch unerträglicher und Wang Min trieb es noch heftiger. Nachmittags um zwei, drei warf die Hitze selbst an den Mauern Blasen, von uns gar nicht zu reden, wir alle wollten nur noch duschen. Die Wärter erlaubten das jedoch während ihrer Dienstzeiten nicht, deshalb schlüpften wir heimlich, als könne man still und leise eine Glocke stehlen, indem man sich die Ohren zuhielt, aus der Zelle zu einem Wasserbecken im Freiganghof, schöpften Wasser und übergossen uns damit. Im Nachhinein mussten wir uns in der Regel ein paar üble Beschimpfungen anhören, denn es war ehrlich heiß. Traf man allerdings dabei auf Wang Min, war es mit üblen Beschimpfungen nicht getan.

Alles kniet vor Madame

Eines Mittags, draußen waren es bereits über 40 Grad Celsius und es war schlichtweg nicht mehr auszuhalten, schlich ich mich an der Spitze eines großen Gefangenentrupps aus der Zelle zum Wasser, und ausgerechnet im Augenblick größten Wohlgefühls ging die Zellentür ratternd auf, unser splitternackter Trupp schaffte es nicht mehr rechtzeitig vom Hof hinein und wurde von einem schneidenden Sopran gestellt: »Ihr Scheiß Hundsfotte!! Einer, zwei, drei, vier … ist euch gar nichts peinlich!! In die Hocke mit euch, hier vor mir, und keiner bewegt sich mehr. Ihr wagt es, in meiner Schicht gegen Regeln zu verstoßen! Wer hat euch zum Duschen gerufen? Heute wird Klartext geredet.«
Man musste sich Wang Min nur ansehen, sie trug eine kurzärmlige Uniform, unten herum einen engen dunkelblauen Bleistiftrock, an ihrer Hand jedoch baumelte ein langer elektrischer Schlagstock. Da war nichts zu machen, unserem Trupp, splitterfasernackte Männer in der Blüte ihres Lebens, blieb nichts übrig, als vor dieser despotischen Gewalt zu kapitulieren, und wir gingen alle vor ihrem granatenmäßigen Rock in die Knie. Viele senkten ihren Kopf so tief, dass ihnen das Kinn zwischen den Knien steckte, um nur ja ihren Unterleib zu verbergen. Ich hatte meinen Kopf nicht gesenkt, denn ich wollte möglichst mit klarem Verstand untersuchen, was es mit dieser Frau auf sich hatte, doch kaum war mein Blick auf ihre Beine gefallen, kroch er geschmeidig aufwärts wie eine Ameise an einem Baum. Sie trug helle Strümpfe, darüber waren die Knie und darüber ging es über die Oberschenkel direkt zur Leiste, als nächstes

kam das dunkle Ameisennest, das man nur erahnen konnte. Trotzdem knallte mein Geschlecht hoch wie von einem Stromschlag getroffen, ich deckte hektisch meine Hände darüber, mir brach heiß der Schweiß aus und ich schämte mich in Grund und Boden. Aber dieses dumme Teil kümmerte sich nicht darum, es kannte nur Sex, weder hatte es Ahnung von Politik, noch war es irgendwie fähig, Richtig von Falsch zu unterscheiden, ich bedeckte es, bekämpfte es, aber es regte sich beharrlich.

LAO WEI: Es reicht, es reicht.
LI BIFENG: Schön wär's, ja. Wir aber linsten weiter wie ein im Hof gefangenes Rudel Shar-Peis mit schief gelegtem Kopf zu ihr hin und schnüffelten heftig, denn sie duftete zu betörend, wir kamen dagegen nicht an. Ich wurde langsam von oben bis unten knallrot, kam mir vor wie betrunken, aber mein Schamgefühl war mir geblieben, hätte sich irgendwo eine Erdspalte aufgetan, ich wäre ohne Rücksicht auf Verluste mit Sicherheit darin verschwunden. Und dieses Weib auf der anderen Seite ging immer wieder und immer wieder um uns herum, vom Hof in die Zelle, schlenderte dort zwei Minuten umher, kam wieder heraus, schlug mal mit ihrem Knüppel leicht in die eigene Handfläche, strich ein andermal damit über das blanke Rückgrat eines Mannes, wie eine Philosophin, die etwas zu fassen bekommen möchte. »Was hatte sie vor? Eine Frau verpasst seelenruhig zwanzig nackten Männern einen Denkzettel«, überlegte ich. »Ist das nicht eigentlich öffentliche Belästigung?«

Gerade in dem Moment, als ich ihre Nachsicht erflehen wollte, dass sie uns hinein und etwas anziehen lassen möge, kam Wang Min mir nochmal schnell zuvor: »Ihr schamlos verdorbenes Rüpelpack habt es gewagt, in meiner Dienstzeit gegen die Regeln zu duschen, und jetzt macht auch noch jeder von euch Hurensöhnen einen auf jungfräulich und versteckt mit bloßen Händen seinen Unterleib. Wenn ihr Mut habt, hebt eure Köpfe und nehmt die Hände weg! Zeigt

eure blanken Bleuel! Lasst eure Madame eine radikal neue Erfahrung machen, was es heißt, radikal schamlos zu sein!«
Sie schlug wieder mit dem Polizeiknüppel leicht in ihre Handfläche und ich dachte schon, das wär's nun annähernd gewesen, da drückte sie ohne jeden Anlass auf den Schalter des Knüppels und stocherte mit dessen leuchtendem und knisterndem Kopf in die Richtung des jungen Kerls neben mir: »Du Regionalbandit da, steh mal auf für deine Madame.«
Der zitterte am ganzen Körper und ließ seinen Kopf so weit nach vorn fallen, dass er fast schon den Boden berührte, also bekam er einen Fußtritt von ihr: »Willst du einen auf taub machen oder was, gerade hast du mir noch andauernd auf die Beine gestarrt, steh auf und sag mir, was es da zu sehen gab. Wolltest du in Erfahrung bringen, ob Madame Unterhosen trägt? Du verfickter Frauenschänder, du glaubst wohl, Madame weiß nicht, dass du wegen Vergewaltigung sitzt, auf mit dir, sofort, heute wird hier nackt geredet und nackt gelaufen.«
Der Pechvogel hatte keine Wahl, notgedrungen richtete er sich bebend auf, beide Hände vor seinem Dings, noch bevor er jedoch festen Stand hatte, wurde ihm schon der Knüppel brutal in den Unterleib gerammt: »Nimm mir deine Pfoten dort weg!«
»Aauuh, Mam, Mam, bitte Madame Wang, ich flehe Sie an, bitte stoßen Sie nicht nochmal zu!!«
»Hände weg!«
»Seien Sie gnädig bitte! Es wird nicht mehr vorkommen! Mam, Mam, bitte …«
Er krümmte sich wie von einer Kugel getroffen und schützte sich an besagter Stelle weiter mit beiden Händen, deshalb stieß ihr Elektroknüppel jetzt gegen seine Handrücken, dass sich brandiger Geruch von Haut und Fleisch ausbreitete. Er war vor Schreck wie von Sinnen und wusste sich nicht mehr anders zu helfen, als die Stelle preiszugeben und zu versuchen, den Elektroknüppel festzuhalten, was wiederum sie nutzte, um an seinen Händen vorbei zuzustoßen.

Als sein Schamhaar zischend qualmte, wich er zurück und fiel mit einem dumpfen Knall zu Boden, die Gefangenen um ihn herum stoben zur Seite wie Hornissen, deren Nest gesprengt wird, sie jedoch blieb weiter dran und ihr Elektroknüppel zielte auf nichts anderes als einzig jenes Stück Fleisch: »Na, Frauenschänderlein, was ist nun härter, deine Eier oder der Polizeiknüppel der Regierung des Volkes?« Obwohl von der Quälerei schon halbtot, raffte er sich mehrmals noch hoch und rannte davon, immer herum um den Menschenhaufen im Hof, fiel aber immer wieder hin. Zuletzt wurde er mit einem Fuß in der Leiste niedergehalten und der Knüppel stieß zu, als wollte er Knoblauch zerkleinern, uns standen die Haare zu Berge. Irgendwann hielt ich es nicht mehr aus und stand Knall auf Fall auf, hier wurde jedes Ehrgefühl und jede Menschenwürde mit Füßen getreten: »Meldung an Verwaltung, Wang, so dürfen Sie ihn nicht bestrafen, auch für Gefangene gelten Menschenrechte, so dürfen Sie uns nicht behandeln!«

Mir hat sie nichts getan

Wang Min stoppte abrupt und wandte sich mir mit einigem Erstaunen zu: »Brillenschlange Li, unter normalen Umständen behandle ich, Wang Min, dich doch großmütig, oder? Warum so ein Aufstand? Wenn du was zu sagen hast, bring es zu einem anderen Zeitpunkt auf den Tisch, statt mich zu unterbrechen, indem du was von Bestrafung, Menschenrechten, Behandlung daherredest, da hab ich zu wenig Bildung für. Ich versteh nichts von deinen großen Wahrheiten, wenn ich deine großen Worte verstehen würde, würde ich heute nicht hier stehen. Aber du kennst Scham, du bedeckst noch immer die ganze Zeit deinen Unterleib, und weil du Scham kennst, befehle ich dir, sofort hineinzugehen und dir was anzuziehen.« Keine Ahnung, was oder wer da seine Finger im Spiel hatte, als ich sie das sagen hörte, war das wie eine unerwartete Amnestie, ich stürmte schnurstracks in die Zelle und zog mich an. Keinen Augenblick später ergoss sich ein heißer Strahl aus mir und ich dachte, dieses Weib hat doch für Kameradschaft etwas übrig: Ich hatte mich gegen sie gestellt und sie hat mir nichts angetan.

LAO WEI: Mein lieber Mann, manchmal bist du wirklich verkommen.
LI BIFENG: Nicht anders als du.
LAO WEI: Touché. Hahaha.
LI BIFENG: Was gibt's da zu lachen? Ich versteh schon, was du sagen willst, manchmal ist es verkommener, etwas anzuhaben als nichts anzuhaben. Denn als ich danach ordentlich angezogen auf der Pritsche in der Zelle saß und durch das Fenstergitter sah, wie Wang Min mit der Bestrafung der anderen weitermachte, stieg in mir spontan und unerwartet eine Art Freude auf, wenigstens selbst dem Unheil entkommen zu sein. Ich sagte mir sogar noch: »Es heißt immer, diese Frau sei eine Sadistin, ich habe heute einfach nur erlebt, wie sie Autorität ausspielt.«
Sie befahl als nächstes einem anderen Gefangenen aufzustehen, sie befahl es mehrmals, doch er kümmerte sich nicht um sie, also griff sie auf ihre alte Taktik zurück, ging hin und verpasste ihm einen Fußtritt. Ich dachte gerade darüber nach, dass, wenn sie es allen dort draußen Hockenden so besorgen wollte, es noch um Mitternacht nicht zu Ende wäre. In diesem Moment standen zwei Gefangene zusammen auf: »Meldung an Verwaltung Wang, behandeln Sie uns bitte nicht auf diese Weise! Auch wenn wir Gefangene sind, haben wir Menschenwürde und Selbstachtung.«

»Wird das eine Rebellion? Schaut euch eure Eier und Schwänze mal an, soll mich das erschrecken? Hockt euch! Eure Madame ist keine dumme Gans, wenn ihr eine Tracht Prügel wollt, wird euch mein Knüppel hier mit dem größten Vergnügen aufsuchen.«

»Das ist missbräuchliche Selbstjustiz und verstößt gegen die Menschenrechte.« Die Augen der beiden nackten Gefangenen schlugen Funken.

»Gut gut gut, ihr habt Mumm! Ihr anderen Hundsfotte, hört mir gut zu, weil diese beiden Hundsfotte unbedingt heraustreten und sich für euch ins Zeug werfen mussten, wird eure Madame euch für heute vom Haken lassen. Und weil ihr beiden Bastarde so furchtlos seid, kommt ihr nackt, wie ihr seid, mit Madame mal schön mit.«

Die beiden tapferen Kerle wurden ohne einen Faden am Leib ins Gefängnisgebäude geführt, der dumpfe Klang ihrer Schritte entfernte sich, nach einer guten Weile kamen, für uns kaum noch vernehmbar, Schreie vom äußersten Ende des Flurs, wenige Sekunden später war es vorüber. Wurden sie ins noch weiter entfernte Verhörzimmer gebracht? Kurz gesagt: So war es eben, das Gefängnis, in dem es unter keinen Umständen erlaubt war, sich irgendwie gegen die Obrigkeit zu stellen, jeder kleinste Funke musste sofort gelöscht werden. Das Dauermantra der Gefängniswärter lautet: »Im Gefängnis gelten die Gefängnisregeln, nationale Gesetze gelten im Land.«

LAO WEI: Hattest du selbst nicht das Gefühl, du könntest etwas falsch gemacht haben?

LI BIFENG: Als sie aufstanden, habe ich einen ordentlichen Schreck bekommen, mein Gesicht glühte, ich fühlte mich unwohl und machte mir Vorwürfe. Aber was hätte ich denn falsch gemacht?

LAO WEI: Du hast gar nichts falsch gemacht. Es war wohl einfach ihr Mut noch größer als deiner.

LI BIFENG: Erst nach Mitternacht wurden die beiden von mehreren Häftlingen aus der Küchenschicht in die Zelle zurückgetragen, sie waren übelst zugerichtet und atmeten schon fast nicht mehr. Verprügelt hatten sie nicht nur Wärter und Polizisten, sondern auch viele Häftlinge in der Umerziehung durch Arbeit. Das Verbrechen der beiden war, »getrieben von sexueller Gier eine diensttuende Polizistin unsittlich belästigt zu haben«, deshalb waren sie Freiwild.

Bis heute denke ich darüber noch nach, denn ich war ja ein politischer Gefangener, sie waren gewöhnliche Kriminelle, wenn das nicht passiert wäre, hätte ich mich vielleicht mein Leben lang für ehrenwerter gehalten als sie, um ein Vielfaches überlegen. Doch in Wirklichkeit war ich ziemlich eigensüchtig gewesen, ich hatte der Versuchung nicht mehr standhalten können, das Abwägen nicht länger ertragen, es geht hier nicht um große Niedertracht, kleine Niederträchtigkeiten sind der Alltag – wie kann sich ein politischer Gefangener wie ich ohne Rücksicht auf Verluste der Macht widersetzen?

LAO WEI: Du hattest dich doch vorher schon ohne Rücksicht auf Verluste der Macht widersetzt.

LI BIFENG: Das war 1989, in einem lärmenden Menschenmeer. Jeder kann zu bestimmten Zeiten ein Held sein. Aber wie heißt es im Gefängnis: »Der Drache windet sich, der Tiger duckt sich.« Wenn du in der Scheiße sitzt und dich nicht windest, nicht duckst und nicht fügst, dann bedeutet das, »nicht zu erkennen, woher der Wind weht«. Oder platter gesagt bedeutet es, »den Tod zu suchen«.

LAO WEI: Den Tod zu suchen und zu überleben, bedeutet aber auch, »weiterleben, obwohl man das Land des Todes gesehen hat«.

陸大椿

5

LU DACHUN

Seine Gedichte lesen Millionen von Menschen

Als mein Nachbar Zhang Xinwu noch Journalist bei einem Lokalblatt war, suchte er immer wieder Persönlichkeiten am Rande der Gesellschaft auf, einer der ungewöhnlichsten unter ihnen war der Petitionsproduzent Lu Dachun. Zhang fragte mich eines Tages, ob ich ihn kennen würde. Als ich den Kopf schüttelte, machte er sich über mich lustig: »So was, er kennt den alten Lu nicht! Und du willst ein Schriftsteller sein, der über den Bodensatz der Gesellschaft schreibt.« Ich fragte ihn irritiert, was er damit meine, und er sagte: »Der hat mit Klagen zweimal die Öffentliche Sicherheit bezwungen, einmal ist das sogar zum Topthema hochgekocht: ›Bürger verklagt Staat‹.« Ich sagte: »Mich interessiert doch nicht, was die Zeitung hochkocht.« Zhang meinte daraufhin: »Interessiert dich auch nicht, dass Millionen von Menschen seine Gedichte lesen?«

Ich bin Dichter, natürlich interessierte mich das. Zhang zog wie zufällig einen gefalteten Zettel aus seiner Hosentasche, handtellergroß, der auf den ersten Blick aussah wie ein Werbezettel, als ich jedoch genauer hinsah, erkannte ich tatsächlich ein im ganzen Land hochpopuläres, Missstände der Zeit anprangerndes Scherzgedicht. Es fand sich überall, in den Straßen, in den hintersten Gassen, auf dem Boden und in Mauerritzen, an Strommasten und auf Klos und wo sonst noch, und weil es sich sogar unter die verschiedensten Kleinanzeigen mischte, Jobangebote und Jobgesuche, vermisste Menschen und vermisste Hunde, Prostitutionsangebote und Behandlung von Geschlechtskrankheiten, wurde es im Spaß als »Schuppenflechte der Stadt« bezeichnet.

An einem Frühlingstag im Jahr 2002 besuchte ich Lu, den Schöpfer von Gedichten mit »Millionen Lesern«, zum ersten Mal und wir, wie hätte es anders sein können, sangen Loblieder aufeinander und bedauerten zutiefst, uns nicht früher kennengelernt zu haben; danach besuchten wir uns mit großem Tamtam gegenseitig, ich nahm zudem einmal eine Schlangenledertasche mit Petitionsmaterial zu mir nach Hause. Beim ersten Mal wohnte Lu noch in einer Absteige in einer bescheidenen Gasse an der rückwärtigen Mauer des Obersten Gerichts der Provinz Sichuan. Das war eine Sammelstelle für Menschen, die auf Provinzebene Petitionen einreichten, die Nacht kostete 10 Yuan und die Verhältnisse waren entsprechend miserabel; beim letzten Mal, als wir uns sahen, an einem Sommertag 2004, lebte er auf der Straße und schrieb gerade bäuchlings mit einem großen Kreidestück auf dem Gehsteig ein Gedicht, was Hunderte Zuschauer anlockte. Als Polizei vom Notruf 110 intervenieren wollte, hatte sie keine Chance, sich durch die Menschenmauer durchzudrücken.
Ich meinerseits schaffte es. Doch erst, nachdem ich Lu wiederholt angebrüllt hatte, erwachte er aus seiner Versunkenheit. Daraufhin strich er mit den Fingern durch sein langes Haar, das ihm bis über die Schultern fiel, und wirkte dabei äußerst heldenhaft, »Lu Dachun, 37 Jahre, aus Peng'an in Sichuan«, verbeugte er sich in alle Richtungen und fuhr mit klarer Stimme fort, »ich werde mein hier auf dem Boden publiziertes Gedicht einmal vortragen. Danach verabschiede ich mich von euch und gehe mit meinem Kumpel einen trinken.«

Den Eisenfuß nach Peking plattgelaufen

LAO WEI: Wo warst du dieser Tage, Lu? Ich hab einige Male bei deiner vorherigen Bleibe nach dir gefragt, immer hieß es, du seist verzogen.

LU DACHUN: Mir wurde vorübergehend Obdach gewährt, am 18. Juni fuhr ich ein, erst gestern bin ich wieder rausgekommen. Ich war eigentlich auf dem Weg in die Hauptstadt, doch der Zug war noch nicht mal bei Guangyuan, als sie mich schnappten. Ich habe gehört, die Zentralbehörden hätten strikten Befehl gegeben, strengstens auf Sicherheit zu achten und Leute von der Falungong-Sekte und solche wie uns unter keinen Umständen mehr aus Sichuan rauszulassen. Mitten in der Nacht um eins wurden deshalb ein paar Dutzend Rinderteufel und Schlangengeister zu einem Aufnahmelager gebracht, alles in völliger Dunkelheit. Ich trug mein Bettzeug zusammengerollt auf dem Rücken und machte mir keine Sorgen, als langjähriger Petitionsproduzent bin ich sowieso mehrmals im Jahr zur Berichterstattung bei der Polizei, um der Regierung ein wenig Glanz ins Gesicht zu zaubern und den Polizisten ein paar Bestechungsgroschen in die Taschen zu wirtschaften, dadurch leiste ich in gewisser Weise meinen Beitrag zur Gesellschaft.

LAO WEI: Wie meinst du das?

LU DACHUN: Heute, nach der Öffnung des Landes, gibt es nur scheinbar keine politischen Kampagnen wie zu Zeiten Mao Zedongs mehr, tatsächlich folgt unter der glatten Oberfläche eine Kampagne auf die nächste: Vernichtung von Pornografie und illegalen Publikationen, Säuberung von fremder Bevölkerung, Sanierung der Städte oder die Antikriminalitätskampagne »Hart zuschlagen«. Jedes Jahr kommen neue Kampagnennamen dazu. Das ist für die Aufnahmelager ein verdammt gutes Geschäft. Zu normalen Zeiten sind vielleicht hundert Menschen dort eingeschlossen, gibt es eine Kampagne, überschwemmen in einer Nacht wie bei einer Sturmflut schnell bis zu siebenhundert, achthundert das Lager – das gibt ein Gedränge schlimmer als im Schweinekoben. Glücksspieler, Freier, illegal Zusammenlebende, Wanderarbeiter ohne Aufenthaltserlaubnis, Diebe, Straßenbettler, fliegende Straßenhändler, arbeitslose Störenfriede, Widerständler gegen städtische Ordnungskräfte und vieles mehr, die kommen alle zusammen, von überall her. Besonders an sehr heißen Tagen klebt Fleisch an Fleisch, du kannst weder stehen, noch hocken, und das Fett trieft nur so aus dir heraus. Ein Geschäft zu verrichten, sei's groß, sei's klein, hast du keine Chance, und du siehst auch niemanden dabei, ich schätze mal, wenn man soviel schwitzt, verdampft alles. Mein Bruder, wenn du dieses Höllentor erstmal durchschritten hast, was glaubst du, wer das lange aushält? Aber so sehr du auch unter Druck bist, die Polizei ist es nicht, die lässt dich erst mal einen Tag und länger schmoren, bevor sie ganz allmählich auftaucht, wie Raubtierdompteure bleiben sie auf der anderen Seite des Gitters stehen und checken Namen für Namen. Drinnen brodelt es, auf Teufel komm raus recken die Leute ihre Hände, um einen Zettel rauszureichen, auf den sie Telefonnummer und Adresse von Verwandten oder Freunden geschrieben haben, und betteln regelrecht darum, die Polizei möge schnellstmöglich Kontakt aufnehmen, damit jemand kommt, um eine Geldstrafe zu bezahlen, und sie gegen Kaution freikommen. Freier und Glücksspieler sind da am schnellsten wieder raus, denn solchen Kerlen geht es wirtschaftlich gut, die Polizei muss nur fordern, was sie will, auch mehrere Zehntausend, die können das aufbringen. Normale Menschen blechen mindestens 500 Yuan, der niedrigste Preis sind 400, und den müssen auch arme Leute wie ich berappen, die sich schon ihr Essen zusammenschnorren müssen. Keiner bürgt? Tut uns leid, dann musst du halt einen Monat, zwei Monate sitzen, drei Monate später bringen sie dich im geschlossenen Güterzugwaggon zurück an deinen Heimatort. Eine Scheiße – was ist das denn anderes als kriminelles Kidnapping? Menschen werden geschnappt, nur um für sie Geld zu kassieren.

Du meinst, ich hätte doch gar nichts verbrochen? Ich habe hunderte Male Berufung eingelegt und bei höheren Instanzen Petitionen eingereicht, ich habe nie klein beigegeben, das ist ein Verbrechen. Und ich schreib gern Gedichte, die die Regierung provozieren, ich bin der berühmteste Dichter der landesweiten Petitionsgemeinschaft, das ist erst recht ein Verbrechen.

Ich veröffentliche meine Gedichte in der Regel auf der Straße, manchmal drucke ich auch Handzettel, die ich hier und dort, überall, aufhänge, und ich habe sie auch schon an die Beschwerdestellen des höchsten Provinzgerichts, des höchsten Landesgerichts, des Nationalen Volkskongresses und des Staatsrats sowie an die Zeitschrift *Demokratie und Rechtssystem* und noch ein paar andere geschickt. Erst heute habe ich in aller Früh am Haupteingang des höchsten Provinzgerichts ein Spruchpaar publiziert und ihre Gewehrkolben dafür zu spüren bekommen, fast wäre ich verhaftet worden. Ich les es dir vor:

Neben dem Eingangstor hab ich auf der einen Seite geschrieben,
Petitionen, Schlange steh'n, Gerechtigkeit, oh Himmelsvater;
neben dem Eingangstor auf der anderen Seite,
Geld dahin und alles nix, ein juristisches Affentheater.
Quer über der Tür stand noch,
Hergekommen, ausgetrickst.

Ich schenk dir ein Gedichtmanuskript, ich les es dir vor und du schaust mit, so kannst du mir helfen, falsche Schriftzeichen zu korrigieren. Ich war nur auf der Volksschule – und bei den acht Jahren Rechtsstreitigkeiten, wenn ich beim Schreiben von Eingaben Wörterbücher gewälzt hab, das hat natürlich auch geübt. Seit bei mir alles den Bach runter ist und ich auf der Straße bettle, versuche ich meine innersten Gedanken in Gedichte zu fassen und schreibe sie auf den Boden, wenn die Passanten solche neuartigen Kuriositäten lesen, hat das eine mächtige gesellschaftliche Wirkung …

LAO WEI: Gleich in der ersten Zeile das Wortspiel mit dem »Staat« ist wirklich gut.
LU DACHUN: Stimmt. Und später das »listige Gericht«, siehst du, das heißt einfach nur kurz »Gelist« statt »Gericht«.
LAO WEI: Da laust mich doch der Affe! Lu, du bist echt genial.
LU DACHUN: Ja? Na gut, dann zeig ich mal, was ich kann:

Kein Staat mehr mit dem Staat zu machen, gut,
wie gut das hohen Staatsbewampten tut,
gelackt, gemeiert, wer nennt die Tränen, das Blut.
Gehören eingesperrt, doch keiner nimmt den Hut.

Den Eisenfuß nach Peking plattgelaufen,
betteln unterwegs, um einzukaufen,
Kunden fragen mich nach Gründen aus,
eine Krähe hackt der anderen kein Auge aus,

das Volksgelist kennt keine Menschlichkeit,
prüfen, überprüfen bis in alle Ewigkeit.
Wo kann man heut noch richtige Beamte suchen?
Der Wahre Weg ist Huren, Boom und Großer Kuchen.

Korruption? »Schafott« sprach Songzeit-Richter Bao,
unsere Dynastie heut nimmt es weniger genau.
Hurenehrenbogen kann man sehen,
die, drei hohe Berge, über uns Normalos stehen.

Wie heißt es so schön:
Korrupt? Ach, keine Angst vor schlechtem Wein,
tausend Gläser schenkt man euch schon ein;
im Mandarin-Enten-Feuertopf schlägt Wellchen
das Meeresfrüchte-Frisch-Fischbällchen;

Sauna wärmt, es wärmen die Massagen,
Mahjong, Mahjong bis kühl das Morgengrauen;
weiß wie Schnee die Mädchen, Frauen,
und wie strahlen nachher die Visagen.

Wie heißt es so schön:
Richter Baos Bühne höher als der Himmel,
doch ist die Song-Zeit längst vergangen,
heut schert kein Unrecht die Beamtenlümmel,
wer hungert, friert, muss um sein Leben bangen.

Putzt du Schuhe, schließlich will man überleben,
wirst du vom Stadtrat aus der Stadt gejagt,
brauchst krank du Hilfe, wird man dir nichts geben,
eisig Regen, Wind, nach dir wird nicht gefragt.

Ein böser Wachhund richtete mich zu,
die Seele weh, am Körper Biss und Wunden,
mit einer Zeitung deckte ich mich zu,
und hab aus Scham nicht mehr nach Haus gefunden.

Ein Hagestolz, selbst unter Junggesellen,
die Eltern fern, kein Heim, kein Land,
klagte bei den Gelben Höllen-Quellen,
wo ich den alten Deng und Mao fand,

die Geister Maos, Dengs, das hielt mich hin,
Rehabilitierung sei Sache von Jiang Zemin,
lerne was Recht in »dreifacher Betonung«,
dem Torposten steck zu die dreifache Belohnung.

Alles dreht sich immer nur ums Geld,
deshalb Respekt all jenen, die was geben,
denen das Herz nicht unters Bankgeheimnis fällt,
Gerechtigkeit braucht Geld zum Überleben,

ohne Geld und in der Stadt, oh, verlor'ne Seele.
Der Gutes tut, dem sei Gutes nur beschieden,
seinen Kindeskindern erhält er noch den Frieden.

LAO WEI: Bravo, bravo, bravo, Lu, es ist wirklich schade, dass du dich nicht besser mit unserer kulturellen Tradition auskennst, sonst wärst du der Du Fu unserer Zeit geworden.
LU DACHUN: Machst du dich über mich lustig?
Man muss solche Gedichte nur richtig lesen, dann passt es. Wie wär's mit noch einem anderen?
Eben war die Stimmungslage sehr düster, jetzt ein lustigeres:

Die obersten Führer beginnen zu tagen
mit Jiangs »Dreifachvertreten«, das man täglich vertritt,
nach den Geschäften beschäftigt man sich mit Gelagen,
je größer der Führer, je größer der Appetit,

die Arbeit kommt erst richtig ins Laufen,
lallt sich der Chef schon gut durchs Quartal,
die Diener des Staates, nicht das Volk soll saufen,
und leeren die Kehlen den Ärar, egal.

Im Suff erst sind sie »Betrunkene Meister«,
Ill- und Scheißegal erheben Gebühren.
Und geht Magen und Darm aus dem Kleister,
Gespräche sind auch in der Klinik zu führen.

Revolutionsgenossen ohne Reu',
für die Einheit würd'n sie ihr Le'm ge'm,
bringt wer allenfalls Geschenke vorbei,
ich speichle, du schmeichelst – nur wem?

Erste Mätresse, zweite Mätresse, Dreifach-Eskort,
öffentlich Geld schafft man einmütig fort,
Profit teilt der Beamte unter sich auf,
hätten wir Mut, wir brächten sie zum Rapport –

und würden bestraft für Umsturz, für Rebellion,
und würden bestraft für Konterrevolution.

LAO WEI: Wie viele Gedichte hast du geschrieben?
LU DACHUN: Das weiß ich nicht mehr genau, ein paar schon, wenn es mich packt, schreibe ich, wenn es vorüber ist, vergesse ich sie wieder. Aber in meinem Notizbuch und auch in meinem Kopf werden es sicher einige hundert sein. Seit ich im letzten Jahr in Peking von einem Trupp lokaler Gangster dubioser Herkunft übel zusammengeschlagen wurde und ein Schädel-Hirn-Trauma davongetragen habe, ist mir oft schwindlig, ich muss kotzen und mein Gedächtnis ist nicht mehr das beste. Oder vielleicht nehme ich auch zu viele Schmerztabletten und deshalb sind meine Erinnerungsnerven abgestumpft. Jedenfalls muss ich mich jetzt ganz dem Schreiben widmen, sonst werde ich irgendwann zum Vollidioten, und dann ist es dafür zu spät.

LAO WEI: Bisher gibt es dafür ja zum Glück noch keinerlei Anzeichen. Aber, Lu, erzähl doch mal, wie du es zum Produzenten von Petitionen an höhere Stellen geschafft hast, das könnte eine interessante Fußnote zu deinen Gedichten, über dein Leben, abgeben.

Schlitzohr und Schlawiner sind die gleiche Brut

LU DACHUN: Dass ich eine lokale Sicherheitsbehörde vor Gericht gezerrt und den Fall gewonnen habe, darüber haben die Medien ja überall im Land ausgiebig und im großen Ganzen übereinstimmend berichtet. Abgelaufen ist das ungefähr so:

Als ich in einem Team einen Abwasserkanal reinigte, entdeckte ich am 16. Mai 1996 einige zum Großteil verrostete Wasserrohre. Sie waren von einer Zigarettenfabrik im Kreis Peng'an wegen einer Änderung der Abwasserroute vor einigen Jahren aufgegeben worden, und ich sammelte sie ein, um sie nach Hause mitzunehmen. Im gleichen Augenblick kam jemand vorbei und erzählte mir, unter einem Gestrüpp weiter vorn gebe es noch mehr solcher Rohre, ich könne die auch ausgraben und mir damit ein bisschen was dazuverdienen. Am Morgen des 19. ging ich also mit einem Handkarren dorthin und holte die Rohre raus, und weil das vor Jahren entsorgter Schrott war, kümmerte es keinen. Noch am Nachmittag des gleichen Tages allerdings suchte mich jemand vom Wasserwerk auf, erklärte sich zum »Eigentümer des gestohlenen Guts« und verlangte die Herausgabe der ausgegrabenen Wasserrohre. Als es am Ende zum Streit über die Eigentumsrechte kam, änderten sie ihre Strategie und wollten Geld, außerdem versprachen sie mir, gegen Bezahlung könnte ich mich langfristig um ihr Alteisen kümmern, könnte es kaufen und damit Handel treiben.

Schon am nächsten Tag war ich bei der Serviceabteilung des Wasserwerks und vereinbarte mit Abteilungsleiter Xiong mündlich, 60 Yuan fürs Ausgraben der aufgegebenen Rohre zu bezahlen. Am 23. Mai hatte ich dann gerade mal ein halbes Rohr ausgegraben, als mir die Serviceabteilung schon wegen des Geldes auf die Pelle rückte. Ich machte ihnen klar, ich würde zahlen, sobald ich das Zeug verkauft hätte, ich hatte schließlich nicht eine Münze bei mir. Das machte sie scheißwütend, ich konnte auf sie einreden, so viel ich wollte, es half nichts, sie liefen auf der Stelle mit ihrem

Besitzanspruch zur nächsten Polizeiwache, um Anzeige zu erstatten.

Ich wurde verhaftet und auf die Wache gebracht, mein Zuhause wurde durchsucht und man entdeckte »mit meinem Status unvereinbare Diebesbeute«: vier kaputte Fahrräder, zwei Elektromotoren, eine Tabakdose, einen Lüfter, so was halt, alles wurde konfisziert. Damals lief gerade die Kampagne »Hart zuschlagen« und ich wurde zum Musterbeispiel für einen gravierenden Diebstahlsverdacht. In den Lokalnachrichten hieß es am gleichen Tag im Fernsehen: »Seit März hat ein Lu XY im Schutz der Nacht dreist sein Unwesen getrieben, in ungesetzlicher Weise Verbrechen begangen und rücksichtslos gestohlen ...«
Ich wurde über drei Wochen verhört. Weil ich »beharrlich auf unschuldig plädierte«, wurden mir die Hände auf den Rücken gefesselt und ich wurde mit Fäusten und Füßen traktiert. Noch schrecklicher aber war, dass ich mit zwei Todeskandidaten zur Hinrichtung musste. Auf einer Massenversammlung mit Tausenden Menschen, auf der ich öffentlich vorgeführt und zu meiner Strafe verurteilt wurde, bewarf mich diese Menge, die keine Ahnung von den Fakten hatte, mit Steinen und bespuckte mich. Als ich etwas von falscher Anklage rief, trat mich ein bewaffneter Polizist, dass ich auf die Knie fiel, danach wurde ich zusammen mit den Todeskandidaten, Hände auf dem Rücken gefesselt und Schlinge um den Hals, durch die Straßen geführt. Im Augenblick der Erschießung der anderen kniete ich neben ihnen, und als ihre Schädel auf den Gewehrknall hin barsten, fiel ich vor Schreck in Ohnmacht.
Weil man keine haltbaren Beweise gefunden hatte, wurde ich schließlich am 14. Juni als in der ganzen Kreisstadt bekannter Dieb aus den Verhören unschuldig wieder in Freiheit entlassen. Doch als ich zu Hause ankam, war mein gesamter Besitz vom Dorf zwangskonfisziert und bereits verkauft worden, ich war auf einen Schlag vor der eigenen Haustür zum Obdachlosen geworden. Voller In-

grimm erhob ich bei Gericht Anklage gegen die Öffentliche Sicherheit, um mich vom Ruf des Diebes reinzuwaschen, und ich verlangte Schadensersatz.

Aber ich verlor beide Male vor Gericht. Schließlich tauchte sogar der Chef der örtlichen Polizeiwache auf und drohte mir: »Wenn du uns nochmal verklagst, wirst du es mit mir höchstpersönlich zu tun bekommen.« Wo sich nun aber dieser Lokaltyrann zu einer solchen Aussage hatte hinreißen lassen, blieb mir gar nichts anderes übrig, als noch in derselben Nacht meine sieben Sachen zu packen und Anklage in der Provinzhauptstadt zu erheben. Und weil es das unter der Schlagzeile »Bürger verklagt Staat« bis in die Nachrichten schaffte, wollten jede Menge Medien im ganzen Land ein Interview mit mir und berichteten darüber, was schließlich das oberste Provinzgericht alarmierte. Am 12. Januar 1998 rollte ein Gericht der mittleren Ebene in der Stadt Nanchong meinen Fall auf Anweisung dieses obersten Gerichts neu auf, und diesmal gewann ich. Aber von der Öffentlichen Sicherheit erhielt ich am 26. März trotzdem wieder den Bescheid, »Entschädigung verweigert«!
Was hätte ich tun sollen, ich musste noch einmal klagen und ich verlangte von der Öffentlichen Sicherheit für den Arbeitsausfall während der 23 Tage Haft, für den Verlust meines privaten Eigentums und für die Rufschädigung einen Schadensersatz von alles in allem mehreren zehntausend Yuan, wobei ich ein korrekter Mensch bin und meine Prinzipien habe. Eins soll eins, zwei soll zwei bleiben, niemals hätte ich irgendwelche Fantasiepreise verlangt. Am 15. Juli gewann ich erneut und erhielt eine Entschädigung von 5662,35 Yuan zugesprochen. Deutlich weniger als mein tatsächlicher Schaden, zudem hatte ich aufgrund des mehrjährigen Rechtsstreits bereits Schulden von über achtzigtausend Yuan angehäuft.
Ich machte also weiter, appellierte, petitionierte, rannte nach Chengdu, rannte nach Peking und wurde ein Bettler, der Rechtsfälle für sich entscheiden konnte, und ein Produzent unzähliger Eingaben.

Eine Weile lebte ich vom Schuhputzen, und während ich putzte, trug ich den Leuten Gedichte vor, die von Unrecht und Justizirrtum und meinen Ansichten zur Gesellschaft erzählten, aber mein Schuhputzkasten wurde ein ums andere Mal von der Stadtverwaltung und Polizeistreifen konfisziert. Irgendwann hatte ich nicht einmal mehr das Geld, um mir Sachen zu kaufen, die ich brauchte, um meinen Lebensunterhalt zu verdienen, also schrieb ich Gedichte, die von meiner umittelbaren Umgebung handelten, und bettelte jeden Tag 20 Stunden, damit ich halbwegs über die Runden kam und die Berufungsgebühren bezahlen konnte. Als ich einmal krank an einer Hauptstraße lag, eilten zwei Polizisten der 110er-Streife herbei und schlugen mich als Landstreicher zu allem Überfluss auch noch brutal zusammen …

LAO WEI: Und wie lange willst du für deine Petitionen noch so vor dich hin fristen und hungern? Irgendwann liegst du tot auf der Straße. Lu, mein Freund, ich meine, du solltest aufgeben, kehr nach Hause zurück und bestell dort einen Acker.
LU DACHUN: Hat dich dein Bücherstudium blöd werden lassen? Heute ist das doch nicht mehr wie früher, oder meinst du, du kannst einfach ein Feld bestellen, nur weil du das willst? Meine Mutter hat zweimal wieder geheiratet, 1979, ich war erst 14, bin ich wegen unerträglicher Schikanen durch meinen Stiefvater von zu Hause abgehauen und wurde von einem Menschenhändler nach Henan verkauft, später hab ich mich mal hier, mal dort herumgetrieben und gejobbt, ich bin schon lange ein »Lumpenproletarier«, wie der Vorsitzende Mao uns nannte. Und bei so einem Leben konnte ich nirgendwo mehr Wurzeln schlagen, wie auch? Früher mal hatte ich noch die Idee, eine Familie zu gründen und mich auf eigene Füße zu stellen, heute ist das alles in weite Ferne gerückt. Nur meine Petitionen halten mich noch frisch, sie ermöglichen mir, wie ein Mensch zu leben. An meine Armut habe ich mich gewöhnt, an Schulden ebenfalls, in diesem Leben werde ich die nicht

mehr begleichen können, deshalb ist die finanzielle Entschädigung für mich tatsächlich nur noch zweitrangig, meine Hauptforderung ist: das Amt für Öffentliche Sicherheit soll sich im Fernsehen auf Kreis-, Stadt- und Provinzebene zwanzig Tage lang so, wie bei Nachrichten in Dauerschleife, öffentlich bei einer Person namens Lu entschuldigen, ihn rehabilitieren und alle negativen Auswirkungen aus der Welt schaffen.
LAO WEI: Geht das denn?
LU DACHUN: Wenn nicht, werde ich meine Zeit dafür eben verschwendet haben. Was kann schlimmstenfalls schon passieren:

Ein Schritt, da geht dir der Stift beim Schritt in die Zelle,
zwei Mann und Hände und nur eine Schelle,
dreimal pünktlich Schweinefraß aus der Kelle,
vier Jahreszeiten und immer derselbe Fetzen auf der Pelle,

fünffach gefesselt zum Richtplatz gebracht,
sechs Verwandte, Dao-versunken, was geh'n sie mich an,
sieben Gitterstäbe teilen den Tag und die Nacht,
acht Regeln im Knast und jede ihr eigner Tyrann,

neun, kein Fleisch, kein Schnaps, nur Wasser im Mund,
auf zehn musst du zahlen zur Stund'.

Oder:

Scheißgesetze, Sinn verloren,
zur Essenz die Korruption vergoren,
könnte der Himmelgott Replikation,
tausendmal wäre er Jiang Zemins Klon,

und schickte die Einheit Leute vorbei,
und würden MGs sie tragen –

wer von der Kommuruinisten-Partei,
würde die Hand aufzuhalten noch wagen?

Oder auch:

Frisch sind Ente, Huhn, Schlawiner,
gut sind Tabak, Schnaps und Tee,
zum Essen kommt und lädt des Staates Diener,
Staat, privat, er verfrisst das Budget,

er fürchtet nichts als Amtsverlust, weder Gott noch Teufel,
Schlitzohr und Schlawiner sind die gleiche Brut,
nur das Volk verliert, kein Zweifel,
denn kein Gesetz reicht über den Beamtenhut.

LAO WEI: Mein guter Lu, bring dich nicht zu sehr in Rage.
LU DACHUN: Solange du was hören willst, ich kann bis zum Weltenende Gedichte rezitieren. Und was wäre falsch an Rage? Wenn ich an einem Hirnschlag sterbe, kann es mir eigentlich nur besser gehen. Das nächste Gedicht also …
LAO WEI: Lass uns noch über was anderes reden. Ich würde gern in deine Schlangenledertasche schauen, ist alles da drin Petitionsmaterial?
LU DACHUN: Willst du keine Gedichte mehr hören?
LAO WEI: Um die Wahrheit zu sagen, ich hab in den 80ern selbst Gedichte geschrieben, hab auch einige veröffentlicht, später hat mich das in Teufels Küche gebracht und ich bin im Gefängnis gelandet. Seit zehn Jahren halte ich mich von Gedichten fern, ich hab keinen Kontakt mehr zu den damaligen Dichterfreunden, und nun höre ich heute auf einmal aus heiterem Himmel so viele gute Gedichte. Das kann ich so schnell gar nicht alles verarbeiten.
LU DACHUN: So bescheiden, also gut. Meine Tasche beinhaltet eine ganze Menge Zeug, alles, was ich immer bei mir haben will,

außer dem Petitionsmaterial sind das die Gedichte, das hier ist mein gesamter Privatbesitz. Teils für mich selbst geschrieben, teils für andere. Infolge meines Sieges bei »Bürger verklagt Staat« haben viele Leute, denen Unrecht widerfahren ist, mich aufgesucht, um sich juristisch beraten zu lassen, Kontakt zu Medien zu bekommen, oder weil ich ihnen eine Beschwerdeschrift verfassen sollte. Mein normaler Tagesablauf sieht heute so aus: Tagsüber bettle ich und denke, meiner Fantasie freien Lauf lassend, über Gedichte nach, am Abend empfange ich Leute und bis spät nachts schreibe ich Verschiedenes. Ich schlafe wenig, wenn ich wirklich müde bin, leg ich mich irgendwo hin und mach die Augen zu. Natürlich darf ich einmal im Monat nicht den Tag verpassen, an dem der Leiter des Hohen Gerichts Besucher empfängt, da muss ich um Mitternacht aufstehen und mich zügig in einer Schlange von Hunderten Menschen anstellen, denn kommt man zu spät, kriegt man vom Leiter nichts mehr zu sehen. Ich hab wirklich zu tun, und ich bin es müde. Du bist doch gebildet, kannst du mich nicht ein wenig unterstützen?

Frieden und Wohlstand, doch das Unrecht Volkes Leid

LAO WEI: Wie könnte ich dir denn helfen?
LU DACHUN: Nimm die Tasche mit, da ist das Berufungsmaterial von vier, fünf Leuten drin, du sortierst und ordnest es und hilfst ihnen nach bestem Wissen und Gewissen. Dieser Yang Jinian hier ist schon mit 11 Jahren zu Knast verurteilt worden, er ist vermutlich der jüngste Häftling der Welt, der in ein Arbeitslager zur Umerziehung gesteckt wurde. 34 Jahre war er eingesperrt, und als er wieder in Freiheit an seinen Heimatort zurückkehrte, trat man ihm dort in den Arsch und er musste zurück zum Gefängnis. Das Gefängnis konnte ihn aber natürlich nicht mehr aufnehmen, wo sollte er also hin? Ein einsamer Mensch ohne Zuhause, ohne Ackerland

und ohne irgendwelche Angehörige! Als ich ihn zum ersten Mal traf, lebte er in Chengdu auf der Straße und durchwühlte Mülleimer nach Essbarem, das machte mich so traurig, dass mir Tränen übers Gesicht rannen. Ich nahm ihn mit zum Betteln, zum Petitionieren und wir sind zusammen nach Peking. Ihm ist noch übler mitgespielt worden als mir, deshalb war es auch aufwendiger, für ihn etwas zu schreiben als für mich selbst, seine Sache hat sich zu einem riesigen Berg getürmt. Leider ist er im vergangenen Jahr in Peking in einen Großbrand geraten, hat schwere Brandverletzungen davongetragen und wurde einfach auf die Straße geworfen. Ich bin sofort hin und hab ihn mit ein paar anderen hilfsbereiten Menschen ins Zentralkrankenhaus der Armee gebracht, doch ohne Bezahlung hat man ihm dort nur eine einfache Erstversorgung zukommen lassen und weitere Rettungsmaßnahmen gleich wieder eingestellt. Während ich mich um ihn gekümmert hab, bin ich selbst von irgendwelchen miesen Typen unbekannter Identität übel zusammengeschlagen worden und leide bis heute an den Folgen eines Schädel-Hirn-Traumas. Als ich ohnmächtig war, nutzte man die Gelegenheit, Yang Jinian aus dem Krankenhaus zu verjagen, am Ende eiterten seine Wunden und er starb an einer Infektion. Seine gesamte Hinterlassenschaft befindet sich hier, wenn einer dermaßen jämmerlich zugrunde gehen muss, das darf einem doch nicht egal sein, oder? Ich plane, an seinem Heimatort eine Stele für ihn aufzustellen, in die ein Gedenkgedicht eingeritzt werden soll und die dieser aufgrund übergroßen Unrechts verstorbenen Seele, die über 700 Berufungen eingelegt hat, Trost spenden soll.

LAO WEI: Was wird das kosten?
LU DACHUN: Mindestens 500. Ob die Leute dort mich eine Stele aufstellen lassen, ist auch noch nicht geklärt, er gilt ja, genau wie ich, als Dieb, wenn auch zu Unrecht beschuldigt. Die Leute sind nur an Stelen für ehrenwerte Helden der Revolution, für Prominenz, für hohe Staatsdiener und andere Persönlichkeiten von ho-

hem Charakter und Ansehen gewöhnt. Sie werden einer Inschrift würdig gefunden, für einen Dieb eine Steintafel mit einem Gedicht hinzustellen, ist zu viel für sie. – Für mich ist das aber ein dem Toten aus der Ferne gegebenes Versprechen.

LAO WEI: Yang Jinian habe ich selbst zweimal besucht, ich will nach besten Wissen und Gewissen über ihn schreiben {vgl. Kapitel 2}.

LU DACHUN: Dann gibt es noch jemanden, dem es noch übler ergangen ist als Yang Jinian, er heißt Hu Xianlin. 1957 ist ein in seiner Familie gehaltener *Huangsha*-Zugochse an einer Krankheit gestorben und er wurde vor dem lokalen Kreisgericht wegen Schädigung der landwirtschaftlichen Produktionskooperative angeklagt und zu einer Gefängnisstrafe von fünf Jahren verurteilt. Auch die Originale seiner Verurteilung befinden sich in der Tasche, seine Familie hat mir das zur Verfügung gestellt. Hu selbst ist – auf so was musst du erstmal kommen – seit dem Tag seiner Festnahme – ja, was denkst du? – spurlos verschwunden! Seine Familie reicht schon seit Jahrzehnten pausenlos Petitionen und Einsprüche ein, sie wollen den Gefangenen gesetzesgemäß besuchen, aber weder die Organe der Öffentlichen Sicherheit noch die Staatsanwaltschaft oder die Gerichte geben Auskunft über den Verbleib des Gefangenen und in seiner Akte gibt es weder einen Vermerk, dass er unter Bewachung irgendwohin zur Umerziehung durch Arbeit verbracht worden wäre, noch, dass er geflohen oder unvorhergesehen verstorben wäre.

Das ist fast schon ein Krimi, seine Angehörigen, die nicht glauben konnten, dass er einfach verschwunden ist, waren am Ende bis nach Peking mit ihrer Petition und schreckten dort irgendein hohes Tier in der Regierung auf. Am 20. Oktober 1986 sprach das ursprünglich urteilende Gericht im Strafurteil 169 des Strafgefängnisses von Peng (1986) Hu Xianlin von jeder Schuld frei, aber der jetzt Unschuldige hatte sich längst bei lebendigem Leib in Luft aufgelöst!

LAO WEI: Wie kann es denn so was geben! Was ist mit den Leuten, die damals mit dem Fall betraut waren?
LU DACHUN: Die sind wohlauf.
LAO WEI: Finden wir sie und suchen sie auf.
LU DACHUN: In den 50er Jahren hat es so viele Fehlurteile und Irrtümer gegeben, niemand kann sich an die alle erinnern. Ein Richter hat mal gesagt: Wir fällen jedes Jahr Hunderte, Tausende von Urteilen, das macht einen mürbe und man schafft es schier nicht mehr, aber der Klassenkampf verlangt es, die Großwetterlage zwingt einen. Das Amt für Öffentliche Sicherheit hat auch schon mehrmals Schreiben an das Untersuchungsgefängnis geschickt, um die Suche nach Hu zu unterstützen, alles ohne Erfolg.

LAO WEI: Wie hoch ist der Schadensersatzanspruch, wenn sich einer bei lebendigem Leib in Luft auflöst?
LU DACHUN: Damals galt nationales Gesetz nur bei Wegsperren und Tod, für so was gab es keine Regelung, also hat man keinen einzigen Fen gesehen.

LAO WEI: Welchen Sinn hatte dann überhaupt die »Feststellung der Unschuld«?
LU DACHUN: Seelischen Trost vielleicht. Der einfache Bürger hat ein gutes Herz, wenn die Regierung zugibt, Unrecht getan zu haben, ist er schon zufrieden. Und bist du nicht bereit, das so hinzunehmen, und stellst weitere Forderungen wegen der »Grundlosigkeit«, dann zeigt sich sofort wieder das wahre Gesicht der Regierung. Dann kommt es wie bei mir, ich hab zwar die Klage gegen den Staat gewonnen, aber ich bin auf der Straße gelandet und hab einen Arsch voll Schulden. Ich bin arm wie eine Kirchenmaus, so könnte man es auch sagen, und krank dazu, ich stecke in der Sackgasse – und warum das alles? Nur für meine Ehre!

Jedes Mal, wenn ich ins Untersuchungsgefängnis gekommen bin, konnte ich in aufrechter Haltung gehen, ich hatte nichts gestohlen, nichts geraubt, es ging immer um meine Ehre! Dieses Bein ist mir kaputtgeschlagen worden, ich kann nur noch ganz langsam am Stock gehen, meine Zukunftsaussichten sind nicht gerade rosig. Aber solange die Kommuruinistische Partei Chinas nicht zusammenbricht, ist die Zukunft aller einfachen Leute nicht rosig, mein Leben allerdings ist vom Unrecht bestimmt. Seit den 50ern kamen die politischen Bewegungen nicht mehr zum Stillstand. Wie viele Menschen wurden jedes Mal getötet und zu Krüppeln geschlagen? Mit denen, die verhungert sind oder sich selbst umgebracht haben, sind es doch wohl wenigstens zig Millionen, vielleicht sogar an die hundert Millionen, oder? Kannst du alle vergessen, erst wenn eine neue Regierung die Bühne betritt und erklärt, dass bestimmte Praktiken der Vorgängerregierung falsch waren, wird es für die Allgemeinheit halbwegs zufriedenstellend werden. Trotzdem will ich, der Lu, ein störrischer Ochse von Natur aus, von dir, Öffentliche Sicherheit, die öffentliche Reinwaschung von unrechter Behandlung! In ganz China habe allein ich, so unscheinbar ich als »Großsaboteur« auch bin, zwei Prozesse gewonnen, und trotzdem lasse ich sie damit nicht davonkommen. Was wäre, wenn alle, die seit Jahrzehnten Unrecht und Justizirrtümer erleiden, die getötet werden und verhungern müssen, es mir gleichtun würden? Der gesamte Staatsschatz wäre schnell aufgebraucht, und es reichte nicht einmal für alle Entschädigungen, und nicht einmal durch das Schleifen ganz Pekings könnte man allen Hass auslöschen, deshalb kann auch nur ein einziger Lu mit so was durchkommen.
Über den spurlos verschwundenen Hu Xianlin wollte ich ursprünglich ein längeres Gedicht schreiben, aber dann war mir das zu heikel. Für einen Menschen, dessen Verbleib unbekannt ist, kannst du auch keine Stele aufstellen. Ist also gegessen, ich kümmere mich jetzt stattdessen um die Leute, die noch da sind. Das hier ist eine »Beschwerde gegen Unrecht am Volk«, gerichtet an den Sekretär des Provinzko-

mitees der Partei, den Leiter des Nationalen Volkskongresses, den Provinzgouverneur, den Sekretär und den Leiter der Kommission für Politik und Recht, den Präsidenten des obersten Provinzgerichts und den Präsidenten des obersten nationalen Gerichts, da haben insgesamt 105 Personen mitunterzeichnet. Ich war einer der Initiatoren. Wir führen damit Klage gegen 181 Gerichte in der Provinz Sichuan und 789 Fälle juristischer Korruption bei Gerichtskammern, unrechten Umgang mit Fällen, Einflussnahme durch die Hintertür und Gesetzesbeugung aufgrund von Bestechung, was zu über zehntausend Justizirrtümern und Fehlurteilen geführt hat und zum Tod vieler wegen der unrechten Anschuldigungen. Die Richter der obersten Gerichte verschleppen Berufungssachen allerdings häufig, manchmal bis zu zehn Jahre oder länger. Ein Richter XY hat allen Beschwerdeführern einmal öffentlich zur Antwort gegeben: Wir sind fünf Leute und müssen uns über zehntausend Fallakten in ganz Sichuan ansehen, was wir davon nicht schaffen, wird halt verbrannt, wenn euch das nicht passt, geht zum Provinzvolkskongress …

LAO WEI: Hat das Einreichen trotzdem was gebracht?
LU DACHUN: Das Ergebnis war nur, dass etliche Leute wieder in den Untersuchungsknast gewandert sind.

LAO WEI: Du bist ja ein richtiger Sozialaktivist in der Berufungs-community.
LU DACHUN: Mein eigener Fall ist durch und durch klar, der wäre reine Zeitverschwendung, da kümmere ich mich lieber um andere, das weitet den Blickwinkel und es ist eine Inspirationsquelle für den Dichter:

Oh altes Reich der Mitte, welch ein Paradies,
heut herrscht korrupt ein Rattenpack,
das unser Volk zur letzten Ader ließ,
es boomt, es spielt das Unrecht Knüppel aus dem Sack.

Untere, mittlere, dann das oberste Gericht,
das Recht gebeugt, verdreht, befleckt;
du schläfst auf der Straße, träumtest von Beamten und -pflicht,
und dann hat dich der Bluthund mit Bissen geweckt!

谷正

6

GU ZHENG

Vom Archäologen zum internationalen Spion

Professor Gu Zheng war einer der Entdecker und Erforscher der Elefantenfossilien am Gelben Fluss, weshalb ich ziemlich perplex war, als mir mein Freund Yu Jie im April 2004 »Berufungsmaterial in einem Spionagefall« über ihn zukommen ließ. Ich erinnerte mich noch gut, dass das Chinesische Zentralfernsehen vor vielen Jahren einen Dokumentarfilm über Die Entdeckung des Elefanten vom Gelben Fluss *gebracht hatte und ich damals als Zuschauer den ganzen Abend über völlig begeistert gewesen war.*

Mehr noch irritierte mich allerdings, dass Gu Zheng ausgerechnet von dem in Japan fern der Heimat verstorbenen alten Herrn der Nationalpartei, Ma Jinsan, in die Sache hineingezogen worden war! Zufällig hatte ich auch das Biopic Zwei Stunden über Herrn Mas letzte Jahre *gesehen und kenne den Regisseur Li Ying gut. »Wie, ein Spion?!«, rief Li Ying spontan aus, als er am Telefon meinen kurzen Bericht gehört hatte, und weiter: »Das ist doch an den Haaren herbeigezogen!«*

Um der Sache auf den Grund zu gehen, rief ich seine in den Unterlagen erfasste Telefonnummer an und erreichte Professor Gu tatsächlich. Wir tauschten ein paar Höflichkeiten aus und legten wieder auf; eine ganze Weile später rief er zweimal zurück, um sich abzusichern, dass sich unter der Nummer nichts änderte, dann sagte er, er habe das Internet nach Einträgen über mich durchsucht und sei mit meinem Besuch einverstanden.

Am 4. August 2004 mittags machte ich mich in einer hochsommerlichen Gluthitze zu Professor Gus Wohnung im Pekinger Wohnviertel Neue Residenz Shuangliu auf und Professor Gu erwartete mich am Ausgang der Stadtbahn unter der prallen Sonne rittlings auf dem Fahrrad. Aufgrund unserer gegenseitigen Beschreibung am Telefon erkannten wir uns sofort und gingen zusammen zu ihm nach Hause. Professor Gu war ausgezehrt und hochaufmerksam, er hatte sich angewöhnt, alles am Weg genauestens aus den Augenwinkeln zu beobachten, ein scharfer Kontrast zu meiner eigenen Sorglosigkeit. Erst als wir bei ihm waren, entspannte er sich.
Ich behelligte Gu fast sechs Stunden lang und verabschiedete mich dann noch ungern. Am übernächsten Tag kontaktierte ich Li Ying, der in Peking einen Film drehte, und lud ihn zu einem Treffen mit Gu in ein Sichuan-Restaurant ein. Allein über Herrn Ma Jinsans Freundschaften im Alter konnte man schon endlos reden. Ich hatte in einem zweitem Film Li Yings, Flieg doch, flieg, *die Hauptrolle gespielt und empfahl ihm Professor Gu nun eindringlich als Hauptrolle für einen dritten Film, ich sagte: »Einen Titel hätte ich auch schon: Der Spion.«*

Prolog

GU ZHENG: Nachdem ich zum »Spion« geworden war, durchsuchte ich das Internet regelmäßig nach Ma Jinsan und stellte überrascht fest, dass die meisten Einträge sich auf einen Dokumentarfilm mit dem Titel *2H* bezogen. Dessen Regisseur Li Ying war Chinese, aber er lebte seit vielen Jahren in Japan und war Ma Jinsan, nachdem er sich mit ihm trotz eines großen Altersunterschieds angefreundet hatte, zwei Jahre mit einer Videokamera gefolgt, bis sein Protagonist eines frühen Morgens überraschend verstarb. *2H* gewann auf der Berlinale den Preis für den besten asiatischen Film, denselben Preis, den auch der chinesische Untergrundfilm *Xiao Wu, der Taschendieb* einmal gewonnen hat.

LAO WEI: Nicht schlecht, ja. Den Film hab ich mehrere Male gesehen, am schockierendsten fand ich, wie die Leiche von Ma Jinsan durch die zig Stockwerke in seinem Appartementhaus hinuntergetragen wird, im Treppenhaus ist es dunkel und für den fast ein Jahrhundert alten Herrn, der einst als Vater der chinesischen Pioniere gepriesen wurde, geht es Absatz um Absatz die Treppen hinab bis zum Höllenausgang im Erdgeschoss – dann die irdische Welt draußen, hell, laut und ein irres Gedränge …

GU ZHENG: Kennen Sie den Regisseur Li Ying?
LAO WEI: Nicht nur das, ich habe die Hauptrolle in seinem zweiten Film *Flieg doch, flieg* gespielt, einen noch nicht lange aus dem Gefängnis entlassenen Schuldeneintreiber und Mörder, der sich hartnäckig in einen guten Freund von früher verbissen hat – den spielte Mang Ke, das Oberhaupt der Obskuren Lyrik. Schauen Sie, genau in der Mitte meines Schädels befindet sich eine Narbe, dort hab ich selbst im Film ein Glas zerdeppert, ich hatte völlig vergessen, dass wir nur spielen. Mein Kopf war blutüberströmt und wir konnten nicht mehr weitermachen.

GU ZHENG: Herr Lao Wei! Was für ein Zufall!
LAO WEI: Li Ying ist gerade dieser Tage von Tokio nach Peking gekommen, nach unserem Interview kann ich Sie miteinander bekanntmachen. Vielleicht können Sie als Professor »Spion« ja die Hauptrolle in seinem nächsten Film übernehmen.

GU ZHENG: Sie verwenden einen Anrufbeantworter zum Aufzeichnen? Ich habe einen Aufnahmestick vorbereitet, mit Fernbedienung. Was immer die Behörde für Nationale Sicherheit an Ausrüstung hat, besitze ich ebenfalls.

LAO WEI: Herr Professor, Sie sind wirklich bemerkenswert.
GU ZHENG: Ich bin schon lange nicht mehr der Professor Bücherwurm von früher. Um mich selbst und meine Familie zu schützen, habe ich mich tief in die Gesetze und in die Methode des Beweissammelns hineingewühlt, ich hab darauf so viel Zeit und Energie verwendet, als ginge es um eines meiner Forschungsgebiete.

Ich wurde 1936 in der Stadt Weihai, Provinz Shandong, geboren, 1947 zog ich mit meinen Eltern nach Tianjin. Mein Vater war dort zunächst Buchhalter in einer Reparaturwerkstatt. 1949, während der Unruhen bei der Ablösung der alten durch die neue Gesellschaft, zog die ganze Familie weiter nach Peking. Meine Jugend verbrachte ich dort. 1960 machte ich meinen Abschluss in Geologie an der Universität Peking, kurz darauf ging ich nach Gansu, wo die Verhältnisse härter waren, und übernahm eine Dozentenstelle für Geologie an einer dortigen Universität.
Mein Leben beschränkte sich damals auf die Arbeit, es gibt nichts, was des Erzählens wert wäre, damit brauchen wir uns nicht aufzuhalten. Selbst während der Großen Kulturrevolution war ich keinem besonderen Druck ausgesetzt. Stattdessen gehörte ich in der Zeit der Schulschließungen zu den politischen Aussteigern und vergrub mich in Fremdsprachen und in mein Fachgebiet. Deshalb passierte ich, als Deng Xiaoping wieder in den Vordergrund trat, sich von der Kulturrevolution distanzierte und Reformen sowie die Öffnung des Landes auf den Weg brachte, problemlos alle politischen Überprüfungen sowie das Staatsexamen und gehörte zu den ersten Mitarbeitern, die zum Studieren ins Ausland durften. Damals war ein Auslandsaufenthalt etwas völlig anderes als heute. Wie bei den ersten Auslandsstudierenden, die noch während der ebenfalls nach außen abgeriegelten Qing-Dynastie in den Westen gingen, wurde alles vom Staat bezahlt. Das Prozedere war: Zuerst wurdest du hinsichtlich deines Verhaltens innerhalb wie außerhalb deiner Arbeitseinheit politisch auf Herz und Nieren geprüft und

deine heimischen und internationalen Verbindungen wurden restlos aufgedröselt, und das wurde für weitere Überprüfungen Ebene für Ebene immer weiter nach oben berichtet. Danach bekam man von der nationalen Bildungskommission einheitliche Prüfungsaufgaben gestellt, in denen es neben den üblichen Themen auch um die Fremdsprachen Englisch, Französisch, Deutsch und Japanisch ging.
Aus dem ganzen Land nahmen etwa 4000 Personen an der Prüfung teil, dann wurde ausgesiebt und 1300 bestanden. Die verteilten sich nochmal auf normale Austauschstudierende und Gastwissenschaftler. Die damalige nationale Bildungskommission befand sich in Peking in einer zwanzig Meter breiten und gut einhundert Meter tiefen Lagergasse in der Nähe der Xidan-Einkaufsmeile. Den ganzen Tag über war dort ein Mordsverkehr. Als ginge es zum Markt, war die Gasse bis zum Eingang verstopft, ohne Chance auf ein Durchkommen, sobald du nur eine Sekunde zu spät dran warst. Das hier war viel verlockender, als der Beste in jeder anderen Prüfung für die höchsten Schulen zu sein, selbst Beamte der höheren Dienstebenen nutzten, wenn sie die Zulassung zu dieser Prüfung nicht schafften, Hintertüren und Schliche, um trotzdem einen Platz zu ergattern. Ich aber hatte alle Hürden regulär gemeistert, gab alles in der Prüfung und erreichte am Ende den zweiten Platz in der Provinz Gansu, landesweit war ich unter den besten Dreißig.

In den Osten nach Japan

Im April 1980 zogen wir schließlich, eine Gruppe von 480 Personen, für weitere Studien ostwärts nach Japan.

Arrangiert von der Botschaft bezog ich mit drei anderen Auslandsstudierenden ein Appartementhaus mit dem Namen »Haus der Freundschaft« in Shimomeguro im Tokioter Stadtbezirk Meguro, ein japanisches Haus im alten Stil, sehr eng alles, Schlafen und Kochen ging, Waschen konnte man sich nicht. In jener Zeit war unser Land nicht weniger arm als jeder Einzelne, mehr Geld war nicht aufzubringen und so reichte es eben nur für eine billige Bleibe in der Größe eines Käfigs. Aber wir waren ja zum Studieren gekommen, hatten nichts anderes im Sinn, als unserem Vaterland zu dienen, und scherten uns deshalb nicht darum. Im Juli und August 1980 fand eine von China und Japan gemeinsam organisierte »Pekingmenschen-Ausstellung« statt, für die die an den Ausgrabungen des Pekingmenschen in Zhoukoudian beteiligten Herren Jia Langpo und Zhou Mingzheng Japan besuchten, was ziemlich große internationale Aufmerksamkeit erregte. Einmal aß ich mit einer Delegation der Chinesischen Akademie der Wissenschaften im Restaurant eines Auslandschinesen und lernte den dort jobbenden Taiwaner Shen Yujing kennen. Aus Höflichkeit wechselten wir ein paar Sätze. Als er hörte, dass ich in Shimomeguro wohnte, wollte er mich unbedingt mit einem »sein Vaterland liebenden alten Herrn« bekannt machen, ich fragte: »Macht das Umstände?« Er antwortete: »Nicht im geringsten, der alte Herr Ma wohnt in Ihrer Straße, Ihnen gleich gegenüber.«

Ein paar Tage später fand Shen Yujing Zeit, zum Haus der Freundschaft zu kommen und mit mir auf der anderen Straßenseite Herrn Ma Jinsan in der zwanzigsten Etage eines topklasse Appartementhauses zu besuchen. Als der alte Herr hörte, dass ich Paläontologe war, freute er sich sehr; als ich wiederum Herrn Mas Yunnaner Akzent hörte, wurde mir gleich doppelt warm ums Herz, denn obwohl er sich seit Jahren im Ausland befand, hatte er sich seinen Heimatakzent auf erstaunliche Weise bewahrt. Am Ende wurde daraus eine Freundschaft, die Generationen überbrückte.

Da es in unserem »Haus der Freundschaft« keine Möglichkeit zum Duschen oder Baden gab, hatte ich mir bis dahin immer die Zeit nehmen müssen, ein öffentliches Bad zu besuchen, was extrem aufwendig war; dummerweise legen Japaner gerade auf Sauberkeit sehr viel Wert und verachten Menschen, die nicht baden. Nachdem Herr Ma sich über meine Situation Klarheit verschafft hatte, lud er mich von sich aus ein, zum Baden zu ihm zu kommen, und mit der Zeit wurden wir immer vertrauter. Herr Ma war ein wunderbarer Gastgeber, es geschah nicht selten, dass sich bei ihm Scharen von Freunden versammelten, aus Japan, aus Taiwan, vom Festland und aus dem Ausland, es war wirklich alles dabei.

In den frühen 1980er Jahren waren die Auslandsstudierenden vom Festland besonders brav. Kaum war ich mit Herrn Ma in Kontakt gekommen, fragte ich bei der Botschaft nach, ob sie das gestatteten, erst dann ließ ich mich weiter auf ihn ein. Tokio war Teil der »Freien Welt«, alle möglichen Mächte tummelten sich dort, die taiwanische Nationalpartei schickte täglich an die Unterkünfte unseres im Ausland studierenden Personals Zeitungen und Zeitschriften sowie alles mögliche Propagandamaterial, in dem es Berichte gab über Wei Jingsheng und Aufsätze von Leuten wie Liu Binyan. Anfangs blätterten wir die Sachen durch und bekamen es ziemlich mit der Angst, auch verlangte die Botschaft von uns, sobald wir reaktionäre Propaganda erhalten würden, diese direkt einzupacken und an sie weiterzugeben. Später jedoch, als sich jeden Tag ein großer Stapel davon ansammelte und wir ihn folgsam zur Botschaft brachten, jammerten sie nur noch herum, das könnten sie gar nicht alles unterbringen. Nochmal etwas später verweigerten sie jede weitere Annahme und wollten, dass wir es selbst vernichteten.

Ma Jinsan

Bei Herrn Ma lernte ich viel Prominenz aus China, Taiwan, Hongkong und Macao kennen. Den Kulturattaché der Botschaft, einen Wirtschaftsberater von Zhao Ziyang, Schüler des berühmten Malers Zhang Daqian, Shen Yujing, der mich bei Ma eingeführt hatte,

und, auch nicht gerade alltäglich, jemanden, der nach Japan geflohen war, weil er gegen das taiwanische Gesetz verstoßen hatte.
Ma selbst war, wie Zhou Enlai übrigens auch, Ausbilder an der berühmten Whampoa-Militärakademie gewesen. Weiterhin hatte er als Verkehrsminister unter der Nationalregierung gedient und als Oberbefehlshaber der Pioniere, er hatte sowohl bei der Nationalpartei als auch bei den Kommunisten jede Menge Schüler. Er glaubte fest an Sun Yatsens *Drei Prinzipien des Volkes* und trotzdem verband ihn mit Zhou Enlai eine so tiefe persönliche Freundschaft, dass kurz vor dem Tod des Premiers Luo Qingchang geschickt wurde, ihn heimlich aufs Festland zu holen, damit sie sich noch ein letztes Mal sehen konnten. Am 35. Nationalfeiertag war er Ehrengast bei den Feierlichkeiten auf dem Tor des Himmlischen Friedens in Peking. Man kann deshalb eigentlich gar nicht genau sagen, zu welcher Gruppierung oder welcher Seite eine Persönlichkeit wie er gehört. Seine letzten Jahre verbrachte er jedenfalls in Japan als ein in einer Art Selbstverbannung fern der Heimat lebender wohlsituierter Herr, der sich so aus dem Dilemma rettete, zwischen zwei Stühlen zu sitzen.
An dieser Stelle möchte ich nun explizit auch auf Wang Jixian eingehen, er war regelmäßig Gast bei Ma, jedes Mal, wenn ich hinging, war er ebenfalls da. Dieser Wang war einst als Experte der Republik China für die Koreanische Halbinsel an die Botschaft in Südkorea entsandt worden. Als unvermittelt der Koreakrieg ausbrach, nahm er die Beine in die Hand und floh nach Japan, woraufhin Taiwan überall nach ihm fahnden ließ.

Eventuell war auch das chinesische Sicherheitsministerium überzeugt davon, dass er ein Großspion war. Im September 1987 besuchte ich Japan zum dritten Mal im akademischen Austausch. Ich hatte Wang Jixian einmal ein von der Universität XY aus der Wurzel der Süßholzpflanze gewonnenes süßes Glycyrrhizinextrakt vorgestellt, und weil Wang das in seinem Laden verkaufte, wurde er in der Folge zu einem wichtigen Glied in unserem Spionagefall. Ich erinnere mich, dass 1985 in einer Ausgabe des Magazins *Liaowang* ein Stück aus den Memoiren eines Verwandten von Zhang Xueliang veröffentlicht worden war, in dem davon gesprochen wurde, dass Wang ein Spion sei. Ich hatte allerdings keinerlei »geheimdienstliches« Bewusstsein und fragte ihn, als ich in Tokio war, einmal ganz unverblümt: »Sind Sie wirklich ein Spion?«

Wang tobte direkt los: »Dummes Geschwätz!« Dann schob er hinterher: »Erst haben mich Nationalpartei und die Kommunisten vor ihren Karren gespannt und jetzt will keiner von denen mehr bei mir kaufen.«

Ich fragte ihn, ob er mal wieder aufs Festland zurück wollte. Daraufhin seufzte er bewegt: »Die Botschaft ist mit dieser Idee schon ein paar Mal bei mir gewesen, aber soll ich das wagen? Meine Mutter ist in der Kulturrevolution noch mit über 80 zu Tode gequält worden, da kehre ich doch nicht für einen dämlichen Familienbesuch zurück!«

Ich sagte: »Die Kulturrevolution ist längst verworfen, das Land legt jetzt wieder Wert auf fähiges Personal.«

Er spottete: »Ist das so? Während des Krieges gegen Japan war auch ich noch ein leidenschaftlicher junger Mann, ich tauschte den Stift gegen die Waffe, war bereit, Kopf und Kragen zu riskieren, und was hat es mir am Ende gebracht? Dieser Enkel von Zhang Xueliang ist ein Schwachkopf, wie kommt der denn dazu, Memoiren zu schreiben?!«

Als ich später Herrn Ma erzählte, was Wang gesagt hatte, lachte er: »Kümmern Sie sich nicht darum, faule Rechnungen der Geschichte lassen sich nicht wegreden.«

Erst viele Jahre später ist das alles für mich durchsichtiger geworden. Von vielen Erfahrungen Herrn Mas habe ich erst allmählich erfahren, als ich schon wieder in China war. Zum Beispiel, dass er als Privatlehrer des amtierenden japanischen Kaisers tätig gewesen war; dass er, gerade nach Japan gekommen und noch ziemlich am Boden, weil alle Kontakte nach Taiwan abgerissen waren, auf einem Motorrad für ein Restaurant Speisen auslieferte. Einmal überfiel ihn dabei auf halber Strecke plötzlich ein Gefühl großer Schande und er kippte das ganze auszuliefernde Essen einfach weg. Er sagte: »Acht Jahre habe ich im antijapanischen Widerstandskrieg Japaner vertrieben und jetzt hat man mich hierher verjagt und ich bin den Japanern zu Diensten; wenn das keine Strafe Gottes ist!« Später bekehrte er sich zum Christentum.

LAO WEI: Wovon hat er gelebt? Von einer Pension der taiwanischen Regierung?

GU ZHENG: Es gab viele Leute, die ihn unterstützt haben, und in einem Tokioter Sichuan-Restaurant, der Geschäftsführer war ein Chen XY aus Sichuan, hatte Herr Ma auch ein wenig Kapital angelegt. Kurz gesagt, auch ohne Ersparnisse konnte er in Muße zu Hause dichten und kam gut zurecht.

Ich bin Ende des Jahres 1980 vom »Haus der Freundschaft« nach Yokohama umgezogen, in ein Haus des Verbands chinesischer Studierender im Ausland im Wohnviertel Gumyoji rund um den Gumyoji-Tempel. Dort waren um die zwanzig im Ausland Studierende zusammengepfercht, von Shimomeguro lag das eineinhalb, zwei Stunden entfernt, so dass ich Herrn Ma nur noch sonntags besuchen konnte. Ich blieb dann über Nacht, und wenn ich am nächsten Tag zur Rückfahrt mit der Tram loseilte, steckte Herr Ma mir jedes Mal hartnäckig ein-, zweitausend Yen Fahrgeld zu.

Dieser gute alte Mann hat so vielen Menschen in Not geholfen, obwohl eines seiner hervorstechenden Merkmale großes Heimweh war, war er ohne jede Feindseligkeit. Er sagte, die Herren Chiang Kai-shek und Mao Zedong hätten es mit China an sich schon gut gemeint, aber dann sei zu vieles schiefgelaufen. Als ich am 12. April 1982 meinen Auslandsaufenthalt beendete, schenkte Herr Ma mir für die Heimreise nach China 30 000 Yen (etwa 2000 Renminbi), damit ich für meine Familie Mitbringsel kaufen konnte. Ich war zutiefst gerührt, denn in den zwei Jahren im Ausland kein Heimweh gehabt zu haben, wäre gelogen. Damals war ich Mitte 40, und für die Zeit fern der Heimat hatte ich mir zwei Handvoll Heimaterde eingepackt, die ich überallhin mitnahm, Herr Ma dagegen war am Lebensabend angekommen und immer noch allein in der Fremde. 1986 war ich noch zweimal im akademischen Austausch in Japan. Bis zu Herrn Mas Tod im Februar 1998 schrieben wir uns weiter Briefe. Als ich irgendwann von der Universität die verantwortungsvolle Aufgabe erhielt, Vorbereitungen für den Bau eines paläontologischen Museums zu treffen, erzählte ich ihm davon ebenfalls in einem Brief und bat ihn, mir einen Vorschlag für den Namen des Museums zu schicken. Doch der alte Herr schickte in seiner großen Hilfsbereitschaft gleich noch 1000 amerikanische Doller per Banküberweisung zur Unterstützung der Forschung. Später entpuppten sich diese 1000 amerikanischen Dollar genauso wie das mir während meiner Zeit in Japan von Herrn Ma überlassene Taschen- und Fahrgeld, die Summe für Geschenke sowie die Provisionen für Empfehlungen von Wang Jixian und anderes mehr als Betriebskosten der Ma'schen Spionageorganisation, und das über achtzehn Jahre hinweg! Summa summarum umgerechnet 17 500 Renminbi.

Zusammenarbeit und Untersuchung

LAO WEI: Da haben Sie aber wirklich billig spioniert. In Ihren Unterlagen heißt es, dass nicht lange nach Ihrer Rückkehr die Sicherheitsbehörde bereits mit Nachforschungen begann. Wie ist Ihnen das aufgefallen?
GU ZHENG: Das ging an der Hochschule rund. Meine Studierenden hatten mich schon davor gewarnt, dass Mitarbeiter der Öffentlichen Sicherheit die Hochschule aufgesucht und meine Korrespon-

denz gefilzt hätten. Der Parteihauptzellensekretär des Fachbereichs beauftragte zudem einen Lehrer XY damit, mich im Fach zu überwachen und von meinem Arbeitsalltag zu berichten. Deswegen suchte ich den Direktor der Hochschule auf und verlangte Aufklärung. Der druckste anfangs herum, später sagte er geradeheraus: »Dass Mitarbeiter, die im Ausland waren, genau unter die Lupe genommen werden, ist doch normal. Kümmern Sie sich einfach nicht darum und tun Sie weiter, was zu tun ist, die Organisation versteht das schon.«
Die Worte des Rektors erleichterten mich und ich stürzte mich in der Folge mit Leib und Seele wieder in Forschung und Lehre. 1986, mit 50, erfüllte ich mir noch einen langgehegten Wunsch aus Studienzeiten: Ich trat in die Kommunistische Partei Chinas ein; 1989 übernahm ich dann das Amt des Dekans der geologischen Fakultät. Und ich hatte verschiedene gesellschaftliche Positionen inne: zum Beispiel war ich Mitglied des Komitees für geowissenschaftliche Lehre und Unterweisung der staatlichen Schulbehörde, Vorstandsmitglied im chinesischen geologischen Verband oder auch Vorstandsmitglied im Ständigen Komitee des geologischen Verbands auf Provinzebene, außerdem durfte ich mich einer Expertensonderzuwendung des Staatsrates erfreuen. Doch während es für mich beruflich Schritt für Schritt aufwärts ging, forcierte die Sicherheitsbehörde parallel dazu meine Überwachung. Von 1985 bis 89 stand bei mir regelmäßig Polizei des Amtes für Sicherheit, das damals der Sicherheitsbehörde auf Provinzebene unterstellt war, vor der Tür und wollte »Freundschaft schließen«. Manchmal kamen sie in Zivil, manchmal aber auch in Polizeiuniform, womit sie beim Betreten wie beim Verlassen der Universität Aufmerksamkeit erregten.

LAO WEI: Haben sie Sie über Herrn Ma ausgefragt?
GU ZHENG: Auf ihn sind sie mit keinem Wort zu sprechen gekommen. Sie redeten um den heißen Brei herum, unterhielten sich mit mir nur ganz allgemein über das Leben in Japan und mit wem

ich Kontakt hatte, lediglich nach Wang Jixian fragten sie mich direkt.

LAO WEI: Und Sie hatten nicht das Gefühl, dass etwas faul sein könnte?

GU ZHENG: Was hätte ich tun sollen? Als Mitglied der Kommunistischen Partei hast du die Pflicht, bei Untersuchungen der Behörde für Öffentliche Sicherheit zu kooperieren, außerdem hatte ich nichts Verwerfliches getan. Im Laufe der Zeit wurde ich mit der Polizei zunehmend vertrauter. Die Hochschule war vom Amt für Sicherheit mit dem Fahrrad so zehn Minuten entfernt, manchmal, wenn sie sich nicht loseisen konnten, riefen sie auch an und verabredeten mit mir einen Besuch bei ihnen.

Ich erinnere mich, dass mich der Leiter des Amtes einmal sogar über die 89er Studentenproteste an der Uni XY ausfragte und dabei auch auf meine Studenten zu sprechen kam. Da wurde ich innerlich wütend – wollte man mich hier zum Denunzianten machen? Danach hatte ich nichts mehr zu berichten.

1994 war ich eines Tages gerade mit meinem Unterricht fertig, als das Amt für Sicherheit überraschend mit einer Luxuslimousine aufkreuzte und mich zum Gästehaus der Pädagogischen Hochschule Gansu zu einem Bankett brachte. Außer mir waren alle leger gekleidet, Vizeamtsleiter Yang vom Amt für Sicherheit, der den Ehrengast gab, hob ununterbrochen sein Glas, um anzustoßen. Als er mich dann jedoch mit Schmeicheleien zu überhäufen begann, kam ich für mich ins Grübeln, denn wir hatten seit fast 10 Jahren »Kontakt«, so feierlich war es bisher nie zugegangen, man wollte doch nicht … doch, man wollte: Essen, danach eine Dusche, und Amtsleiter Yang sagte: »Entspannen Sie sich erst vollständig, dann unterhalten wir uns ein wenig.«

Beim offiziellen Verhör hielt sich Amtsleiter Yang nicht weiter mit Konventionen auf, sondern kam direkt zur Sache: »In welcher Verbindung stehen Sie zu Wang Jixian?«

Ich antwortete wahrheitsgemäß. Die Polizisten setzten einer wie der andere eine ernste Miene auf, es war klar, dass sie damit nicht zufrieden waren.

Als nächstes fragten sie mich über Li Rong vom Museum der Inneren Mongolei aus. Es stellte sich heraus, dass Li Rong unbefugt Fossilien außer Landes mitnehmen wollte, aufgrund unvollständiger Zollformalitäten jedoch festgehalten wurde. Die Sicherheitsbehörde hatte offenbar geschlussfolgert, dass Wang Jixian mit der Fossiliensache zu tun haben müsse, deshalb hatte man mich »zum Besuch eingeladen«.

Li Rong kannte ich jedoch kaum, Wang Jixian hingegen hatte auf mich den Eindruck gemacht, ein ulkiger Witzbold zu sein, der spottend alles auf die leichte Schulter nahm und vor allem einen perfekt »Scharfen Mapo-Tofu« kochen konnte. Ich presste das letzte Hirnschmalz aus mir heraus, um »bei der Untersuchung der Regierung mitzuarbeiten«, am Ende waren aber beide Seiten nicht sehr glücklich damit.

Als es draußen schummrig wurde, brachte die Limousine mich nach Hause und mir wurde energisch eine Tüte Obst aufgenötigt. Ich schrieb infolge ihrer eindringlichen Ermahnungen etwas zu Li Rong nieder, aber alles war völlig ungerechtfertigt, ich wusste ja nichts.

Eine Woche später kam Yan Yun vom Amt für Sicherheit das Material abholen und wollte mich aufmuntern: »Professor Gu, belasten Sie sich damit nicht.«

Ich sagte im vollen Gefühl des Unrechts: »Das entbehrt doch alles jeder Grundlage.«

Yan Yun sagte: »Sie sind viel zu anständig, wenn man sich nochmal mit Ihnen befasst, schimpfen Sie mit ihnen, bis sie das Weite suchen.«

Als ich den Polizisten so reden hörte, war ich wirklich bestürzt. Wenige Tage danach stand Yan Yun wieder vor der Tür und erklärte: »Ich will mit diesen Schweinereien nichts mehr zu tun haben.«

Anschließend ging er in die freie Wirtschaft, und um irgendwelches Zeug zu veräußern, kam er nochmal zu mir und fragte, ob ich die Beziehungen hätte, um für ihn was zu verkaufen.

In diesem Verlauf war ich nun selbst in den Mittelpunkt gerückt und mein gesamtes soziales Umfeld wurde ebenfalls befragt. So verwunderlich war das letztlich gar nicht, denn ich war einer der Entdecker und Erforscher des Elefanten vom Gelben Fluss und das Museum unserer Hochschule hatte jede Menge Fossilien, das hatte sie argwöhnisch gemacht.

Gefangennahme und Haft

Was danach passierte, war ein wenig wie im Roman. 1998 bin ich in Rente, ich war in meinem Beruf recht erfolgreich gewesen und hatte und habe Schüler und Anhänger in der ganzen Welt. Insbesondere im vergangenen Jahr habe ich mit meinem Sohn und meiner Frau zusammen noch zwei bekannte paläontologische Werke übersetzt, zum einen *Fossilien* der englischen Wissenschaftler Cyril Walker und David Ward und zum anderen von Chris Pellant *Steine und Minerale*, beides auf Empfehlung des Verlags der Freundschaft. Sie reüssierten auf dem Markt nicht schlecht und der Verlag hat mit uns einen weiteren Vertrag geschlossen, die Serie *Sammlung illustrierter Naturführer* soll vollständig übersetzt und publiziert werden. Außerdem jährte sich im vergangenen Jahr die Entdeckung der Elefantenfossilien vom Gelben Fluss zum 30. Mal und es gab eine Reihe von Ausstellungen und akademischen Konferenzen, da war wirklich viel los. Schließlich lud mich die Tokioter Kokugakuin Universität für Nationale Studien zum 25jährigen Bestehen diplomatischer Beziehungen zwischen China und Japan zu Vorlesungen nach Japan ein, einen ganzen Monat, meine Frau sollte ich mitbringen, alle Kosten würden von japanischer Seite übernommen werden. Ohne an Schlaf und Essen auch nur noch zu denken, schloss ich die Tür hinter mir und setzte mich umgehend an meine wissenschaftlichen Vorträge zu drei unterschiedlichen Themen. Was ich darlegen wollte, sollte keinerlei Nachlässigkeit aufweisen, denn die Tokioter Kokugakuin gehört zu den Top-Universitäten der Welt, ich musste unbedingt meinem Land alle Ehre machen.

Um unsere Reisepässe, die Visa und Flugtickets hatten wir uns schon vor längerer Zeit gekümmert, auch hatte ich die Tokioter Seite wissen lassen, dass ich am 25. September 2003 aufbrechen und ankommen würde. Am 17. September etwa um 10 Uhr vormittags sah ich dann gerade am Fenster mein englischsprachiges Material durch, meine Frau übersetzte es mir mündlich, auf einmal klingelte das Telefon.

Erst wollten wir gar nicht rangehen, weil wir uns nicht stören lassen wollten; doch das Telefon klingelte so hartnäckig weiter, dass nicht abzuheben keine Option schien. Ich ging also ran – und mit diesem Moment veränderte sich mein Schicksal – die andere Seite sagte: »Sind Sie Professor Gu? Ich bin von der Provinzsicherheitsbehörde.«

Mir wurde eiskalt ums Herz, denn da seit meiner gastfreundlichen Bewirtung im Jahr 1994 niemand von ihnen mehr bei mir aufgetaucht war, hatte ich sie in den hintersten Winkel meines Gedächtnisses verdrängt.

LAO WEI: Haben Sie da noch in Lanzhou gewohnt?

GU ZHENG: Nein, wir waren schon in Peking und wohnten hier – bei meinem Sohn. Mit gezwungener Gelassenheit fragte ich: »Wo seid ihr? Woher habt ihr diese Nummer?«

Mein Gegenüber sagte daraufhin sehr barsch: »Besprechen wir, wenn wir uns sehen.«

Im nächsten Augenblick raste ein schwarzer PKW in unser Wohnviertel, bremste vor unserem Haus und schon stürmten zwei kräftige Unbekannte durch unsere Tür, der Anführer der beiden fischte aus der Jackentasche einen Polizeiausweis der Sicherheitsbehörde der Provinz Gansu heraus, zeigte ihn mir kurz und sagte: »Entschuldigung, kommen Sie bitte mit uns raus, wir müssen reden.«
Meine Frau sagte: »Können Sie nicht hier reden?«
Der Polizist verneinte und zerrte nervös an mir herum. Ich hatte zu der Zeit alles mögliche Material in der Wohnung liegen, deshalb streifte ich mir, barfuß wie ich war, nur schnell ein Hemd über. Stupide wie ein Batteriehuhn ließ ich mich von ihnen in die Mitte nehmen und wurde vom einen links, vom anderen rechts gepackt.
Meine Frau hielt mich fest und rief: »Wohin bringt ihr ihn?!«
Sie antworteten nicht, einer von ihnen riss die Hände meiner Frau von mir, später wusste ich, dass das Li Jiqun gewesen war, zuständig für den Kontakt mit mir.
Barfuß schlüpfte ich noch schnell in meine Schuhe und wurde wie eine Marionette ins Auto bugsiert und in einem Rutsch bis nach Nanyuan befördert. Das passierte alles so unvermittelt, dass mir vor Schreck und Angst die Seele aus dem Leib fuhr. Erst als wir durch ein riesengroßes rotes Tor gingen, um das sich ein Maschendrahtzaun zog, registrierte ich unterbewusst auch die gute zehn Meter entfernte hohe Mauer – ich betrat zum ersten Mal in meinem Leben ein Gefängnis.

Mittags um eins wurde ich in ein Gästehaus neben dem Gefängnis gebracht, in einer roten Häuserreihe. Als nächstes gaben sie mir mündlich meine »Vorladung« bekannt und ließen mich auf einem Zettel unterschreiben. Danach kam eine Leibesvisitation, fein säuberlich ließen sie keine Ritze aus, Uhr, Kleingeld, Schlüsselbund, Notizen, alles wurde mir abgenommen. Nach dieser Prozedur wurde mir befohlen, mich zu setzen, und mir wurden Handschellen angelegt.

Es war nahezu wie im Film, drei Polizisten in Zivil saßen hinter einem Tisch, ein paar Leute standen um uns herum und ich saß dazwischen wie ein Krimineller. Ich konnte nicht umhin zu fragen: »Welche Rechte habe ich?«

Amtsleiter Liu, der den Vorsitz innehatte, entgegnete: »Sie können einen Anwalt hinzuziehen.« Dann schob er nach: »Aber vorerst geht das noch nicht.«

Wie sollte ich, der auf die 70 zuging, einen solchen Horror durchstehen! Dieses Verhör steuerte nun direkt auf Großspion Ma Jinsan zu, Wang Jixian wurde nicht einmal mehr erwähnt. Ich konnte nur »kooperieren« und ging alles haargenau durch, beginnend damit, wie ich 1980 im Ausland Herrn Ma kennengelernt hatte, nicht die ameisenkleinste Kleinigkeit ließ ich aus. Natürlich gestand ich dabei ebenfalls, dass ich Wang Jixian dieses Süßholzwurzelextrakt mitgebracht und dafür von ihm 30 000 Yen Provision erhalten hatte. Ich hatte keine krummen Geschäfte gemacht, die nicht ans Licht kommen durften, deshalb fühlte ich mich, je mehr ich zugeben musste, umso ungerechter behandelt. Sie fragten nicht nur fortwährend hypergenau nach und bewiesen dabei eine Engelsgeduld, sondern sie ließen sich auch, wann immer eine Formulierung im Geringsten unklar blieb, alles von neuem erklären.

So ging das Verhör von mittags eins bis zum Abendessen, davon konnte ich mir zwei Mundvoll rauspicken, schon ging es weiter, nochmal in einem durch bis 12 Uhr Mitternacht, was mich alten Gaul fix und fertig machte. Mit dem, was sie sich in ihrem dicken Stapel Material auf dem Tisch über Ma Jinsan schon notiert hatten, hätte man eine lange Biografie schreiben können. Damals dachte ich noch völlig naiv, Herr Ma war tot, was also sollte passieren. Herrn Mas Verwandtschaft würden sie ja wohl doch nicht aufspüren? Schließlich war ich von Herrn Mas Heimatliebe immer tief beeindruckt gewesen, bei ihm zu Hause hingen etliche Kalligrafien und Gemälde von Berühmtheiten, eine der Kalligrafien, mit den Schriftzeichen »Drei-Zeichen-Klassiker der Heimatliebe«, hatte er sogar selbst geschrieben und der berühmte Dichter Li Shifei verfasste ein Herrn Ma gewidmetes Langgedicht, in dem es die folgenden Zeilen gab:

75, Zhou Enlai erkrankte schwer,
wolltest hin und nach ihm seh'n,
alte Freunde, halbes Leben her,
war'n dieselben längst nicht mehr …

LAO WEI: Und dieser alte Freund von Zhou Enlai war nun also ein Großspion?
GU ZHENG: Diese Frage quälte auch mich, nachts um eins war dann endlich die gesetzlich zulässige Vorladungszeit von 12 Stunden erreicht. Eine Polizistin kam ins Zimmer und übernahm zur Nachtschlacht von Amtsleiter Liu, sie wirkte, als wäre sie ranghöher als er, auch ihr Ton war herrischer: »Gu Zheng, Sie lügen uns was vor! Ich möchte jetzt wissen: Haben Sie im Ausland irgendeiner Organisation angehört?«
Ein paar Sekunden irritiert, antwortete ich schließlich: »Außer der Kommunistischen Partei habe ich niemals irgendeiner Organisation angehört.«
Die Beamtin bedrängte mich unnachgiebig weiter: »Die große Allianz für Chinas Wiedervereinigung unter den Drei Prinzipien des Volkes, schon mal davon gehört?«
Ich schüttelte den Kopf, und die Beamtin lächelte eisig: »Ma Jinsan war der Kopf dieser Organisation.«
Nahezu im gleichen Augenblick schlug Amtsleiter Liu auf den Tisch: »Sie sind nicht ehrlich! Ich erkläre Sie hiermit für verhaftet!«
Mir lief ein Schauer über den Rücken, ich erhielt den Befehl, auf einem dreimal geschickt gefalteten Stück Papier zu unterschreiben, erst im Nachhinein wurde mir klar, dass das der Haftbefehl gewesen war.

Die Polizeibeamtin fuhr fort mit ihren Drohungen: »Gu Zheng, Ihnen ist doch wohl klar, dass das hier ein Gefängnis ist? Sie leugnen weiter? Auch gut, wir sperren Sie ein, wenn nötig, bis zu Ihrem Tod.«

Ich hielt dagegen: »Meine Familie wird kommen und nach mir suchen.«

Die Beamtin breitete ihre Hände aus: »Zu wem wollen die denn kommen? War von uns vielleicht schon mal jemand bei dir zu Hause? Gibt es irgendwelche Hinweise?«

Ein derart rüder Umgangston war mir in meinem ganzen Leben noch nicht begegnet, mit einem Handstreich war ich niedergestreckt, wer hätte denn auch keine Angst davor gehabt, seinen Kopf auf ewig nicht mehr aus der Schlinge zu bekommen?

Als sie sah, dass ich leichenblass geworden war, lehnte sie sich zurück und fuhr entspannter fort: »Wirklich, Sie können Ihr Problem groß oder klein haben. Als mit der Reform und Öffnung unseres Landes die Tore überall aufgingen, erlebten nicht wenige von euch, die sofort im Ausland studierten, aus den unterschiedlichsten Gründen einen Schock. Mit der eigenen Realität unzufrieden, habt ihr draußen eine umso buntere Welt wahrgenommen, wie hätte euch das nicht in Versuchung führen sollen? Der Kontrast zwischen drinnen und draußen brachte euch aus dem Gleichgewicht. Die feindlichen Mächte haben eure menschlichen Schwachpunkte geschickt genutzt, kein Schlupfloch, durch das sie nicht eingedrungen wären, es wurden kleine Vergünstigungen gewährt und schon bist du ihnen Schritt für Schritt auf den Leim gegangen … Aber inzwischen haben Sie doch ein erhebliches Alter erreicht, dass Sie eine Zeitlang verwirrt waren, ist heute ohne Belang, bekennen und bereuen Sie, danach können Sie ein Mensch sein wie davor, wie davor ein Parteimitglied, Direktor, Professor, Experte, Sie haben sich um das Land verdient gemacht, Verdienste und Fehler können einander aufwiegen. Die durchgängige politische Linie von Partei und Regierung gegenüber jemandem wie Ihnen ist, sich nicht darum zu kümmern, wie tief man in etwas hineingeraten ist, wenn man sich nur gründlich bessert. Denn dann zeigen Partei und Regierung Verständnis, nichts wird öffentlich werden, nichts wird verfolgt und für alles übernehmen sie die Verantwortung. Andernfalls aber … der Chinesen sind es viele, auch Unfälle gibt es viele, und stirbst du, ein einzelner, was zählt das schon.«

Erschaffung eines Spions

»Wie wollt ihr denn, dass ich meine Aussage mache?«, fragte ich, während mir der Schweiß über den Rücken lief.

»Sie sind Professor, Sie können doch schreiben, oder?«

Die umstehenden Polizisten lachten fies, als wollten sie Katz und Maus mit mir spielen. Die Beamtin sagte mit mitleidigem Blick: »Die Größe Ihres Problems, die Art und Weise Ihrer Behandlung, gutes oder schlechtes Ergebnis, das alles hängt allein von Ihnen ab. Das bestmögliche Ergebnis wäre, Sie gehen von hier fort und haben einen klaren Schnitt mit Ihrer Vergangenheit gemacht. Nicht einmal Frau und Sohn, niemand aus der Familie und schon gar nicht die Hochschule werden etwas erfahren. Wir sind von der Sicherheitsbehörde der Spionageabwehr und haben schon wirklich viele ähnlich gelagerte Situationen in Ordnung gebracht. Ich garantiere Ihnen, Sie werden danach weiterhin den Respekt der Menschen genießen, Sie werden weiterhin ins Ausland reisen können und es wird Ihnen wie bisher an nichts fehlen.«

Aufgrund dieser Umstände blieb mir nur ein Geständnis. Herr Ma, besser, Ma Jinsan, oder mit anderem Namen Ma Chongliu, war nun also ein von der taiwanischen Nationalpartei nach Japan, Tokio, entsandter Großspion, kaum in Japan angekommen, hatten seine Informanten mich unter Beobachtung und suchten mich auf jede erdenkliche Weise auf ihre Seite zu ziehen, so dass ich schließlich

Mitglied ihrer »Großen Allianz für Chinas Wiedervereinigung unter den Drei Prinzipien des Volkes« wurde. Anfangs dachte ich, es würde sich dabei um eine Massenorganisation handeln …

Sie fragten mich, ob ich ein Formular ausgefüllt hätte, und spontan antwortete ich mit einem »Ja«. Sie fragten weiter, was für eine Art von Formular das gewesen sei. Wie sollte ich das wissen? Ich orientierte mich folglich einfach am Antragsformular der Parteiorganisation für den Parteieintritt und gestand dieses Punkt für Punkt ein, nur den Inhalt tauschte ich aus.

Nachdem ich Herrn Ma dann ordentlich verleumdet hatte, beschimpfte ich mich innerlich selbst, was für ein Scheißkerl ich doch war. Inzwischen war es vier Uhr morgens durch und ich konnte nicht mehr, ich war in kalten Schweiß gebadet. Mit Verkündigung des Kampfendes wurde es schon fast wieder hell, ich wurde vom Verhörraum im Erdgeschoss in ein Apartment im ersten Stock eskortiert, sieben, acht Quadratmeter groß, zwei Zimmer hintereinander, ich hatte mich im hinteren Raum aufzuhalten und wurde vom vorderen aus von zwei Leuten in wechselnder Schicht bewacht. Ich konnte meine Augen nicht mehr aufhalten und wollte, ohne mich zu entkleiden, gleich das Licht ausmachen und mich schlafen legen. Doch die Polizisten verboten mir tatsächlich, das Licht auszuschalten, als ich protestierte, erklärten sie: »Ist sicherer so.«

Es gab kein Entkommen aus diesem Gefangenenkäfig mit geschlossenen Vorhängen und dem 24 Stunden lang eingeschalteten elektrischen Licht sowie einer weit aufstehenden Tür zu einem Fernseher, der ebenfalls 24 Stunden lief, und zwar in der Lautstärke eines Kampffliegers. Das alles sorgte dafür, dass ich alter Mann bei aller Müdigkeit kein Auge zubekam.

Am folgenden Nachmittag ging es weiter, ich spann meine Spionagegeschichte fort, was immer gefragt wurde, ich dachte mir etwas aus, beispielsweise etwas wie, ich hätte vor Herrn Ma die Faust zum

Treueschwur erhoben. Mann, Mann, Mann, wenn ich heute daran denke, fühle ich jedes Mal von neuem meine Schuld Herrn Mas Seele im Himmel gegenüber.
Irgendwann war der Bogen zum Reißen gespannt, als man mich wieder zum Essen entließ, lag mir inzwischen eine solche Last auf der Seele, dass ich den Kerlen in Zivil, die mit mir am Tisch aßen, lauthals entgegenschleuderte: »Es ist alles ausgedacht! Nichts ist haltbar!« Da fiel Ihnen die Klappe runter.
Ich wurde ins Apartment weggebracht, um mich zu beruhigen, Li Jiqun folgte auf den Fersen, schloss geheimniskrämerisch die Tür und sagte: »Professor Gu, wenn Ihnen irgendetwas auf der Seele liegt, lassen Sie es uns wissen, wo wir können, werden wir nach Kräften helfen, aber heute so, morgen so, das geht nicht! So legen Sie sich doch selbst die Schlinge um den Hals, um sich davon dann nochmal reinzuwaschen, hilft nicht einmal mehr ein Bad im Gelben Fluss. Zur Hälfte zu gestehen und dann alles wieder zurückzunehmen, bedeutet eine härtere Strafe, als wenn man erst gar nicht gesteht!«
Ich brüllte unter Tränen los: »Viel zu lang hab ich es an Moral fehlen lassen! Lieber sterbe ich reinen Herzens!«
Konfrontiert mit diesem Gebrüll änderte sich Li Jiquns Gesichtsausdruck schlagartig, er stieß die Tür mit einem Knall auf und erwiderte im Rausgehen: »Wen willst du denn damit erschrecken!«

Am Abend tauchte die Polizeibeamtin wieder auf und begann mit ernster Miene und ohne ein weiteres Wort, einen Abschnitt aus dem Nationalen Sicherheitsgesetz zu verlesen, danach sagte sie, mich fest in den Blick nehmend: »Die Höchststrafe dafür, schuldig ein Geständnis zu widerrufen und damit die Ausführung offizieller Aufgaben zu behindern, der Aufklärungsarbeit also gravierende Hindernisse in den Weg zu legen, kann bis zu 15 Jahre betragen.«
Ich war wie von einem Knüppel in den Abgrund geschlagen und hörte sie nur ganz benommen noch fragen: »Verstanden?«

Ich antwortete: »Verstanden.«
Dann ging das Verhör bis zum nächsten Tagesanbruch weiter und ich legte erneut »ein umfassendes Geständnis« ab. Darin enthalten waren im Großen und Ganzen:

1. das Erkaufen von Auslandsaufenthalten durch Ma Jinsan;
2. Mitgliedschaft in seiner Spionageorganisation unter dem Decknamen XY als Verantwortlicher für die Region Festland China;
3. drei Japanaufenthalte zum Zweck des Spionageausbaus, indem ich direkt und indirekt Bekannte und Kollegen bei Ma Jinsan einführte, damit er sie einer letzten Inaugenscheinnahme unterziehen und die endgültige Entscheidung treffen konnte, ob diese Kerle sich als Spione eigneten;
4. Informationstätigkeit, schriftliche Korrespondenz meinerseits mit Herrn Ma und Wang Jixian, Austausch wissenschaftlich-technischer, archäologischer und alltäglicher Informationen, Sammeln, Analyse und statistische Auswertung aller Arten von Informationen und Daten aus Zeitungen;
5. die Betriebskosten waren eher gering, über 18 Jahre zusammenaddiert etwa 250 000 Yen, umgerechnet in Renminbi 17 500 Yuan, so spintisierte ich weiter: »Hier sind die Preise in die Höhe geschossen, auf dem Land gab es immer mehr gutsituierte Haushalte, die mal locker ihre 10 000 Yuan im Jahr hatten, da konnten die Betriebskostenstandards von denen nicht mithalten.«

Nach dem mündlichen Geständnis schafften sie ein Notebook herbei und ich tippte in der Reihenfolge, wie sie die Punkte vorgaben, meine schriftliche Aussage. Sie führten die Amtshandlung sozusagen akribisch bis ins kleinste Detail aus, aufgrund der von mir eingestandenen Spionagegelder, die sie fein säuberlich addierten, erklärten sie am Ende, Ma Jinsan müsse damals mehr als 1000 amerikanische Dollar überwiesen haben. Als ich das nicht recht erklären konnte, stellte sich nach einer erneuten Überprüfung schließlich heraus, dass Herr Ma das Geld in Yen überwiesen hatte, umgerechnet 1000 amerikanische Dollar, daraus erklärte sich der Restbetrag.

Ich musste eine Woche in Haft bleiben, wollte ich durch die Tür, hatte ich das laut rufend anzumelden, nicht einmal für den Toilettengang durfte ich die Tür schließen. Ich dachte fortwährend an meine Besuchsreise nach Japan am 25sten, eigentlich hatten sie mir eine Garantie gegeben, dass ich reisen könne, sobald alles erledigt sei, doch am 23sten informierten sie mich, ich dürfe nicht reisen.
In der Zwischenzeit hatte ich mein Geständnis noch einmal widerrufen und wurde dafür natürlich nochmal härter rangenommen. Sie sagten, sollte der Spionagefall auch Staatsgeheimnisse betreffen, könne er nichtöffentlich verhandelt werden, nicht einmal die Geister würden dann noch irgendwas mitbekommen, und »willst du uns dann nochmal sehen, kann das schwierig werden«. Als ich mich daraufhin am Boden zerstört zeigte, nahmen sie etwas Tempo raus, sagten, in Anbetracht dessen, dass ich ja kein Gewohnheitsverbrecher sei, seien meine abnormalen Gestimmtheiten ganz normal, um meine »Schuld« aber nicht noch weiter zu erschweren, solle ich mir bloß keine Notizen machen, stattdessen die Sache endlich beenden, und daraufhin befahlen sie mir noch, ich solle ein »Schuldeingeständnis« schreiben.
Ich hatte die Große Kulturrevolution mitgemacht, so was zu schreiben, war für mich ein Kinderspiel. Die Sprüche von »der Reue, die zu spät kam« über das »Vergießen von Tränen der Dankbarkeit« und das »Glück der Rückkehr zu Partei und Volk« bis zum »neuen Menschen, der man von Grund auf geworden war«, fanden allesamt ihre Anwendung. Ich rechnete schon damit, dass sie mich nach der Vollzugsmeldung, nachdem die Taktik meiner Ermüdung durch abwechselnde Attacken verschiedener Angreifer ja nun drei Tage lang durchgezogen worden war und alle Anschuldigungen untermauert wurden, zu Hause anrufen lassen würden. Am Vormittag des 23sten sagten sie mir sogar, wäre es gut geschrieben, könne ich »'n Abgang machen«. Doch als ich das Papier schließlich einreichte, wies mich ein älterer Polizist wider jedes Erwarten an, Folgendes über den Text zu schreiben: »Schuldeingeständnis des Schläfer-Spions Gu Zheng«.

Ich brach in Tränen aus, denn ich glaubte, dass es das für mich in diesem Leben nun gewesen sei.

Nach dem Mittagessen eskortierte man mich dann aber doch in der schwarzen Limousine nach Hause. Oben in der Wohnung unterschrieb meine Frau mit Tränen in den Augen den »Bescheid über die Freilassung gegen Bürgschaft in Erwartung weiterer Verhöre«, während sie gleichzeitig meinen Reisepass konfiszierten.
Unterwegs hatte mir Amtsleiter Liu noch gesagt: »Die 17500 Yuan Spionagegeld müssen der Staatskasse übergeben werden, Sie fahren dafür persönlich nach Lanzhou, außerdem händigen Sie die gesamte Korrespondenz mit Ma Jinsan aus, dann können wir den Fall hoffentlich bald abschließen.

GU ZHENGS FRAU hakte an dieser Stelle ein: Ich war, ohne zu begreifen, was überhaupt los war, zum Bürgen für einen Spion geworden. Als die Polizisten gegangen waren, stand mein lieber Gu weiter da wie ein Ölgötze, seine Augen waren völlig leer, seine Seele war nicht mit ihm zurückgekehrt. Ich bekam es mit der Angst und rüttelte ihn am Arm: »Was ist denn los? Sag doch was!« Aber er sagte kein Wort, erst nach Minuten kehrte in seine Augen Leben zurück, seine Gesichtsfarbe allerdings blieb tiefgrau wie braches Land im Winter. Irgendwann liefen ihm dann Ströme von Tränen übers Gesicht, er krallte sich mit beiden Händen an mir fest und stieß, so heftig schluchzend wie ein Kind, hervor: »Gui Lan, ich muss dich um Entschuldigung bitten!«
Ich goss ihm ein Glas Wasser ein und suchte ihn zu beruhigen. Als er mir schließlich den Grund erklärte, fuhr auch mir der Schreck in die Knochen. Und als am Abend unser Sohn von der Arbeit nach Hause kam, kamen wir gemeinsam zu der Erkenntnis, dass das alles schlicht und einfach himmelschreiendes Unrecht war, bei all unseren Ahnen dort oben!
Und weiter GU ZHENGS FRAU: Gemäß der Auflagen der Staats-

sicherheitsbehörde sollte Gu am 1. Oktober nach Lanzhou zurück, um den Fall zum Abschluss zu bringen. Mein Sohn schlug auf den Tisch und sagte: »Papa, du musst dieses Geständnis auch für uns alle unbedingt widerrufen.«

GU ZHENG: Da ich geistig und körperlich völlig fertig war, sorgte mein Sohn mit Hilfe eines Bekannten dafür, dass ich mich in den Pekinger Duftbergen verstecken und erholen konnte. Ich machte mir ständig Vorwürfe, weil Ma Jinsan, ein heimatliebender alter Mann, heimatlos dem Schicksal in der Fremde preisgegeben, noch nach dem Tod für seine Seele keine Ruhe finden konnte, weil er von mir, dem »Freund aus einer anderen Generation«, mit Dreckwasser übergossen worden war. Aber würde ich das Geständnis ein weiteres Mal widerrufen, müsste ich mich den »Brokatröcken« von der hochkaiserlichen Geheimpolizei stellen, und wie sollte ich, ein alter Buchgelehrter ohne Macht und Einfluss, mich mit diesem Organ der Diktatur messen können! Ich konnte nachdenken, so viel ich wollte, ich fand keinen Ausweg, ich geriet in eine Art Trance, fünf Monate lang schlief ich keine Nacht mehr richtig, ich stopfte mit beiden Händen Medikamente gegen mein Herzrasen in mich hinein und verlor an Gewicht, von 72,3 Kilogramm magerte ich auf 61 Kilogramm ab. Ich wurde nach Peking ins Anning-Krankenhaus gebracht, wo man eine reaktive psychische Störung diagnostizierte, einfacher gesagt, mein Kopf war krank.
Weil meine Familie fürchtete, ich könnte mir etwas antun, war rund um die Uhr immer jemand bei mir, selbst nach meiner Einlieferung ins Krankenhaus blieb das Krankenzimmer niemals leer. Meinen Abschiedsbrief hatte ich fertig im Computer, aber ich fand keine Möglichkeit, für mich allein zu sein. Einmal versuchte ich, mich im Bad aufzuhängen, aber während ich noch herumtat, wurde die Tür schon von meiner Frau aufgerissen. Sie heulte sofort los: »Jahrzehnte hast du gut hinter dich gebracht, wieso wirfst du das jetzt alles weg!«

Ich sagte, nur mein Tod werde alles wieder in Ordnung bringen. Meine Frau sagte: »Solange dein Urteil nicht revidiert ist, kommt gar nichts wieder in Ordnung, bist du erst zum Geist geworden, werden die anderen sagen, du hast dich umgebracht, um deiner Strafe zu entgehen. Hast du denn nicht mitbekommen, dass das Provinzamt für Sicherheit uns alle jeden Tag mit einem Anruf bedrängt? Lieber Gu, das Studium der Frühzeit hat dich offenbar zum Dummkopf gemacht.«

Experte der Spionageabwehr

Ich musste erst langsam wieder zu mir kommen. Wie jemand mit einer Gasvergiftung musste ich an einen gut belüfteten Platz getragen werden, wo ich eine Mund-zu-Mund-Beatmung erhielt. Kaum war ich aber dem nahenden Tod von der Schippe gesprungen, fühlte ich mich wie frisch gewaschen, als wäre ich bis in die Knochen und inneren Organe hinein gereinigt worden. Ich riss mich zusammen und begann mit all meiner Konzentration die Gesetze zu studieren. Ich kaufte mir Dutzende von Büchern und bleute mir Vorschrift für Vorschrift und Reglementierung für Reglementierung ein. Aber letztlich konnte man es drehen und wenden, wie man wollte, das Gesetz legte Wert auf Beweise. Weil jedoch jene anderen genau wussten, dass ich ein rechtsungebildeter Professor war, hatten sie mich ohne einen »Vorladungsbescheid« mitgenommen und ohne einen »Haftbefehl« eingesperrt, auch von der Durchsuchung war nicht das Geringste zurückgeblieben. Worauf sollte ich also eine Klage stützen? Als nächstes kaufte ich mir jede Menge Krimis und studierte sie nächtelang, um zu lernen, wie man Beweise sammelt. Mit der Zeit begeisterte ich mich regelrecht für diese Sache und wurde zu einem richtigen Professor für »Spionageabwehr«, der seinem Namen alle Ehre macht.

LAO WEI: Haben die Sicherheitsorgane das nicht bemerkt?
GU ZHENG: Nein, sonst wären sie am Telefon nicht so hemmungslos, so unverhohlen direkt gewesen. Mein Telefon hat eine Aufnahmefunktion und ist sehr hochwertig, man kann einen Anruf am Computer annehmen, der Computer kann die Stimmen unterscheiden, sie einerseits direkt auf eine CD brennen oder andererseits die Aufnahmen einfach in Text umwandeln. Von meinen Beweisen mache ich im Allgemeinen immer mehrere Kopien und verstecke sie an verschiedenen Orten. Vom letzten Jahr an bis dieses Jahr im April habe ich in keinem halben Jahr bereits Telefonaufzeichnungen in 240 000 Schriftzeichen umgewandelt, in manchen Abschnitten ist die Redeweise des Pöbels vor Ort absolut wundervoll. Interessiert Sie das? Ich schick Ihnen ein Exemplar.
LAO WEI: Ja, das interessiert mich sehr. 240 000 Schriftzeichen? Das kommt ja einem ganzen Roman gleich.
GU ZHENG: Literarisch allerdings ohne den geringsten Wert.
LAO WEI: Das müsste man sehen. Vielleicht ließe sich ja ein Theaterstück daraus machen, solch wundervolle Rollentexte bekommt man in anderen Gegenden nicht unbedingt zu hören. Aber, Professor, sind diese Anrufaufzeichnungen nur Frage und Antwort zwischen zwei Leuten?

GU ZHENG: Eine Zeitlang riefen sie an, anfangs waren sie unglaublich eifrig, sie arbeiteten wie Vieh, es war ihnen dabei völlig egal, ob du verrückt wurdest oder daran zugrunde gehen würdest, unablässig bedrängten sie mich zurückzugehen; später machten sie langsamer, vermutlich hatten sie Ma Jinsan mittlerweile bis ins Letzte durchleuchtet und ihre Probleme mit ihm, aber der Rückhalt des alten Herrn war, selbst tot noch, in Peking und im Ausland zu groß, da ließen sie doch lieber die Finger davon. Kurz und gut, ihre Anrufe kamen nicht mehr ganz so eifrig. Aber jetzt wollte ich mit ihnen telefonieren und sie nicht einfach davonkommen lassen, ich bin seit einem Jahr nur gegen Bürgschaft auf freiem Fuß und warte

noch immer auf meine Verhandlung, das überschreitet längst jede Frist, dafür verdiene ich eine Erklärung.
Einer von denen ist fest für meinen Fall zuständig, das ist Li Jiqun. Ein Großteil der aufgezeichneten Anrufe ist mit ihm, aber es gibt auch welche mit dem Chef des Amtes und noch anderen Leuten. Auch die Hochschule und sogar das Ministerium für Staatssicherheit und die Behörde für Staatssicherheit der Stadt Peking haben angerufen. Meine Beschwerde habe ich ziemlich vielen Organen zugestellt, das beigefügte Material ist sehr umfangreich, außer den Telefonaufzeichnungen gibt es Tagebuchnotizen, die Erklärung meiner Sicht auf den Fall, Briefe und die verschiedensten Indizienbeweise, auch von uns zu Hause, sogar ein offener Brief von mir an Hu Jintao ist beigefügt. Sollten sie sich aus der Verantwortung stehlen wollen, nicht mit mir.

Ab dem 9. April dieses Jahres haben sie dann meine Anrufe nicht mehr angenommen, sie waren wie vom Erdboden verschluckt. In einer Ehrfurcht gebietenden Sicherheitsbehörde auf Provinzebene mit an die tausend Leuten gab es auf einmal nicht einen mehr, der noch ans Telefon ging! Ich rief die Telefonauskunft der Stadt Lanzhou an, für die Pforte der Sicherheitsbehörde, die Annahme- und Ausgabestelle für Dokumente sowie die Abteilungen eins, zwei und drei ließen sich Telefonnummern finden. Ich rief sie der Reihe nach an und wurde tatsächlich fündig. Der mit mir befasste Li Jiqun drohte mir verlegen und verärgert zugleich: »Verdammt, Gu, Sie sollten nicht überall hin Briefe schreiben und wild herumtelefonieren, um uns zu verleumden und zu schmähen! Sollte das politische Konsequenzen haben, werden Sie dafür die rechtliche Verantwortung zu tragen haben!«
Ich sagte: »Sagen Sie nicht immer, dass ihr mit mir Freundschaft pflegen möchtet? Warum kann man sich unter Freunden nicht anrufen?«
Er warnte mich: »Wir sind eine Geheimorganisation, wissen Sie ei-

gentlich, was Geheimorganisation bedeutet? Wenn Sie nach unserer Nummer recherchieren und dafür überall anrufen, dann ist das Geheimnisverrat! Wenn da etwas über das Telefonnetz an ausländische Spionageorganisationen durchsickert, dann werden Sie …«
Ich musste lachen: »Als Bürger dieses Staates soll ich mir also bei euch Rat über Allgemeinwissen in Sachen Geheimhaltung holen? Wen kann man öffentlich gefangen nehmen und wen, zum Beispiel mich, im Geheimen?«
Er legte wütend auf. Aber ich rief nochmal an. Er nahm ab und brüllte: »Wenn du's draufhast, dann bring uns doch vor Gericht! Aber wenn du keine Beweise ranschaffen kannst, werden wir eine Gegenklage wegen Verleumdung durch üble Nachrede anstrengen!«

Danach sind sie noch zwei-, dreimal bei uns aufgetaucht, sogar nochmal in Begleitung der Behörde für Staatssicherheit der Stadt Peking. Meine Familie hat mich versteckt, die Tür blieb zu, meine Frau hat nur durch ein kleines Fenster mit ihnen gesprochen und gesagt, ich würde noch immer im Krankenhaus liegen, und wer hier am Ende von wem was will, wird sich zeigen. Als zuvor am 7. April ihr Wagen in unser Wohnviertel eingefahren war, hatte ich sofort meinen jüngeren Bruder informiert, und der war losgezogen, um mit ihnen zu reden. Er hatte ein sehr gutes Aufnahmegerät in der Tasche, sobald sie ihr Gespräch begannen, wurde alles, was sie sagten, bis in unsere relativ weit entfernte Wohnung übertragen. Ich konnte über Kopfhörer alles verstehen, das Ergebnis war ziemlich gut.
Schauen Sie, mein Aufnahmestick hier hat eine um einiges bessere Qualität als Ihr Anrufbeantworter, wenn du es mit denen aufnehmen willst, muss auch deine Ausrüstung unbedingt mithalten können. Ich hörte zu, wie sie meinen Bruder bearbeiteten, seinen älteren Bruder zu überreden, sein Geständnis nicht zu widerrufen. Erst ist nur mein Bruder zu hören: »Amtsleiter Zhao, Herr Polizei-

chef, hören Sie, ich schreib mir mal eben Ihre Polizeinummer auf: 621002.« Danach sind drei Stimmen der Gegenseite zu unterscheiden: Zhao XY, Liu XY und Li XY.
Liu sagt: »Wir beobachten ihn jetzt seit über 20 Jahren.«
Zhao sagt: »Wer hat schon was von einem Rechtsstreit? Das ist ein falscher Standpunkt … Wir haben Beweise!«
Vor dem Aufbruch wollen sie noch von meinem Bruder die von ihm abgeschriebene Polizeinummer wieder zurück und Li sagt: »Die ist geheim.«
Als mein Bruder sie nicht herausgibt, brüllt Li los: »Zerreiß dieses Blatt Papier! Auf dem unsere Polizeinummer steht! Die geheim ist! Was wollen Sie damit?!«

Am nächsten Tag, am 8. April, waren die drei aus Lanzhou zusammen mit einem gewissen Wang vom Pekinger Sicherheitsbüro schon wieder da und mein Bruder ging wieder zu ihnen. Ich konnte sie nacheinander sagen hören:
»Er hat bei der Organisation mitgemacht.«
»Ob er eine Strafe erhält, das geht nach dem Gesetz.«
»Wir sind eine geheime Einheit.«
»Eingesperrt für sieben Tage, sechs Nächte? Wir mussten mit ihm reden.«
»Sie müssen für niemanden als Vertreter agieren.«
»Sprechen Sie mit Ihrem Bruder, damit er zur Einsicht kommt.«
»Ob er was falsch gemacht hat, hat das Gericht zu entscheiden.«
»Er hat unterzeichnet! Er hat alles unterschrieben! Was zu liefern war, hat er geliefert!«

LAO WEI: Irre, Professor, Sie sind wirklich ein Superspion geworden.
GU ZHENG: Das wäre zu viel des Lobes, schließlich ist noch kein Meister vom Himmel gefallen.

周大爺

7

HERR ZHOU

Verteidigung der Heimat

Am Nachmittag des 13. Juni 2003 herrschte im Sichuan-Becken eine außerordentliche Bruthitze, als der nostalgische Gelehrte Li Yadong und ich in seinem Schlepptau das qingzeitliche feudale Landgut der Familie Chen erreichten, das auf dem Gebiet der Gemeinde Shou'an des Bezirks Wenjiang im weiteren Umland der Stadt Chengdu liegt. Das Haupttor war verschlossen, auf einem Holzschild an der Mauer stand: »Instandhaltungsarbeiten, bitte keine Besichtigung«, von den beiden legendären Masten dort und dem Denkmal mit kaiserlichem Edikt war nicht die geringste Spur zu sehen.

Nachdem wir uns in alle Richtungen umgeschaut hatten, öffnete Li Yadong das Tor zu einem kleinen Bauernhof an der Ummauerung und der 65jährige Herr Zhou begrüßte auf traditionelle Weise seine Gäste, indem er vor der Brust die Hände ineinander legte und sich leicht verbeugte. Er war ziemlich groß, ein gebildeter, kultivierter Herr, und weil seine Vorfahren mit der Familie Chen befreundet gewesen waren, konnte er von klein an auf dem Anwesen nach Belieben ein und aus gehen und war randvoll mit Geschichten über die Geheimnisse des Landgutes, wobei auch er selbst in seinem Leben einiges an Unrecht hatte einstecken müssen. »Wegen der Zuordnung der Familie zu den tyrannischen Gutsherren wurden, nachdem das Landgut dem Erdboden gleichgemacht worden war, bei der Gelegenheit auch mein Großvater und mein Vater durch Erschießen exekutiert, und

ich, der ich gerade 18 geworden war, wurde in Sippenhaft genommen und zu zehn Jahren Gefängnis verurteilt«, seufzte er.
Die erste Seite blutiger Geschichte war damit aufgeschlagen.

Gute drei Wochen später machte ich meinerseits mit einem weiteren Freund einen Ausflug dorthin. Unter Anleitung von Herrn Zhou bestachen wir die Torwache mit 20 Renminbi und durften uns durch einen Spalt in der Größe eines Hundelochs hineinzwängen; angesichts der Trümmer und Ruinen vergaßen wir ganz und gar die Welt um uns herum und merkten kaum, wie es dunkel wurde.
Herr Zhou ließ uns schließlich nur widerwillig wieder ziehen, als ich mich nochmal umblickte, sah ich seine einsame Gestalt vor dem Hintergrund des aufgegebenen Parks und folgende lebendige Schilderung von ihm blieb mir noch lange im Ohr: »Mein Großvater Zhou Zhiyuan und Chen Dishi wetteiferten einmal in einem echten Duell im Bambuswald um ihr Leben, sie hatten sich gegenseitig einen ›Haftungserlass‹ ausgestellt, für den Fall, dass etwas passieren würde, zogen dann, ohne noch ein weiteres Wort zu verlieren, ihre Schwerter blank und schlugen zischend aufeinander los. Sie hatten mit dem aufgehenden Mond begonnen und machten erst Pause, als am nächsten Morgen die Sonne herauskam. Beide waren blutüberströmt, die Körper bloß, doch keiner von beiden war gefallen ...«
Als jedoch dann die Kommunistische Partei auftauchte und unter dem Deckmantel der Landreform den Kampf gegen »Banditen und Tyrannen« begann, waren die »lokalen Despoten«, die unter dem Leitspruch »Sicherheit und Frieden für unser Volk« über Generationen in der Verantwortung gewesen waren, im Handumdrehen gestürzt, ihre in großer Zahl getöteten unschuldigen Seelen schrien unter dem Krachen von Gewehren und Kanonen, mit dem eine Dynastie durch die nächste abgelöst wird, sie weinten, bis wieder Stille einkehrte, bis die Zeit alle Narben getilgt hat.

Ein unabhängiges Königreich

LAO WEI: Eine ganze Reihe Medien aus Chengdu haben schon über die »Rettung des traditionellen West-Sichuaner Landguts der Familie Chen« berichtet, ich habe allerdings immer nur einen kurzen Blick darauf geworfen, ich habe mich nicht wirklich dafür interessiert ...

HERR ZHOU: Das Landgut der Familie Chen ist kein gewöhnliches Anwesen, wofür es eine Menge Gründe gibt.
LAO WEI: Vergleichbar vielleicht dem Landgut des unter Mao verschrienen Großgrundbesitzers Liu Wencai im Chengduer Landkreis Dayi, nur bei weitem nicht so groß.
HERR ZHOU: Gewiss, nur ist es heute so verfallen, dass man von der ehemaligen Pracht nichts mehr sehen kann.
LAO WEI: Tatsächlich?
HERR ZHOU: Das Chen'sche Anwesen war bald 7000 Quadratmeter groß und es wurde acht Jahre lang daran gebaut, man sagt, es wurde im Jahr acht der Herrschaft des Qing-Kaisers Tongzhi fertiggestellt. In der ursprünglichen Form war das Landgut durch Wassergräben vom Umland abgetrennt, man hatte es zu einer verbotenen Insel gemacht, zu der niemand ohne Erlaubnis Zutritt hatte. Die Gräben sind heute längst aufgeschüttet, von ihnen ist nicht die geringste Spur übrig geblieben, und auch das Gut hat gerade mal noch seine guten 1000 Quadratmeter, Mauern sind eingerissen, Dachziegel zertrümmert, die Gebäude sind insgesamt so baufällig, dass sie jederzeit einstürzen können. Heute bricht die eine Ecke zusammen, morgen fällt ein anderer Teil ein, deswegen hat die Regierung inzwischen das Schild aufgehängt und das Anwesen geschlossen, Besichtigungen sind strengstens untersagt.
LAO WEI: Und wir profitieren heute von Ihnen.
HERR ZHOU: Eher von Chen Zongdians Seele im Himmel. Er war der Besitzer des Chen'schen Anwesens in erster Generation,

ursprünglich stammte er aus dem der Stadt Chongqing zugehörigen Kreis Bishan, er diente der Qing-Dynastie viele Jahre als Gelehrter der kaiserlichen Hanlin-Akademie und hielt den höchsten Titel eines Großsekretärs, seine spezielle Aufgabe war es, für seine Majestät, den Kaiser, die kaiserlichen Erlasse zu verfassen. Im Alter kehrte er als gemachter Mann an seinen Heimatort zurück, und weil er dem daoistischen Glauben anhing, zog er mit seiner ganzen Familie Richtung Westen. Eigentlich wollte er zum Fuß des Berges Qingcheng, doch dann fühlte er sich unerwarteterweise schon in der Gegend von Shou'an in Wenjiang ausreichend heiter und unbeschwert, befand die Landschaft wie im Gemälde. Er suchte sich einen Feng-Shui-Meister, der die Lage als außerordentlich gut beurteilte, so dass der Hanlin-Gelehrte Chen sogleich Wohnsitz nahm und die nah und fern allseits bekannten Gebäude errichtete.

Das Chen'sche Anwesen bestand ursprünglich aus 24 Wohnhöfen, eine Blickschutzmauer hinter dem Eingang, dann der zentrale Wohnraum, der in der Mitte gelegene Haupthof, weitere Seitenhöfe, ein Ring folgte auf den nächsten, ein Fremder konnte sich, wenn er nicht aufpasste, ruckzuck verirrt haben; dazu gab es prachtvolle Balken mit Schnitzwerk und Gemälden, Goldwände und Steinintarsien, Gedichte in allen traditionellen Formen, Lieder, Fu-Gedichte, Shi-Gedichte, Ci-Gedichte, und praktisch jedes Detail hatte seinen Ursprung in einer uralten daoistischen Geschichte. Schließlich ließ sich der Hanlin-Gelehrte Chen aus den Provinzen Anhui und Hubei auch noch eigens exquisites Steinmaterial heranschaffen und beauftragte einen tüchtigen und geschickten Handwerker damit, die gesamte Szenerie des Berges Qingcheng in der Höhe eines zweistöckigen Wohnhauses mitsamt der Vegetation in Form von Bonsais in Miniatur nachzubauen und dabei keinen einzigen daoistischen Tempel auf dem Berg zu vergessen.

LAO WEI: Ein Wahnsinn, diese daoistische Parkanlage übertraf ja womöglich sogar noch den Gutsherrenlandsitz von Dayi.

HERR ZHOU: Liu Wencai, Liu Wenhui, Liu Xiang, das war Landadel und Kriegsherrentum, ein Luxusanwesen bauen, das konnten sie, die Nase bis zum Himmel tragen, das konnten sie, aber Masten aufzustellen wie die Chens, und dann gleich noch zwei, das hätten sie sich nicht gewagt. Chen Zongdians Sohn war bei der kaiserlichen Militärprüfung erfolgreich und wurde zum General der Grenzwache ernannt, in der Folge erhielt er von Kaiser Tongzhi die Sondererlaubnis, vor dem Haupttor des Chen'schen Anwesens zwei gut zehn Meter hohe, einander gegenüberstehende Masten aufzustellen, einen für zivilen und einen für militärischen Erfolg, die man bei klarem Wetter noch aus zwei Meilen Entfernung sehen konnte; außerdem hatte Kaiser Tongzhi eigenhändig und ordentlich groß die Schriftzeichen »Kaiserlicher Erlass« kalligrafiert, damit Chen Vater und Sohn sie auf einer Stele gravieren lassen konnten, die an der Hauptstraße vor dem Anwesen aufgestellt wurde.

Sie sind ein gebildeter Mensch, Sie wissen sicherlich, sobald ein Zivilbeamter der Schriftzeichen »Kaiserlicher Erlass« ansichtig wurde, musste er aus seiner Sänfte steigen, ein Militärführer musste vom Pferd herunter und sie mussten sich niederwerfen, erst danach durften sie vorüber.

LAO WEI: Irre!

HERR ZHOU: Später zog sich Hanlin-Akademist Chen aus dem Staub der Welt ganz zurück und stieg auf den echten Berg Qingcheng, um dort als daoistischer Priester zu leben. Sein Anwesen wurde von einer Generation auf die nächste weitervererbt und die Familie gedieh prächtig. Bis zur Republikzeit waren die Nachfahren der Familie Chen, die sich mit dem Chen'schen Landgut als zentraler Anlaufstelle über Shou'an und sogar das ganze Gebiet von Wenjiang ausgebreitet hatten, auf mehrere Hundert angewachsen. In jenen Zeiten gab es eine große Anzahl von Kriegsherrencliquen in Sichuan, der Kriegserfolg wanderte zwischen ihnen hin und her wie eine Zwei-Mann-Säge, es ging immer nur darum, sich mehr Land unter den Nagel zu reißen. Der Sieger war der König, der Verlierer Bandit, und während es mit dem Glück von Kriegsherren wie

Yang Sen, Deng Xihou, Tang Jingyao, Liu Xiang oder Liu Wenhui auf und nieder ging, blieb das Allerwichtigste immer, wehrfähige Männer und Reiseproviant zu requirieren, also die einfachen Leute auszuplündern. Nur dank der Masten des Chen'schen Anwesens durfte sich die Region Shou'an friedlicherer Tage erfreuen.
LAO WEI: Wirklich? Denn ich habe gehört, die lokalen Militärcliquen wären allesamt selbst allmächtigste Herrschaften gewesen und hätten noch nicht einmal Befehle aus der Regierungszentrale beachtet, warum also sollten sie einen toten Hanlin-Akademisten der Qing-Dynastie geachtet haben?!
HERR ZHOU: Hier im Umkreis von zig Meilen waren die Chens die allmächtigsten dieser allmächtigsten Herrschaften, sie hatten großen Einfluss und waren stolzen Mutes. Chen Dishi, der Ururenkel von Hanlin-Akademist Chen, gab das Kommandorecht nach unten weiter, wodurch in jeder Hofgemeinschaft und in jedem Dorf das Banner mit dem Leitspruch »Sicherheit und Frieden für unser Volk« aufgestellt werden durfte, und er gab höchstpersönlich Geld und Waffen aus, um lokale Militäreinheiten zu organisieren. Hatten die Bauern zu tun, waren sie auf den Feldern, aber hatten sie frei, übten sie sich an den Waffen. Trafen sie auf ihrem Land fliehende Soldaten, ritten sie auf schnellen Pferden in alle Richtungen aus und verbreiteten die Nachricht, was sogleich die Massen in Alarmbereitschaft versetzte. Mit der Zeit fand der Leitspruch »Sicherheit und Frieden für unser Volk« immer noch mehr Widerhall, alle einflussreichen Clans, Gentry, Bruderschaften der umliegenden Gebiete standen vor der Tür und übergaben ihre Visitenkarten auf der Suche nach Schutz und gegenseitiger Unterstützung. Am Ende kreuzten selbst die Militärcliquen noch eine nach der anderen bei den Chens auf und biederten sich an, indem sie Chen Dishi hohe Posten in Aussicht stellten. Doch Chen Dishi wollte unter niemandes Kontrolle stehen und lehnte ausnahmslos dankend ab. Erst am Vorabend der Befreiung 49, als die Truppen der Nationalarmee ihre verheerende Niederlage erlitten, änderte er angesichts dieser Notlage seine

Haltung und übernahm den Posten eines »Armeekommandeurs zur Bekämpfung der Kommunisten und zur Rettung des Landes«.

Unter Chen Dishis Zuständigkeit wurden in unserer Gegend keine Männer eingezogen und keine drückenden Steuern und Abgaben erhoben, denn die Chens zahlten, obwohl Grundbesitzer, selbst niemals Steuern, nicht einmal diejenigen, die der Provinzvorsitzende höchstselbst eintrieb, und so ging es im damaligen Shou'an Oberschicht und Volk gleichermaßen gut, nachts brauchte man keine Türen abzuschließen und auch unterwegs Verlorenes steckte niemand unrechtmäßig ein. Die Einheimischen nahmen sich Chen Dishi zum Vorbild, sie waren tapfere Recken und Reckinnen, die das Militärische hochhielten, Männer, Frauen, Jung und Alt hatten ihren Spaß an den Waffen und mochten Spiele mit Knüppeln und Stöcken. Ergab sich die Gelegenheit eines Marktbesuchs durften Kampfturniere für eine riesige Menschenmenge nicht fehlen, Sieger erhielten Preise und wurden in die Chen'sche Wachmannschaft aufgenommen.

Hier in Sichuan gab es eine lange Tradition unabhängiger Königreiche, auch Chiang Kai-shek brachte seine Hand dort nie dazwischen, als er unter größten Mühen und dem Vorwand des Widerstandskriegs gegen Japan den Bergkönig Liu Xiang mit einer List aus dem Provinzgebiet hinausgeschafft hatte, um ihn zu beseitigen, machten sich andere Kriegsherren sofort an die Errichtung eigener unabhängiger Regime und alles fiel auseinander. Chengdu wurde in mehrere Einflussbereiche unterteilt. Mit stationierten Truppen an den Grenzen hieß die Oststadt nach den Kriegsherren Tang (Jingyao) bzw. Deng (Xihou) und die Weststadt Liu (Wenhui). Das einfache Volk gewöhnte sich auch daran, selbst noch als vom östlichen Umland Mengzhuiwan aus dem Schlachtgetümmel zweier Armeen die Gewehre und Kanonen vage zu hören waren, blieben die Imbissstände und Teebuden in Huangchengba im Zentrum der Stadt so voll wie immer, die Menschen aßen und tranken und nicht einmal ihre Gesichtsfarbe änderte sich, und die Amateurschauspie-

ler der traditionellen Sichuan-Oper sangen weiter ihre Lieder aus Opern wie *Sturmpavillon* oder *Herbstfluss*.
LAO WEI: Das Landgut dieser Chens kann dann als ein unabhängiges Königreich unter unabhängigen Königreichen gelten.
HERR ZHOU: Richtig. Von Qing-Kaiser Tongzhi bis zur Befreiung West-Sichuans war dieses Anwesen zahlreichen Stürmen ausgesetzt gewesen und dabei doch über ein gutes Jahrhundert hinweg die Lebensgrundlage der Familie geblieben. Tja, soweit das Schicksal bis dahin. Als die Kommunistische Partei kam, wurde das Nest auf den Kopf gestellt und kein Ei ist heil geblieben.
Meine Familie war mit den Chens über Generationen hinweg befreundet, ich spielte von klein auf nur allzu gern auf dem Parkgelände. Damals gab es an der Frontseite ein Haupttor und ein Seitentor, gewöhnlich war das Seitentor geöffnet, damit man hineingehen konnte; das Haupttor wurde nur aufgemacht, wenn sich besonders respektable Gäste die Ehre eines Besuchs gaben. Kam Chen Dishi auf seinem schnellen Pferd angeritten, feuerte er, in jeder Hand eine Schusswaffe, mit beiden zugleich, vor dem Tor schnellte er urplötzlich in die Luft, schlug einen Salto und landete auf der anderen Seite der mehrere Meter hohen Mauer. Chen Dishis dritte Nebenfrau, die das Gesicht voller großer Pockennarben hatte und von noch imposanterer Statur war als die großen Kerle aus dem Nordosten Chinas, konnte ebenfalls mit zwei Schusswaffen gleichzeitig jonglieren, und sie traf, auch ohne vorher groß zu zielen, von hundert Schuss hundert ins Schwarze, sie war der persönlichste Leibwächter ihres Mannes; außer ihr hatte er noch zwei weitere getreue und kampferprobte Gefolgsleute um sich, so wie der patriotische Song-General Yue Fei mit »Zhang Bao vor seinem Pferd und Wang Heng hinter seinem Pferd«. Beide waren sie schnell zu Fuß und schnell mit der Waffe, wobei schnell zu Fuß bedeutete schneller als ein Pferd und schnell mit der Waffe, schneller als der Wind. Diese drei, Generäle und Generalin, stark und flink wie Tiger, wurden mit Bravorufen empfangen, wo immer man ihrer ansichtig wurde.

Die Wachmannschaft von Chen Dishi bestand aus 81 Leuten in Einheiten von neun mal neun, und jeder einzelne von ihnen war ein erstaunlicher Meister an der Waffe. Einmal hatte einer der Chefs der Wachmannschaft zu Hause eine Auseinandersetzung mit seiner Frau, mit der ebenfalls nicht zu spaßen war, so dass schließlich zwei Küchenmesser über die Kochstelle flogen. Der Wachmannschaftschef duckte sich blitzschnell weg und hörte sie an seinen Ohren vorbeisausen, das war echt knapp gewesen! Weil ihm gehörig der Schreck in die Knochen gefahren war, fischte er nun seinerseits in seinem Rücken nach seinen beiden Waffen und ballerte los. Doch er schoss so kurios, dass er sie nicht lebensgefährlich verletzte, sondern stattdessen die Kugeln wie verspritztes Wasser an der Haut kleben blieben, als wäre sie undurchdringlich. Die Frau rannte nun einem verschreckten Kaninchen gleich aus der Küche ins Schlafzimmer und von dort in den Innenhof, wo sie in der Mitte stoppte und panisch umhersprang. Der Wachmannschaftschef hörte erst auf, als er mehrere Magazine leergeschossen hatte, blies den Rauch fort und sah genauer hin: Oberkleid und Hose seiner Frau hingen nur noch in Fetzen an ihr, fast nackt, war sie aber trotzdem nicht im mindesten verletzt.

Kampf auf Leben und Tod

LAO WEI: Das klingt ein bisschen nach einem Geschichtenerzähler.
HERR ZHOU: So Sachen könnte ich noch viel mehr erzählen, aber wenn Sie es nicht glauben, belasse ich es dabei. Kurzum, schon als die Volksbefreiungsarmee und die Arbeitsgruppen anrückten, machten sie sich Gedanken über den Einfluss der Chen'schen Masten, dass sie, um unnötige Verletzungen und Todesfälle zu vermeiden, dem wilden Tiger besser eine Falle stellen und ihn auf sanfte

Weise mit dem Lasso fangen sollten. Sie wollten Chen Dishi in Verhandlungen zur Aufgabe überreden. Chen Dishi wusste, was die Stunde geschlagen hatte und willigte unter der Voraussetzung, dass die Kommunistische Partei versprach, ganz und gar die Finger von seinem Zuhause zu lassen, ein, sich in ihre Truppe einzugliedern und seine lokale Miliz aufzulösen, nur die 81 Leute seiner persönlichen Wachmannschaft behielt er.

Danach kam die Landreform, die Arbeitsgruppen wanderten von Tür zu Tür, um die Armen nach ihrem Leid zu befragen, und quatschten ihnen die Ohren voll mit ihrem hehren Gerede vom Klassenkampf, doch die Massen waren nicht zu mobilisieren. Wie hätte denn auch einer von uns dazu den Mut haben sollen, zum Landgut zu gehen und die Sachen dort zu verteilen? Chen Dishi sagte zu alledem keinen Ton und nirgendwo auf dem Land und in den Dörfern konnten Versammlungen auf den Weg gebracht werden. Also blieb den Arbeitsgruppen letztlich nichts anderes übrig, als zum Gutshof zu gehen und den »fortschrittlichen Herrn Edelmann« zu bitten, selbst vor Ort zu erscheinen. Als Chen Dishi dann auf einem der Versammlungsplätze auftauchte, war dieser im Nu mit Menschen überfüllt, und obwohl natürlich eine Versammlung gegen den Gutsherrn geplant gewesen war, auf der das Leid in der alten Gesellschaft zur Sprache kommen sollte, fand nun dort eine Lobpreisung der Familie Chen statt. Der Obrigkeit fielen die Kinnladen runter, ein Bataillon der Volksbefreiungsarmee umstellte mit geladenen Gewehren über der Schulter den Versammlungsplatz, doch sie trauten sich nicht, kurzerhand gegen Chen Dishi vorzugehen, da er mit etwa einem Dutzend Leibwächtern, von denen jeder zwei Waffen mit sich führte, zu diesem heimtückischen Hongmen-Bankett gekommen war, auf dem er ursprünglich unschädlich gemacht werden sollte.

Während die Chens nun fast zwei Jahre mit diesem neuen Regime Umgang pflegten, bunkerten sie unter der Hand eine große Menge Schusswaffen und Munition. Die über 30 000 aus dem lokalen Militär entlassenen Soldaten beackerten nach außen hin zu Hause wieder ihr Land, im Geheimen jedoch blieben sie die tapferen Kämpfer, die Gewehr bei Fuß stehen würden, sobald man sie rief. Auch als die Volksbefreiungsarmee bei den Chens Ermittlungen wegen der Waffen durchführte, die auf deren Gut geflohene Soldaten des geschlagenen Generals der Nationalarmee, Hu Zongnan, übergeben hatten, wodurch sie fast für eintausend Soldaten die Grundausrüstung parat hatten, gaben die Chens nichts zu und nichts heraus. Provinz und Stadt schickten hohe Beamte, damit die sie bearbeiteten, doch auch die erreichten nichts, nicht auf die weiche und nicht auf die harte Tour.

LAO WEI: Ein Arm schafft es aber doch nicht, einen Oberschenkel zu verdrehen.

HERR ZHOU: Verdrehen vielleicht nicht, aber er kann dran schrauben. Da die Landreform nationale Politik war, musste, wo es damit nicht voranging, an Hindernissen ein Exempel statuiert werden. Mit Chen Dishis von den Vorfahren ererbtem Leitspruch von »Sicherheit und Frieden für unser Volk« würde es dahingehen, er wusste, dass dessen Tage gezählt waren – selbst in seiner Wachmannschaft waren inzwischen Parteivertreter installiert, die heute den einen aufsuchten und sich am nächsten Tag mit einem anderen verabredeten, um sie mit großer Leidenschaft zu bearbeiten, sich vom Chen'schen Landgut loszusagen.

Chen Dishi gewann den Eindruck, dass ihm sein wiederholtes Entgegenkommen nicht nur kein Vertrauen bei der Kommunistischen Partei einbrachte, sondern dass er im Gegenteil inzwischen ein Übermaß an bitteren Pillen zu schlucken gehabt hatte und in einer Sackgasse steckte. Und wie heißt es so schön: »Zerreißt du des Kaisers Gewand, bist du des Todes, und schlägst du den Kronprinzen, bist du gleichfalls des Todes.« Wo also sowieso schon alles egal war, konnte er, angestachelt noch durch seine Vertrauten, auch gleich einen Aufstand anzetteln.

Als sich dann 1952 am zehnten Tag des neuen Mondjahres die

Wachmannschaft nach dem Abendessen versammelte und ein Parteivertreter gerade auf einer Steinwalze stehend eine Rede über die fabelhafte Lage der Revolution hielt, hörte er nur noch einen Knall und fiel von einer Kugel getroffen. Er starb, ohne zu begreifen, wer überhaupt geschossen hatte.

Die Liquidierung des Parteivertreters war das Signal, Chen Dishi stieg bis an die Zähne bewaffnet selbst auf eine Erhebung und wies seine Untergebenen ein. Auf schnellen Pferden versandte man Sendschreiben. Jeder kräftige junge Bursche der Region Shou'an schloss sich dem Aufstand an, alle kehrten sie zum Chen'schen Landgut zurück, wo sie Schusswaffen und Munition erhielten und ihre Kennnummer der lokalen Miliz zurückbekamen. In wenigen Stunden versammelten sich über 30 000 Menschen. Damals lief gerade eine der Kampagnen gegen »Banditen und Tyrannen« und die alten Herren und Oberen der Bruderschaften von Chongqing, den Landkreisen Peng und Dayi und von Qionglai kämpften in den Bergen aufs bitterste gegen die zu ihrer Vernichtung gesandten Truppen an. Als sie plötzlich den Befehl erhielten, durchbrachen sie, wie Ertrinkende nach dem letzten Strohhalm greifen, urplötzlich die Umzingelungen und verstärkten nach einem schnellen Marsch von zig oder auch von Hunderten von Meilen die Streitkraft der Chens. Auf dem Chen'schen Banner stand nach wie vor »Sicherheit und Frieden für unser Volk«. Das Hauptquartier wurde auf dem Anwesen selbst eingerichtet, um das über Nacht in mehreren Ringen Schützengräben ausgehoben wurden. Da es jeden Augenblick zum Krieg kommen konnte, ergriffen die Zivilisten, alt und jung, in derselben Nacht die Flucht. Auf Feldern und Wegen war nichts anderes mehr zu sehen, als eine dicht an dicht dahinrollende Menge von Menschenköpfen. Um ihnen die Richtung zu weisen, hatten die Chens entlang den Hauptstraßen mehrere Reihen von Stalllaternen aufgestellt. Trotzdem floss der Menschenstrom allzu langsam, und morgens früh um vier war bereits die Haupttruppe zur »Ausrottung der Banditen« im Anmarsch, gute zehntausend Mann stark.

Stockdunkel, wie es noch war, waren Volk und Banditen kaum zu unterscheiden, dennoch begannen beide Seiten sich sofort zu beschießen, ohne sich weiter darum zu scheren. Ich war damals ebenfalls Teil der flüchtenden Menge, man sah nur noch das Artilleriefeuer hin- und hergehen, es sirrte und summte wie in einem aufgescheuchten Hornissennest, so dass am Ende niemand mehr wusste, wohin man sich noch wenden konnte.

Mit eigenen Augen sah ich um mich herum ein Dutzend Leute fallen, einem waren die Beine weggeschossen, und er grub und krallte im Geschosstrichter wild um sich und schrie um Hilfe. Bei einer Frau mit einem Baby auf dem Rücken waren auf der Wirbelsäule Fleisch und Blut nicht mehr zu unterscheiden, das Baby war von den Kugeln bis zu Brust und Bauch zerfetzt worden, und sie hatte es noch nicht einmal bemerkt. In einem Augenblick rannte sie nach links, im nächsten nach rechts, den Artilleriegeschossen schaffte sie es auszuweichen, den Kugeln jedoch nicht, und sie stürzte genau vor mir kopfüber zu Boden, ich weiß nicht, ob sie gestolpert ist oder von einem Schuss getroffen wurde.

Wieder ein anderer zerrte mich am Hosenbein, aber ich schrie nur wie irre nach Vater und Mutter, praktisch alle Familien hatten sich unterwegs verloren. Während man in der Dunkelheit versuchte, den Kugeln auszuweichen, war allgemeine Panik ausgebrochen: Hier musste man, sofern man es sah, über eine Grube steigen, dort über ein Loch springen, das Durcheinander war schlimmer als bei den Viechern. Als es endlich zu dämmern begann, entdeckte ich erst, dass ich die ganze Nacht, wie zwischen Geistermauern geführt, in einem Kreis gelaufen und zu den Chens zurückgekehrt war.

Bäuchlings an einem Feldrain liegend, konnte ich nur noch das Te-Te-Te-Te der Maschinengewehre hören, es zischte wie in einem brodelnden Wassertopf und wollte gar nicht mehr aufhören. Die Waffen der Volksbefreiungsarmee waren gut und sie hatte echte Kriegserfahrung, deshalb gewann sie die Oberhand. Bis es vollständig hell war, waren alle Verteidigungslinien durchbrochen, der Belagerungsring hatte sich bis fast zum Anwesen zusammengezogen. Chen Dishis Hauptarmee war zersprengt, zuletzt leistete nur noch seine unverwüstliche Leibwache hartnäckig Widerstand. Pulverrauch stieg wie dichter Nebel auf und verhüllte die Sonne. Meilenweit bedeckte der Nebel auch die Wege, das offene Gelände um das Landgut der Chens, den Bambuswald, auf dem Fuß der Stele mit dem kaiserlichen Erlass lagen dick die Patronenhülsen, hätte man mit zwei Händen hineingegriffen, man hätte ordentlich was zu fassen bekommen. Und dann das Blut, Knochenreste, Gehirn, Stofffetzen, an Ästen und Zweigen hängend und mit Matsch vermischt am Boden. Menschen gab es nicht mehr, sie waren geflohen, weshalb das Ganze erstmal gar nicht so dramatisch wirkte, erst im Nachhinein, wenn man daran zurückdachte, packte einen die pure Angst. In den Dörfern und Haushalten hier in Shou'an waren über die Hälfte der Männer und Frauen im besten Alter verschwunden; von der Volksbefreiungsarmee waren über eintausend Soldaten im Kampf gefallen, das entsprach einem ganzen Verstärkungsbataillon; die Zahl der Gefallenen der lokalen Milizen hingegen muss man sogar vervielfachen. Sie wurden von den Feldern und Feldrainen wie kreuz und quer liegende Feldfrüchte an einer Stelle zusammengetragen und zu einem Berg gehäuft, danach wurde von der Volksbefreiungsarmee eine Grube ausgehoben, wofür sie einen ganzen Tag brauchten. Als sie mit dieser Grube, die größer war als zwei Basketballfelder, schließlich fertig waren, warfen sie die Leichen hinein, füllten alles wieder eben auf und pflanzten Bäume. Ihre eigenen im Kampf gefallenen Soldaten wurden verbrannt und die Namen in eine Ehrenstele auf dem Heldenfriedhof des Landkreises eingraviert.

LAO WEI: Ein Denkmal also?
HERR ZHOU: Genauso bedeutsam wie die von seiner Majestät, dem Kaiser, höchstselbst gewährte Ehrenstele. Jeder der 81 Leute aus der Leibwache Chen Dishis stand bei der Kommunistischen

Partei mit einem Haufen Menschenleben in der Kreide. Bevor beide Seiten das Feuer eröffneten, sahen viele Dorfbewohner noch, wie sie zwei Kader der Kommunistischen Partei an den Rand eines Wassergrabens schleppten, sie mit Fußtritten in die Knie zwangen, dann knallten zwei Schüsse, die Kader winselten beide so erbärmlich nach ihrer »Mama«, dass man es in hundert Metern Entfernung noch hörte, was wir alle recht merkwürdig fanden. Denn die Kommunistische Partei hatte bei den Bauern nicht den Eindruck hinterlassen, als würde sie je nach der »Mama« schreien, sondern vielmehr, als würde sie in jedem Falle lieber draufgehen als aufgeben und auch etwas ganz anderes brüllen.

Noch nach über fünfzig Jahren höre ich, wenn ich die Augen schließe, das Te-Te-Te-Te der Maschinengewehre, und die Chens mussten unter dem Druck dieses brodelnden Topfes irgendwann klein beigeben. Kurz vor der Erstürmung des Anwesens sah man jedoch noch den Wachmannschaftsführer Chen Dishis über die Mauer springen. Im Nu hatte er eine Serie von Saltos geschlagen, wirbelte wie ein getriebener Mühlstein über den Boden und feuerte mit beiden Händen seine Waffen ab, mähte auf einen Streich die Maschinengewehrschützen der Volksbefreiungsarmee nieder und dazu acht Soldaten, schnappte sich ein Maschinengewehr, machte einen Riesensatz vorwärts, schoss, kehrte um und stellte fest, dass er selbst von Löchern durchsiebt war!

Nachdem sich die Volksbefreiungsarmee trotz alledem bis zum Mittag in Stellung gebracht hatte, blies sie das Signal zum Sturmangriff und rauschte wie eine tosende Flut heran. Chen Dishi wurde von einer Kugel getroffen und starb, von der Wachmannschaft war ebenfalls über die Hälfte tot oder verletzt, damit war das Chen'sche Gut eingenommen. Allerdings ging es danach noch einen guten halben Tag mit Straßenkämpfen weiter, bis alles mit Stumpf und Stiel ausgerottet war, kaum jemand und etwas auf dem Gelände hatte das überlebt.

Die Schlacht dauerte über zehn Stunden, dass sie mit lokaler Miliz, privaten Wachleuten, Bauersleuten und ungeordneten Pöbelhaufen auf ihrer Seite so lange durchhalten konnten gegen eine reguläre Armee mit fortschrittlichem Artilleriefeuer, die direkt von der Revolutionsbasis Yan'an zum Kampf heranmarschiert war, das war eine echte Leistung! Zumal die Straßen und Wege damals noch sehr primitiv waren, und die Brüder und Kameraden, die sich in den benachbarten Landkreisen zusammenschlossen, unter dem Kommando ihrer Bosse und Ältesten zwar im Laufschritt herantrabten, auf halber Strecke jedoch erfuhren, dass die Rebellion niedergeschlagen war, und wohl oder übel unverrichteter Dinge umkehren mussten.

Der Sieger war der König, der Verlierer Bandit

Als nächstes wurde das Chen'sche Anwesen und all seine Güter konfisziert. Über viele Tage hinweg transportierte ein Maultierkarren nach dem anderen Nahrungsmittel, Hab und Gut, Gold, Silber und andere Wertsachen aus Villa und Park ab. Nach der Vernichtung dieses einen Hindernisses brachten die Regierenden entschlossen die Kampagne gegen »Banditen und Tyrannen« auch in der Gegend von Shou'an voran, überall lieferte man sich dem Chen'schen Beispiel folgend noch Feuergefechte mit der Volksbefreiungsarmee, doch egal, welcher Klasse du angehörtest, ob du Knecht, armer Bauer, Bauer der unteren oder der Mittelklasse warst, jeder war zum Banditen gestempelt und entkam den Klauen nicht. Die Arbeitsgruppen zogen flankiert von der Volksbefreiungsarmee durch Dörfer und Häuser und räumten überall auf, es mussten nur wenigstens zwei aus den Massen durch eine mündliche Anzeige etwas ans Licht bringen, sofort wurde man mit einem Hanfseil gefesselt ins Dorf gezerrt und eingesperrt. Gerichtsverhandlungen wurden damals wöchentlich in großen Massenversammlungen abgehalten.

In der Hauptsache ging es um Tod durch Erschießen, wenigstens waren es 5, das meiste waren 32. Im Handumdrehen waren ganze Leben zertrümmert. Die Massen drängten sich vor dem Podium, wer genau etwas sagte oder wer ein Urteil fällte, das kümmerte niemanden. Auf Zehenspitzen betrachtete man die Übeltäter, die mit auf den Rücken gefesselten Händen und einer Schlinge um den Hals am Fuß des Podiums knieten. Tags zuvor hatten sie noch gemeinsam mit dir Getreide angebaut, mit dir zusammen am Feldrand eine Pfeife geraucht, vielleicht war sogar dein Nachbar dabei, der Schwager deines Schwagers, jetzt erwartete die Gefesselten eine Kugel.

Auch am Chen'schen Anwesen fanden mehrfach Massenversammlungen statt, auf denen Gericht gehalten wurde. Aus allen umliegenden Dörfern kamen die Leute angerannt, um bei den Erschießungen der Chens dabei zu sein. Chen Dishis dritte Nebenfrau, die große Pockennarbige, die beidhändig schießen konnte, wurde von gleich mehreren Salven niedergemäht. Und während die Soldaten auf sie schossen, war es ein einziges Wettern, Heulen und Zähneknirschen, vermutlich war das ihre Rache, weil so viele ihrer Kameraden gestorben waren. In den Gräben und im Fluss färbte sich das Wasser rot und die Erde wurde durch das verwesende Menschenfleisch außerordentlich fruchtbar, nahm man davon etwas in die Hand, war es regelrecht fettig, das Schlammwasser zeigte sich überall ocker-rot, noch nach Jahrzehnten wuchsen die Bäume und das Getreide in dieser Gegend schnell, viel schneller als auf anderen Böden.

Ein jüngerer Vetter Chen Dishis, ein gewisser XY, hatte sich am Kampf eigentlich gar nicht beteiligt, trotzdem wurde er als »grausamer Tyrann und Grundbesitzer« abgestempelt. Weil er aber ein asketischer, strenger Jünger Buddhas war, war er bei den Leuten in den Dörfern sehr beliebt, so dass trotz mehrmaliger Versuche keine Denunzierungsversammlung zustande kam. Um ihn dennoch zu zwingen, vor dem Volk das Haupt zu beugen und seine Schuld zu bekennen, beauftragten die Arbeitsgruppen Leute damit, ihn so in einen Steintrog mit Wasser zu setzen, dass der ganze Körper unter Wasser war, nur der Kopf sollte zur Hälfte rausschauen. Danach wurde eine Dreschmaschine herangeschafft, an deren Rad mehrere Leute abwechselnd drehten, um Windstoß um Windstoß, vermischt mit Spreu und Spelzen, direkt auf ihn zu blasen – diese Strafe nennt sich »einen Goldfisch pflegen«. In einem eiskalten Wintermonat wie damals gefriert die Wasseroberfläche, und selbst ein Mensch von besserer körperlicher Konstitution sollte ein solches Wasserbad kaum überleben können, schon gar nicht, wenn man wieder und wieder übergossen, wieder und wieder angeblasen wird – doch es war wirklich verrückt, dieser XY aus der Familie Chen musste, als er nach ganzen drei Tagen »Pflege eines Goldfisches« aus dem Wasser wieder auftauchte, ein paar Mal niesen und war schon wieder der alte, ich habe keine Ahnung, welche Übung er praktiziert hat. Jedenfalls hatte er das bedeutendste Schicksal der Chens, als er nämlich zum ersten Mal im Gefängnis war und für seine öffentliche Verhandlung aufs Land an seinen Heimatort gebracht wurde, begann es plötzlich wie aus Kübeln zu schütten und die Versammlung konnte nicht stattfinden, es blieb nichts anderes übrig, als auf halber Strecke umzukehren; beim zweiten Mal setzten die Oberen gerade alles daran, ihn zu erschießen, auf einmal goss es erneut wie aus Kübeln, und es hörte den ganzen Tag nicht mehr auf, es gab nicht den geringsten Unterlass, Hauptstraße wie Nebenstraßen sollen vollständig unter Wasser gestanden haben; beim dritten Mal, das können Sie sich denken, hätte es ihn sicherlich erwischt – jetzt hatte sich aber die Exekutionspolitik der Oberen geändert, nur noch Regierungsebenen vom Bezirk aufwärts hatten das Recht, über den Tod zu bestimmen. Und für XY wurde es das Leben. Sein Urteil wurde in eine 17jährige Gefängnisstrafe umgewandelt, am Ende starb er in der Umerziehung durch Arbeit.

LAO WEI: Gibt es überhaupt noch Nachfahren der Chens?
HERR ZHOU: Es gibt noch Hunderte in dieser Gegend, aber alle gehören zur weiteren Verwandtschaft, in direkter Abstammungslinie gibt es niemanden mehr.
LAO WEI: Eine alte Residenz mit solcher Herkunft und dermaßen zerstört, das ist wirklich ein Jammer.
HERR ZHOU: So ist es, seit Jahrzehnten gibt es keine Instandhaltung mehr. 53 war sie ein Lagerhaus für Baumwolle und Flachs; 54 bis 56 kehrte für eine Weile der Glanz zurück, es wurde eine Schule für Armee und Regierung, zahlreiche hohe Kommandeure aus der Nationalistischen wie der Kommunistischen Partei im Ruhestand gingen ein und aus, unterrichteten oder machten hier Urlaub, es lief bestens; 58, mit dem Großen Sprung nach vorne, wurde wieder ein Lagerhaus daraus, diesmal für die Lebensmittel der gemeinschaftlichen Kommunekantinen; während der großen Hungersnot 61, 62 wurde das Kollektiveigentum in Villa und Park fast vollständig gestohlen, es fehlte wenig und noch die Hausbalken wären von den Leuten abgesägt und verkauft worden; danach verfiel alles immer mehr, ein paar Dutzend Familien hielten drinnen Schweine, die sind frei herumgelaufen und haben überall hingemacht; während der Großen Kulturrevolution kamen dann ein gutes Dutzend Lkws mit Roten Garden an, sie sollen zu den »Kampftruppen der Rebellion bis zum bitteren Ende« aus Bishan, dem Heimatlandkreis des Hanlin-Akademisten Chen im Umland der Stadt Chongqing, gehört haben. Und die haben einen ganzen Tag lang mit großem Getöse alles zertrümmert. Die Schnitzereien und Gravuren auf Balken und Wänden wurden abgeschlagen, das zählte alles zu den »Vier Alten«, Kalligrafien, Gemälde und Spruchpaare wurden angezündet, selbst ein wasserspeiender Frosch am Springbrunnen wurde geköpft. Diesmal wurde Tabula rasa gemacht und danach blieben Villa und Parkgelände sich selbst überlassen. Bevor das Chen'sche Landgut 1985 zum schützenswerten Kulturdenkmal der Stadt Chengdu erklärt wurde, befanden sich an den Hofmauern

innen wie außen erneut Schweinekoben, das stank zum Himmel. Danach ließ die Regierung sie zwangsweise abreißen, aber an den Mauern gibt es bis heute zahllose Löcher, wo diese Schweinekoben befestigt waren.

LAO WEI: Und welche Schutzmaßnahmen hat die Regierung ergriffen, seit es Kulturdenkmal ist?

HERR ZHOU: Die Medien haben das eine Weile hochgekocht und aus den Führungsriegen von Provinz und Stadt war auch mehrmals jemand zur Begutachtung hier, sogar der Vorsitzende des Ständigen Ausschusses des Nationalen Volkskongresses, Li Peng, ist gekommen und eine Autolawine mit großem Hallihallo von Offiziellen überall, einen Furz lang kochte das so vor sich hin. Doch damit war es dann auch schon wieder getan, die Regierung vergab die Restaurierungsarbeiten im Paket an einen völlig unfähigen Boss, der hat drei Jahre am Haupttor herumgebaut und am Ende war alles völlig falsch, er hat einen Tempeleingang daraus gemacht, an dem man Räucherstäbchen anzünden und zu Buddha beten kann, das Seitentor hat er einfach weggelassen. Und Sie waren ja gerade drin und haben gesehen, es gibt so viele Fundamente, so viele eingestürzte Mauern und Wände, durch die Hausdächer fällt Licht, der Park ist überwuchert von Unkraut und voll mit Güllegruben, und der Haufen Holz für die Instandsetzung ist schon völlig verrottet.

Als dieser Boss mal mit einem Bauplan vorbeigeschaut hat, habe ich mir den Mund fusselig geredet und ihn fein säuberlich auf jeden Fehler hingewiesen. Er wurde wütend und sagte: Mein Herr, Sie nehmen es aber verdammt genau, wenn die Regierung nicht zahlt, wäre das für mich ein schönes Verlustgeschäft.

Ich konfrontierte ihn direkt: Was soll das heißen, die Regierung zahlt nicht? Provinz und Stadt haben Mittel bereitgestellt.

Er gestand ein, dass er von oben Geld erhalten hatte, aber er sagte auch: Mein Herr, Sie wissen ja nicht, was die Staatsdiener auf dem Land sich heutzutage alles erlauben, die hätten sogar das Geld des Kaisers für den Einkauf von Pferden verjubelt! Noch das letzte

Restgeld ziehen sie mir zwischen den Zähnen wieder hervor und sie haben mir befohlen, mich vertraglich dazu zu verpflichten, ein bisschen so zu tun, als würde ich das Kulturdenkmal retten. In der Summe dürfen Zement, Holz und Ziegel aber immer nur vom Billigsten sein, genauso die engagierten Arbeiter. Wie sollte man denn da mit den hochwertigen Baumaterialien und den tüchtigen, geschickten Handwerkern der Qing-Dynastie mithalten können?!

Aber sei's drum, die Zeiten sind aus den Fugen, die Menschen sind nicht mehr wie ehmals und auch das Landgut der Familie Chen wird nicht mehr werden, was es mal war. Schade ist es um all die Gedichte im Park, die *Shi*, die *Ci*, die Lieder und die *Fu*, auch die wunderbar gereimten Spruchpaare auf einander gegenüberliegenden Säulen … alles in Rauch und Asche aufgegangen … am besten überlässt man das Feld einfach den dort verwaist umherziehenden Geisterseelen, damit sie sich ihre Zeit in Ruhe vertreiben können … Hören Sie sich lieber noch ein Gedicht an, das ich, nach der Freilassung aus der Umerziehung durch Arbeit hierher zurückgekommen, auswendig gelernt habe. Sein Verfasser ist Chen Zongdian, das Mitglied der Hanlin-Akademie mit dem höchsten Titel eines Großsekretärs und der Herr des Anwesens in erster Generation, der sich selbst »buddhistischer Laienbruder im ersten Rang« nannte:

Frühling, früh die Blüten blüh'n,
Sommer zirpt im Zweigegrün,
gelbes Laub, Herbst raschelt leis',
Schnee macht den Winter wieder weiß.
Ach, wie schnell die Zeit vergeht,
leb das Leben nicht zu spät,
genieße aufzubrechen, loszuziehen,
Heil'ger des Dao muss man nicht sein,
nur mit der Welt hab nichts gemein.

梁寒

8

LIANG HAN

Sexsüchtig

Liang Han wirkt eigentlich völlig normal, doch er hat eine Menge Verrücktes getrieben. »Wer hat in unserer Zeit denn nicht das ein oder andere verrückte Ding gedreht?«, rechtfertigte er sich spitzfindig. »Nur bei den einen fliegt es auf und sie zahlen einen Preis dafür, während andere in unserem Dasein verborgen bleiben, tickende Zeitbomben.« Ich habe Liang Han zum letzten Mal am 29. Juli 2006 getroffen, es war übel heiß. Zu der Zeit war er bereits viele Jahre wieder raus aus der Umerziehung durch Arbeit und hatte in der Übung »Eiserne Eier« eine gewisse Perfektion erreicht.

Training der »Eisernen Eier« im Knast

LIANG HAN: Sie haben ja vielleicht ein dickes Fell, da kann sich jeder Dickhäuter noch was von abschneiden.
LAO WEI: Könnte ich mich denn ohne so ein dickes Fell überhaupt mit Ihnen unterhalten? Es ist der Sex, worauf heutzutage die Massen abfahren, zumindest ein Teil der jungen Massen, schauen Sie doch, wie pornografische DVDs aus China und aus dem Ausland die Straßen überschwemmen, die Regierung hat zig Male, hundert Male ihr Netz zu Säuberungsversuchen eingeholt, doch

aus der Asche lodert es immer wieder von neuem auf. Ob man das Thema im Westen auch kennt? Und ob es wert ist, mit einigem Enthusiasmus darüber zu diskutieren? Im Roman *Die unerträgliche Leichtigkeit des Seins* des tschechischen Schriftstellers Milan Kundera ist die Hauptperson Tomas noch keine 50 und schon mit über 200 Frauen im Bett gewesen, und niemand findet diesen Kerl unmoralisch; auch der in China bekannte Sun Simiao, der in alter Zeit als der »König der Medizin« über 130 Jahre gelebt haben soll, gestand in einem seiner Bücher freimütig zu, sein Weg zu einem langen Leben sei regelmäßiger sexueller Verkehr mit Jungfrauen gewesen. Man müsse »das Yin sammeln, um das Yang zu füttern«; und Sie nun, Sie haben ebenfalls lange Zeit ausschweifenden Verkehr gepflegt, jetzt sind Sie über 40 und noch immer so was voll Energie; also, was ist das Geheimnis Ihres Sexlebens?

LIANG HAN: Ihrem Ton nach zu urteilen, sind Sie selbst ein alter Lüstling.

LAO WEI: Bei mir bleibt das aber in der Fantasie.

LIANG HAN: Mein Geheimnis besteht darin, dass ich jahrein, jahraus die Übung »Eiserne Eier« trainiere.

LAO WEI: Was soll das denn sein?

LIANG HAN: Landläufig sagt man dazu auch einfach »Eier-Training«. Vor jedem Einschlafen und Aufstehen reibe und knete ich mit der linken und der rechten Handfläche und den Fingern in jeweils dreihundert Runden meine Eier, die Technik ähnelt dem, wie Kampfkunst-Meister sich zu ihrem Vergnügen mit der Übung »Stahlball« fit halten, man darf bei der Übung nicht auf schnelle Resultate aus sein, man muss sehr langsam kreisen – und die Hände dürfen nicht zu viel Kraft aufwenden, sonst bewirken sie genau das Gegenteil, der Hodensack wird schmerzhaft gereizt, im Ernstfall bekommt man sogar Schwierigkeiten beim Pinkeln. – Zurecht heißt es ja: »Nur mit viel Können und Geduld, poliert man einen Eisenstößel zur Nadel.« Man braucht ein, zwei Jahre, vielleicht auch vier, fünf. Bei meiner gegenwärtigen Verfassung merke ich auch nichts, wenn meine Hände am Unterleib mit größter Kraft arbeiten, und wenn ich, während ich auf dem Bett liege und die Übung mache, sehr genau hinhöre, kann ich meine Eier sogar summen hören, wie Stahl- oder Eisenkugeln.

LAO WEI: Und wo haben Sie diese Kunst gelernt?

LIANG HAN: Im Gefängnis. Als ich frisch einsaß, war ich dürr wie ein Streichholz, mein ganzer Körper war Unglück und Krankheit, nur noch eine ausgewaschene, leere und dabei noch immer sexversessene Hülle. In meiner Zelle im Nachbarbett gab es einen Doktor der chinesischen Medizin, gute 50, trotzdem mit feiner Haut und bei guter Gesundheit. Kaum sah er mich, scherzte er in einem weibisch-affigen Ton: »Tsissh, du kannst ja noch im Knast gesund werden!« Ich war wie vor den Kopf gestoßen, denn damals war gerade all meine Hoffnung dahin, und ich dachte mir, wenn ich in diesem Leben dort nochmal lebendig herauskäme, dann nur, wenn der liebe Gott Augen hätte.

Doch dieser chinesische Doktor wurde zu meinem Eiertrainingslehrmeister. Laut seiner Erklärung gehen alle Defekte des menschlichen Körpers auf den Magen zurück, alle Krankheiten kommen durch den Mund. Für jemanden, der trunken und träumend in den Tag hinein lebt und sein Leben mit Saufen und anderen Freuden verbringt, ist das Gefängnis ein Sanatorium, weil es eine Kaserne der besonderen Art ist. Das Essen ist karg, die Alltagsroutine gehorcht Befehlen, sollst du stehen, wagst du nicht zu sitzen, sollst du nach Osten gehen, wagst du dich nicht nach Westen, mit der Zeit gewinnt der vorher mit Üblem vollgestopfte Magen seine normalen Funktionen nach und nach zurück. Der Mensch ist auch nur ein Tier, er sollte sich häufiger sein Hungergefühl bewahren, seine physiologische Wachsamkeit. Im nächsten Schritt kommt der Sex, denn wie es ja heißt, sind Appetit und Lust etwas ganz Natürliches, und das meint das Zusammenspiel von Magen und Nieren. Ist der Magen vollkommen vital, sind auch die Nieren vollkommen vital, und sind die Nieren vollkommen vital, hat man offene Sinne und scharfsichtige Augen. Deshalb sind im Allgemeinen Schürzenjäger diejenigen, die den Kommunismus weiterführen, umfassend gereift an Tugend, Weisheit und Körper. Das wie mein Lehrmeister, der trotz seines Alter noch immer voll und ganz bei der Sache war, er verwandte viel Zeit auf die Beschäftigung mit seinem Unterleib, und seine Technik war nicht so eindimensional und unflexibel wie meine, er gab sein Äußerstes, rieb mit der Hand, knetete mit den Fingern, schlug, kniff mit den Nägeln, hob, zog, massierte, poppte, bis das Blut in den Adern tobte. Man könnte sagen, so klein eine Bettdecke ist, für ihn war sie Yin und Yang, sein eigenes kleines Universum, solange er nicht zum äußersten Genuss gekommen war, war er nicht bereit aufzuhören.

LAO WEI: Das ist die Übung »Eiserne Eier«? Einfach Masturbieren.

LIANG HAN: Nicht ganz, man darf nicht zum Schuss kommen. Geschieht das, war alle Mühe umsonst.

LAO WEI: Das entscheidende Momentum ist also die Kontrolle der inneren Hitze, das ist der kleine Unterschied zwischen Masturbation und Trainingsübung.

LIANG HAN: Zwischen Gut und Böse, zwischen wahr und falsch, zwischen König und Bandit gibt es auch nur einen kleinen Unterschied. Einmal war ich so am Werken, dass ich kurz vor dem Überschnappen war. Als mein Lehrmeister das bemerkte, zog er die Bettdecke weg, um mir vorzumachen, wie es ging. Auf einmal wanderte der gleißende Lichtstrahl einer Taschenlampe von mitten in meinem Gesicht abwärts, bis er genau auf meinem Schmuckstück zum Stehen kam. Es war einer der Wachleute von oben und er brüllte auch gleich los: »Aufgestanden!«

Der Meister und ich stellten uns, während wir unsere Unterhosen hochzerrten, an den Kang. Der Wachmann holte zum Anschiss aus: »Ihr besitzt die Frechheit, in einer Gefängniszelle Unzucht zu treiben, das verstößt gegen die Gefängnisregeln!«

Ich konnte gerade den Satz murmeln: »War doch unser eigenes Teil, da ein bisschen dran rumspielen, verletzt die Gesetze?«, schon wurde ich heimlich von meinem Lehrmeister gezwickt. Klar, es war ausgeschlossen, das zu erklären, die traditionelle chinesische Medizin bedarf zu tiefer Sachkenntnis, man hätte sich den Mund fusselig reden können, ohne dass so ein kleiner Wachmann irgendwas kapiert hätte, besser senkte man den Kopf und bekam den Elektroknüppel an die Backe.

Die Frau des Klinikchefs

Sie fragen, warum ich überhaupt im Knast saß? Haha. Ich habe Kinderheilkunde studiert und wurde, ohne es recht zu merken, über lange Zeit von dieser Umgebung beeinflusst. Ich hatte tiefe Gefühle für die jungen Frauen, die mit ihren kleinen Bälgern vorbeikamen, und es ergab sich dann und wann, dass wir etwas miteinander hatten. Es war immer in beiderseitigem Einvernehmen, so dass es zu keinerlei Unannehmlichkeit kam. Je länger es aber ging, umso mutiger wurde ich, irgendwann bemerkte die Frau des Klinikchefs doch etwas. Diese ehrenwerte Dame hatte kurzes Haar, war sehr groß und besaß eine ausdrucksvolle Augenpartie, sie war 35 und befand sich auf dem Höhepunkt der Lust. Einmal, als ich zusammen mit ihr Nachtschicht hatte, schaute sie nach keinem der Zimmer, sondern konzentrierte sich voll und ganz darauf, mir beim Erzählen schmutziger Witze zuzuhören. Aus Respekt vor dem Chef entzog ich mich wiederholt ihren Verführungsversuchen. In der zweiten Nachthälfte jedoch schickte diese wilde Tigerin die Krankenschwestern fort und wollte, dass ich Mundharmonika spiele, um ein bisschen Stimmung zu machen. Mit ernster Miene sagte ich: »Ein Krankenhaus ist doch keine Konzertsaal.«
Die Tigerin meinte jedoch: »Was bist du nur für ein Kerl, ich werd' nicht schlau aus dir.«
Mir rutschte das Herz in die Hose und ich brüllte innerlich

»Scheiße«, sie jedoch konnte es kaum mehr erwarten, war schon um den Tisch, kam in Riesenschritten auf mich zu, packte mich um die Taille und küsste mich. Ich hing mit beiden Beinen in der Luft, trat zweimal vergebens, dann wurde ich von ihren wallenden großen Titten schier erstickt. Was hätte ich tun sollen, wohl oder übel ließ ich mich von ihr ins hintere Zimmer tragen …

LAO WEI: Sie hatten gar nichts dazu beigetragen?

LIANG HAN: Das schwöre ich verdammt nochmal beim Himmel! Ich war einen halben Kopf kleiner als sie, dazu ein Untergebener ihres Mannes, ich hatte physisch wie psychisch die Lufthoheit verloren. Diese Frau war so voller Energie, in der Umarmung schaffte sie es noch, eine Hand freizubekommen, um mir den Gürtel zu lösen, und an meinem Hühnchen zu rupfen. Bevor ich wieder klar denken konnte, lag ich bereits auf dem Rücken mit gespreizten Beinen auf dem Operationstisch wie bei einer Fehlgeburt …

Nach dem Ganzen fühlte ich mich so gedemütigt, als hätte ich Schande über das ganze Land gebracht, und ging ihr, wo immer möglich, aus dem Weg. In Anwesenheit des Chefs traute sie sich auch gar nicht, allzu dreist zu sein. Ich war damals noch ein unverheirateter junger Kerl in meinen 30ern, der bestenfalls in kleinem Maßstab mit Liebe zu tun gehabt hatte. Es war wie im Roman *Der Traum der Roten Kammer*, wenn dort von einer »Zinnspeerspitze mit Silberglanz« gesungen wird: Innen hielt ich nicht, was ich außen versprach. Wie sollte ich da je schon eine so rabiat zur Sache kommende Heldin erlebt haben? Auch wenn ich vor Angst nicht gerade von Sinnen war, saß mir der Schreck doch so in den Knochen, dass ich auf die Idee kam, so schnell wie möglich eine Familie zu gründen und mich auf eigene Füße zu stellen.

Aber wie heißt es so schön: »Der Mensch denkt, der Himmel lenkt.« Noch bevor der verlorene Sohn auf den Pfad der Tugend zurückkehren konnte, traf er eines spätnachts auf engem Flur direkt mit der Intimfeindin zusammen. Ich hatte mir davor mit meiner Freundin einen japanischen Film angesehen und sie wie ein echter Gentleman bis zu ihrer Haustür gebracht, ein Abschiedskuss, danach bin ich allein zu mir nach Hause. Dort war ich nun gerade im zweiten Stock angekommen, auf einmal fiel von hinten ein keuchender Schatten über mich her, ich konnte mich nicht mehr rühren, aber mir war sofort klar, was los war, und ich brüllte: »Was soll das, was soll das, wir sind doch hier unter Intellektuellen! Was soll das denn!«

»Was das soll?« Ihr Körper bewegte sich heftig auf und ab, »Doktor Liang, ich bin nicht mehr die Jüngste, so viele Gelegenheiten werden sich mir nicht mehr bieten!«

Ich sagte: »Ich heirate nächste Woche!«

Sie knirschte kurz mit den Zähnen, dann umarmte sie mich und schob mich mit den Worten in ihre Wohnung: »Ich will dich noch ein Mal.«

Kaum gesagt, schon getan, diese völlig irre Frau verriegelte von innen die Sicherheitstür, fiel mir nichts, dir nichts über mich her und riss mir die Klamotten einschließlich meiner Hose vom Leib. Als ich meine Unterhose eisern festhielt, riss sie sie ratzfatz entzwei. Aus meiner Verzweiflung wurde Wut, ich ging mit Fäusten und Füßen gegen sie vor, sie schlug nicht zurück, stattdessen ließ sie sich von mir völlig nackt grün und blau prügeln, dabei kicherte sie noch fröhlich. Das machte mich erst recht rasend und ich stürmte wie ein wild gewordener Stier in die Küche, um mir ein Küchenmesser zu suchen und sie abzustechen. Ihr blieb gar nichts anderes übrig, als mir mit einem Seufzer zu folgen, sie hielt mich an beiden Armen fest, nach einigen Minuten sagte sie schließlich: »Hast du dich wieder beruhigt?«

»Du bist so was von scheiß tyrannisch, warum sollte ich mit dir Sex haben wollen?«

»Ich kann auch sanfter.«

»Vielleicht, aber dann fehlen immer noch die Gefühle.«

»Wir sind beide Ärzte, wir werden einander verstehen.«

»Hast du keine Angst, wenn du deine Affäre bei dir zu Hause ein-

sperrst, dass dein Mann oder dein Sohn plötzlich vor der Tür stehen?«
»Der Chef ist auf Dienstreise bei einer Versammlung, der ist eine gute Woche weg, unseren Sohn habe ich ins Internat gebracht.«
»Du hast wirklich überhaupt keine Skrupel!«
»Schimpf dich ruhig aus, bei der Liebe kenne ich keine Reue.«
»Damit verstößt du bewusst gegen das Gesetz.«
»Du kennst das Gesetz also? All die verheirateten Frauen, mit denen du es getrieben hast, waren auch nicht gerade wenige, oder? Du kleiner Schatz legst dir das wirklich schön zurecht: dürfen nur Männer Bedürfnisse haben und Frauen werden nicht gefragt?«
»Ich schreie um Hilfe.«
»Du schreist?! Wage es einmal zu schreien und ich schreie zehnmal! Du bist mitten in der Nacht hier eingedrungen, du bist ein Vergewaltiger!«
»Die Vergewaltigerin bist ja wohl du!«
»Wer wird dir das denn glauben?«
Da fiel ich in mir zusammen und sagte mit einem Seufzer: »Tja, das glaubt mir wohl niemand. Ich sitze in der Falle wie ein Tiger auf offenem Feld, der dort nicht einmal gegen Hunde etwas ausrichten kann.«
Ihre großen Brüste entblößt, gab sie mir einen Kuss: »In Ordnung, ich bin einer der Hunde, eine Hündin, und du zeigst mir mal, was der Tiger draufhat, zeig's mir, zeig's der Hündin. Ich mach ein bisschen dunkler und ich mach noch Musik an, wir haben es nicht eilig, ins Bett zu kommen, entspann dich ein wenig und schau in aller Ruhe genau hin, wittere, ich habe die Figur eines Models, obwohl ich ein Kind zur Welt gebracht habe, bin ich um die Hüften schlank und rank geblieben, auch mein Po ist noch knackig, und mein Schamhaar hier, jedes einzelne Haar, ist feucht, sobald ich nur an dich denke, fühl mal.«
»So selbstverliebt wie du bist, solltest du doch für den Sex einen Partner finden, der auch zu dir passt.«

»Äußerlich machst du ja wirklich nicht viel her, aber du besitzt Intelligenz und Gefühl, und insbesondere dort, wo's drauf ankommt, bist du gut gewachsen, das ist definitiv um einiges größer als beim Chef unseres Hauses.«
Ich bin ein Mann mit einer fatalen Schwäche, ich habe nichts entgegenzusetzen, wenn man meinen privatesten Bereich rühmt, und obwohl ich das hasste wie die Pest, schnalzte mein Teil zu meiner Schande hoch und ich konnte nicht mehr anders, als sie zu umfassen und die Nadel ins Loch zu stechen. Auf A folgte sogleich B, es strömte schier endlos aus mir heraus, und erst am nächsten Mittag erwachte ich wieder aus diesem Albtraum, wollte mich, noch ganz wuschig, anziehen und nichts wie weg, aber alles war fort, diese Schlampe hatte doch tatsächlich meine Klamotten versteckt.
Es war Spätherbst, nur umschlungen von meinen bloßen Armen konnte ich das Bett schlecht verlassen. Außer zum Duschen erlaubte sie mir nicht, einen Fuß auf den Boden zu setzen, selbst das Essen brachte sie mir. Doch dieser von dem großen Mädel aus dem Norden fabrizierte Schweinefraß war ungenießbar und ich bestand darauf, mit der Bettdecke um die Schultern selbst in die Küche zu gehen. Mann, Mann, das war die Hölle auf Erden, zwei ganze Tage und Nächte liefen sie und ich mit nacktem Hintern durch die Dreizimmerwohnung, sie verlangte, worauf immer sie Lust hatte, und nahm keinerlei Rücksicht auf meinen Zustand, so dass sich bei mir ein bedingter Reflex einstellte, kaum im Bett tat sich bei mir nichts mehr, kaum aus dem Bett stand er solide wie eine Eins. Einmal beim Braten fehlte nicht viel und er hätte den Wok mit dem heißen Öl umgestoßen.
Beim letzten Mal lag ich dann auf ihr und bin eingeschlafen, erst als sie mich erbarmungslos zwickte, rappelte ich mich mit beiden Händen am Bettgestell hoch und machte eine symbolische Aufwärtsbewegung. So verharrte ich bald eine halbe Stunde, bis sie von unten fragte: »Läuft nichts mehr?«
Ich antwortete: »Blut und Urin, sonst läuft bei mir gar nichts mehr.«

Da gab sie mich endlich frei und ließ mich ziehen. Zu Hause legte ich mich sofort hin und dämmerte weg, am liebsten wäre ich gar nicht wieder aufgewacht. Aber das war natürlich nicht zu machen, eine Krankenschwester klopfte an meine Tür und drängte mich zum Dienst, dabei erzählte sie mir, dass am Nationalfeiertag meine Freundin mehrfach nach mir gefragt hatte und erklärt habe, wenn ich weiter unauffindbar bliebe, werde sie das bei der Polizei anzeigen.

Die Frau des Chefs schickte heimlich jede Menge stärkende Mittelchen, ich warf sie allesamt weg. Ich wusste, eine Tigerin wie sie würde sich schwerlich zufriedengeben, ich konnte eigentlich nur die Klinik verlassen. Zu meiner erniedrigenden Extremerfahrung als Sexsklave kann noch hinzu, dass meine Freundin plötzlich die Trennung wollte. Am Ende wurde ich selbst zum Täter. Dieses Mal verführte ich das Luder und ich mischte ihr eine kräftige Dosis Betäubungsmittel in ein Glas Wasser. Als es wirkte, kippte ich eine Tüte Sichuan-Pfeffer in ihre Vagina, danach nähte ich diese mit einem Operationsfaden fest zu. Das war vielleicht ein geiles Gefühl, allerdings, schon nach wenigen Sekunden des Stolzes und der Erleichterung war nun jede Hoffnung für mich dahin. Was sollte ich nun noch anderes tun, als mich zu stellen und selbst anzuzeigen.

LAO WEI: Wie konnten Sie denn auch so was machen?

LIANG HAN: Was hätte ich denn Ihrer Meinung nach tun sollen?

LAO WEI: Sie anzeigen.

LIANG HAN: Und die Beweise?

LAO WEI: Die, nun ja, die wären wohl nicht beizubringen gewesen. Aber gut, der Knast wurde dann ja zu einer Art Befreiung für Sie.

Das Fräulein im Friseursalon

Ich wurde zu zehn Jahren verurteilt, habe neun davon abgesessen, und als ich ins Leben zurückkehrte, war die Welt um einiges chaotischer als zuvor. War ich in den Straßen unterwegs, blendeten mich Lichter, dass ich völlig verunsichert war. Autos rasten rücksichtslos dahin, ich selbst rannte über die Straße wie ein Karnickel auf der Flucht. Und, tja, wenig später starb auch noch meine Mutter, eine Cousine, die insgeheim in mich verliebt war, kam als nächste bei einem Autounfall ums Leben. Auf einen Schlag war ich total konsterniert, ich hatte das Gefühl, in meinem Leben jede Stütze verloren zu haben. Jeder, der einmal einsaß, weiß, dass man sich in seinem Leben im äußersten Fall nur auf die Liebe der Mutter verlassen kann, denn, wenn du viele Jahre von der Welt abgeschnitten bist, verschwinden Frau und Kinder, auch deine Altersgenossen vergessen dich ausnahmslos, die einzige Person, die an Gefängnisbesuchen festhält, ist irgendwann nur noch deine weißhaarige alte Mutter.
LAO WEI: Es ist wirklich schade, dass Sie nicht mehr die Zeit hatten, ihr das zu vergelten.
LIANG HAN: Stattdessen habe ich ihre Seele nach dem Tod noch entweiht.
LAO WEI: Das verstehe ich nicht.
LIANG HAN: Ich verstehe mich da selbst nicht. Ich saß bei der Trauerfeier noch vor dem Porträt meiner verstorbenen Mutter, als alle anderen schon am Mahjong-Spielen waren und sich völlig darin verloren. Also verließ ich alleine den Gedenkraum und wankte durch die Straßen. Überall roch es nach Tod! Ich fühlte Leere, dass es in der Welt nichts gibt, was man festhalten kann, das Haus, das Auto, Menschen, die wie berauscht in den Tag hineinleben, eines Tages heißt es »Ende« und alles endet. Es war schon zwei Uhr in der Früh, als ich an einem Friseursalon vorbeikam. Es gab keine Kunden fürs Haarschneiden, trotzdem herrschte drinnen reges Treiben.

Ein junges Fräulein zerrte mich ungeduldig hinein und fragte, ob ich eine Massage wolle. Ich lächelte und mit diesem Lächeln war für das Fräulein alles klar. Auf dem Massagestuhl im hinteren Zimmer zog sie mir die Unterhose runter, hob ihren Rock und setzte sich auf mich, dann zog sie mein Dingsda hervor, und während sie damit an ihrem Höhleneingang herumspielte, begann sie kokett den Preis zu verhandeln. Ich bot, ohne groß nachzudenken, 50, das war der übliche Preis, bei Friseursalons dieser Güte orientieren sich die Preise letztlich am Einkommen von Arbeitern und Angestellten, mit einem Einkommen von ein paar Hundert Yuan im Monat konnte man sich zwei, drei Besuche leisten. Chengdu ist die Stadt mit dem ausgefeiltesten Set an Vergnügungsmöglichkeiten in ganz China, Ober-, Mittel-, Unterklasse, jeder kann seinen ureigenen verruchten Ort finden. Über den Friseursalons stehen Nachtclubs, in denen Geschäftsleute, die Unterwelt, korrupte Beamte und Funktionäre mit allen Sorten von Maklern und Agenten und zum Teil auch mit Angestellten ein und aus gehen und einem Dreifach-Eskort-Fräulein schnell mal mehrere Tausend Kuai für alle denkbaren Vergnügungen hinblättern. Unter den Friseursalons andererseits rangieren kleine Karaoke-Bars am Rand der Stadt zum Umland hin und nochmal darunter illegale Prostituierte, die sich an die Wanderarbeiter vom Land richten und als angebliche Schuhputzerinnen in Wirklichkeit ihren Körper verkaufen. Mit denen kam man im Allgemeinen schon für zwanzig, dreißig Yuan ins Geschäft.

Das Fräulein sah in mir aber nur einen schlauen Fuchs und sagte, sie sei doch gut gewachsen und sexy, deshalb seien 50 Yuan arg billig. Als nächstes brach sie in ein wildes Gezirze vom »Bruder Darling« aus und ich machte ganz gegen meine Gewohnheit einen auf reichen Geldsack, so dass der Preis schnell in die Höhe schoss. In jener Nacht habe ich dieses Fräulein dann wieder und wieder gevögelt, bis sie nicht mehr konnte und sich mir entziehen wollte, ich jedoch hielt sie an ihren Beinen zurück, setzte mich auf sie, erstürmte

die feindliche Festung und fickte sie, dass sie nur noch auf allen Vieren durchs Zimmer kriechen konnte. Am Ende war ich todunglücklich, nahm das Fräulein in die Arme und begann zu weinen, ich sagte, ich hab solche Angst vor dem Tod, ich würde gern ganz und gar in dir verschwinden und nicht mehr rauskommen.
Da begann auch sie zu weinen und sagte, hätte ich öfter Kunden wie dich, gäbe es mein kleines Leben schon nicht mehr. Nach außen machst du einen auf spendabel, tatsächlich willst du allein wenigstens so viel wie fünf andere, ich bin völlig hinüber.
Ich sagte, ich hab Geld, das geb ich dir alles, ich möchte mich nur unter deinem Busen noch ein paar Tage und Nächte verkriechen, ich hab solche Angst vor dem Tod.
Als das Fräulein das hörte, zitterte es vor Schreck und fragte, mein Herr, sind Sie vielleicht von der Unterwelt geschickt, um den Laden zu schließen? So ein Killer im Bett wie Sie muss sich dann auch an die Moral eines Gangsters halten, dass jeder nur das bekommt, was ihm zukommt; die Chefin ist nächsten Montag zurück, wenn Sie vögeln wollen, vögeln Sie sie.
Ich sagte, ich mag aber dich.
Das Fräulein meinte darauf nur, dann kann ich nicht mehr in der Stadt bleiben und muss zurück aufs Land, auf dem Feld arbeiten.

LAO WEI: Wenn Sie weiter so durch die Betten springen, werden Sie früher oder später wieder im Knast landen.
LIANG HAN: Wenn ich wieder einfahre, komme ich wenigstens zur Ruhe. Dort drin musst du viel arbeiten, zu essen gibt es lausigen Reis und minderwertige Nudeln, dazu Kürbis und Kartoffeln, freudlos geschnitten, schnell in den Topf geworfen, überkocht, eine Handvoll Salz hineingeworfen, zwei Kellen an der Oberfläche schwimmendes Öl drübergespritzt, doch wenn Massen von Gefangenen es gleichermaßen essen, duftet es verführerisch. Weil man im Knast wenig Fleisch isst, hält sich auch die Libido in Grenzen, wo die Ernährung nicht ausreicht, ersetzt du sie durch Schlaf. Mein

Eiertrainingslehrmeister sagte, der Magen ist des Menschen Hirn, satt oder hungrig denkt der Mensch völlig unterschiedlich.
LAO WEI: Waren Sie mal verheiratet?
LIANG HAN: Nein.
LAO WEI: Und wovon leben Sie?
LIANG HAN: Ich betreibe eine kleine Arztpraxis.
LAO WEI: Dann gehen Sie also wieder Ihrem alten Beruf nach?
LIANG HAN: So kleine Praxen wie die meine gibt's in jeder Straße in Chengdu. Einfache, aber gute Sichuaner Imbissläden, Friseursalons und Arztpraxen, das ist der Rundumservice, der in keiner Straße fehlen darf, hast du reichlich getrunken und gegessen, gehst du beim Friseur zur Massage; hast du dein Gewehr beim Polieren abgeschossen, holst du dir in der Praxis was gegen den Tripper oder gegen Feigwarzen.
LAO WEI: Klingt nach »Lust durch Lust nähren«.
LIANG HAN: Das ist niveaulos.
LAO WEI: Ist Ihr Niveau denn höher?
LIANG HAN: Bedeutungslosigkeit macht einen irre. Um Buße zu tun, plane ich im nächsten Jahr in Lhasa nach Art der Tibeter auf den Knien zu pilgern und der Seele meiner verstorbenen Mutter durch Drehen ihrer Gebetsmühlen Frieden zu geben, danach suche ich mir ein tibetisches Mädchen und schlafe mit ihr, auf der tibetischen Hochebene kann man sich dabei total verausgaben. Das soll ja im tibetischen Buddhismus ebenfalls eine religiöse Zeremonie sein, um eine Seele Frieden finden zu lassen. Lust und Fortpflanzung in der endlosen Reproduktion. Auf dem Höhepunkt werde ich mich definitiv zur Ader lassen, das Blut wird puffend herausspritzen. Diesen Impuls habe ich jedes Mal, aber ich fürchte immer, dass der Druck nicht reicht, das Blut nicht weit spritzt.

明
德

9

MINGDE

Dichter und buddhistischer Mönch

Mingde, der »Höchst Tugendhafte«, ein buddhistischer Mönch, war, bevor er sich aus dem Leben zurückzog, unter dem Namen Xue Deyun bekannt, aber gleichzeitig auch als Ma Zhe, der »Pferdeweise«, wobei er selbst sich immer Ma Zei, »Pferdedieb«, nannte. Seine Familie kam ursprünglich aus der Provinz Guizhou, er kam 1960 in der Provinz Sichuan im landwirtschaftlichen Lager zur Umerziehung durch Arbeit von Leimaping im Dalianggebirge auf die Welt, sein Vater war dort ein Gefängniswärter, der dem Umerziehung-durch-Arbeit-Projekt der Partei mit großer Hingabe diente, sein Leben lang mit Tausenden von Zwangsarbeitern verkehrte und nie auf die Idee gekommen wäre, sein eigener heißgeliebter Sohn könnte sich eines Tages ebenfalls zum Widerborst entwickeln und am Ende von einem umherziehenden Poeten zu einem politischen Verbrecher herunterkommen. – Ma Zei reiste im Herbst 1986 nordwärts, um eine Untergrund-Lyrikzeitschrift zu vertreiben, und als er auf die liberalen Studierendenproteste stieß, die sich im Sturm ausbreiteten, stieg ihm das heiße Blut zu Kopf und er mischte sich an Ort und Stelle unter die Demonstrationszüge der Universität Peking. Weil er sich dabei, Slogans gegen die Diktatur brüllend, exponierte, wurde er vom Fleck weg verhaftet. Die Sicherheitsbehörde hatte schnell raus, dass dieser Zei zwar von schmächtiger Statur, aber kein Student war, und dass er auch keiner Arbeitseinheit angehörte. Damals gab es den

Begriff des Freischaffenden noch nicht, und Ma Zei wurde als einer der ersten als »Person ohne Ausweispapiere, Aufenthaltserlaubnis und Einkommen« klassifiziert. Mit diesem schlechten Leumundszeugnis schaffte er es bis ins Zentralfernsehen und auf die erste Seite der Renmin ribao, *als »eine gesellschaftlich überflüssige Person aus Tongren in der Provinz Guizhou, die sich in einem Dutzend Provinzen herumgetrieben hat«, wie es beispielsweise hieß. – 1989 überschwemmten studentische Proteste noch größeren Ausmaßes das gesamte Land und der Ausdruck »gesellschaftlich überflüssige Person« verbreitete sich durch den Mund des Staatsratsvorsitzenden und Ministerpräsidenten Li Peng, er verwies nun generell auf die »Gewalttäter des 4. Juni«, die sich den Kriegsrechtstruppen auf dem Marsch in die Stadt in den Weg stellten, und er wird bis heute so gebraucht.*

Ma Zei wurde zu drei Jahren Haft verurteilt, die Anklage lautete auf »konterrevolutionäre Propaganda und Agitation«. Nach seiner Entlassung hatte er keinen Fen in der Tasche und konnte an seiner »schlechten Angewohnheit«, der Herumtreiberei, gar nichts ändern, wodurch wir im Winter 1994 die Freude hatten, uns im Malerdorf beim Alten Sommerpalast am Stadtrand von Peking kennenzulernen und ein paar Tage miteinander zu verbringen.

Die nächsten Jahre vergingen wie im Flug, haste nicht gesehen war auch die Hürde ins nächste Jahrtausend genommen. Eines Tages dann hörte mein Vater auf Radio Free Asia von der Aufdeckung eines schweren Falls eines »kollektiven Umsturzes der Nationalregierung«. Einer der Rädelsführer war kein anderer als Ma Zei! Es hieß, diese Anti-Partei-Clique hatte sogar einen »Aktionsplan« entworfen und ein »Manifest« veröffentlicht, Ma Zei wurde in der Folge zu fünf Jahren Haft verurteilt und landete zum zweiten Mal im Knast.

Auch wenn man, wie es so schön heißt, »einen Gelehrten schon nach drei Tagen Trennung in einem neuen Licht betrachten muss«, war ich doch zutiefst irritiert vom Aktionsplan und Manifest von Ma Zei und seinen Leuten. Mein Vater meinte dagegen zu meiner Überraschung nur mit einem gewissen Sarkasmus: »Warst nicht auch du einmal der Rädelsführer im Fall eines kritischen Massaker-Gedichts?«

Im Handumdrehen waren weitere fünf Jahre vorüber und eines Tages lief ich in der alten Stadt Lijiang in der Provinz Yunnan Ma Zeis altem Freund Pian Shan über den Weg, von dem ich schließlich erfuhr, Ma Zei habe der Welt entsagt, in den berühmten buddhistischen Jizu-Bergen eine Tonsur erhalten, sich den Initiationsriten eines buddhistischen Mönchs unterzogen und den religiösen Namen Mingde, der »Höchst Tugendhafte«, angenommen.

»Ich habe ihn zehn Jahre nicht mehr gesehen, niemals wäre ich auf die Idee gekommen …«

»Ich habe dich auch schon zehn Jahre nicht mehr gesehen«, seufzte Pian Shan, »die Dinge sind ständig im Wandel, Amitabha Buddha beschütze uns.«

Am Vormittag des 15. April 2005 erreichte ich zusammen mit meinem Wanderkumpel Wu Chuang per Bus Dali, wo wir in einen Minibus in die Kreisstadt von Binchuan umstiegen, uns dort wiederum eine tuckernde und qualmende Autorikscha mieteten, in der wir schließlich bei völliger Dunkelheit am Fuß der Jizu-Berge ankamen. Vor dem Haupttor des buddhistischen Bergklosters suchten wir uns eine billige Absteige für die Nacht. Am nächsten Morgen gleich nach dem Frühstück um acht heuerten wir im Dorf vor der Tempelanlage für fünfzig Yuan einen über 70jährigen Bauern als Führer durch den dichten Wald an. Wu Chuang stürmte kurzärmelig und in kurzer Hose frohen Mutes voran, ich meinerseits folgte unserem Führer mit einem großen Sack Gepäck beladen Schritt für Tritt brav wie ein Kamel, schwitzte, was das Zeug hielt, fand es aber trotzdem nicht weiter mühsam. Der Alte trug eine Lesebrille und aufgrund seiner früheren Privatschulerziehung redete er so langsam und bedächtig wie er dahinschritt, es fühlte sich an, als spazierte man in seinem eigenen Garten umher. Bis wir den Berg zur Hälfte erstiegen hatten, waren wir schon an den

Ruinen mehrerer größerer und kleinerer Tempel vorübergekommen und der Alte sagte, sie alle seien im Zuge des »Großen Stahlkochens« 1958 und der Kulturrevolution 1966 zerstört worden, und ob man sie jemals wieder herstellen könne, hinge davon ab, ob der Oberboss investieren wolle …

Endlich hatten wir den Gebirgskamm erreicht, wo ein heftiger Wind wie die Gezeiten des Meeres ungehindert über Felsschluchten und Baumwipfel hinwegtoste: huuh –! huuh huuh –! So kam und ging er wieder. »Was für ein Wind!«, rief ich. Unvermittelt zog ich meine Bambusflöte hervor und spielte eine Weile im Einklang mit dem Wind. Wu Chuang hatte mich sofort dabei gefilmt.

Kurz nach zwei Uhr nachmittags waren wir dann am Fangguang-Tempel im Zentrum der steil und ewig hoch aufragenden Felswand Huashoumen. Aus der Haupthalle des Tempels, die von außen wie ein normales einstöckiges Haus aussah, war Sutragesang zu hören, ich ging auf direktem Wege hin, hielt die Tür ein wenig auf und linste hinein, sofort zwängte sich schräg von der Seite ein Mönch mit buschigen Brauen und großen Augen in grauem Gewand heraus: »Lao Wei!«

»Ma Zei!«

»Amitabha Buddha beschütze uns. Bitte warte einen Augenblick, bis mein Unterricht zu Ende ist.«

Zwanzig Minuten später kam Mingde die Stufen der Halle herunter, seine Mönchskutte hochgerafft, eilte er mit großen Schritten heran, wir umarmten uns herzlich. Den Klostergepflogenheiten folgend, entboten wir als nächstes dem für den Empfang von Gästen zuständigen Mönch mit einer tiefen Verbeugung unseren Gruß; danach beugten wir unser Haupt ehrerbietig vor drei Gründern des Mahayana-Amitabha-Buddhismus (dem Mönch Guangming Shandao, Nagarjuna Bodhisattva und Vasubandhu Bodhisattva); wir nahmen ein vegetarisches Mahl ein und wollten dann dem ehrwürdigen Sutrameister und Abt des Klosters unsere Aufwartung machen. Der 45jährige Sutrameister diskutierte allerdings gerade mit einem 28jährigen »Le-

benden Buddha« aus Tibet über die Sutras und ihre Lehre, ein paar Laienbrüder saßen verstreut und hörten zu, es wirkte völlig entspannt, wie eine große Familie.

Als der Abend dämmerte, wurde eine Pause eingelegt und ich äußerte dem Abt gegenüber die Bitte, ein Gespräch mit Mingde führen zu dürfen. Der Abt antwortete lächelnd: »Wenn zwei Poetenfreunde sich viele Jahre nicht gesehen haben, ist ein Gespräch doch unverzichtbar.«

Dienstbar an seiner Seite legte Mingde die Handflächen ehrfürchtig vor der Brust wie zum Gebet aneinander und entgegnete: »Euer Schüler weiß aber nicht, was erzählt werden kann und was nicht erzählt werden sollte.«

Der Abt entgegnete darauf: »Es liegt nicht an mir, was du erzählen kannst und was du nicht erzählen solltest.«

So blieb Mingde an diesem Abend ausnahmsweise dem Unterricht fern und ließ sich von mir interviewen. An den folgenden beiden Tagen haben wir uns zusätzlich noch mehrmals unterhalten.

Vergangenes ist wolkengleich

LAO WEI: Am besten fangen wir vielleicht am Anfang an?

MINGDE: Mein Erinnerungsvermögen ist nicht besonders, im Moment ist das Früheste, woran ich mich erinnere, wie eine meiner Tanten mit einem aufgespannten geblümten Regenschirm auf einem Feldrain entlanggeht. Damals war ich fünf und fand ihren Schatten unglaublich schön. Meine Kindheit war ansonsten ein ewiges Umherziehen, immer den Eisenbahngleisen folgend, denn die Arbeitseinheit meines Vaters wanderte mit ihnen.

Mein Vater hatte nach generationenlangem Ackerbau während der Landreform in den 1950er Jahren den Status eines unteren Mittelbauern erhalten. Er befand sich infolgedessen bei den Kämpfen gegen die Landbesitzer in einer sicheren Position, und da er zudem

aktiv auf die Parteiorganisation zuging, wurde er protegiert, verließ sein Bergtal, schaffte die Eingangsprüfung in die Polizeischule der Öffentlichen Sicherheit und wurde nach seinem Abschluss als Gefängniswärter dem landwirtschaftlichen Umerziehung-durch-Arbeit-Lager von Leimaping, das an die drei Landkreise Leibo, Mabian und Pingshan grenzte, zugeteilt. Dort gab es über 20 000 Gefangene, und bis er mit gut 60 Jahren in Rente ging und in seine alte Heimat in Guizhou zurückkehrte, hatte mein Vater tagaus tagein ständig mit Arbeitslagerhäftlingen zu tun.
LAO WEI: Du bist also als Kind praktisch im Gefängnis groß geworden, erinnerst du dich noch, wie es da drinnen war?
MINGDE: Recht vage. Vater begleitete immer Leute aufs freie Land hinaus, damit sie dort Eisenbahntrassen verlegten.
LAO WEI: Die Häftlinge haben also auf »freiem Land« gearbeitet?
MINGDE: Das waren nach dem Absitzen ihrer Strafe zwangsverpflichtete »Mitarbeiter«. Im landwirtschaftlichen Betrieb gab es außer den Gefangenenbrigaden noch Bauarbeitertrupps aus Mitarbeitern, die draußen Jobs hatten und so die wirtschaftlichen Einnahmen des Betriebs erhöhen. Und weil mein Vater diese Leute beim Eisenbahnbau begleitete, waren wir als Angehörige einer Kaderfamilie immer auf Achse und zogen in seinem Gefolge endlos von Baustelle zu Baustelle.

LAO WEI: Wo gingst du zur Schule?
MINGDE: Vom autonomen Bezirk Liangshan des Volkes der Yi in Sichuan sind wir in die Gegend um die Stadt Yibin umgezogen. Dort habe ich eine Dorfschule in der Nähe der Baustelle besucht, zusammen mit Bauernkindern. Das hat mein schlichtes Wesen geprägt, denn Landkinder müssen etwas einfacher gestrickt sein als Stadtkinder. Meine Eltern haben mir erzählt, dass ich schon mit zwei Jahren einmal »Himmel und Erde in Erschütterung versetzt habe«. In jenem Jahr wurde Vater zum »Modellarbeiter« gekürt und erhielt einen Füllfederhalter der hochwertigen Marke »Roter Stern« …

LAO WEI: Einen von denen, bei denen die Feder aus reinem Gold ist?

MINGDE: Genau, vor der Kulturrevolution war das der teuerste Füller in China, er kostete so viel, wie Vater in einem Monat verdiente. Und ich, ich trieb irgendwo einen Hammer auf und pulverisierte diese Auszeichnung, die für so hohe Ehren stand, Stück für Stück. Die Feder aus reinem Gold natürlich, die ließ sich nicht zu Pulver verarbeiten, aber ich hämmerte auch sie mit Engelsgeduld kaputt. Als Vater nach Hause kam und seinen Füller nicht finden konnte, stattdessen in einer Ecke die Überbleibsel entdeckte, fuhr er vor Wut schier aus der Haut. Weil er jedoch noch zu einer Versammlung musste, hatte er keine Zeit, mich zu bestrafen, und sagte lediglich: »Du, warte nur, bis ich zurück bin!«

Das erschreckte mich so, dass ich von zu Hause ausriss. Auf der holprigen Landstraße lief ich vier, fünf Kilometer durch die Berge. Die Landstraßen in den 1960ern waren sehr schmal und voller Schlaglöcher, trotzdem fuhren auf ihnen pausenlos große Lastwagen mit offenen Anhängern, auf denen Baumstämme transportiert wurden. Auf einer derart gefährlichen Straße wankte also nun ein zweijähriges Kind mit noch nicht allzu sicherem Schritt stundenlang bis zu einer Kleinstadt namens Xining. Das war eine wenig bemerkenswerte Ortschaft im Bezirk Liangshan, in der ich mich bäuchlings über das Geländer einer Steinbrücke am Ortsende lehnte und den Bach unter mir betrachtete, als ich von einem Mitarbeiter meines Vaters entdeckt wurde, er kam sofort angerannt, nahm mich in die Arme und fragte mich aus. Doch was sollte ein zweijähriges Kind antworten? Also packte er mich in einen großen Tragekorb, hängte diesen an einen zweiten Korb mit Alltagswaren an das andere Ende seiner Tragestange und trug mich zusammen mit den Sachen zurück. – Diese Kindheitserinnerung wurde zur späteren Triebfeder meiner Reisen durchs ganze Land.

Ich wurde zu Hause extrem streng erzogen. Mit sieben habe ich einmal von zu Hause heimlich sieben Fen genommen, damit frische Gurken gekauft und an meine Geschwister verteilt, von Vater wurde ich dafür verprügelt, dass ich mir schier die Seele aus dem Leib schrie.

LAO WEI: War er so übel drauf?

MINGDE: Vielleicht hatte es damit zu tun, dass er Gefängniswärter war. Er wusste genau, auf welche Weise viele Menschen zu Verbrechern werden, deshalb wollte er den Fehler, ohne vorherige Erlaubnis eigenmächtig Geld der Familie oder auch von anderen anzutasten, schon an der Wurzel ausmerzen …

Die Zeit fließt ohne Unterlass dahin, Erinnerungen aus der Kindheit jedoch bleiben nur bruchstückhaft. Meine nächste Erinnerung ist schon, dass ich es wegen drei fehlender Punkte bei der Aufnahmeprüfung nicht auf die höhere Schule geschafft habe, was ein harter Schlag für mich war. Ich war so versessen auf Literatur, dass ich, während ich eine Fachmittelschule besuchte, jeden Tag in die Bibliothek des Bezirks Liangshan ging und nächtelang berühmte chinesische und ausländische Werke las. Ich war damals Jugendverbandszellensekretär und steckte mit meiner über das Schulische weit hinausgehenden Leidenschaft alle meine Mitschüler an, was den Lehrern und dem Leiter gar nicht gefiel, weshalb sie mich meines Amtes entheben wollten, was die Massen allerdings ablehnten. In der Unterstufe der Mittelschule begann ich Gedichte zu schreiben, in der Oberstufe schrieb ich einer Mitschülerin der Unterstufe, in die ich schon länger heimlich verliebt war, einen Brief, in dem ich ihr meine Liebe erklärte und der sie vor Schreck in Tränen ausbrechen ließ. Die damalige Schulordnung erlaubte keinerlei Verliebtsein. Als irgendwann später die Mutter des Mädchens meinen Liebesbrief beim Arbeitslager abgab, machte man dort die Schule des Jungen ausfindig, zum Glück hatte ich da meinen Abschluss bereits in der Tasche. – Diese einseitige Liebe, die so viel Staub auf-

wirbelte, hatte bei mir für einen mächtigen Kreativitätsschub gesorgt, ich schrieb hundert Gedichte, leider erinnere ich mich heute an keine einzige Zeile mehr.
Kurz darauf wurde ich der Kreishandelsbehörde und der Arbeitsbehörde als Buchhalter zugeteilt, der Traum von der Literatur ließ mich jedoch die eiserne Reisschüssel des Schreibens, Schreibens, Rechnens, Rechnens verabscheuen, deshalb kündigte ich und begann durchs Land zu ziehen, um so viel Lebenserfahrung und Menschenkenntnis wie möglich zu sammeln.

Ich war ein wahrer Meister des Schwarzfahrens auf der Eisenbahn, Fahrkarten kaufte ich grundsätzlich nicht. Kam ein Kontrolleur, verkrochen sich alle anderen überall wie Hühner und Enten, ich hingegen ließ mir nichts anmerken und blieb sitzen. Auf die Frage nach der Fahrkarte antwortete ich, hab ich nicht; auf die Frage, warum nicht, antwortete ich, Dichter haben kein Geld, trotzdem ist es ihnen ein Herzensanliegen, die wundervollen Landschaften unseres Landes zu bereisen, um sich davon inspirieren zu lassen. Diese Argumentation fand bei den Massen in den 1980er Jahren größte Unterstützung. Einmal tauchte noch der Zugchef auf und stellte mir eine Menge Literaturfragen, bis er sich bestätigt sah, dass ich kein Hochstapler war.
Ich komme aus dem Süden, sage jedoch gern, ich sei ein Kind des Nordens, weil die Menschen im Norden geradeheraus sind und sich auch beim Trinken nicht lange bitten lassen. Ich bin damals bis nach Tibet und Xinjiang gereist, wo ich jeweils einen guten Monat geblieben bin. Sogar bis Xihaigu bin ich gefahren, in ein Dorf, über das Zhang Chengzhi in seinem Buch *Überwucherte Heldenrouten* geschrieben hat. Geschlafen habe ich dort neben einem Pferdetrog, eingewickelt in Gras, trotzdem schlotterte ich vor Kälte, aber wenn ich sah, wie die Moslems sich gegen den kalten Wind stemmten und auch bei spärlichstem Sternenlicht zur Moschee gingen, beeindruckte mich das auf eine Weise, die ich selbst gar nicht recht

verstand … Bevor ich Buddhist wurde, hatte ich auch schon ein starkes Interesse für den Katholizismus und den Protestantismus, Jesus ist für mich ein wunderbarer Bodhisattva, der mich mit seinem so allumfassenden erlösenden Mitgefühl für sich gewonnen hat. Ich war oft in der Kirche, habe mich bekreuzigt, habe den Psalmen gelauscht, aber ich war noch zu jung und hatte heißes Blut und Temperament, ich wollte etwas Weltbewegendes leisten.
Einmal sind wir in einer Gruppe zur Zentralen Akademie für Angewandte Kunst, um unsere Gedichte bekannt zu machen. Als wir in die Studierenden-Mensa hineindrängten, waren dort zwei-, dreihundert Leute, die es alle mordswichtig hatten, über Himmel und Welt zu reden und einen Riesenlärm zu machen. Niemand beachtete uns. So konnte keine Dichterlesung stattfinden. Da hatte ich eine Eingebung, zog meine speckige wattierte Jacke aus, wickelte sie mir um den Arm, ließ ihn heftig ein paar Mal kreisen und sie, wusch, fortfliegen. Man sah nur noch die alte Jacke wie einen fliegenden Teppich steil aufwärts und wieder jäh abwärts haarscharf über die dicht gedrängten Köpfe hinweg durch den gesamten Raum wirbeln und auf der gegenüberliegenden Seite landen. Die Leute waren so verdutzt, dass es im gleichen Augenblick in der Mensa mucksmäuschenstill war, woraufhin ich mit Donnerstimme brüllte: »Die Meisterwerke der Dichter von Guizhou, Brüder, hört sie euch an!«
Als das Publikum sich wieder gesammelt hatte, zollte es meiner Varietéshow einen langen donnernden Applaus. Die Lesung unserer Gedichte wurde ein Riesenerfolg, die Performance ging in stark übertriebenen Erzählungen unserer Brüder und Schwestern in der Subkultur als unterhaltsame Anekdote von Mund zu Mund.

Zum ersten Mal in den Knast

LAO WEI: Das Opus Magnum deiner Performance-Kunst ist aber ein Ereignis vom Winter 1986, in der Subkultur kursierten mehrere Versionen davon, eine lautete, du hättest in der Mensa der Uni Peking »Wolf und Traum« vorgelesen, seist dabei wild hin- und hergerannt, bis du dich völlig verausgabt hattest, und hättest dafür begeisterte Beifallrufe im ganzen Saal geerntet. Von deiner Treppenstufe aus hättest du in fernster Ferne unaufhörlich hervorsprudelnde Menschenköpfe erspäht und mit einem Mal plötzlich gemeint, die Zeit sei reif für eine demokratische Revolution. Dann hast du dich heftig geschüttelt, eine Rede über den Umsturz der Diktatur begonnen und damit die Massen aufgewiegelt. Du hast den Arm gereckt und gerufen: »Für Aufstieg und Untergang unseres Landes trägt jeder einzelne Verantwortung, Kommilitonen, folgt mir!«
Um die Stirn hattest du dir einen roten Stoffstreifen gebunden und bist erhobenen Hauptes vorangestürmt, wobei du folgende Zeile der Internationale gesungen hast: »Das Recht wie Glut im Kraterherde nun mit Macht zum Durchbruch dringt.« Jedem Ruf folgten zehntausend Antworten, der Demonstrationszug wurde immer gewaltiger, zuletzt durchquerte er sogar die Campus-Allee, widersetzte sich Versuchen der Schule, ihn aufzuhalten, stürmte zum Haupttor hinaus und flutete die Straßen. »Demokratie statt Diktatur!« »Weg mit den Ämtern auf Lebenszeit!« »Es lebe die Freiheit!« Die Slogans brandeten in Wellen immer wieder auf und alarmierten die Polizei, angesichts der Menschenmauer aus Schaulustigen wagte sie jedoch, obwohl bis an die Zähne bewaffnet, keine öffentliche Niederschlagung, man musste wohl oder übel anders vorgehen und hielt lediglich die Ordnung aufrecht. Mit den »gesellschaftlich überflüssigen Personen« allerdings, die sich unter den Demonstrationszug der Studierenden gemischt hatten, verfuhr man weniger freundlich, sie wurden verprügelt und verhaftet. Auch du bist ihnen so ins Netz gegangen. Im weiteren Verlauf wurde das zum Auslöser für

die Kampagne gegen bourgeoise Liberalisierung, die zum Sturz des Generalsekretärs der Kommunistischen Partei, Hu Yaobang, führte, und dir ist in Handschellen im chinesischen Zentralfernsehen der Prozess gemacht worden …

MINGDE: Diese Version bringt ein bisschen was durcheinander. Ich bin nach Peking, um mich mit Untergrunddichtern auszutauschen, und ich habe eine Menge Dichter getroffen, ich habe auch an Hochschulen wie der Uni Peking und der Qinghua meine Texte vorgetragen, getrunken und es mir gutgehen lassen. Damals gab es an Unis viele literarische Vereine, es herrschte eine Aufbruchstimmung und insbesondere Hu Yaobang gewann die Herzen der Leute, als er sich auf dem nationalen Schriftstellerkongress öffentlich für kreative Freiheit aussprach. In dieser politischen Atmosphäre fanden meine Lesehappenings statt. Etwas später bin ich nach Shanghai und mischte mich dort unter eine Gruppe Untergrunddichter, aber das war mir zu friedlich dort, das gab mir zu wenig, und als ich im Fernsehen mitbekam, dass in Peking die »Ruhe vor dem Sturm« herrschte, stand ich auf einen Schlag in Flammen. Ich packte, ich wollte zurück, um für die gerechte Sache zu streiten, und kaum aus dem Zug, traf ich auch gleich auf eine lange Demonstrationskolonne, viele Studierende erkannten mich, begrüßten mich, und schon steckte ich mittendrin.

LAO WEI: Hast du Slogans vorgegeben?

MINGDE: Ich war wie im Fieber.

LAO WEI: Welche Slogans waren das?

MINGDE: Da ich die Welt verlassen habe, kein Wort darüber. Außerdem saß ich kein Augenzwinkern später im Knast, und in der Sache waren keine Fortschritte erkennbar. Ich hatte ja selbst mit Politik gar nichts am Hut, deshalb war ich verdammt wütend und sagte in den zwei Monaten, in denen mir in einem Pekinger Untersuchungsgefängnis der Prozess gemacht wurde, kaum ein Wort. Ein gutes halbes Jahr später war ich zu drei Jahren verurteilt und wurde für die Haft nach Guizhou zurückgebracht.

LAO WEI: Hattest du einen Rechtsanwalt engagiert?
MINGDE: Woher soll denn so ein Herumtreiber das Geld für einen Anwalt nehmen? Außerdem hatte ich eine Menge Lyrik und Prosa gelesen, und ich war unerschrocken, für einen Dichter sollte der Knast doch eine interessante Lebenserfahrung darstellen. Während mir der Prozess gemacht wurde, lachte ich oft laut auf, was die Polizisten ziemlich irritierte, fragte mich einer, worüber ich denn lachen würde, antwortete ich, das verstehen Sie nicht. Das ärgerte sie natürlich. Tatsächlich lachte ich wegen meines Vaters, der sein ganzes Leben auf Gefangene in der Umerziehung durch Arbeit aufgepasst hatte, jetzt stand seinem eigenen Sohn die Umerziehung bevor – was er wohl davon halten würde?

In Zeiten, in denen Literatur etwas zählt, wird ein Dichter im Knast ganz ordentlich behandelt, ich wurde nicht verprügelt. Mehr möchte ich dazu nicht sagen, denn wir folgen dem Prinzip, dass ein Mönch, der die Welt verlassen hat, keine Regierungspolitik kommentiert.
LAO WEI: Hast du keine Gedichte geschrieben?
MINGDE: Keine einzige Zeile.
LAO WEI: Und du hast dich nicht gerauft?
MINGDE: Es gab keine Raufereien.
LAO WEI: Hast du Übungen in Askese gemacht, um so perfekt zu werden?
MINGDE: Dass Dichter draußen saufen und raufen, ist doch auch nur der Zeitgeist; drinnen gab es keinen Alkohol und so auch keine Provokationen. Schreibt man keine Gedichte, gibt es auch keine Unordnung in den Gedanken, man wird wie von selbst zu einem mustergültigen Häftling. Als ich aus der Ferne am Fernsehen schließlich die Studierendenproteste von 89 sah und die Verhängung des Ausnahmezustands zum 4. Juni, kam mir das vor wie aus einer anderen Welt.

Ein Vagabund auf Wanderschaft

1990 wurde ich aus dem Gefängnis entlassen und lief per Zufall meiner späteren Frau in die Arme, die Sportlehrerin in der Mittelschule war. Sie liebte die Literatur leidenschaftlich und vergötterte die Figuren aus den legendären *Chuanqi*-Geschichten über Liebe, Götter, Dämonen und Helden. Ich hatte damals längst genug von meiner legendären Geschichte, mein älterer Bruder jedoch hatte sie vor ihr mit so viel Beiwerk und Ausschmückungen erzählt, dass sie bereits lange, bevor wir uns persönlich trafen, voller Bewunderung für mich war. Kurz danach verliebten wir uns dann auch, heirateten und gingen gemeinsam in die Sonderwirtschaftszone Shenzhen, um dort unseren Lebensunterhalt zu verdienen. Meine Denke entsprach dabei der vieler Dichter: Man fährt ins offene Meer hinaus, um Geld zu machen, hat man genug verdient, kehrt man zurück ans rettende Ufer. Aber meine Frau ließ sich viel mehr als ich auf die Kommerzialisierung nach dem 4. Juni 1989 ein, und 1992 gaben wir unsere Scheidung bekannt. Weil ich mich jedoch noch für sie verantwortlich fühlte, verlangte ich, meinen Nebenbuhler kennenzulernen.

Sie sagte: »Aber du erhebst nicht deine Hand gegen ihn.«

Ich schüttelte den Kopf; daraufhin lernten wir beide uns kennen, ohne dass irgendeine Eifersucht im Spiel gewesen wäre.

Ich nahm seine Hand und fragte: »Liebst du sie wirklich?«

Er antwortete mit »ja«; also wandte ich mich meiner Ex-Frau zu, nahm ihre Hand und fragte: »Liebst du ihn?«

Sie antwortete ebenfalls mit »ja«.

Nachdem nun sichergestellt war, dass es keinen Grund für Zweifel gab, erklärte ich nach Art eines Priesters: »In Ordnung, so möge großes Glück mit euch sein.«

Ruhig ging ich und kehrte auf direktem Weg in meine Wohnung zurück, erst dort spürte ich plötzlich meine ganze Verzweiflung. Meine Gedichte waren fort, Erhabenheit und Wahrheit waren

fort und auch das Vagabundieren bedeutete mir nun so wenig wie meine Heimat. Sie, meine Liebe, fehlte mir so sehr! Ich konnte nicht ohne sie! Ein Dichter hatte durch seine Lesungen und die Knasterfahrung die Verehrung eines Mädchen gewonnen; für ein gemeinsames glückliches Familienleben waren sie Schulter an Schulter ausgezogen, um reich zu werden, am Ende jedoch war ihm die Liebe seines Lebens geraubt worden und er stand mit leeren Händen da. Seit sie gegangen war, war selbst das Essen für mich ein Problem geworden! Ich beschimpfte mich als Schwachkopf und suchte erst wie ein Wahnsinniger nach einer Glasscherbe, um mir die Pulsadern aufzuschneiden, dann wollte ich mich aufhängen und ein Stromkabel herunterziehen, doch so oft ich auch sprang, ich kam nicht ran, ich fiel, schlug mir eine dicke Beule am Kopf, und da endlich durchzuckte es mich wie ein Geistesblitz: »Warum soll ich mich wegen einer Frau umbringen, die mich gar nicht mehr liebt?!«
LAO WEI: Du bist wieder klar im Kopf gewesen?
MINGDE: Meine Schutzheilige war aufgetaucht, allerdings war mir damals noch nicht bewusst, dass meine Schutzheilige Guanyin ist, die Bodhisattva des Mitgefühls und Göttin der Barmherzigkeit. Bald danach zog ich mich von Shenzhen nach Guizhou zurück, mischte mich wieder unter die Dichter und Maler und kam langsam aus der Talsohle meines Lebens heraus.

LAO WEI: Hast du damals den Künstler Pian Shan kennengelernt?
MINGDE: Durch meine Heldentaten war ich in der Subkultur bekannt wie ein bunter Hund. Eines Tages sagte der Dichter Nan Ou zu Pian Shan: »Der Verrückte dort auf der anderen Straßenseite ist Ma Zei.« Der überquerte sofort die Straße, stellte sich mir in den Weg und sagte: »Ein paar Brüder trinken dort drüben was zusammen, willst du nicht mitkommen?«
Natürlich wollte ich. Wir tranken bis tief in die Nacht und sangen schließlich, während wir auf den Tisch einhämmerten, Cui Jians

Song »Ein Nichts zu sein«, selbst Wirt und Kellner ließen sich anstecken, verzichteten aufs Geschäft, machten dicht und ließen es halbnackt mit uns zusammen krachen.
Danach wollte ich mich mit vier Malern, die bettelarm waren und ziemlich am Rad drehten, nach Peking durchschlagen, da man dafür aber Geld brauchte, hatte jemand die Idee, mich betrunken zu machen, dann sollte ich zum größten Mafiapaten von Guiyang gehen und mir was leihen. Der pries damals in einem Nachtclub gerade seine Mädchen bei den Freiern an, ich schob die Menschenmenge auseinander, ging hindurch, breitete meine Arme aus und brüllte: »Brüder wollen nach Peking, um in Kunst zu machen, unterstützen Sie uns bitte mit ein wenig Reisegeld.«
Man hatte eigentlich damit gerechnet, dass ich eine ordentliche Tracht Prügel abbekommen, vielleicht sogar ein paar Messerstiche davontragen würde. Doch unerwarteterweise wurde mir nicht nur kein Haar gekrümmt, sondern ich bekam tatsächlich 1500 Yuan »geliehen«. Damit machten wir uns im Bummelzug ohne Zwischenstopp auf in die Hauptstadt, fragten uns dort wie Flüchtlinge durch und marschierten schließlich im Malerdorf am Fuyuan-Tor des Alten Sommerpalastes ein, wo wir ein großes Dorfhaus mieteten, in dem wir Schlafplätze für fünf Leute einrichteten. Und weil damit unsere finanziellen Mittel erschöpft waren, hängten wir vor der Tür ein Holzschild auf, auf dem stand: »Atelier der fünf Wölfe«.
In der Zeit waren wir ärmer, als du dir vorstellen kannst, im Dorf kursierte damals ein Witz: Bei einer Polizeirazzia gegen Pornografie wurde in der Nachbarschaft des Malerdorfes ein Eskort-Fräulein aufgegriffen und zum Verhör auf die Polizeiwache gebracht.
Ein Polizist fragte: »Also dann. Hatten Sie etwas mit offiziellen Funktionsträgern?«
Das Fräulein antwortete kühn und selbstbewusst: »Natürlich.«
»Hatten Sie etwas mit Geschäftsleuten?«
»Natürlich.«
»Hatten Sie etwas mit Wanderarbeitern?«

»Auch mit ihnen.«
»Mit Gemüseverkäufern?«
»Auch das …«, sagte das Fräulein jetzt schon ein wenig niedergeschlagener.
»Und hatten Sie auch was mit den Künstlern im Dorf?!« Auf einmal brüllte der Polizist.
»Keinesfalls!!«, schrie das Fräulein noch lauter als der Polizist, »für was für eine halten Sie mich denn?!«

LAO WEI: So wenig waren die Künstler also wert?
MINGDE: Ein Chinakohl war mehr wert. Wir konnten oft vor Hunger tagelang nur herumliegen, setzten keinen Fuß mehr vor die Tür, eine Handvoll Nudeln und eine Prise Salz mussten für eine Suppe für uns alle reichen, wie hätten wir da noch Geld für Nutten haben sollen? Dann allerdings gab es einen edlen Menschen, der auf einmal vor der Tür stand, einen großen Sack Reis ablegte, ohne ein Wort umdrehte und wieder verschwand. Diese Wohltat hätte unseren Geist für lange Zeit veredeln und erheben und mir eine intensive poetische Schaffensphase ermöglichen können. Doch hinterher wurde der Alte Sommerpalast mehrfach von der Polizei durchgeputzt, die Maler wurden wie lahme Enten zusammengetrieben und gruppenweise vorübergehend in Obhut genommen. Wir sollten sogar an den äußersten Stadtrand verschafft werden, um dort als Kulis zu schuften. Mir dämmerte, dass es gefährlich werden könnte, weiter dort herumzuhängen, und ich verließ das Dorf auf einem klapprigen alten Drahtesel, was den Beginn meiner Wanderschaft durchs ganze Land markierte. Meine erste Station war Tianjin. Da ich kein Geld bei mir hatte, besann ich mich auf die Idee des Shanghaier Dichters Wang Yiliang: den Verkauf von Gedichten. Der Witz bestand darin, bei einer Straßenlesung die Verse gleichzeitig auf einen kleinen Zettel zu schreiben, ein paar Zeilen Quatsch über Sonne, Mond und Sterne, Blumen, das Leben und so weiter, und darunter: »Bitte eine kleine Spende von

fünf Mao.« So bin ich von Peking bis nach Kanton gekommen, in einem großen Bogen weiter nach Yunnan, und als ich von dort nach Guizhou zurückkehrte, sah ich von hinten aus wie eine alte Hexe, mein Haar war so lang, dass es mir fast bis zum Hintern reichte.

Unterwegs habe ich nochmal für eine ganze Menge kuriose Geschichten gesorgt. Ohne einen Fen in der Tasche bin ich trotzdem ostentativ mit öffentlichen Verkehrsmitteln gefahren, mein wildes Wesen hielt andere Fahrgäste auf Abstand. Wenn ein Ticketverkäufer im Bus mich wegen einer Fahrkarte ansprach, konfrontierte ich ihn seelenruhig: »Ich hab kein Geld, trotzdem muss ich zum Bahnhof.« Daraufhin ging der Ticketverkäufer weiter. Bei der Fahrkartenkontrolle im Zug gab ich lauthals meine Großtat zum Besten, seit fünf Monaten mit dem Fahrrad unterwegs zu sein, was für allgemeine Bewunderung sorgte und mir von allen Seiten zu essen und trinken bescherte.

Zum zweiten Mal in den Knast

LAO WEI: Wie konntest du denn dann als ein Dichter, der ständig auf Achse war, nochmal in einen politischen Fall hineingeraten?
MINGDE: Beim Buddha Amitabha, ich bin ein weiteres Mal von der Regierung missverstanden worden. Habe ich mich beim ersten Mal vielleicht noch in ein allzu munteres Treiben gemischt, so wollte ich mich beim zweiten Mal wirklich zusammennehmen, es sollte lediglich um ein Kulturprojekt gehen. Es war so im Februar 1997, dass ich Guiyang wieder für ein paar Monate Peking verließ, ich hatte mich entschlossen, zusammen mit Freunden dem Geist von Laozi und Zhuangzi neues Leben einzuhauchen.
Auf meiner Wanderschaft hatte ich viele erlesene Kontakte gesam-

melt, mein Freund Xiong zum Beispiel, ein späterer Mitschuldiger, forschte zur chinesischen Philosophie. Er war der Auffassung, dass im gegenwärtigen wirklichen Leben Laozi und Zhuangzi übergangen würden, obgleich ihre Philosophie nach wie vor auf die mentale Struktur der Chinesen einwirke, weshalb es Leute brauche, die ähnlich wie in der europäischen Renaissance Laozi und Zhuangzi ebenfalls eine Renaissance verschafften und in der Folge eine »durch Nicht-Handeln regierte«, harmonische Gegenwartsgesellschaft wieder aufbauten.

Dafür übernahm der Theoretiker Xiong den Entwurf eines kulturellen Manifestes, ich hatte für so was nicht den Kopf und kümmerte mich um Kontakte sowie um unsere Besucher. In der übrigen Zeit tranken und diskutierten wir die Nächte durch, bis der Tag anbrach und der Schnabel in jeder Beziehung zufriedengestellt war, wobei es etliche Dichter und Schriftsteller gab, die nur aus scheinbarem Interesse bei uns aufkreuzten, aber alle von Xiongs eloquentem Redefluss überzeugt wurden. Trotzdem fehlte es uns an praktischer Durchschlagskraft.

Ein wenig später schloss sich uns dann auch der Dichter Yu Xinjiao an, ein richtiger Glückstreffer für uns. Er konnte vortragen und war voller Enthusiasmus, in den Provinzen Jiangsu und Zhejiang stand er bei den Studierenden so hoch im Kurs wie die Sonne zur Mittagszeit. Kaum war er bei uns, kam Schwung in die Sache, es war, als flatterte nun die Flagge der Literatur munter im Wind. Ich nutzte jede Gelegenheit, alle in einem fort zum Mittrinken zu nötigen, nüchtern war ich immer seltener. Wie viele Menschen wir in jenen Tagen letztlich bewirtet haben, weiß ich bis heute nicht.

Yu Xinjiao war ein richtiger Menschenfänger, das Programm der europäischen Renaissance imitierend hängte er sich so in die »Bewegung zur Renaissance der chinesischen Kultur« rein, dass man es gar nicht mehr schaffte, die dabei entstehende Masse an Langgedichten und Aufsätzen noch zu lesen. Das ist original der Wahnsinn eines Dichters, aber der Polizei wurde das zu extrem. Der gute

Yu wurde an der Uni Peking von Personen unbekannter Identität grausam verprügelt, er wurde dadurch sogar auf einem Auge blind. Trotzdem wurde seine Wahnsinnsenergie nicht weniger.

LAO WEI: Wurde Yu Xinjiao nicht zu acht Jahren verurteilt?
MINGDE: Richtig, wenn man das mal durchzählen würde, seit den 1980er Jahren saßen wirklich eine Menge Dichter im Knast.
LAO WEI: Waren Yu Xinjiao und du in den gleichen Rechtsfall verwickelt?
MINGDE: Im gleichen Dunstkreis. Anders gesagt, er erhitzte unsere Köpfe. Danach nutzte er seinen Einfluss, um Geld zu beschaffen und damit eine Sammlung mit Werken von uns allen drucken zu lassen. Zumindest war es dem Namen nach eine Sammlung, laut Inhaltsverzeichnis hatten auch viele einen Beitrag zu dem mächtigen Unterfangen geleistet, aber Yu Xinjiaos Produktionen machten immer noch 60 Prozent des Ganzen aus – lange Gedichte, eine Autobiografie voller Emotion, eine ausschweifende Abhandlung, um die »Bewegung zur Renaissance der chinesischen Kultur« zu propagieren, und ähnliches mehr. Natürlich war auch Xiongs kulturelles Manifest zur Aufwertung von Laozi und Zhuangzi abgedruckt. – Das alles brachte uns dann großen Ärger ein, denn die Polizei fand, diese Anthologie habe einen über die Kultur hinausgehenden revolutionären Gehalt.

LAO WEI: Wann passierte das?
MINGDE: Begonnen haben wir im Herbst 1997, im Frühjahr 98 nahm das Unglück seinen Lauf. Zum Hauptangriffspunkt gegen uns wurde das von Xiong verfasste Manifest. Nachdem wir uns ausgetobt und unsere Kumpels sich wieder zerstreut hatten, kehrte ich mit Xiong nach Guiyang zurück, wo wir nichts zu tun hatten und weiter tranken. Bis ich eines Tages plötzlich vor der Haustür in eine Handvoll Zivilpolizisten hineinrannte, deren Chef mich fragte: »Sind Sie Ma Zei?«

Ich bestätigte; er sagte: »Kommen Sie bitte mit uns.«
Ich erstarrte und fragte zurück: »Weshalb?«
Er sagte: »Wir sind für die nationale Sicherheit verantwortlich.«
Mir blieb nichts übrig, als mitzugehen. Drei Freunde, die mit mir unterwegs waren, konnten sich gleichfalls nicht entziehen und wurden drei Tage lang verhört, bis bestätigt war, dass sie mit der Sache nichts zu tun hatten, erst dann wurden sie wieder auf freien Fuß gesetzt.
Ich war außer mir vor Wut, wenn es beim ersten Mal noch einen revolutionären Impetus gegeben haben mochte, so war das bei mir jetzt beim zweiten Mal wirklich nur ein kultureller – der Impetus eines Laozi und eines Zhuangzi nämlich, frei und ungehindert, ohne weltliche Zwänge, leben zu können! Deshalb sagte ich volle zwei Monate lang entweder kein Wort oder stritt mich mit dem Verhörpersonal herum. Dabei war ich schrecklich hitzköpfig, in Sinne von: »Willst du mir einen Schandhut aufsetzen, bekommst du ihn postwendend von mir zurück.« Bis sie die Verhöre stoppten und verkündeten, die Sachlage sei geklärt.
Ich blieb ein gutes Jahr im Provinz-Untersuchungsgefängnis von Guizhou in Haft, dann wurde ich vor Gericht gestellt, was keine halbe Stunde dauerte, und alles war erledigt. Eine Woche später wurde mein »Schriftliches Urteil« ausgefertigt, ich erhielt eine Freiheitsstrafe von fünf Jahren. Damit wollte ich mich nicht abfinden und legte Berufung ein, woraufhin die Strafe eineinhalb Jahre verkürzt wurde.
LAO WEI: Ich habe von Xiong gehört, du hättest wegen »Ausrastens im Gerichtssaal und Beleidigung des Richters« dieses harte Urteil erhalten.
MINGDE: Mein Verhalten hat mein Strafmaß mit Sicherheit beeinflusst. Ich hatte keinerlei kriminelle Motivation gehabt, auch wenn der Staatsanwalt mich unbedingt dafür drankriegen wollte.
LAO WEI: Und wie kam es zu deinem Ausrasten?
MINGDE: Ich habe die Welt verlassen und bin Mönch geworden,

wenn ich von diesen Ereignissen aus der Vergangenheit wieder erzähle, könnte ich damit auch auf meine Haltung gegenüber den aktuellen Machthabern zu sprechen kommen … Das verstehst du doch, oder?

LAO WEI: Ha ha ha.

MINGDE: Nein, im Ernst, die Worte meiner Verteidigungsrede kann man nicht wirklich als ausfallend ansehen, aber meine Körpersprache war überbordend, wusch und wusch, flogen meine Arme hin und her, als würde ich Gedichte vor endlos weitem Land rezitieren, Verszeile um Verszeile zog ich irgendwo hervor, als verteilte ich Ohrfeigen. Bei Buddha, das provozierte sie.

LAO WEI: Verstehe.

MINGDE: Heute verstehe ich das auch, aber damals begriffen weder der Richter noch ich genau, was der jeweils andere bezweckte. Eija, auch wenn ich im Sinne der Anklage schuldig gesprochen werden konnte, so war es doch Xiongs Kulturmanifest, das das ganze Unheil überhaupt heraufbeschwor, aber er wurde schon nach drei Monaten Haft wieder entlassen.

LAO WEI: Xiong soll, kaum drinnen, mit der Polizei zu debattieren angefangen haben, wie ein Wasserfall soll er geredet haben und am Ende war der Feind zum Freund geworden, das Verhörpersonal hat sich angeblich von seiner theoretischen Standhaftigkeit überzeugen lassen und sich sogar zu Laozi und Zhuangzi bekannt.

MINGDE: Er hat immer alle bequatscht und war drei Monate eingesperrt; ich habe nie jemanden bequatscht und bekam fünf Jahre.

LAO WEI: Wer außer euch beiden war noch in diesen Fall einer ganzen Clique verwickelt?

MINGDE: Zwei aus der Provinz Guizhou, wie viele sie in anderen Provinzen gefasst haben, weiß ich nicht.

LAO WEI: Hattest du einen Anwalt?

MINGDE: In der ersten Instanz nicht. Bei meiner Berufung wurde ich gefragt, ob ich einen will. Ich fragte zurück: »Was für einen denn?« Wissen wollte ich, ob er Geld kosten würde.

Die Antwort: »Einen bestellten.«
Das wollte ich natürlich. Aber niemals hätte ich gedacht, dass gleich ein bekannter Großanwalt kommen würde, dem das einfache Volk zum Dank schon einige Ehrenbanner für seine Verdienste geschenkt hatte.

Buddhas Karma ist nicht trivial. Kaum hielt ich die Urteilsschrift in Händen, verfasste ich meinen »Berufungsantrag«, elf eng beschriebene DIN-A4-Seiten. Ich nutzte mein gesamtes über gut zwanzig Jahre hinweg erworbenes literarisches, philosophisches und religiöses Wissen dafür, meine Darlegungen reichten von Ost nach West, vom Altertum bis in die Gegenwart, meine Einfälle sprudelten nur so, meine Fähigkeiten wuchsen über den Himmel noch hinaus …
LAO WEI: Das ist doch zum Lachen und zum Weinen zugleich.
MINGDE: Was?
LAO WEI: Du hattest dich wegen des Verbrechens einer Aufwertung Laozis und Zhuangzis zu verteidigen, das Wesen Laozis und Zhuangzis aber besteht in *Wuwei*, dem »Nicht-Handeln«, dem »Laufenlassen der Dinge« – warum sich also selbst verteidigen?
MINGDE: Wenn Laozi oder Zhuangzi vor Gericht gestanden hätten, hätten sie, was auch immer der Richter gemeint hätte, mit Sicherheit keinen Ton gesagt. Aber woher hätte ich diese Nerven gehabt? Mein oberflächliches Wissen war aufgrund meines jungen Alters zur Gänze mechanisch auswendig gelernt und vorgetragen. Nun ja, sehen wir es als Übung in daoistischer Enthaltsamkeit. Ich habe im Gefängnis viele mir von Freunden geschickte Bücher gelesen, war meine Zelle mit der Nachtschicht dran, um im Wechsel über die Todeskandidaten zu wachen, habe ich oft mehrere Schichten nacheinander übernommen und bin entweder bis zum Tagesanbruch nur starr dagesessen oder habe gelesen oder mir das Hirn zermartert. Beim Buddha Amitabha.

LAO WEI: Ist es dann im Gefängnis zu deiner Verbindung mit Buddha gekommen?
MINGDE: Ja, unter den Büchern meiner Freunde gab es auch welche über den Buddhismus. Eines Tages, es war Frühlingsanfang 2001, durchfuhr mich plötzlich ein Gedanke, ich faltete meine Hände und betete zu Bodhisattva Guanyin: »Bodhisattva der Gnade, ich halte es hier nicht länger aus, wenn Ihr ebenfalls glaubt, dass ich lang genug gesessen habe, dann öffnet bitte mit Eurer göttlichen Kraft dieses Eisentor vor meinen Augen!« Und was soll man sagen, ein paar Tage später kam ein Bescheid, dass meine Haftzeit um eineinhalb Jahre verkürzt worden war, und ich wurde tatsächlich freigelassen.
Nach meiner Entlassung besuchte ich meinen Anwalt und brachte ihm von meinem Heimatort einen Beutel hochwertige geschälte Erdnüsse mit roter Haut mit, um ihm meine Dankbarkeit zu zeigen; der Anwalt ermutigte mich im Gegenzug, mich aus meiner Niederlage aufzurichten und ein für die Gesellschaft nützlicher Mensch zu werden.
LAO WEI: Hast du deinen Mittäter Xiong wiedergesehen?
MINGDE: Damals nicht. Zwei, drei Jahre später haben wir uns getroffen, wir waren beide zum Buddhismus konvertiert und haben nur über das geredet, was wir von Buddha gelernt haben, die Vergangenheit haben wir mit keiner Silbe erwähnt.

Die Welt ist nichts als Illusion

Von Mönch Mingde eingeladen, wohnten wir drei Tage im Fangguang-Tempel, und weil recht viele Laienbrüder auf diesen berühmten buddhistischen Berg pilgerten und für eine Weile blieben, wollten Wu Chuang und ich unseren Gastgebern keine Umstände machen und schliefen in der Haupthalle des Tempels. Zwar mussten wir um vier Uhr morgens aufgestanden sein, um den Platz für den Morgenunterricht zu räumen, der sehr formell um fünf Uhr begann, aber Mingde sagte: »Hier ist ein besonders positives Karma, gleich nachdem ich meine Tonsur erhalten hatte, schlief ich gute zwei Monate in dieser Halle.«

Ich zog ebenfalls eine Mönchskutte an und hockte mich neben Mingde, drei Morgenlektionen machte ich mit. Das war eine der wunderbarsten Erfahrungen meines Lebens. Zum Beginn schlug ein Mönch in mittleren Jahren in langsamem Rhythmus eine Glocke und rezitierte dazu alte Verse, was vom Huashoumen-Felsvorsprung über dem Tempel und vom Sternenhimmel aus weiter Ferne in bewegender, fast pathetischer Weise erwidert wurde. Mingde erklärte, das nenne sich »Glockenschlagrezitation«, das heißt, es werden bestimmte Verse im Rhythmus des Glockenschlags rezitiert.

Als nächstes waren Trommeln in so kunstvoll arrangierten Abständen zu hören, dass eine Resonanz zwischen Himmel, Erde und Mensch entstand. Zu den Trommelklängen betraten die Mönche, beide Handflächen zum Gebet aneinandergelegt, im Gänsemarsch die Halle. Nachdem diese Ehrung Buddhas zu Ende war, setzte sich jeder an seinen Platz; die Trommelklänge wurden unwirklicher, verloren sich allmählich, auf sie folgten Klangstein und Holzfisch und danach plötzliche Stille. Stilles Gebet. Schließlich begann der Mönch, der das Rezitieren leitete und sich in der Mitte befand, mit leicht erhobener Stimme vorzulesen: »Namo Amitabha Buddha …«

Mönche wie Laienbrüder fielen sofort in den Sprechrhythmus ein, erst auf Chinesisch, danach in Sanskrit, das ging etliche Male hin und her, insgesamt zwei Stunden lang, dazwischen wurden verschiedene Zeremonien zur Ehrung Buddhas eingeflochten, ich machte alles einfältig nach und versank in völliger Leere und Illusion.

Wie ich es verstanden habe, war Ma Zeis Verbindung zum Fangguang-Tempel durch einen anderen Künstler herbeigeführt worden, beide waren früher gemeinsam auf Wanderschaft, haben gemeinsam gegen die Gesellschaft rebelliert, und nicht lange nachdem Ma Zei aus dem Gefängnis raus war, erfuhr er in seiner völlig verzweifelten Situation, dass ein alter Freund sich dorthin als Mönch zurückgezogen und den buddhistischen Namen Dehong, »Große Tugend«, angenommen hatte. Er folgte ihm, bekannte sich gleichfalls zur »Zuflucht« zum Buddhismus und unterwarf sich dem Sutrameister und Abt des Fangguang-Tempels als seinem Lehrmeister. Aber ein paar Jahre lang ging es mit Ma Zei noch ständig aufwärts und wieder abwärts, es war ein ewiges Hin und Her, was nur zeigt, wie schwer sich eine tief im Inneren sitzende Wildheit bändigen lässt.

Ich hatte auch ein kurzes Interview mit dem Abt selbst, der noch mehr wie ein Intellektueller auf der Suche nach dem wahren Sinn des Lebens wirkte und von dieser allzu mühsamen Arbeit erschöpft schien. Seine Augen allerdings sprühten vor Energie und seine Art zu reden war tief buddhistisch geprägt. Erst nach einer zwanzigminütigen Unterweisung erzählte er mir, dass Ma Zei in seinen ersten beiden Jahren als Laienbruder auf dem Berg zwar in Person im Tempel anwesend gewesen, sein Geist jedoch draußen in der Gesellschaft geblieben sei. Den ganzen Tag sei er rastlos hin- und hergelaufen und habe sich nicht einmal an die Klosterregeln gehalten, mal sei er zum Jinding-Tempel hinauf, um gedankenverloren vor sich hin zu starren, dann wieder sei er hinunter zum Fuß des Berges und habe wie ein Tourist den Zhusheng-Tempel besichtigt, »eigentlich hätte ich ihn aus dem Kloster jagen müssen, aber ich konnte es einfach nicht«.

»Wie ging es weiter?«

»Er konnte ja nirgendwo hin, außer hier zu uns, wohin hätte er gehen sollen?«, seufzte der Sutrameister. »Deshalb habe ich eines Tages mit ihm Klartext geredet, ich sagte, Ma Zei, ich kann dich auch nicht retten, so große Fähigkeiten besitze ich nicht. Ma Zei war erst völlig konsterniert, als nächstes strömten ihm Tränen übers Gesicht. Ich sagte

noch, du darfst zu deiner Familie zurückkehren, denk dort über alles nach, dann komm wieder.«
»Ist er nach Hause?«
»Er hatte seine Familie verlassen, die Tonsur erhalten und die Mönchsweihe empfangen. Aber sein Weg war noch sehr weit.«

Ich hatte Mingde vorher schon gefragt, ob er seine Familie vermisse. Seine Antwort war: »Ich habe mir eher Sorgen gemacht, dass meine Eltern auf dem Berg auftauchen könnten, denn mein Freund Dehong, der mich zum Klostereintritt gebracht hat, ist ins normale Leben zurückgekehrt, er liebt seine Tochter sehr, und als eines Tages seine Frau mit seiner Tochter auf dem Arm auf den Berg kam, wurde er schwach. Daraufhin bin ich entschieden jeder Verwandtschaft aus dem Weg gegangen, kam jemand, war ich verschwunden. Meine Mutter soll darüber sehr verärgert gewesen sein und sagte wohl, damit sei dieser Sohn für sie gestorben.«
»Warst du darüber traurig?«
»Ich fühlte mich dadurch befreit. Dass Mutter so denken konnte, beruhigte mich.«

Im Amitabha-Buddhismus, der »Schule des Reinen Landes«, gibt es eine tantrische Askese-Praktik, die sich »Vergegenwärtigung von Buddha in der Versenkung« nennt. Ihr Grundgedanke ist, Tag und Nacht auf einer Distanz von fünfzehn Schritten ununterbrochen hin- und herzuschreiten und dabei ununterbrochen Buddha Amitabha anzurufen, drei Monate lang oder sogar ein halbes Jahr. Im Fangguang-Tempel hat eine große Zahl Mönche diese Art der Tantraübung schon einmal praktiziert, selbst die tägliche Nahrung und Getränke muss man im Stehen zu sich nehmen. Auch Mingde hatte sich daran versucht, er sagte: »Ich habe das neun Tage mitgemacht, schließlich erschien mir eine goldene Guanyin Bodhisattva.«
Weiter sagte er: »Eines Tages werde ich das mit der fortgesetzten Unterstützung meines werten Lehrmeisters auch drei Monate lang schaf-

fen. Auf meinem aktuellen Stand reicht es dafür noch nicht, aber ich habe dieses Gelübde abgelegt und werde es einlösen.«

»Amitabha Buddha schütze dich.« Ich nickte kurz und legte die Hände zum Gruß aneinander.

何家棟

10

HE JIADONG

Der Revolutionär

An einem bewölkten und an einem sonnigen Nachmittag, am 17. und 20. Februar 2004, besuchte ich nach Empfehlung meiner Freunde Yue Jianyi und Yu Shicun einen über 80jährigen alten Herrn, He Jiadong, der in einer zur Gongren ribao, *der Arbeitertageszeitung, gehörenden Wohnung im Gebäudekomplex der Ande-Straße 61 in Peking wohnte. Herr He hatte auf dem Weg der Revolution die allerunterschiedlichsten Erfahrungen gemacht und war hoch hinaus gekommen, er kann sogar als Schöpfer eines roten Bestsellers gelten. Trotzdem war er bis zum heutigen Tag sauber geblieben und wohnte im siebten Stock eines typisch chinesischen, röhrenartig gebauten Wohnblocks mit Außenfluren und äußerst einfacher Ausstattung. In seinen zwei Zimmern, klein wie Käfige, gab es fast nur altes Zeug, und wegen seiner nachlassenden Sehkraft brannte selbst am helllichten Tag das Neonlicht. Ich nahm kreuzanständig Platz, schaltete mein Aufnahmegerät ein und eröffnete das Gespräch. Vorher hatte ich mir von der Webseite »Denken und Aufbau« einige Texte von Herrn He heruntergeladen, vor allem seine Briefe, in denen er für die nachfolgenden Generationen über historische Fragen reflektierte. Man konnte hier von einem furchtlos offenen Treffen sprechen, denn selbst taub hätte man uns noch verstanden. Über das Massaker vom 4. Juni auf dem Platz des Himmlischen Friedens in Peking hatte er sich einst wie folgt geäußert:*

»Draußen in der Gesellschaft kursiert eine Version der Ereignisse, nach der, als Deng Xiaoping sich entschlossen hatte, auf dem Platz ein Blutbad anzurichten, Deng Pufang vor seinem Vater in Tränen ausbrach und zwei Stunden lang auf ihn einredete, woraufhin der alte Deng einwilligte, den Studierenden nochmal eine Chance zu geben. Sie sollten mit der Armee diskutieren, der Plan war: Wenn die Armee auf dem Platz einmarschiert, setzen sich beide Seiten zusammen, die Studierenden heißen die Armee freundlich willkommen, die Armee begleitet sie freundlich vom Platz. Doch als der Verbindungsmann He Weiling von den Dengs fortging, wurde er unvermittelt verhaftet und damit war alles zunichte. Meiner Meinung nach kann man jedoch, selbst wenn das so gewesen sein sollte, nicht die Schlussfolgerung ziehen, dass das Feuer gegen den Willen Dengs eröffnet wurde. Sobald die Studierenden auf der Straße waren, hatte er sich seine Meinung über die Ereignisse gebildet und die Widersprüche verschärften sich schnell. Wenn der an der Streikfront persönlich anwesende Generalsekretär der Partei trotz seiner Amtsautorität nichts ausrichten konnte, zog Deng hinter den Kulissen die Strippen. Ohne selbst vor Ort zu sein, glaubte er jedes ihm gefällig zugetragene Wort, der Strippenzieher wurde von anderen um den Finger gewickelt und somit war das Eröffnen des Feuers unausweichlich … Es war die Wiederauferstehung der Hofpolitik alter Zeiten.«

Dass der selbst vielfach zu Unrecht beschuldigte alte Bolschewik überhaupt noch so mutig zu sprechen wagte, rief mir die Episode »Die Trommel schlagen und Cao Cao beschimpfen« im Roman Die Drei Reiche *wieder ins Gedächtnis. Herr He bewegte sich allerdings in seinen Texten auf einem ungleich höheren Niveau als jener loyale Untertan der alten Zeit, der sein Leben riskierte, indem er einen Verräter beschimpfte, denn das hier war ein wütendes Zähneknirschen, das aus einem Abgrund von Verzweiflung kam.*

Die Zeit verging still und unbemerkt, Herr He saß kerzengerade auf seinem Stuhl, seine Erinnerungen waren erratisch, mal voller Lei-

denschaft, mal voller Resignation, mal kicherte er wie ein Kind, mal fluchte er mit starkem Henan-Akzent: »Fahrt zur Hölle, verdammt!« Für einen Augenblick zündete die Abendsonne in der Fensterscheibe einen Feuerball und färbte sein Gesicht genauso wie meines, noch immer vom grünlich flackernden Neonlicht umhüllt, leichenblass. Ich brummelte eine ganze Weile vor mich hin, bevor ich endlich hervorbrachte: »Sie haben so vieles erlebt, ich fürchte, ich werde nicht in der Lage sein, das alles niederzuschreiben – warum verfassen Sie eigentlich nicht selbst ihre Memoiren?«

»Ich habe nie etwas von dem aufbewahrt, was ich geschrieben habe, eine seit langer Zeit gepflegte Gewohnheit.«

»Warum?«

»Ein Literat produziert doch sowieso nur Belastungsmaterial, und wo nicht, überflüssigen Mist, deshalb muss ich mir diese Selbstverliebtheit versagen, Selbstverliebtheit schadet.«

»Wie würden Sie sich selbst einschätzen?«

»Mich hat mein Leben lang der Lauf der Geschichte vor sich hergetrieben. Über die weitaus meisten in unserer Zeit wird sich, wenn sich der Sargdeckel über uns schließt, kein Urteil fällen lassen, gleichwohl wir durchaus in verschiedenen Positionen und Organisationen mit diesem und jenem beschäftigt waren. Ich verstehe mich als professionellen Revolutionär, mein Traum war es, eine neue Welt zu schaffen, aber, trotzdem, verdammt nochmal, nichts ist mir gelungen.«

Die revolutionären Massen

HE JIADONG: Ich wurde im September 1923 in eine Schulmeisterfamilie hineingeboren, mit der es Tag um Tag abwärts ging. Mein Geburtsort war das Dorf Duhecun in der Kleinstadt Shuanghe, Kreis Xinyang, Provinz Henan. Mein Vater war Wan Chengwu, ursprünglich hieß er Wan Fenglou, die Spuren seiner Tätigkeit sind spärlich, im Tagebuch eines der in der Frühphase führenden Mitglieder der Kommunistischen Partei Chinas, Yun Daiying, steht jedoch etwas über ihn. Er hatte seinen Bildungsabschluss gefälscht, war nach Wuchang in der Provinz Hebei gegangen und hatte dort die Zulassungsprüfung zur Zhonghua-Universität bestanden. Bereits wenige Tage nach der Immatrikulation kehrte er allerdings wieder nach Hause zurück und wurde Lehrer an der Liulin-Mittelschule. Meine Mutter war ein Bauernmädchen aus einer Familie Wang, einen Eigennamen hatte sie nicht, nach der Heirat nahm sie den Namen Wang Jinlan an. Als ich klein war, gab es in der Familie väterlicherseits noch meinen Opa, meine Oma, ein paar Tanten und einen jüngeren Bruder meines Vaters, der bei der Armee war und in einem der zahllosen Schlachtengetümmel zwischen den Kriegsherren gefallen ist. Die finanzielle Belastung meines Vaters war deshalb groß. Weil er sich aber als junger Mann einst auswärts bewiesen hatte, konnte Vater sich mit Yun Daiying anfreunden und sie bildeten eine sogenannte »Hilfsgemeinschaft«. Das geschah alles in der Anfangszeit des Sozialismus, als die Idealvorstellung war, dass, wenn es etwas zu essen gab, alle gemeinsam davon essen sollten, wenn es Geld gab, alle gemeinsam dieses ausgaben. Später traten alle diese Hilfsgemeinschaften kollektiv der Kommunistischen Partei bei, allerdings ohne Vater, denn er fürchtete, seine übermäßig schwere familiäre Belastung könnte das System schwächen. 1926 griff die Nordfeldzugarmee die Provinz Henan an, aber die revolutionäre Situation war jetzt so gefestigt, dass Vater mitsamt der Familie der lokalen Bauernvereinigung (eine »Roter-Speer-Gesellschaft«) beitrat. Versammlungen, Essen, Trinken, Diskussionen zum Vorgehen gegen lokale Tyrannen, all das fand nun bei uns zu Hause statt. Doch die große Revolution war im Handumdrehen verloren, und während der Kommunistensäuberungen durch die Nationalpartei gab es bei uns zu Hause eine Durchsuchung, bei der einiges beschlagnahmt wurde, Vater floh völlig panisch in den Nordosten nach Heilongjiang, wo sein illegaler Immigrationsversuch in die Sowjetunion scheiterte und er weiter im Nordosten umherzog, jahrelang hörten wir nichts von ihm – bis zum »Zwischenfall von Xi'an« und zur Ankündigung der Nationalisten und Kommunisten, gemeinsam gegen die vordringende japanische Armee zu kämpfen. Da ließ er dann, er hatte es inzwischen bis zum Chefsekretär des gesetzgebenden Gerichtshofs der Stadt Tianjin geschafft, einen Brief in die Heimat bringen, der mich, damals zwölf, dreizehn Jahre alt, nach Tianjin bestellte, um »eine Ausbildung zu erhalten«.

Weil 1937 jedoch der Zweite Krieg gegen die Japaner an der Marco-Polo-Brücke begann, kam ich nicht mehr nach Tianjin. Meine Bildung stammt aus der Zeit nach meinem Eintritt in die Revolution, als die Kommunistische Partei meiner Generation im Zuge der Alphabetisierung eine Gehirnwäsche angedeihen ließ.
In den frühen 1930er Jahren hatten die Armeen der Nationalisten und der Kommunisten noch gegeneinander um Einflussgebiete gekämpft, es ging hin und her wie bei einer Zwei-Mann-Säge. Als die 25. Rote Armee bei uns eintraf, wurden wir zu »revolutionären Massen« und räumten unsere Häuser, die als behelfsmäßige Gefängnisse der Roten Armee requiriert wurden, um vor allem »lokale« Tyrannen einzusperren. Allerdings waren das keine Tyrannen aus den »Rückkehrerkorps« zuvor vertriebener Grundbesitzer, die ihr Land von den Bauern zurückwollten und die man aus Filmen kennt, sondern kleine Händler oder solche, die während der Hauptsaison bei der Feldarbeit Knechte beschäftigten. – Kurz gesagt, jeder, dessen familiäre finanzielle Situation nicht ganz schlecht war, wurde zum lokalen Tyrannen. Sie wurden zu Dutzenden eingesperrt, an Dachbalken aufgehängt oder gefoltert, indem man ihnen scharfes Chiliwasser einflößte und sie auf die Tigerbank zwang, was sie den ganzen Tag so irrsinnig schreien ließ, dass wir Kinder unentwegt vor Angst und Schrecken zitterten. Der Anfang der kommunistischen Revolution beinhaltete nichts anderes, als Hass auf die Reicheren zu schüren.

Zu den revolutionären Massen war die Rote Armee sehr gut, weil unsere Küche requiriert war, nahm meine Familie am Essen aus dem großen Gemeinschaftskessel teil, das hatte durchaus Vorteile. Als später die Armee der Nationalisten auftauchte, konnten wir nicht auf dem Land bleiben und zogen in die Stadt, wo wir bei Verwandten Unterschlupf fanden und auch von Freunden unterstützt wurden. Ich ging zwei Jahre zur Schule, dann wurde der Unterricht ausgesetzt, weil die Schule als Lazarett für die im Widerstandskrieg gegen Japan verwundeten Soldaten gebraucht wurde. Angespornt von unserem patriotischen Eifer taten wir uns zusammen, um politisches *Living Newspaper*-Theater zu spielen und den verletzten Soldaten damit unsere Sympathie zu zeigen. Meine erste Liebe zur Literatur keimte dort.

Als ich mich stotternd und holpernd durch einen Haufen linker Literatur der Komintern fraß, las ich auf den Buchdeckeln ständig »verfasst von soundso, übersetzt von soundso«, und machte deshalb, ohne zu verstehen, was es bedeutete, genau dasselbe, als ich mein erstes Manuskript zur Publikation einreichte, ich schrieb, »verfasst von Mao Zedong, übersetzt von He Jiadong«. Außerdem hatte ich den ganzen Text Wort für Wort aus Texten von anderen abgeschrieben, auch das meinte »übersetzt von He Jiadong«. Ich kann mich gar nicht mehr erinnern, wie viele Texte ich auf diese Weise »übersetzt« habe!

Aufgrund der Schwierigkeiten unseres Landes war es mir nicht möglich, die Schule zu beenden, ich tauschte Stift gegen Waffe. Am 18. Juli 1938 meldete ich mich in der Kreisstadt Xinyang zur Prüfung für die Funktionärstrainingseinheit der Eisenbahngarnisonstruppen des ersten Kampfgebietes der Nationalarmee an. Zu der Zeit war ich 15, ich gab unrichtigerweise zwei Jahre mehr an, erhielt in all meiner Unwissenheit eine dreimonatige Militärausbildung, und nach dem überhasteten Abschluss wurde mir der mili-

tärische Rang eines Unterleutnants verliehen. Wir waren allerdings ein derart undisziplinierter Haufen, dass wir uns gleich beim ersten Kampfkontakt Hals über Kopf aus dem Staub machten. Wir rannten, so schnell uns die Füße trugen, aus der Region um die Städte Jiaozuo und Xinxiang in der Provinz Henan hinaus und suchten Zuflucht in der Provinz Gansu, beim Transportarbeitstrupp der Reisekaserne der Stadt Tianshui, der ausgerüstet von der Kommunistischen Partei den Spezialauftrag hatte, Eisenbahnstrecken zu zerstören, um so in Zusammenarbeit mit der Nationalarmee den japanischen Eindringlingen die Transportwege zu kappen.
1939 wurden dann Reibereien zwischen Nationalisten und Kommunisten bekannt, die insbesondere für die einfachen Leute Leid brachten, denn die Einflusszonen der Kontrahenten überschnitten sich oft in ein und demselben Dorf. So ging es erneut hin und her wie bei der Zwei-Mann-Säge, mal war der Vorteil auf der einen, mal auf der anderen Seite. Es gab damals eine Parole, die verlangte, »hinter den Rücken des Feindes im Rücken des Feindes vorzudringen«. So hatte zum Beispiel das 97. Heer der ursprünglich befreundeten Armee gerade verlorenes Gebiet von Süden bis Norden zurückerobert, als ein Heer der Kommunisten unter dem Vorwand, eine Gruppierung starrsinniger Traditionalisten auszumerzen, diesen eine vernichtende Niederlage beibrachte. Nachdem noch die Offiziere erschossen worden waren, machte man sich im Zug davon.
Oder kennen Sie vielleicht Lu Zhonglin? Er gehörte zu den Truppen des Kriegsherrn Feng Yuxiang und hatte einst den Auftrag, Puyi, den letzten Kaiser, zu verjagen. Weil er als von der nationalistischen Regierung ernannter Vorsitzender der Provinz Hebei aufgrund einer Regierungsverordnung in einem Dorf festsaß, wurde er gleich als »Dorfvorsteher Lu« diffamiert. – Die Kommunistische Partei, die in der verfälschenden Propaganda eine ihrer stärksten Seiten hat, mobilisierte so wiederholt die hart arbeitenden Massen, die »Einheitsfront« zu untergraben. Am Ende war die Nationalpar-

tei zu Fall gebracht und die Kommunistische Partei schaffte es nicht mehr, Japan Widerstand zu leisten. Zusammenarbeit nach außen, insgeheim jedoch deine eigenen Einsatztruppen dezimieren – diese inneren Kämpfe waren der wichtigste Grund dafür, dass der Norden Chinas dem Feind in die Hände fiel.

Ich war noch immer sehr jung und konnte nur im Strom mitschwimmen. Den ganzen Tag war ich auf der Flucht, einen Moment in Luoyang, im nächsten in Luohe. Als sich im Januar 1941 der Zwischenfall von Süd-Anhui ereignete, gravierte ich im Luoyanger Büro der 8. Feldarmee gerade Stahlplatten und druckte Material, das die, wie es hieß, »Wahrheit vom Bruderkrieg zwischen Nationalisten und Kommunisten« enthüllte. Es gab dort zwei große Wohnhöfe und einen kleinen, die vollgestopft waren mit Flüchtlingen. Tag für Tag sang man Widerstandslieder gegen Japan und die Führung ließ uns Tag um Tag eine Erziehung angedeihen, die uns allen Kummer fühlen und zu bereitwilligen Märtyrern werden lassen sollte – es konnte einem kalte Schauder über den Rücken jagen. Im April wurden wir dann über den Gelben Fluss geschickt.
Damals stießen aus dem freien, von Japan unbesetzten China jede Menge linke Künstler und Literaten zu uns, und soweit sie sangen, tanzten und den Pinsel schwangen, war das ganz in Ordnung, nur beim Partisanenkampf waren sie die reinsten Amateure. Auch ich selbst hatte es trotz meiner Jugend sogar bis zum Partisanenführer geschafft und konnte bei Feindkontakt nichts als Reißaus nehmen. Irgendwann trafen wir auf die Hauptarmee, im Taihang-Militärgebiet, wo Armeegeneral Chen Geng als Kommandeur eingesetzt war. Der General machte einen Aktenvermerk und integrierte uns in das Kulturensemble seines Militärgebiets. Damit wurde es für ein paar Monate etwas ruhiger – bis der Pazifikkrieg ausbrach.

Der Spionage verdächtig

Das Kriegschaos ging weiter, das Land hatte keine ruhigen Tage mehr, aber auch wer zum Helden veranlagt war, wollte sein Leben keinesfalls ohne Not wegwerfen. Als wir bei einer Säuberungsaktion der japanischen Teufel nicht mehr rechtzeitig wegkamen, zogen wir Zivilkleidung an und mischten uns unter die Landsleute. Wie im Film wurden wir jedoch schon bei der ersten Durchsuchung verraten. Die Teufel töteten uns allerdings nicht, sondern brachten uns als Kulis in den Kreis Houma in der Provinz Shanxi, wo wir über Monate Tag für Tag mit Tragestangen Wasser schleppten, Brennholz hackten und die Japaner bedienten. Während dieser Quälerei trug ich noch immer einen Funken Hoffnung in mir, ich schickte meinem Vater in Tianjin einen Brief, und tatsächlich, ich konnte es kaum glauben, schrieb er mir schon kurz darauf zurück und bezahlte eine Kaution für meine Freilassung. Das war 1942, ich war 18 und traf zuletzt meinen Vater in Tianjin wieder.

Vater hatte vorgesehen, dass ich wieder zur Schule ging, aber meine revolutionären Ideale hatte ich noch nicht aufgegeben. Ich machte in der Schule Propaganda für den Widerstandskrieg und agitierte dafür, dass sich alle mit mir gemeinsam der 8. Feldarmee anschließen sollten. So lernte ich Feng Yong kennen, der ein paar Jahre älter war als ich. Seine Familie wohnte im Kreis Zhonghe am Stadtrand von Tianjin, er war ein schlichtes Gemüt, voll leidenschaftlicher Hingabe an sein Land. – Im Frühjahr 1943 nahmen wir im Partisanengebiet Kontakt zur lokalen 8. Armee auf und wurden von dort zu dreizehnt vom Kreis Ninghe in Tianjin in den Kreis Zunhua in der Provinz Hebei versetzt. Von dort ging es weiter in den 13. militärischen Unterbezirk der 8. Feldarmee. Feng Yong, Song Dalei, mir und noch ein paar anderen stiegen vor Aufregung heiße Tränen in die Augen, weil wir zurück in Mutters Schoß waren. Erst da erfuhr ich, dass Feng Yong schon in der Neuen 4. Armee aktiv gewesen war, und nachdem sie aufgerieben worden war, eine Menge durchgemacht hatte, bevor er fliehen konnte.

Unsere Rückkehr jedoch fand zu einem denkbar ungünstigen Zeitpunkt statt, sie fiel genau mit der Yan'an-Berichtigungsbewegung zur Eliminierung von Konterrevolutionären zusammen, in Yan'an waren bereits eine Menge »Opportunisten« ermordet worden. Wir wurden ebenfalls verdächtigt, Spione zu sein, wurden an Ort und Stelle aufgegriffen, brutal verprügelt und danach verhört: »Was wollt ihr hier? Die militärische Lage ausspionieren?«

Ich antwortete: »Aus Liebe zum Land gegen Japan kämpfen.«

Aber niemand glaubte mir.

Die Tigerbank, Chili-Wasser, kopfüber vom Balken hängen, alles wurde ausgepackt, und nach diesen Folterungen wurden uns Tag und Nacht die Hände mit Handschellen auf den Rücken gefesselt. Wegen der »eigenen Leute« so vollständig am Rande des Todes zu sein, das war eine verdammte Scheiße. Song Dalei war zwei Jahre jünger als ich, er war weniger stabil und gestand als erster.

Allerdings war dieser Song Dalei auch fix im Kopf: Hätte er sich, als er merkte, dass die »eigenen Leute« wieder zu Grausamkeiten greifen wollten, weiter halsstarrig in das »aus Liebe zum Land gegen Japan kämpfen« verbissen, wäre das sein Untergang gewesen. Dann doch besser »ein offenes Geständnis für eine milde Behandlung«. Er gab zu, den Trotzkisten anzugehören und ein klassenfremdes Element zu sein. In der Not spintisierte er auf der Basis eines Aufsatzes von Chen Duxiu, den er einmal gelesen hatte, eine ganze Theorie über die Spaltung der chinesischen Trotzkisten zusammen. Die bäuerlichen »Fallprüfer« konnte er damit tatsächlich ins Bockshorn jagen.

Nachdem Song Dalei durch war, kam ich an die Reihe und musste wohl oder übel zugeben, dass ich zum Eisenbahnsabotagetrupp der Nationalistischen Regierung gehört hatte. Es sei aber ja doch der Widerstand gegen Japan und der Schutz des eigenen Territoriums eines jeden Pflicht gewesen. Als der »Fallprüfer« das hörte, geriet er in Rage und schlug auf den Tisch: »Du wirst ja wohl wissen, dass hier das Territorium der Kommunistischen Partei ist, wenn du von der Nationalpartei dich hier reinwanzen wolltest, um euren Einflussbereich auszuweiten, häng dieser verdammt dämlichen Traumduselei ruhig weiter nach!« Damit war der Straftatbestand »Spion der Nationalpartei« erwiesen.

Wir waren getrennt voneinander eingesperrt und ohne die Möglichkeit zur Absprache blieb lediglich, dass jeder nur für sich gestand, um zu verhindern, dass unsere Versionen nicht zusammenpassten. Zusätzlich gestanden wir ohne vorherige Absprache übereinstimmend, alle anderen seien von Sowieso und Sowiesowieso durch Täuschung hineingezogen worden. Nur Feng Yong kapierte nicht, was Sache war, beharrte mit heißen Tränen in den Augen auf der Wahrheit: »Ich bin eine Waise, die ihre Familie verlassen hat, um immer bei der Partei sein zu können, ihr irrt euch, ich bin ein echter Soldat der Neuen 4. Armee!« Dennoch hätten wir niemals gedacht, dass er, weil er lieber dem Tod ins Auge sah, als zu lügen, wirklich mit Fußtritten zur Exekution hinausgejagt werden würde! Es war unfassbar für uns! Bis heute, Jahrzehnte später, plagen mich deshalb noch immer Schuldgefühle, es kann durchaus sein, dass unsere falschen Geständnisse als Beweise für seine »wahrhaft widerständige Sturheit« dienten. Die Verantwortlichen damals, die das Leben anderer so wenig achteten, waren Jiao Ruoyu und Li Yunchang. Was wohl passieren würde, wenn sie einmal im Jenseits mit Feng Yong zusammenträfen?

»Milde dem Geständigen, Strenge dem Widerständigen«, war herkömmliche Politik unserer Partei, deshalb erhielten wir Übrigen, etwa ein Dutzend, wieder einen Passierschein für das Stützpunktgebiet der 8. Feldarmee und mussten damit das Gebiet verlassen. Damals war gerade alles überschwemmt, vor unseren Augen gab es nichts als eine riesige Wasserfläche, wir fanden mit Mühe und Not ein Boot in diesem untergegangenen Hirseland und zogen uns darin, verloren wie herrenlose Hunde, an den Stängeln der Hirse mit bloßen Händen Stück für Stück voran. So schwammen wir sehr, sehr lange dahin. Überall um Tianjin herum wurde die öffentliche Sicherheit mittlerweile von den Japanern kontrolliert, und wir mussten erneut, als wären wir Diebe, heimlich Blockaden umschiffen, bis wir ins Stadtgebiet zurückkehren konnten. Und kaum war es uns gelungen, den Teufelsklauen von Revolution und Gegenrevolution zu entrinnen, setzte sich Song Dalei noch mitten im Matsch auf seinen Hintern und schimpfte: »Lass dich nicht täuschen davon, dass sie verdammte Bastarde sind, das Land wird in Zukunft ihnen gehören!«

Unter denen, die damals eine »milde Behandlung« erhielten, gab es auch einen Yang Zhaorong, der sich nach unserer Ausweisung von uns trennte und Richtung Tangshan ging, mit dem Ergebnis, dass er einem Erkundungstrupp von echten Vaterlandsverrätern in die Hände fiel. Bei seiner ersten Befragung gestand er sofort: »Ich bin von der Kommunistischen Partei hinausgeworfen worden, ich habe noch den Passierschein.« Als nächstes gesellte er sich mit zusammengebissenen Zähnen zu dieser Bande, hatte ein paar Tage seinen Spaß als echter Spion und nutzte dann eine Unachtsamkeit von ihnen, um sich mit zwei Mauser-Knarren heimlich davonzumachen und sich wieder bei der 8. Feldarmee einzufinden. Inzwischen war die Yan'an-Berichtigungsbewegung vorbei, und er konnte die Wahrheit sagen: »Letztes Mal war ich tatsächlich kein Spion, aber was sollte ich tun, ich musste das Geständnis ablegen, ein Spion zu sein, um meinen Kopf zu retten; und was hätte ich diesmal anderes tun können, als ein echter Spion zu werden, ich habe Waffen mitgebracht und ergebe mich hiermit. Genossen, wie steht es, wollt ihr oder wollt ihr nicht?« Dieses Mal wollten sie ihn und so war er nach mehreren Wendungen doch noch ein Revolutionssoldat geworden.

Mein Schicksal war da weniger wendungsreich, nach dieser entmutigenden Erfahrung ging ich mit Vater brav nach Peking und fand in der Bibliothek eine Stelle, auf der ich eine ruhige Kugel schieben konnte, was ich bis zum 15. August 1945 tat, bis die Japaner offiziell kapitulierten.

Kurz nach dem Ende des Widerstandskriegs fing ich bei der von den Demokratischen Parteien betriebenen Tageszeitung *Guoguang ribao* an, ich schrieb jede Menge zeitaktuelle Kommentare, die die Regierung kritisierten und die Trommel für die Revolution rührten. Im Oktober 1945 klärte ich die Organisation über ein »Spion«-Problem auf und wurde als Untergrundmitglied in die Kommunistische Partei Chinas aufgenommen, für mich zuständig war Liu Ren in der städtischen Abteilung für Einheitsfrontarbeit des Pekinger Untergrundkulturausschusses. Meine Frau Chen Youzhen habe ich in dieser Zeit kennengelernt. Kurz darauf trat ich, arrangiert von der Organisation, in den Zhong-Wai-Verlag ein, der aus Chongqing hergezogen war, und arbeitete dort bis um das Mittherbstfest 1947 herum. Als der Verlag von der Nationalistischen Regierung geschlossen wurde, gingen meine Frau und ich nach Yan'an.

In Yan'an erhielt ich eine Ausbildung und zog als Redaktionsassistent weiter zur *Neuen Massenzeitung*, begann tief in Bergtäler vorzudringen, überdachte mein aus Büchern erlerntes »Sprechen mit fremdländischer Zunge« und schrieb meine Texte nur noch in der Umgangssprache der Massen. Insgeheim ärgerte mich sehr, dass der Chefredakteur nicht einmal die Mittelschule abgeschlossen hatte und trotzdem einer Gruppe von älteren Intellektuellen vorstand, die von den viel bekannteren Zeitschriften *Wenhuibao* oder *Ta Kung Pao* gekommen waren. Aber das war die neue Situation, am besten wurstelte man sich durch, so gut es ging. Dann war im Handumdrehen Tianjin befreit und nochmal ein Handumdrehen später gelang die friedliche Befreiung Pekings. Wohl im März 1949 folgte das gesamte Team der *Neuen Massenzeitung* der Armee in die Hauptstadt und änderte ihren Namen in *Tageszeitung für die Massen*.

Bauerntölpel machen Kohle in der Stadt

Die Bauerntölpel befreiten sich ebenfalls, übernahmen die westlich gebauten Häuser der Beamten der nationalistischen Regierung und der bürokratischen Kapitalisten und bezogen sie, ohne dass sie allerdings wussten, wie ein Wasserklosett funktioniert. Sie stellten sich bei ihrem Geschäft in der Hocke drauf und hatten auch keine Ahnung, dass man ein Ventil bedienen musste, um mit Wasser zu spülen. Folglich häuften sich die Exkremente von Tag zu Tag höher, drohten sie den Hintern zu erreichen, holte man Ziegelsteine und schichtete sie am Schüsselrand auf, um sich dort draufzustellen; aber die Scheiße stieg weiter, und war sie wieder oben angelangt, brauchte es weitere Ziegel; irgendwann war man bei fünf, sechs Ziegeln aufeinander, und wenn man sich so weit oben draufhockte, brauchte man schon ein gewisses Geschick, um noch das Gleichgewicht zu halten. Konnte man schließlich auch mit den untergelegten Ziegeln sein Geschäft nicht mehr verrichten, ohne dass ein Unfall drohte, schaffte man die Fäkalien mit Eimern und Krügen nach draußen.

Nun, die Menschen, die etwas von den Kloschüsseln verstanden hätten, waren leider in Erschießungen exekutiert worden, wie hätte man sie also selbst bei so etwas Trivialem wie den menschlichen Ausscheidungen noch um Rat fragen können? Die ganze Pekinger Wirtschaft war in jener Zeit praktisch lahmgelegt, die Preise galoppierten, allein beim Essen stand jeder vor Problemen. Deshalb übernahm ich Verantwortung in der Krise und bei der *Tageszeitung für die Massen* die Aufgabe des Leiters der Abteilung für Arbeitsabläufe. Zugleich wurde ich Chef der Druckerei. Am 1. Juli 1949 änderte die *Tageszeitung für die Massen* ein weiteres Mal ihren Namen in *Arbeitertageszeitung*, ich stand ein paar Dutzend Leuten vor, die alle gleichermaßen dringend Geld verdienen und neben der Zeitung noch Bücher drucken wollten. Ich ging also zur Armee, um Aufträge zu akquirieren, und konnte in der nordchinesischen Militärzone den Druck von Nachschlagewerken wie *Die innere Medizin des Westens* für uns einwerben, jedes dieser Bücher war dicker als ein Ziegelstein und so kam es, dass sich das Blatt für uns sehr schnell zum Positiven wendete. Denn damals war bei der Armee definitiv am meisten zu holen.

Von nun an betrieben wir einen Verlag, wir gaben selbst heraus, druckten selbst und machten auch selbst den Vertrieb. Es war wie heute beim unabhängigen Buchhandel außerhalb der offiziellen Kanäle. Ob Zeitung oder Buch, mit Schere und Kleber konnte eine Person an einem Abend ein Werk zusammenschustern. Etwa ein *Ein Leselernbuch*. Es war wirklich fantastisch, es mussten nur Schriftzeichen drin sein, schon war es ein Buch, wir druckten davon mehrere Hunderttausend, bis zu einer Million und hatten ratzfatz alles verkauft. Mao Zedongs *Über die Diktatur der Volksdemokratie* veröffentlichten wir am ersten Tag nur in der Zeitung, am nächsten Tag stellten wir die Buchausgabe zusammen und noch in derselben Nacht druckten wir sie und warfen sie auf den Markt.

Ich wurde zum Top-Experten im Revolutionskohlemachen, die Geldscheine flatterten uns nur so ins Haus, selbst wenn man die Flut hätte aufhalten wollen, man hätte keine Chance gehabt. Wir kauften Maschinen, tauschten die Einrichtung aus und bauten schließlich sogar eine größere Druckerei. Außerdem rekrutierten wir in der Gesellschaft draußen neues Personal, wer Talent hatte, wurde genommen. Ich erinnere mich noch, wie wir die Banknoten damals auf einen sowjetischen Lkw der Marke *Befreiung* luden und zu einem kleinen Berg gehäuft zur alten *Chinesischen Volksbank* im Wangfujing-Viertel transportierten, um es einzuzahlen, eine Wagenladung entspräche heute vier, fünf Millionen Renminbi.

Aber ich zahlte für das viele Geld auch einen verheerenden Preis. Ich arbeitete jeden Tag zwanzig Stunden und stellte mir neben die ratternde Buchdruckmaschine eine Holzbank, auf der ich zwischendrin schlief, meine Augen waren blutunterlaufen, beim kleinsten Anlass riss ich sie auf wie ein Leopard, der einen Menschen fressen will. Die Leute in meiner Umgebung hatten Angst vor mir, ohne dass ich das wusste.

Wäre es so weitergegangen, wäre ich vielleicht ein Wahnsinnsverleger geworden oder auch ein Zeitschriftenverleger wie der Journalist und politische Theoretiker Zou Taofen. Doch dann kam eine Kampagne und die anderen machen dich zur Zielscheibe ihrer Revolution.

Bei den Kampagnen »Widerstand gegen Amerika, Hilfe für Nordkorea« und »Unterdrückung der Konterrevolution im Land« war ich noch der Chef gewesen, der die Konterrevolution in seiner eigenen Einheit kontrollierte, bei den Kampagnen gegen die drei Übel der Korruption, Verschwendung und Bürokratie sowie gegen die fünf Übel der Bestechung, Steuerhinterziehung, betrügerischen Entwendung von Staatseigentum, Pfusch bei der Arbeit und Diebstahl von nationalen Wirtschaftsinformationen wurde ich jedoch dann 1952 selbst zur Zielscheibe der öffentlichen Kritik – wie kann man schließlich so viel Kohle scheffeln, ohne korrupt zu sein? Es wurde in der Folge von der Organisation ein Vizeabteilungsleiter geschickt, um die Bücher zu prüfen, ein Kader aus dem Taihang-Gebirge, einem alten Revolutionsstützpunktgebiet. Ich wusste über jede Summe, die durch meine Hände gegangen war, genau Bescheid, aber das reicht nicht, du junger Kerl bist viel zu schnell nach oben geklettert, damit man dich ersetzen kann, musst du entlarvt werden, der Tiger muss geschlagen werden, bis er nicht mehr hochkommt. Deshalb wurden die Bücher nochmal wieder und wieder durchforstet, bis sich endlich ein Beleg für eine Honorarvorauszahlung an den Armeeschriftsteller Gu Ligao fand. Es stellte sich heraus, dass ich für diesen Gu die Kurzgeschichtensammlung *Der alte Bataillonskommandeur* herausgegeben und er mir eines Tages geschrieben hatte, er sei in Geldverlegenheit, ob ich ihm ein wenig Honorar vorab bezahlen könne. Ich war einverstanden und machte eine Notiz für die Buchhaltungsabteilung: »Bitte 500 Yuan Honorar vorab auszahlen.« Obwohl Gu Ligao daraufhin das Geld erhalten hatte, blieb meine Notiz stehen, und als der Ermittler ihn befragte, antwortete er, ohne zu wissen, was der Hintergrund des Ganzen war, leider schlicht nur, er könne sich nicht erinnern. So was konnte einen wirklich verdammt rasend machen, die gute Absicht ging voll nach hinten los, ich verdiente damals selbst nicht mehr als 150 Yuan. Aber ich fügte mich in mein Pech, übernahm auch die Verantwortung für die Buchhaltung, biss die Zähne zusammen und lieh mir Geld, um den Schaden zu begleichen.

Obwohl es sich nur um ein so kleines »Korruptionsdelikt« handelte, wurden dann noch weitere Spuren verfolgt, der bereits erwähnte »Spionagefall« wurde wieder ausgegraben, er sollte neu verhandelt werden: Wo der Genosse, der dir den Eintritt in die 8. Feldarmee vorschlug, sein Leben gab, wie konntest da du der Verantwortung entkommen? In diesem Tenor ging es weiter bis zum Parteiausschluss und zur Enthebung von meinen Aufgaben, dummerweise waren nur die Beweise nicht wirklich stichhaltig, sonst hätte man einen klaren Widerspruch zwischen Freund und Feind herausgearbeitet und mich für eine Strafe vor Gericht gestellt.

Den Eintritt in die 8. Feldarmee vorgeschlagen hatte mir der verdeckte Spion der Kommunistischen Partei und Berater des Eisenbahnsabotagetrupps der nationalistischen Regierung, Huang

Mingjian, mit einem »Spionagefall« hatte das aber nichts zu tun. Huang hatte mich ins Büro der 8. Feldarmee gebracht. Später flog er auf und in der Gesellschaft ging das Gerücht um, ich hätte ihn verraten. 1942, während der Yan'an-Berichtigungsbewegung, wurde die gesamte Parteikomiteegruppe der Provinz Henan als konterrevolutionäre Organisation, die »Rote-Fahne-Partei«, enttarnt und meine Geschichte mit diesem Huang war nun schon gar nicht mehr zu klären. – Aber langer Rede kurzer Sinn, irgendwann ließ der Himmel, als hätte er Augen im Kopf, Huang Mingjian als meinen Retter wieder auftauchen und mein angeblicher Treuebruch klärte sich auf. Ich war trotzdem bei meinem Sturz gründlich auf die Nase gefallen, war zur einfachen Arbeit an die Basis geschickt worden und machte im Lektorat des Verlags nun Layouts. Nachdem ich weg vom Fenster war, wurden Zeitung und Verlag radikal getrennt und der Zuständigkeit der Abteilung für Kultur und Erziehung des Nationalen Gewerkschaftsbundes unterstellt, es kam ein großer Haufen Leute, die sich die Verantwortlichkeit für die Arbeit, die ich vorher alleine getragen hatte, aufteilten, Abteilungsleiter wurde ein gewisser Chen.

Das Postengeschacher dauerte ein ganzes Jahr, der Chef der Publikationsabteilung über dem Lektorat wurde ebenfalls ausgetauscht. Der Vizeabteilungsleiter, der mich korrigiert und abserviert hatte, musste wegen seiner Familienzugehörigkeit zu den Grundbesitzern zuletzt auch in den sauren Apfel beißen und wurde an die Basis aufs Land in den weiten Nordwesten geschickt, wo er sich erfolglos abrackerte. 1957 wurde er, weil er seinem Unmut Luft machte, ebenfalls zum »Rechten« gestempelt und tauchte für gute zwanzig Jahre unter. Anfang der 1980er Jahre kam er aus Gansu reisemüde und staubbedeckt zurück in den Arbeiterverlag und war tief ergriffen, als er den vertrauten Ort wiedersah. Ich aber wollte ihn unter allen Umständen ignorieren, ich konnte meine Wut nicht hinunterschlucken, verdammt nochmal.

Die rote Gelddruckmaschine

Mein besonderer Charakterzug als Berufsrevolutionär war, auch unter widrigsten Umständen niemals aufzugeben. Für Wu Yunduo habe ich während der Zeit meiner Amtsenthebung das Buch *Widme alles der Partei* fertiggestellt. Ich hatte in der *Arbeitertageszeitung* einen Bericht von ihm gelesen, den ich interessant fand, und wollte ihn treffen. Er lernte damals an einer Fachschule Russisch, da er in die Sowjetunion wollte, und weil der Unterricht sehr intensiv war, hatte er keine Zeit. Also stieg ich aufs Fahrrad, passte ihn unter einem Basketballkorb ab, und er erzählte dann in seiner Mittagspause und ich schrieb mit. Als ich jedoch zu Hause daran arbeitete, merkte ich, dass noch Vieles fehlte. Also holte ich seinen 20 000 Zeichen langen Bericht wieder hervor und ergänzte und änderte, bis ich 50, 60 000 Zeichen zusammen hatte, so dass das Büchlein gerade so als ein »Memoiren«-Band durchgehen konnte.

Wu Yunduo war ursprünglich Arbeiter, später schloss er sich der Waffenreparaturstelle der Neuen 4. Armee an, er war flink im Kopf und gut im Erfinden und Erneuern. Damals fehlte es überall an Waffen. Auch die Herstellung von Granaten erfolgte oft manuell und war gefährlich – man musste nur kurz nicht aufpassen, schon war der Unfall da. Wu Yunduo wurde beim Experimentieren mit Gewehrgranaten viele Male verletzt, eine Explosion riss einen Finger zum Großteil ab, ein Splitter hatte eines seiner Augen zerstört. Er war nur drei Jahre älter als ich und ihm steckte für immer ein Granatsplitter in einer Augenhöhle, den man bis zu seinem Tod nicht mehr würde herausholen können. – Überleg doch: Aus solchem Stoff sind Helden gemacht, ist das nicht mitreißender als die in den ersten Jahren nach der Befreiung so populären Erzählungen vom »heutigen Glück gegenüber vergangenem Leid«, von der selbstbestimmten Heirat und dem Kampf gegen reiche Grundbesitzer? Deshalb hat es das auch, von *Mao Zedongs ausgewählten Schrif-*

ten einmal abgesehen, zum ersten Literaturbestseller der 50er Jahre des 20. Jahrhunderts geschafft, es wurden Millionen Exemplare davon in Umlauf gebracht.

Und das war ein Neuanfang, der Arbeiterverlag arbeitete nun eine ganze Serie mit ausgewählten Titeln revolutionärer biografischer Literatur aus, unter anderen ging es um Wang Ruofei, Zhao Yiman, Yang Jingyu, Fang Zhimin, Shi Yang, Lin Xiangqian oder Liu Zhidan, das Produktionsmuster unterschied sich in nichts von meinem Schreiben über Wu Yunduo, andere recherchierten das Material und verfassten eine Art Handlungsübersichten, die von mir zurechtgestutzt, ausgestaltet und bearbeitet wurden, bis die finalen Fassungen standen, die dann publiziert wurden. Für *Zhao Yiman* beispielsweise hat der angebliche Autor gut 10 000 Schriftzeichen Ausgangsmaterial verfasst, vermutlich war es von einer Märtyrerstätte kopiertes Originalmaterial. Auf dieser Grundlage bin ich von Sichuan nach Harbin und habe dort ein Manuskript mit gut 100 000 Schriftzeichen fertiggestellt. Weiterhin gibt es *Meine Familie*, über das Hu Yaobang so voll des Lobes war und das auch in der *Chinesischen Jugendzeitung* als Serie abgedruckt wurde, mein Name wurde allerdings im letzten Moment gestrichen, weil ich gerade zum »Rechten« geworden war.

Du fragst, wie der Hauptverfasser linker Bestseller zum Rechten werden konnte? Haha, vermutlich muss einfach unter den Ärschen jeder größeren Ansammlung revolutionärer Schriftsteller ein Rechter, ein Konterrevolutionär oder ein klassenfremdes Element quer liegen.

Manchmal wollte ich selbst gar nicht mit meinem Namen unterzeichnen, ich fand, die Herausgabe eines Schriftstellers ist eben die ureigene Aufgabe eines Herausgebers; manchmal fürchteten andere, ich könnte ihnen die Schau stehlen, und setzten Himmel und Hölle in Bewegung, damit ich nicht unterzeichnen konnte. Zu der Zeit redete ja auch kaum jemand von geistigem Eigentum.

Das größte Glück, das mir das Schreiben über Wu Yunduo einbrachte, war, dass ich Huang Mingjian wieder traf. Es zeigte sich, dass er nach seiner Verhaftung den Kontakt zur Organisation verloren hatte. Erst in den Anfangsjahren nach der Befreiung stieg er wieder ein und befasste sich bei einem Shanghaier Radiosender mit chinesischer Oper. Ich ging mit ihm sofort zu den Oberen und die Verrätergeschichte war im Nu vom Tisch. Verdammte Scheiße, wäre dieser Kerl nicht wieder aufgetaucht, ich wäre den Rest meines Lebens am Arsch gewesen. Nur der Partei trat ich trotzdem nicht mehr bei, für eine erneute Mitgliedschaft wären ein Haufen Formalitäten zu erledigen gewesen; und der frühere Posten? Der war sowieso besetzt. Deswegen rief man im Verlag aufgrund der besonderen Umstände ganz neu ein Literatur-Team ins Leben, das schon kurz darauf in eine Literatur-Redaktion umgewandelt wurde, deren Vizedirektor ich wurde.

Als nach den Geschehnissen um die »konterrevolutionäre Clique Hu Fengs« 1955 die Funktionäre seitens der Organisation gründlich überprüft wurden, wurde bei mir wieder jedes Detail seit meiner Teilnahme an der Revolution umgekrempelt, doch am Ende hatten nicht wenige Leute bezeugt, dass ich ein ehrbarer Mensch sei. Der Parteizellensekretär sagte daraufhin zu mir: »Das Untersuchungsergebnis zeigt einen anständigen Kerl!«

Ich sagte: »Die falsche Behandlung sollte dann aber in Ordnung gebracht werden.«

Da forderte mich die Organisation doch tatsächlich auf, eine Eingabe zu formulieren und darin eine Richtigstellung zu verlangen. Ich ging sofort in die Luft: warum denn? Ihr habt den Verstoß gegen die Parteistatuten begangen, ihr habt falsche Anschuldigungen gegen mich erhoben und mich drangsaliert, und nun soll ich eine Eingabe machen?

Mit dieser Haltung wurde ich erneut zu einem allgemeinen Ärgernis, in jenen Jahren ließ man sich nämlich besser auf kein Geschacher mit der Organisation ein! Diese festgefahrene Situation bestand bis 1957, als ich, weil verantwortlich für die Veröffentlichung von Liu Binyans *Interne Informationen aus unserer Zeitung*, in Komplizenschaft zum »Rechten« wurde. Der Chefredakteur bekam es mit der Angst und wollte, dass ich »die politische Verantwortung dafür übernahm«.

Ich fragte: »Und du?«

Er antwortete: »Ich übernehme nur die administrative Verantwortung. Ich bin schließlich von dir hinters Licht geführt worden.«

So wurde ich wieder einmal zum Sündenbock. Ich fiel vier Stufen hinunter, behielt aber meinen Job. Andere »Rechte« im Verlag weinten bittere Tränen auf den Vollversammlungen und wollten »ihr Leben neu beginnen«; ich hingegen verschränkte meine Hände in Untätigkeit, betrat keine Versammlungsbühne und sagte keinen Ton. Das erregte wieder den allgemeinen Ärger und ich wurde von der gesamten Belegschaft hängen gelassen. Diese Arschlöcher, so verhalten sich doch nur Wichser, oder? Ich war eine von niemandem zu ersetzende rote Gelddruckmaschine!

Warum ich später trotz meiner ständig zu unterdrückenden Wut wieder mit zehnfachem Elan rote Literatur produzierte? Ich wollte eben etwas Herausragendes schaffen, ich wollte allen zeigen, dass ein Rechter noch revolutionärer und tüchtiger sein konnte als ein Linker, dass ich nicht zu Fall gebracht war und dass niemand mich niederringen konnte.

Wu Yunduo, nominell der Autor von *Widme alles der Partei*, hatte 167 000 Yuan Tantiemen eingestrichen, mir schenkte er davon ein Radio, von anderen Druckwerken wurden jeweils Hunderttausende, Millionen in Umlauf gebracht, die waren jedoch nicht original von mir verfasst. Heute wieder an diesen roten Müll zu denken, verunsichert mich gerade total, es kommt mir vor, als wäre ich mit meinem Leben auf der ganzen Linie gescheitert.

Der Roman *Liu Zhidan*

Der Buchtitel *Liu Zhidan* sollte besser *Fälschlich ins Allerheiligste des Tigers* lauten.

Wegen meiner heroischen Erfolge bei der Serie roter Bestseller blieb ich in meinem Job vor Ort, während alle anderen »Rechten« in ferne Grenzregionen geschickt wurden, um dort ihre Strafe abzuleisten. Im Nachhinein denke ich, in der Umerziehung durch Arbeit wäre ich besser dran gewesen. *Liu Zhidan* war vor längerer Zeit schon in die Liste der möglichen Publikationsthemen aufgenommen worden, Parteizellensekretär Wang Simian hatte für das Manuskript eine Angehörige Liu Zhidans, Li Jiantong, ausfindig gemacht, Li lehnte zunächst mit der Begründung, »so was kann ich nicht«, ab, trotzdem fuhr Wang Simian mit ihr, eine »Kooperation« vorgebend, für Interviews in ihre Heimatregion. Als sie einen Teil ihres Erstmanuskripts geschrieben hatte, wurde im Verlag entschieden, dass es von mir überarbeitet und in die finale Fassung gebracht werden sollte. Ich interviewte in Peking ebenfalls eine Handvoll Leute. Es ging ein paar Mal hin und her zwischen ihr und mir, bis wir gemeinsam eine sinnvolle Geschichte und passende Charaktere zusammenhatten. Meine Besonderheit ist, dass ich mir für das gedankliche Konzept viel Zeit lasse, am Plot tüftle, bis die Wahrheit zum Vorschein kommt, dann erst beginne ich zu schreiben. Auf diese Weise wird es aus einem Guss, Bearbeitungsspuren gibt es kaum.

Während der drei Jahre der großen Hungersnot von 1959 bis 1961 wurde der Arbeiterverlag wegen wiederholter Verfehlungen zwangsweise verschlankt und zu einem Anhängsel der *Arbeitertageszeitung*. Von einer Gruppe mehrerer hundert Leute blieben fünf übrig. Ein Redaktionsbüro waren zwei Chefs, zwei Redakteure und ein Vertriebler. Hungrig und überarbeitet, wie ich war, musste ich zusätzlich *Liu Zhidan* hinbekommen. Auf einmal wurde ich krank und dämmerte im Bett vor mich hin, als würde ich mich niemals wieder bewegen können.

Im Verlag hatte man Li Jiantong vorher noch meinen Hintergrund erläutert und sie war sofort einverstanden, dass ich der verantwortliche Herausgeber für *Liu Zhidan* sein sollte, was zeigte, dass sie Ahnung hatte. Das erste Manuskript von *Liu Zhidan* hatte gut 200 000 Schriftzeichen, nachdem die Korrekturfahnen gesetzt und gedruckt waren, wurden sie an einen alten Freund Liu Zhidans zur Prüfung geschickt, an den einstigen Vorsitzenden des Sowjets der Provinzen Shaanxi und Gansu, Xi Zhongxun, der zwei »Umarbeitungsanweisungen« übermittelte, deren eine besagte, der Roman müsse umgeschrieben werden zu »einer Versinnbildlichung der chinesischen Revolution«, »einer Versinnbildlichung der Mao-Zedong-Gedanken« und »einer Versinnbildlichung der Zeit«; die andere wollte unter anderem, dass »über Nord-Shaanxi als vorübergehendem Aufenthaltsort beim Langen Marsch und Ausgangspunkt des Widerstandskriegs gegen Japan geschrieben wird«. In einem Satz zusammengefasst musste eine durchschnittliche Revolutionsbiografie zu einem gigantomanischen Meisterepos überhöht werden. – Das überstieg meine Fähigkeiten wirklich, doch Li Jiantong ließ sich davon extrem begeistern, sie verbrachte zusammen mit ihrem Mann Liu Jingfan mehrere Monate im revolutionären Stützpunktgebiet Nord-Shaanxi und interviewte dort Hunderte Menschen. Da musste ich ja wohl oder übel mitziehen und mit ihnen Informationen recherchieren. Ich kopierte alle relevanten Berichte aus Zeitungen und Zeitschriften aus der ehemals unter nationalistischer Kontrolle stehenden Region. Auf dieser Grundlage bearbeiteten wir das erste Manuskript beherzt noch einmal und so nahm das zweite Gestalt an. Das war im September 1962, am Vortag der 10. Plenartagung des 8. Zentralkomitees der Kommunistischen Partei Chinas.

Der damals für ideologische Fragen zuständige Zhou Yang schätzte *Liu Zhidan* sehr hoch ein und auch die *Chinesische Jugendzeitung*, die Tageszeitung *Guangming ribao* sowie die *Arbeitertageszeitung* rissen sich noch vor der Veröffentlichung regelrecht darum, das Buch als Zeitungsserie abzudrucken, Yan Hongyan, der damalige Sekretär des Provinzparteikomitees von Yunnan hingegen platzte fast vor Wut, er schrieb Li Jiantong, nachdem sie ihm die Korrekturfahnen geschickt hatte, nur einen einzigen Satz zurück: »Bin mit der Veröffentlichung dieses Buches nicht einverstanden, es muss erst in der Zentrale diskutiert werden.« Außerdem reichte er Klage bei Kang Sheng ein. Kang Sheng denunzierte uns daraufhin direkt bei Mao Zedong, dem er sagte, *Liu Zhidan* erhebe seine Stimme gegen das Unrecht, das Gao Gang angeblich erfahren habe, als er des Landesverrats schuldig erkannt worden war.

Für Li Jiantong, die gerade bester Stimmung war, war das wie ein Kübel Eiswasser mitten ins Gesicht, auch sie hatte einen durchaus passablen Familienhintergrund und keine Angst vor Yan Hongyan gehabt, bis der unvermutet seine Verbindungen nach ganz oben spielen ließ. Und Mao Zedong veröffentlichte kurz darauf folgenden bekannten Kommentar: »Romane gegen die Partei einzusetzen, ist eine großartige Erfindung, wann immer man ein Regime stürzen will, muss man zuerst die öffentliche Meinung beeinflussen, man muss zuerst ideologische Arbeit leisten, das macht die revolutionäre Klasse so und das macht die konterrevolutionäre Klasse genauso.«

Du fragst, ob Mao den Roman gelesen hat? Ich glaube, dass nicht einmal Kang Sheng und Yan Hongyan ihn gelesen haben – Yan Hongyan hatte vielmehr mit Liu Zhidan eine frühere Auseinandersetzung. Yan betrieb damals in Shanxi eine Partisanentruppe, die sich, vom Feind vertrieben, verstecken und in alle Richtungen fliehen musste, dabei überquerten sie in ihrer Not den Gelben Fluss nach Westen, von Nord-Shaanxi flohen sie weiter in das Grenzgebiet zwischen den Provinzen Shaanxi und Gansu, um bei

Liu Zhidan Unterschlupf zu finden. Der nahm sie mit großer Gastfreundschaft auf, doch als Yan sah, welches Territorium und welche Truppen Liu hatte, wurde er schlagartig gierig und unternahm einen Überraschungsangriff, bei dem er die anderen entwaffnete und von denen, die nicht klein beigaben, viele tötete, er riss die Macht von Liu Zhidan an sich und auch Liu Jingfan flog raus. – Dass das Buch *Liu Zhidan*, wo es um diese kontroverse historische Angelegenheit geht, ausweichend erzählt, führte scheinbar zu einem Missverständnis – obwohl für Yan Hongyan sogar ein Pseudonym verwendet wurde. Als ich Yan Hongyan, der zu einer Versammlung nach Peking gekommenen war, dazu interviewt hatte, wollte er sich nicht so recht äußern und sagte nur: »Es wäre besser über Xie Zichang zu schreiben als über Liu Zhidan.« Zusätzlich meinte er noch, Liu Zhidan sei ein Bandit gewesen, habe mit Opium gehandelt, Frauen genauso geraubt wie Sachen, und kaum sei es zu einem Kampf gekommen, sei er auf Eseln mit den Frauen getürmt. Einen Banditen, der »ein ganzes Gebiet so gefährdet«, aufzugreifen und nicht zu töten, habe bedeutet, ihn billig davonkommen zu lassen.

Als ich das hörte, war ich extrem angewidert, was sollte man dazu sagen, wenn jemand zu Unrecht Menschen tötete, und darüber nicht die geringste Scham zeigte! Und wenn man schon unbedingt behaupten will, Liu Zhidan sei ein Bandit gewesen – auch Mao Zedong sind in den Jinggang-Bergen Banditen, nämlich Wang Zuo und Yuan Wencai, zu Hilfe gekommen, und als Wang und Yuan später im zunehmenden Linkswind fahrlässig getötet wurden, brachte Mao sogar in einem Buch sein tiefes Bedauern darüber zum Ausdruck.

Als ob die Truppen von Xie Zichang und Yan Hongyan nicht geplündert, sich keine Frauen gegriffen, kein Opium geraucht und keine »Banditen«, die Geschäfte machten, gefangen genommen hätten! Keiner soll sagen, dass sein Arsch unter dem schönen Gerede vom »Festhalten am revolutionären Kampf« sauber geblieben wäre. Im Partisanenkampf, da hast du keine Möglichkeit, rechtmäßig Steuern, auch nur Naturalsteuern, zum Beispiel Getreide, einzutreiben, und ebenfalls keine Möglichkeit, Geld zu drucken, wie hätte man also überleben sollen? Neben der im Kampf erbeuteten Versorgung war die Rote Armee damals vollständig auf sogenannte »Mittelbeschaffung« angewiesen; »Mittelbeschaffung« hieß es bei der Kommunistischen Partei, »Geiselnahme« bei der Nationalregierung, wenn die eine Hand Geld gab und die andere dafür Leute freiließ, die sonst getötet worden wären. Das steht im ersten Band von *Mao Zedongs ausgewählten Schriften*.

Wie steht es aber nun noch um die Sicht auf Gao Gangs Urteil? Nachdem das 26. Heer der Roten Armee auf seinem Weg südwärts vollständig aufgerieben worden war, kehrte Liu Zhidan, selbst nur knapp dem Tod entronnen, ins Revolutionsgebiet, die Provinzen Shaanxi und Gansu, zurück; augenblicklich eilte Gao Gang, als er davon Nachricht erhielt, von Xi'an ebenfalls heran, um in seiner Eigenschaft als Sekretär der Militärkommission des Provinzparteikomitees von Shaanxi das geschlagene Heer zusammen mit Liu Zhidan unter dem alten Banner zu reorganisieren. Gemeinsam bauten sie das 26. Heer der Roten Armee neu auf. Nur wegen der Entwicklung mächtiger Truppen gab es das revolutionäre Stützpunktgebiet von Nord-Shaanxi und Shaanxi-Gansu überhaupt. Später kämpfte Xu Haidongs 25. Heer der Roten Armee in Shannan, im Süden der Provinz Shaanxi, und vernichtete das Regiment des mit den Kommunisten fraternisierenden Zhang Hanmin aus der Nationalarmee des Yang Hucheng. Regimentskommandant Zhang Hanmin behauptete, er sei Mitglied der Kommunistischen Partei und kenne Liu Zhidan, trotzdem wurde er getötet. Die Vollstrecker des linken Kurses glaubten nicht nur nicht, dass ein Regimentskommandant der anti-kommunistischen »Weißen Armee« zur Kommunistischen Partei gehören könne, sondern sie glaubten sogar an eine Verschwörung zwischen eigenen Leuten und den anderen sowie an eine Konterrevolution innerhalb der Roten Armee. Deshalb brachten sie, wann immer bei Massakern von Kriegsgefangenen einer am Leben blieb, diesen nach Nord-Shaanxi, um die Konterrevolution ausfindig zu machen. So wurden Liu Zhidan, Gao Gang, Xi Zhongxun und Liu Jingfan von »eigenen Leuten« gefangen gesetzt.

Du fragst, wie Liu Zhidan und Gao Gang, mit Truppen zu ihrer Verfügung, sich brav gefangen nehmen lassen konnten? Liu Zhidans Parteigeist war einfach zu stark, obwohl der Haftbefehl sogar irrtümlicherweise ihm zugestellt wurde, leistete er keinen Widerstand, um keinen offenen Kampf zwischen verschiedenen Fraktionen der Roten Armee zu riskieren. Er stellte sich stattdessen freiwillig und wollte sich mit seinen politischen Widersachern auseinandersetzen. Während der sogenannten »Liquidierung von Konterrevolutionären« wurden aber sechs-, siebenhundert Offiziere getötet, die Intellektuellen in der Armee wurden nahezu vollständig beseitigt, und wäre nicht das Hauptheer der Roten Armee rechtzeitig herangeeilt, wären auch die Leben von Liu Zhidan und Gao Gang nicht zu retten gewesen.

1942 bestätigte die Zentrale im Zuge der Yan'an-Berichtigungsbewegung, dass Liu Zhidan und Gao Gang dem richtigen Kurs gefolgt waren, Yan Hongyan hingegen wurde der Konterfraktion zugeschlagen und kam unter Druck, seine Wut darüber musste er jedoch wohl oder übel für sich behalten. In den 50er Jahren erregte dann Gao Gang Mao Zedongs Unwillen und wurde niedergemacht, der Versuch von Yan Hongyan und seinen Leuten, die Gelegenheit zu nutzen, um eine Revision ihres Urteils zu erwirken, schlug fehl; jetzt erst war Li Jiantong aus Unkenntnis über die Hintergründe unabsichtlich in die Falle eines politischen Gegners getappt.

Im dritten Band der ersten Auflage von *Mao Zedongs ausgewählten Schriften* gab es folgende Anmerkung: »Der richtige Kurs, vertreten durch Liu Zhidan und Gao Gang.« Nach den Ereignissen um Gao

Gang wurde diese Anmerkung in der zweiten Auflage von *Maos ausgewählten Schriften* geändert zu: »Liu Zhidan, der den richtigen Kurs umsetzte und die Rote Armee und das revolutionäre Stützpunktgebiet von Nord-Shaanxi schuf.« – Yan Hongyan steckte das im Hals wie eine Gräte, denn in seiner Wahrnehmung war er der Erschaffer der Roten Armee von Nord-Shaanxi und keinesfalls Liu Zhidan, aber er wagte nicht zu sagen, dass *Maos ausgewählte Schriften* sich irrten. Dass er den Romans *Liu Zhidan* »als Revision des Urteils über Gao Gang« anzeigte, stand auch im Dienst einer Revision seines eigenen Urteils.

Wir alle waren damals völlig ahnungslos, wir dachten, wir hätten ein simples Revolutionsepos verfasst, was dem »Beschluss über verschiedene historische Fragen« aus der Zentrale ja völlig entsprochen hätte. Später gelangte jedoch ein Sonderermittlungsteam zu der Ansicht, Li Jiantong sei lediglich eine Marionette gewesen, die wahren Autoren des Romans seien Liu Jingfan und Xi Zhongxun. Das zog immer weitere Kreise, bis es schließlich eine »parteifeindliche Clique mit Xi Zhongxun, Liu Jingfan und Jia Tuofu« gab und über einhundert Generäle in den Fall verwickelt waren, sogar ein Peng Dehuai wurde mit hineingerissen. Li Jiantong berichtete darüber in einem späteren Aufsatz, dass sie am 8. Januar 1968 zeitgleich mit Liu Jingfan und Ma Wenrui verhaftet wurde; 1967 wurde Jia Tuofu zu Tode gequält, damit waren von »Xi, Jia und Liu« nur noch zwei übrig, was keine Clique mehr war, so dass man einen Ma (Wenrui) wieder dazusteckte und eine »parteifeindliche Clique mit Xi, Ma und Liu« herauskam. Xi Zhongxun wurde für acht Jahre eingesperrt, Liu Jingfan sieben und Li Jiantong selbst wurde fünf Jahre in einen Kellerraum eingeschlossen, wo sie so brutal gefoltert wurde, dass sie für immer versehrt ist.

Li Jiantong berichtet außerdem, dass, nachdem *Liu Zhidan* 1962 als reaktionärer Roman bewertet worden war, an die zehntausend Basiskader und Menschen aus den Massen der alten befreiten Gebiete von Shaanxi, Gansu und Ningxia den verbrecherischen Komplizen der »parteifeindlichen Clique Peng Dehuai, Gao Gang und Xi Zhongxun« zugeschlagen und eine Menge Leute auch erschlagen wurden.

Mein Rechtsabweichlerhut war gerade mal ein Jahr weg, als ich 1962 nun aufgrund meiner Mitarbeit an *Liu Zhidan* zum konterrevolutionären Element aufstieg und für weitere Jahre geprüft wurde. 1965 verfügte Kang Sheng: Die Organisation der *Arbeitertageszeitung* ist nicht sauber, der Herausgeber von *Liu Zhidan* ein Rechter. Daraufhin wurde ich zur Umerziehung durch Arbeit in den Landkreis Chengwu der Provinz Shandong verbracht. Zu Beginn der Kulturrevolution kam ich nach Peking zurück und wurde auf einer öffentlichen Versammlung kritisiert und attackiert, danach war ich zum Kloputzen abkommandiert und musste Menschen in allen Regionen des Landes, die von außen Anfragen nach Einzelheiten des Falls *Liu Zhidan* stellten, schriftlich mit Informationen versorgen. Danach wurde ich wieder zur Umerziehung durch Arbeit nach Shandong gebracht.

Ich baute in einem »Verbrechertrupp« zwei Jahre lang Gemüse an, konnte niemals meine Kleidung wechseln oder waschen und sah aus wie ein Bettler. Mein ältester Sohn wurde von einer Rebellengruppe gejagt und so verprügelt, dass er innere Verletzungen davontrug, an denen er im Krankenhaus verstarb; mein Zweitältester hat sich aus Verzweiflung das Leben genommen; die beiden jüngsten blieben bei ihrer Mutter, sie wurden ebenfalls immer wieder verprügelt, hätten nicht Landsleute vor Ort sie beschützt, wären auch sie wahrscheinlich totgeschlagen worden. Später habe ich sie in einem Brief aufgefordert, zu ihrer Großmutter in meine alte Heimat Henan zu gehen, so konnten sie den Schikanen entkommen – denn in meiner Familie hatte es über Generationen nur arme Bauern gegeben und so gehörte sie in der Zeit der Roten Armee zu den revolutionären Massen.

Während der Kulturrevolution kamen noch Leute vom Geologieministerium zu mir, ich sollte Li Jiantong entlarven; als ich das nicht tat, zogen sie ein Papier, sogenanntes »Belastungsmaterial«, heraus und befahlen mir, das Wort für Wort abzuschreiben; ich entschuldigte mich mit Grünem Star, dass ich deshalb nichts abschreiben könne; sie sagten, wie wäre es dann, wenn du einfach deinen Fingerabdruck drunter setzt? Ich sagte, nichts wäre das. Daraufhin machte durch sie die Nachricht von meiner Blindheit die Runde. 1978 durfte die *Arbeitertageszeitung* wieder erscheinen, viele erinnerten sich an mich und seufzten: »So ein tüchtiger Kerl, ein Jammer, dass er blind geworden ist!« Nur der Leiter der Nationalen Gesamtgewerkschaftsorganisation, Zhang Weizhen, sagte: »Dann sollten wir ihn erst recht zurückholen, wozu einen Blinden noch umerziehen?«

Ganze 30 Jahre war ich willkürlicher Maßregelung ausgesetzt gewesen, 14 Jahre davon in der Umerziehung durch Arbeit in Shandong. Ich habe kein einziges Zeichen mehr geschrieben, mich, den Revolutionär, hat letztendlich die Revolution von Grund auf umgestürzt. Durch den Fall *Liu Zhidan* habe ich mit der Literatur radikal abgeschlossen, auch Geschichte bedeutet mir nichts mehr. Nur manchmal kocht mein Blut noch, das ist mein ureigenes Wesen, die Mitgift aus dem Mutterleib.

Ich wünschte mir, am Tag meines Todes wäre nichts übrig, nicht ein Fetzen Papier, alles rein und unschuldig, nichts, was Angriffspunkte liefern kann. Alles in allem hat mir gerade mein Naturell, nicht gern im Rampenlicht zu stehen, doch viel Unglück erspart.

(Am 16. Oktober 2006 verließ uns Herr He Jiadong überraschend, ein schmerzhafter Verlust.)

于東山

11

YU DONGSHAN

Die Abenteuer eines Kriegsgefangenen der Nationalpartei

Gegen Ende August 2002 wurde mein hochbetagter 80jähriger Vater mit Lungenkrebs im Endstadium in der Inneren Abteilung auf dem 10. Stock eines Krankenhauses aufgenommen, das zur Chengduer Universität für traditionelle chinesische Medizin gehörte. Bevor er sich auf seine letzte Reise auf dem Kranich gen Westen aufmachte, konnte ich für etwa eineinhalb Monate voller Schmerz über die anstehende Trennung meinen Sohnespflichten nachkommen.

Der 75jährige Yu Dongshan lag im Krankenzimmer nebenan. Er ähnelte meinem Vater in der Statur (zur Fülle neigend), in gewissen Gewohnheiten (im Radio Voice of America *zu hören) und in der Art und Weise zu reden (langsam und bedächtig), und da ich ihn fast täglich auf der Krebsstation traf, auf der bald jeden Tag jemand starb, entstand zwischen uns trotz des Altersunterschieds eine kurzzeitige Freundschaft.*

So konnten am 13. und am 17. September noch zwei Interviews stattfinden, danach entwickelte der alte Herr dieselben Symptome wie mein Vater, seine Aussprache begann zunehmend undeutlich zu werden. – Wollte man sagen, dieser Text könne nach mehrfachen Korrekturen als das Vermächtnis seines Lebens gelten, so wird das Beklagenswerte, das darin zum Vorschein kommt, in alle Ewigkeit nicht mehr zu korrigieren sein.

Mein Vater verstarb am frühen Morgen des 7. Oktober 2002, mein

Freund, Herr Yu, folgte ihm sieben Tage später. Damals war ich noch mit den Trauerriten der ersten sieben Tage zu Hause beschäftigt, deshalb weiß ich nicht, ob er wenigstens unbeschwert aus dem Leben scheiden konnte – ich jedenfalls gedachte auch seiner, als ich Totengeld verbrannte, und betete dafür, dass diese in unterschiedlichen Lebensphasen immer wieder unglücklich verletzte Seele nun in Frieden ruhen möge.

Erste Gefangennahme

YU DONGSHAN: Ich möchte dir etwas erzählen.
LAO WEI: Gern, keine Umstände.
YU DONGSHAN: Für Umstände habe ich gar keine Zeit mehr! Ich habe die ganze Nacht herumgetan, dreimal ist mir Dolantin gegen die Schmerzen gespritzt worden. Du hattest noch keinen Krebs, du hast solche Schmerzen noch nicht erlebt, sie bohren sich bis in die Knochen! Jetzt am Tag geht es mir etwas besser, deshalb habe ich dich hergebeten, ich möchte dir aus meinem Leben erzählen … am Morgen habe ich deinen Vater besucht, er kann schon nicht mehr sprechen …
LAO WEI: Erst vor einer Woche hat er zu mir gesagt, dass er sein Leben noch einmal in den Grundzügen sortieren möchte, dann hat er erzählt und ich habe mitgeschrieben. Wer hätte gedacht, dass es so schnell zu spät sein kann …! Gestern Nachmittag hat er mich mit großen Augen nur angesehen und ich bin mit meinem Ohr nah zu ihm, aber sein Kehlkopf gurgelte die ganze Zeit und ich wurde nicht schlau aus dem, was er sagen wollte, daraufhin schlug er mechanisch gegen die Bettseite … deshalb, verehrter Freund, verzichte ich im Angesicht des Todes auf den üblichen Trost, aber dass Sie auf diesem Stockwerk in mir ausgerechnet jemanden kennengelernt haben, der mit Schreiben seinen Lebensunterhalt verdient, ist

doch geradezu himmlische Vorsehung, oder nicht? Und genauso, dass mein Vater gerade in diesem Moment in dieser Verfassung ist?
YU DONGSHAN: Wirst du zweifeln an dem, was ich sage?
LAO WEI: Das kann sein, aber ich werde von dem, was Sie erzählen, so viel aufzeichnen, wie mir nur möglich ist.
YU DONGSHAN: Ich bin in diesem Jahr 75, die Hälfte meines Lebens habe ich im Gefängnis verbracht. Um nochmal in Freiheit zu kommen, habe ich mich selbst operiert …
LAO WEI: Was?
YU DONGSHAN: Ich habe Lungenkrebs vorgetäuscht und dann wurde aus der Täuschung tatsächlich Ernst …

LAO WEI: Erzählen Sie doch bitte von Anfang an.
YU DONGSHAN: 1947 begann zwischen der Nationalpartei und den Kommunisten der Bürgerkrieg, es wurden vor Ort Soldaten eingezogen und Abgaben erhoben. In meiner Familie galt es, genau passend zur politischen Linie der Kriegszeit, von drei Männern im besten Alter einen einzuziehen. Mein ältester und der zweitälteste Bruder waren unter der Haube, sie hatten Kinder, für die sie sorgen mussten, sie konnten schlecht an die Front; also blieb ich übrig, der drittälteste, eben zwanzig, und wurde auch gleich ins Dorf gezerrt, um das Soll an wehrfähigen Männern zu erfüllen. Im Herbst jenes Jahres haben sie allein in unserem Dorf Yujiaping 21 wehrfähige Männer rekrutiert. Angeführt von den Köpfen der *Baojia*-Familienverbände, dem Dorfvorsteher und von Leuten des Dorfparteihauptquartiers des Jugendverbands der Nationalpartei liefen wir zig Meilen über eine Bergstraße und sammelten uns schließlich in der Kreisstadt von Pengshan. Mein Vater und meine beiden Brüder waren mitgekommen, um mich zu verabschieden, überhaupt hatten wir eine lange Kolonne von Angehörigen, über hundert Leute, bis zur Rekrutierungsstelle im Tross. Aus den verschiedenen Dörfern waren in der Abenddämmerung Hunderte von Rekruten zusammengekommen, es war die Hölle los. Am nächsten Tag er-

hielten wir eine Standarduniform und zwei Silbermünzen, die ich beim Abschied meinem Vater in die Tasche steckte, denn ich sollte ja von nun an auf Kosten der Gemeinschaft essen und kein Geld mehr brauchen.

Wie hätte ich aber gedacht, dass das ein Abschied für immer von meiner engsten Familie werden würde! »Oh, Vater! Oh, Mutter!«, hallte es zum Himmel schreiend von allen Seiten, auch mein Vater und meine Brüder hielten mich an den Händen fest, in ihren Augen standen Tränen, nur widerwillig ließen sie mich ziehen. Ich hingegen war voller Tatendrang, auf meiner Brust prangte eine leuchtend rote Blume und ich wollte von ganzem Herzen nichts mehr, als meinem Vaterland dienen, um seine Wohltaten zu vergelten, und in eine schöne Zukunft laufen. Endlich ein Pfiff und die neuen Rekruten stiegen in Reih und Glied auf einen offenen Wagen und verließen auf einer holprigen Landstraße ihre Dörfer Richtung Chengdu, wobei man für eine Strecke von heute einer Stunde damals einen ganzen Tag drangeben musste.

In Chengdu gab es Straßenlaternen und wir schauten uns voller Neugier um – es war das erste Mal, dass ich elektrisches Licht sah. In der Kreisstadt Pengshan hatte es das nicht gegeben, das Straßenlicht kam von Petroleumlampen, die erst, wenn es dunkel war, mit langen Bambusstangen aufgehängt wurden, und auf einer Dutzende Meter langen Straße hingen vielleicht zehn solcher gläsernen Windlaternen.

Im Ausbildungslager für Rekruten des Zentralheeres, das sich auf dem nördlichen Militärübungsplatz von Chengdu befand, wurden wir für Überraschungsangriffe ausgebildet. Wir trainierten die Kondition, den Umgang mit dem Gewehr, Angriffe mit dem Bajonett und das Werfen von Granaten, und jeden Morgen und jeden Abend mussten wir beim Hissen und Einholen der Flagge der Nationalpartei den *Letzten Willen von Präsident Sun Yatsen* hersagen: »Die Revolution ist noch nicht geschafft, Genossen, strengt euch weiter an.« Wenn wir *Die Drei Prinzipien des Volkes sind es, was un-*

sere Partei verehrt sangen, war das damals kaum anders als später in der neuen Gesellschaft, wenn beim Hissen und Einholen der volksrepublikanischen Roten Fahne mit den fünf gelben Sternen unsere »Nationalhymne« gesungen wurde. Drei Monate später kamen wir an die Front und fuhren mit dem Zug hinaus nach Hanzhong, wo wir in die 3. Kompanie des 2. Bataillons des 381. Regiments der 4. Division der Neuen 2. Armee aufgenommen wurden, das war die Truppe Song Xilians. Danach ging es weiter über den Gelben Fluss, wo wir einen Bewegungskrieg gegen die Volksbefreiungsarmee führten, wir waren jeden Tag auf den Beinen. Ich erinnere mich noch an den ersten Fronteinsatz in Yulin in der Provinz Nord-Shaanxi, ich feuerte mit geschlossenen Augen, und als ich meine Augen wieder aufmachte, waren alle Männer aus meinem Dorf rechts und links von mir mit blutüberströmten Gesichtern gefallen. Die von der Kommunistischen Partei kontrollierten Gebiete waren so arm wie abgeschieden, aber die Moral der Volksbefreiungsarmee war hoch und sie konnten kämpfen. Trotz rückständiger Waffen trafen sie zielsicher, streckte man im Schützengraben seinen Kopf unvorsichtig zu weit hinaus, fing man sich schnell eine Kugel; die Nationalarmee andererseits bildete keine geschlossene Einheit, bei ihr wurden die Männer gruppenweise eingezogen und wenig sorgfältig ausgebildet an die Front geschickt, um Lücken zu stopfen, deshalb hielten sie im Kampf nicht stand. Die neuen Rekruten hatten Angst zu sterben und nichts anderes im Sinn, als zu desertieren, ich war da keine Ausnahme, und Ende 1948 legte ich mich schließlich beim ersten Gefecht bei Yongcheng im Umland von Xuzhou auf den Boden, stellte mich tot und wurde von der 84. Division der 28. Armee des 12. Truppenverbands der 3. Feldarmee der Volksbefreiungsarmee gefangen genommen.

Die Volksbefreiungsarmee zeigte sich sehr milde, nachdem auf einer Vollversammlung die Vergangenheit als trostlos gebrandmarkt, die Zukunft als süß verheißen und die Nationalpartei mitsamt Chiang Kai-shek angeprangert worden war, ergriff der Divisionskommandant das Wort und gab die politische Linie bekannt: Wer bleiben wolle als Soldat, sei willkommen, wer nicht, werde freigestellt und könne nach Erhalt eines Reisegeldes nach Hause zurück. Ich überlegte eine Weile hin und her, dann lief ich über und wurde Soldat der Volksbefreiungsarmee, da die Provinz Sichuan damals noch von den Nationalisten kontrolliertes Gebiet war, hätte ich, wäre ich zurückgekehrt, keine gute Zeit gehabt, und außerdem hatte ich keine Lust auf Feldarbeit.

Zweite Gefangennahme

Durch die Militärkampagne »Überquerung des Jangtse« musste die Nationalarmee im Mai 1949 eine desaströse Niederlage einstecken und unsere 3. Feldarmee erhielt den Befehl, südostwärts zu marschieren, mein 12. Truppenverband sollte die Provinz Fujian befreien, unser Kommandeur war der berühmte Kriegsgeneral Ye Fei. Circa im September war auch die Hauptstreitmacht der Nationalarmee auf dem Gebiet der Provinz Fujian, von ein paar Inseln entlang der Küste abgesehen, zusammengebrochen, der Provinzvorsitzende Tang Enbo floh nach Taiwan und als nächstes fiel Xiamen. Meine 84. Division der 28. Armee erhielt vom Truppenverband Befehl, die Insel Kinmen anzugreifen: »Um entlang der Küste Reste feindlicher Truppen zu eliminieren und eine Basis für die anstehende Befreiung Taiwans zu errichten, wurde beschlossen, unter Ausnutzung der aus dem Sieg von Xiamen resultierenden Macht sowie der Unordnung der defensiven Aufstellung zur Feindabwehr auf Kinmen vorrangig mit der 84. Verstärkungsdivision der 28. Armee in Abstimmung mit der 85. Division des 29. Heeres in den nächsten Tagen einen Angriff auf Kinmen zu starten.«
Die gesamte Armee war damals von den obersten bis zu den untersten Rängen sehr optimistisch, denn sie war groß und schwer-

gewichtig auf der Insel Xiamen vor der Küste Xiamens, und nach Einnahme der gesamten Stadt mitsamt der Insel sollte die nur gut 100 Quadratkilometer große Insel Kinmen unbedingt mit einem Fingerschnippen zu bekommen sein. Ich glaubte außerdem noch daran, dass ich nach dieser Schlacht wieder nach Hause zurückkehren könne, deshalb gelobte ich wie viele andere »Befreiungssoldaten«, die vorher noch nie den Ozean gesehen hatten, der Partei meine Entschlossenheit, keinesfalls davor zurückzuschrecken, mein Leben zu opfern, und dafür zu kämpfen, jegliche Schuld durch Verdienste abzubüßen. Am Abend des 24. Oktober 1949 bestieg die Volksbefreiungsarmee mit den drei Regimentern 244, 251 und 253, gute 8700 Mann stark, dazu über 350 Seeleute, die verschiedensten notrequirierten Fischerboote und setzte von der Insel Dadeng, von Xiamen und von der Bucht nordöstlich von Aotou aus über das Meer zum Angriff auf Kinmen über. Es war nach drei Uhr nachts, als wir den Strand an der Nordküste betraten. Weil Landminen explodierten, begannen heftige Feuergefechte zwischen Nationalisten und Kommunisten. Danach wurde zwei Tage und drei Nächte lang gekämpft, und da die Nationalarmee dann doch fünfmal stärker war als wir, konnte sich die Volksbefreiungsarmee nur wie umstelltes Wild verzweifelt zur Wehr setzen, bis am Ende die gesamte Armee vernichtet war, drei vollständige Regimenter, dazu Regiment 246 der zweiten Verstärkungsstaffel, von über 10 000 Leuten kehrte niemand lebend zurück.

Am 27., etwa morgens um 10 Uhr, war die Militärkampagne Kinmen im Wesentlichen beendet, von der Volksbefreiungsarmee waren über 5000 Menschen gefallen und über weitere 5000 in Gefangenschaft, der traurige Rest brach vom Schlachtfeld um Guningtou aus und verlagerte sich in die südöstliche Bergregion der Insel. Von unserer 1. Gruppe der 2. Kompanie des 3. Bataillons waren nur ich und der stellvertretende Gruppenleiter Liu Yonglu übrig geblieben und wir vereinigten uns mit den anderen Übriggebliebenen von Regiment 251. Insgesamt 47 Mann, versteckten wir uns unter der

Führung von Regimentpolitkommissar Tian Zhichun einen halben Monat lang hier und dort. Dummerweise war die Insel Kinmen sehr klein und zigtausend Nationalarmisten durchkämmten wie ein zweiseitig gezähnter Läusekamm wieder und wieder Zoll um Zoll vom Landekopf bis zu den Bergen, von Privathäusern bis zu Berghöhlen. Wir hatten keine Munition und keinen Proviant mehr, die Uniformen waren zerrissen und hingen uns in Fetzen am Leib, wie bei Wilden schauten selbst die unteren Körperpartien schon hervor. Praktisch jeder war verletzt, ich hatte allerdings nur eine Wunde am Arm, und wenn ich den Hunger nicht mehr aushielt, rannte ich nach Mitternacht aus unserer Felsenhöhle und zog mir auf einem mehrere hundert Meter entfernten Acker Süßkartoffeln raus. Die stopfte ich, ohne vorher den Dreck abzuwischen, noch während ich zurückrannte, in den Mund, ein Suchscheinwerfer strich im Abstand von fünf Minuten einmal hin und her, war man zu langsam, fegten Kugeln heran wie ein Windstoß und durchlöcherten einen wie eine Bienenwabe.
Beim Süßkartoffelklauen hatten schon sechs Kriegskameraden ihr Leben geopfert. Die Inselbewohner waren entweder Fischer oder chinesische Einwanderer, außer dem anti-kommunistischen Spruch von der »Kollektivierung des Besitzes und der Frauen« war ihnen über die Volksbefreiungsarmee nichts bekannt, deshalb meldeten sie jedes kleinste Gräserrauschen und begleiteten die Soldaten gleich bei der Suche nach dem Verursacher. Sprachlich verständigen konnten wir uns ebenfalls nicht. Als sie später ihre Süßkartoffelfelder mit Stacheldraht einzäunten, trauten wir uns nicht mehr hin. Die Schwerverletzten waren inzwischen alle bei lebendigem Leib langsam verreckt und wir anderen waren ebenfalls halbtot. Dann schnitt man uns noch von unserer Wasserquelle ab und die Nationalarmee errichtete genau über unserer Felshöhle einen befestigten Lagerplatz, es war offensichtlich, dass sie wussten, dass wir unter ihnen waren, aber sie ließen uns mit Absicht in Ruhe, um zu sehen, wie lange man durchhalten würde. Wir waren vor Durst

völlig benommen, tranken unseren eigenen Urin, irgendwann war der salziger und herber als Meerwasser, stank unvergleichlich, und wenn man ihn dennoch mit aller Gewalt runterwürgte, wurde die Kehle immer trockener, schmerzte und brannte immer mehr, als schlucke man Feuer. Schließlich berief der Regimentpolitkommissar eine provisorische Parteigruppenversammlung ein, auf der er bekanntgab, dass wir die Höhle verlassen, unsere Waffen übergeben und um unser Leben bitten sollten.

Arm in Arm heulten wir tränenlos auf, denn auch wenn wir ausgezehrt wie Gespenster waren, konnten wir den Befehl des Politkommissars nicht verstehen, wir glaubten, dieser könne dem Bild von der Volksbefreiungsarmee der Kommunistischen Partei Schaden zufügen. Zugführer Liu der 2. Kompanie war ein Soldat aus dem alten Befreiungsgebiet Shaanxi, Gansu und Ningxia, er war ans Siegen gewöhnt und taff, jetzt sprang er auf, schmetterte seinen Gewehrkolben auf den Politkommissar und beschimpfte ihn: »Verräter!« Der Politkommissar hieb ihn mit einem Fußtritt um und ging mit heißen Tränen in den Augen ohne jede weitere Erklärung als erster aus der Höhle, wobei er einen Ast mit einem weißen Stoffstreifen schwenkte. Wir folgten ihm in einer langen Reihe, noch gut 20 Leute, während in der Höhle die Leichen von mehr als zehn Kriegskameraden zurückblieben, die bereits einen fürchterlichen Gestank verbreiteten. Nach der Kapitulation gestattete die Nationalarmee uns, zunächst unsere Kriegskameraden zu begraben. Wir bildeten einen inneren Kreis, sie standen in mehreren Reihen um uns herum und bei der Beisetzung schossen sie sogar dreimal simultan in die Luft, um ihren Respekt zu bezeugen.

Wie der Kommandant unseres Regiments 251, Liu Tianxiang, in der Schlacht gefallen war, hatte ich mit eigenen Augen miterlebt. Er telefonierte gerade mit der Frontkommandostelle der 28. Armee. Unsere Deckung war zerstört, der Telefonist war zur Seite gefallen und Regimentskommandant Liu zog mit der einen Hand die Funkstation zu sich heran, ergriff mit der anderen das Sprechgerät und rief, bäuchlings in den Trümmern liegend: »Meldung an den Kommandanten, wir werden nicht mehr lange am Leben sein. Bedingungslos für die Revolution! Das neue China lebe hoch! Die Kommunistische Partei lebe hoch! Der Vorsitzende Mao lebe hoch!« Und kaum hatte er es gesagt, kamen aus der feindlichen Stellung die Geschosse angeflogen, vorne, hinten, rechts, links, überall krachte es und auf einmal flog auch Regimentskommandant Liu in die Luft, und wo er ursprünglich gelegen hatte, war ein mühlsteingroßes, tiefes Loch. Im Handumdrehen war unser Wachtrupp ausgelöscht, keine Leiche war intakt geblieben, ich selbst war unter Leichen gekrochen und so dem Debakel entkommen.

Die Tausende von auf Kinmen Gefangenen wurden auf die Hauptinsel Taiwan verbracht und vom Hafen Keelung aus in stickigen Güterwaggons weiter nach Taitung verfrachtet, wo wir in ein Kriegsgefangenenlager kamen. Wenig später ging es von dort weiter auf die berühmte Insel Huoshao auf der anderen Küstenseite, wir machten sie urbar und bauten ein Gefängnis, zugleich wurden wir in Kultur und Politik unterrichtet und einer anti-kommunistischen Gehirnwäsche unterzogen. In den nächsten Jahren kamen nach und nach eine Menge Kriegsgefangene aus der Kommunistischen Armee dorthin, von koreanischen Schlachtfeldern und von den verschiedenen Inseln entlang der Küste, 1952 unternahm die Nationalarmee einen Überraschungsangriff auf die Insel Nanri und brachte auf einen Schlag an die tausend Gefangene aus der Kommunistischen Armee mit.

LAO WEI: Haben die nationalistische und die kommunistische Armee keine Gefangenen ausgetauscht?
YU DONGSHAN: In Korea soll es einen Austausch gegeben haben, doch wir waren damals von der Außenwelt völlig isoliert, das einzige, was uns erreichte, waren Weisungen des Präsidenten Chiang

Kai-shek und die nationalistische Tageszeitung *Zhongyang Ribao*. Nach etwa sechs Monaten Inhaftierung suchte der Leiter des Unterweisungsbüros das Gespräch mit mir, sie hatten anhand der von mir angegebenen persönlichen Umstände und meiner Truppenkennnummer meine Identität als ehemaliger Unteroffizier der Nationalarmee bestätigt und vor, mich freizulassen.

Der Leiter wollte deshalb schon mal vorfühlen und fragte mich: »Würden Sie gern aufs Festland zurück und Ihre Angehörigen wiedersehen?«

Ich antwortete klipp und klar: »Nein, weil die Kommunistische Partei mich nicht ungeschoren davonkommen lassen würde.«

Später erfuhr ich, dass nicht nur ich, sondern auch zahlreiche Gefangene aus der Kommunistischen Armee mit tiefroter familiärer Verwurzelung vor einer Heimkehr zurückgeschreckt waren – im roten China war »Kriegsgefangener« ein Synonym für »Verräter«.

Dritte Gefangennahme

Ein erneuter Wechsel der Gefolgschaft also.

Damals war ich noch immer in meinen Zwanzigern. Nach meiner erneuten »Wiedergeburt« wurde ich dem Armeedienst in der Artilleriekompanie sechs null des 49. Regiments der 17. Armeedivision zugeordnet und ein Jahr später an die Infanterieschule der Landstreitkräfte in Fongshan geschickt, wo ich in der zweiten Großtruppe der dritten Haupttruppe eine Ausbildung zum Reserveoffizier erhielt und mir einmal im Monat eine Glatze rasiert wurde. Aufgrund meiner ausgezeichneten Leistungen im Schieß- und Nahkampftraining fand die frisch reformierte Ermittlungsbehörde, als sie an der Schule nach Personal suchte, Gefallen an mir. In ihrer Taipeier Niederlassung arbeitete ich fünf Jahre, bevor ich zum militärischen Sondergeheimdienst des Ministeriums für Landesverteidigung versetzt wurde, im militärischen Rang eines Hauptmanns. – In dieser Phase meines Lebens war ich wirklich ein Glückspilz, ich heiratete eine Frau namens She, ihre ursprüngliche Heimat war die Stadt Xinxiang in der Provinz Henan auf dem Festland gewesen, 1949 war sie mit ihren Eltern nach Taiwan übergesiedelt und sie betrieb in Hsinchu einen Obsthandel. Wir waren einander von dritten Personen vorgestellt worden, ganz traditionell hatte es drei Heiratsvermittler und sechs symbolische Geschenke gegeben, die der Hochzeit eine angemessene Seriosität verliehen hatten. Wir wurden Eltern eines Sohnes und einer Tochter.

In den 1950er Jahren war die Rückeroberung des Festlands nationalpolitische Linie auf Taiwan, Präsident Chiang gab regelmäßig Weisungen heraus, mit denen er alle Offiziere und Soldaten anspornte, »niemals die nationale Schmach zu vergessen«. Nach dem Koreakrieg wurden häufig Militärmanöver durchgeführt, insbesondere wurde das Zusammenspiel der See-, Land- und Luftstreitkräfte bei Landungsoperationen simuliert. Jede einzelne politische Kampagne auf dem Festland und den schockierenden Klassenkampf bauschten die taiwanischen Zeitungen nach Belieben auf; während der dreijährigen Großen Hungersnot gab es zudem täglich dokumentarische Berichte und riesige Fotografien von der Flucht vor dem Hunger und vom Betteln um Essen sowie von überall auf dem offenen Land herumliegenden Leichen Verhungerter, das war so schrecklich anzusehen, dass man es kaum aushielt. Zur Zeit des Kriegsrechts und der Mobilmachung gegen den kommunistischen Aufstand arbeitete die nationale Propaganda auf Taiwan mit aller Wucht immer nur in eine Richtung, so dass selbst meine Frau und alle Nachbarn glaubten, »die Tage des Kommunismus sind gezählt und unter dem Regime der Kommunistischen Partei fressen die Menschen einander auf«. Ich erinnere mich bis heute an eine Schlagzeile auf dem Titelblatt einer Zeitung an irgendeinem Tag im Jahr 1960: »Lieber Rebellion als Hungertod – Das Herzensanliegen der Massen auf dem Festland«.

Am Neujahrstag 1963 saß Präsident Chiang in der Taipeier Sun-Yatsen-Halle der feierlichen Neujahrszusammenkunft der Soldaten der Militärverwaltung der Nationalarmee vor, am 5. Januar gab er dem Chefredakteur der amerikanischen *Chicago Sun-Times*, Michael, ein Interview, in dem er sagte: »Der Gegenangriffskrieg ist ein Revolutionskrieg, rein zahlenmäßig sind die Truppen der kommunistischen Banditen natürlich überlegen, aber unsere Armee hat eine hohe Kampfmoral und genügend Waffen, um in einer Offensive an Land gehen zu können.«
Weiter sagte der Präsident noch: »Die Volksmassen auf dem Festland warten sehnsüchtig darauf, dass unsere Revolutionstruppen zurückkehren und das unmenschliche kommunistische System vernichten.«

LAO WEI: Auch nach den Erinnerungen unserer früheren Generation war die Situation an der Taiwan-Straße 1963 reichlich angespannt (davor hatte es zudem noch einen relativ großen chinesisch-indischen Grenzkrieg gegeben), mit der internationalen Großwetterlage hatte sich im Land der Wind erneut nach links gedreht, es kam zum großen Klassenkampf und zur »Abwertung alles Alten für eine bessere Zukunft«. Ich habe einmal einen wegen Diebstahls eingesperrten Gefangenen interviewt, Yang Jinian, der mit elf Jahren verurteilt wurde und insgesamt 34 Jahre einsaß. 1963 wurde seine Strafe wegen des »Verbrechens reaktionärer Slogans« verlängert, das Belastungsmaterial laut Anklageschrift war: »beharrt auf seiner reaktionären Haltung und hat in der Folge des Einfalls der Chiang-Banditen auf unser Festland im Juni 62 dreimal reaktionäre Äußerungen verfasst … ›dieses Jahr im vierten Krieg wird Chiang Kai-shek mit Sicherheit zurückschlagen …‹.«
Archivmaterial zeigt, dass im Land in Städten wie auf den Dörfern die Kontrolle über die »Elemente der fünf Kategorien, Grundherren, Großbauern, Konterrevolutionäre, asoziale Elemente und Rechte«, verstärkt wurde. Der bedeutende Rechtsabweichler Liu

Shahe glaubte, dass die internen Beißereien innerhalb der Kommunistischen Partei Chinas in ein Patt gerieten, und Mao sagte sich, trickreich wie üblich: »Hast du einen mächtigen Feind, wendet sich alles nach außen.«

YU DONGSHAN: Heißt was?

LAO WEI: 59 bis 62 verhungerten im Land zig Millionen Menschen und das war keine Naturkatastrophe, sondern ein menschengemachtes Desaster, herbeigeführt durch Maos wirklichkeitsfremdes »Kommunismusexperiment«. – Gezwungen durch die Umstände in und außerhalb der Partei übte Mao auf der »7000-Kader-Konferenz« der Kommunistischen Partei scheinheilig Selbstkritik, übernahm genauso scheinheilig Verantwortung für sein Versagen und gab dafür Macht ab, übernommen wurde die Routinearbeit in der Zentrale von dem pragmatischen Liu Shaoqi, der die »Fehler« in Politik und Wirtschaft korrigierte. Ende 62 hatte man durch diese Neuausrichtung der politischen Linie wieder eine reiche Getreideernte, so dass die Hungersnot eingedämmt werden konnte, dadurch stieg Liu Shaoqis Prestige, am Ende stand er als Staatspräsident auf gleicher Stufe mit Mao, sogar ihre offiziellen Porträts hingen in den Häusern der Bevölkerung nebeneinander – das war für den Diktator Mao zu viel. Er musste etwas unternehmen dagegen, dass Liu Shaoqi und seine Leute ihm mit dem Argument, »für zig Millionen Hungertote muss man Verantwortung übernehmen«, weiter den Thron verwehrten, und die beste Ausflucht, die sich der Goldzikade bot, um aus ihrer Larve zu schlüpfen, war die Situation an der Taiwan-Straße. Man kann also durchaus sagen, Präsident Chiang hat dem Vorsitzenden Mao ordentlich unter die Arme gegriffen, indem er ihm eine Verschnaufpause verschaffte, durch die er seine linksradikale, Land und Leute ins Unglück stürzende politische Linie bis zum Ende durchziehen konnte, bis zur Entfesselung einer Kulturrevolution, die aus der Niederlage endgültig den Sieg machte und Rivalen wie Liu Shaoqi einem nach dem anderen den Tod brachte.

YU DONGSHAN: Über den Daumen gepeilt hatte das im ganzen Jahr 1963 in der »Gegenoffensive auf das Festland« vorgeschickte Personal um die zehn Routen. Auf jede kamen sechs, sieben, vielleicht ein Dutzend Leute, alles zusammengerechnet waren es keine hundert, es wurde also nicht einmal die militärische Stärke einer Kompanie erreicht. Diese »Rückeroberung« war einen Furz wert, das war eine internationale Lachnummer.
LAO WEI: Dass das nicht einmal hundert Leute waren, war Maos lebensrettender Strohhalm. Wenn das ein stichhaltiger Beweis für die »totale Invasion durch Chiangs Banditen« ist, sollte man dann nicht vielleicht eher von einer Kooperation in stillschweigendem Einverständnis zwischen Nationalpartei und Kommunistischer Partei ausgehen?

YU DONGSHAN: Eines Tages im Juni 1963 wurde ich der »Truppenabteilung XY der antikommunistischen Armee zur Rettung des Landes« unterstellt und kam auf die Insel Groß-Kinmen, von wo uns ein Kriegsschiff weiter über die Grenze nach Zhangpu in der Provinz Fujian brachte, dort stiegen wir in ein Motorboot um, eine Gruppe von gut zehn Leuten, und gingen unter der Leitung von Truppenabteilungsführer XY bei dem Ort Jiangjun'ao an Land. Wir hatten ein Funktelefon und Waffen dabei und sollten laut Befehl unserer Obersten tief nach Fujian ins Wuyi-Gebirge vordringen und dort einen »Partisanenstützpunkt« errichten. Doch dann die Überraschung, wir waren noch keine Stunde an Land, als wir von der Volksmiliz entdeckt und umzingelt wurden. Nach dem Abschuss von drei Leuchtkugeln in den Nachthimmel wimmelten Strand und Felsenriff plötzlich von Menschen, die alle gleichzeitig brüllten: »Waffen her oder wir schießen!« Verdutzt wie wir waren, stellten wir uns trotzdem eilends Rücken an Rücken und legten die Gewehre an, als wollten wir Widerstand leisten. Schon zischten uns Kugeln um die Ohren und zwei Kameraden fielen zu Boden. Angesichts des dichten Menschenmeeres rutschte uns schnell das Herz in die Hose.

Schließlich warf unser Truppenführer als erster sein Gewehr fort, trat mit erhobenen Händen ins Licht hinaus und rief unter dem wilden Hin- und Hergeleuchte unzähliger Taschenlampen laut: »Wir ergeben uns der Volksbefreiungsarmee und der Kommunistischen Partei!«

Wir anderen taten es ihm nach und riefen gleichfalls: »Wir ergeben uns! Wir ergeben uns!«

So wurde ich zum dritten Mal Kriegsgefangener, ich musste gelassen bleiben und überlegte mir, schon während ich die Hände hob: »Wie erkläre ich mich? Soll ich offen eingestehen, dass das meine dritte Gefangennahme ist?«

LAO WEI: Sie haben wirklich jede Menge Pech gehabt.

YU DONGSHAN: Man könnte von einem Leben ohne jede Selbstbestimmung sprechen. Erst nach meiner Rückkehr wurde mir bewusst, dass die Propaganda der Nationalpartei nicht anders war als die der Kommunistischen Partei. Immer wurde betont, dass »die Lage exzellent« sei, tatsächlich war das Gegenteil der Fall, und für die normale Bevölkerung gab es nicht den schmalsten Pfad, der sie durch all das schreckliche Leid in die Freiheit geführt hätte, vielmehr erschütterte der Lärm des Tötens noch den Himmel. Der »Volkskrieg« des Vorsitzenden Mao war der blanke Horror. Ohne dass es vorher Hass oder Feindschaften gegeben hätte, setzten sich in Fischerdörfern Männer und Frauen, Alte und Junge ohne Ausnahme in Marsch, kaum dass sie hörten, man habe Spione aufgegriffen. Wer ein Gewehr hatte, nahm das Gewehr, wer keines hatte, griff sich eine Harpune oder einen Stock. Von unserem Dutzend Kameraden waren die Hälfte Einheimische, zwei waren sogar 1949 als wehrfähige Männer über das Meer zwangsentführt worden, was schnell erkannt worden war. Und nun fiel das Fischervolk erst recht mit Schlägen und Fußtritten über uns her, auch Steine wurden nach uns geworfen, selbst Frauen waren vorne mit dabei, zerrissen Kleider und zerkratzten Gesichter. Wir beklagten, während wir auswichen, in Minnan, der einheimischen Sprache, das

uns widerfahrende Unrecht: »Wir kommen alle aus armen Familien! Chiangs Banditenbande hat uns nur aufgegriffen und entführt!«
Zurück kamen Beschimpfungen: »Ihr Fischertyrannen, Banditen, Grundherren, Handlanger, keiner von euch taugt was!«
Einer von uns versuchte sich weiter zu verteidigen: »Das ist nicht wahr, ich bin der Junge vom Bettler Zhang, ich habe meine ersten fünf Jahre im Dorf von Essen gelebt, das in der Nachbarschaft zusammengebettelt war.«
Nun war alles entrüstet: »Willst wohl durch Widerworte noch einen guten Menschen aus dir machen? Verdrescht den taiwanischen Spion!«

Nur weil hier glücklicherweise der Grenzschutz auftauchte und ihnen Einhalt gebot, wurde aus uns nicht Hackfleisch gemacht. Vor unserer Abreise hatte der taiwanische Militärsondergeheimdienst noch überlegt, dass Einheimische mit der dortigen Minnan-Sprache, den Geländeverhältnissen und der Lebensweise vertraut wären und sich deshalb leicht längere Zeit unter den Volksmassen versteckt halten könnten. Nachdem wir aufgeflogen waren, hieß es in einer Festlandszeitung jedoch: »Ehemalige Fischertyrannen und Banditen wurden von ihren Herren zurückgeschickt und haben sich ergeben. Wie heißt es noch: Wer Wind sät, erntet Sturm.«

Auf ewig Gefängnis

Wir wurden alle als »von Taiwan entsandte Spione« verurteilt. Aufgrund meiner besonderen Umstände wurde ich von meinen Mitschuldigen getrennt eingesperrt, sechs Monate lang allein verhört, mit 15 Jahren schwer bestraft und ins Landesinnere verlegt, meine Strafe verbüßte ich in einem Gefängnis des Sonderbezirks-Kreises

Da in der Provinz Sichuan. Weil mir dort in einem Gespräch von der zuständigen Abteilung eingeschärft wurde, dass es mir nicht erlaubt sei, irgendetwas über meine Erfahrungen als Kriegsgefangener der Volksbefreiungsarmee auszuplaudern, sonst würde ich noch schwerer bestraft, blieb mir gar nichts anderes übrig, als mich im Gefängnis taub und stumm zu stellen. Im Juni 1978 hätte ich nach Verbüßung meiner Strafe eigentlich freigelassen werden müssen, doch das Gefängnis hatte Weisung von oben erhalten, mich weiter zwangsweise vor Ort unterzubringen, was einer lebenslangen Freiheitsstrafe gleichkam, und zwar ohne Aussicht auf Strafmilderung. Der einzige Unterschied zwischen mir und einem Gefangenen in der Umerziehung durch Arbeit war, dass ich einen Monatslohn von 26 Yuan Renminbi erhielt.

LAO WEI: Zwischen Arbeitern und Gefangenen muss es doch Unterschiede gegeben haben!

YU DONGSHAN: Das Gefängnis war in einen inneren und einen äußeren Ring unterteilt und es gab dreifach gestaffelte Wachposten, die Patrouille nicht eingerechnet. Die anderen Arbeiter, die blieben, hatten einen Passierschein, mit dem sie ungehindert raus und rein kamen, dieses Sonderrecht konnten sie auch nutzen, um für die Gefangenen draußen einzukaufen, Bücher, Essen, ab und an brachten sie auch einen Brief fort und verdienten sich damit ordentlich was dazu; ich hingegen hatte zwar den Status eines Arbeiters, aber ich musste im inneren Gefängnisbereich wohnen bleiben und bekam null Freiheiten. Ich drehte schier vor Wut durch und schluckte Nägel, ich wollte mich umbringen, doch da zeigte sich das Gefängnis von seiner menschlichen Seite, man brachte mich umgehend ins Gefängniskrankenhaus, wo ich gerettet wurde, indem man die Nägel operativ entfernte. Der Politkommissar besuchte mich persönlich am Krankenbett, er sagte: »Yu Dongshan, du warst während der Umerziehung durch Arbeit gewissenhaft und arbeitswillig, hast nie ein Wort zu viel gesagt, wir im Gefängnis sind von den oberen bis zu den unteren Rängen sehr zufrieden mit dir, wenn es nach mir ginge, ich würde nichts lieber, als dich so früh wie möglich in die Gesellschaft zurücklassen, damit du von deiner eigenen Hände Arbeit frei leben kannst, aber es gibt eben diese Weisung von höherer Stelle, wir können ihr nur Folge leisten.«

Ich sagte: »Ich habe nie etwas erzählt und ich werde es auch in Zukunft nicht, Sie müssen sich da bitte keine Sorgen machen.«

Er sagte: »Ich mach mir da keine Sorgen.«

Ich sagte: »Vergangenheit wird durch Geschichte geschaffen und mir ist einfach zu viel Unrecht widerfahren.«

Der Politkommissar warf mir einen bösen Blick zu, er wollte mich kritisieren, doch dann schaffte er es nicht und sagte nur: »Nimm es nicht so schwer, geh einen Schritt zurück und schon weitet sich der Blick, wer weiß, vielleicht ist es hier drin sogar besser als draußen, hier musst du nur positiv auf Partei und Leitung zugehen, dann wird niemand es wagen, dich zu diskriminieren. Heirat, Kinder, Rente, Bestattung, bis zum Ende werden wir uns um alles kümmern; in der Gesellschaft draußen dagegen steht jemand aus der Umerziehung durch Arbeit noch tiefer als alle anderen, nicht leicht das.«

LAO WEI: Dieser Bürokrat hatte die ideologische Überzeugungsarbeit wirklich drauf.

YU DONGSHAN: Das ist deren elementare Fähigkeit, die tun Tag für Tag nichts anderes. Deshalb konnte ich an dieser Stelle nur aufgeben. Der Politkommissar wies aber eine Produktionsbrigade an, dass ich mit sofortiger Wirkung aus der Gemeinschaftszelle raus und für mich alleine eine kleine Kammer unter dem Treppenabsatz beziehen solle, die fünf Quadratmeter groß war, beim Eintreten musste man den Kopf einziehen und sich nach vorn beugen. Als der auch für die Hygiene zuständige Sanitäter der Brigade seine Strafe abgesessen hatte, übernahm ich seine Aufgaben, ein echtes mir durch den Politkommissar verliehenes Privileg – in einem Gefängnis ist so was keine Kleinigkeit. Ich hatte ein eigenes Zimmer und um mich herum standen nun zwei abgenutzte Medizinschränke, normalerweise musste ich keinen Arbeitsdienst leisten, ich musste lediglich, während die Gefangenen zur Umerziehung in den Werkstätten waren, die Zellen auf Sauberkeit inspizieren, die Bettdecken mussten exakt im Winkel gefaltet sein, ich hatte ein Maßband bei mir und maß damit nach, ob die vorgeschriebene Norm erfüllt war. War irgendetwas unter den Betten, waren Strafpunkte zu vergeben, gab es am Türrahmen Staub, waren ebenfalls Strafpunkte zu vergeben – so sah nun jeder meiner Tage aus, nochmal zwanzig Jahre lang bin ich diesen Aufgaben nachgegangen. Darüber hinaus habe ich Gefangenen mit Kopfschmerzen oder kleineren Beschwerden Medikamente ausgegeben und sie zum Gefängniskrankenhaus zur Untersuchung gebracht. Nach längerer Zeit wurde mir sogar das Recht des Brigadechefs übertragen, schriftlich Krankenurlaub bis zu einem Tag erteilen zu dürfen.

LAO WEI: Ein Modellhäftling.

YU DONGSHAN: Das dachten alle, die Gefangenen wagten nicht, mir dumm zu kommen, denn ich hatte direkten Zugang zu den höchsten Autoritäten, ich konnte jederzeit zum Politkommissar gehen und ihm von der Situation an der Basis berichten. Ich verzog den ganzen Tag keine Miene, hatte mich daran gewöhnt, mich wie eine alte Maus unter dem dunklen, feuchten Treppenabsatz zu bewegen, meine Hüfte wurde jeden Tag krummer. Doch sollte ich es dabei wirklich belassen? Sein ganzes Leben im Gefängnis zu verbringen, konnte ein Mensch sich damit abfinden? Ich hatte Frau und Kinder. Sollte ich sie tatsächlich zu meinen Lebzeiten nicht mehr wiedersehen? Nein, ich hoffte darauf, dass Deng Xiaopings Politik sich weiter öffnen und es zwischen Taiwan und der Volksrepublik bald offiziell direkte Beziehungen geben würde. Ich hatte es mir zur Gewohnheit gemacht, aus Zeitungen auszuschneiden und die Ausschnitte aufzukleben, fast zwanzig Jahre lang hatte ich, klassifiziert nach Politik, Wirtschaft, Kultur, Wissenschaft und Lebensweise, aus der *Renmin ribao*, der *Chinesischen Jugendzeitung* und der *Sichuaner Tageszeitung* täglich Texte ausgeschnitten und aufgeklebt, für jedes Jahr habe ich einen Band zusammengestellt, in zwanzig Jahren also zwanzig Bände, das war ein echter Schatz. Wenn sich eines Tages die Gefängnistüren für mich wieder öffnen würden, würde ich mich damit fürs erste halbwegs über Wasser halten können.

Als ich Anfang 1999 rauskam, habe ich bis zu meiner Erkrankung gleichzeitig bei über dreißig in Frage kommenden *Digest*-Zeitschriften im Land meine Ausschnitte eingereicht, jeden Monat wollte ich mehrere Dutzend davon schicken. Weil ich wirklich viel Material hatte, war die Erfolgsquote hoch, über die täglichen Ausgaben hinaus konnte ich in drei Jahren 70 000 Yuan Autorenhonorar zur Seite legen.

LAO WEI: Das war sehr weitsichtig.

YU DONGSHAN: In zwanzig Jahren, und dazu noch die frühere Strafe von fünfzehn Jahren, habe ich so viele Gefangenenkohorten willkommen geheißen und wieder verabschiedet, nur bei mir tat sich nie etwas. Ich habe meine Erfahrungen mit mehreren Generationen konterrevolutionärer Elemente gemacht, mit der antimonarchistischen Geheimgesellschaft *Gelaohui* und anderen religiösen Geheimgesellschaften oder Sekten, den Rebellengruppierungen der Kulturrevolution, Bauern, die gegen die Ein-Kind-Politik verstoßen haben, und auch mit Studierenden und Lehrenden, die nach dem 4. Juni 1989 reingekommen sind. Ich hatte jedoch zu allen wenig Kontakt und hinter meinem Rücken bezeichneten die Gefangenen mich sogar als »Spion«. Ich besaß ein Radio und konnte spät nachts, wenn alles ruhig war, Kurzwelle empfangen, gelegentlich konnte ich *Voice of America* hören. Weil die Klassenzugehörigkeit der Gefangenen so komplex war, gelangte mein »Hören von Feindsendern« schnell zu den Oberen und der Leiter suchte mich für ein Gespräch auf, ich entgegnete ihm: »Ich habe diese Freiheit, ich bin kein Gefangener in der Umerziehung durch Arbeit.«

Der Leiter riss die Augen auf und schaute mich verblüfft an: »Wieso sollten Sie kein Gefangener in der Umerziehung durch Arbeit sein?«

Da wusste ich nicht mehr, ob ich lachen oder weinen sollte, der neue Leiter wusste über meinen Status gar nicht Bescheid! Im Scherz sagte er noch: »Mein lieber Yu, Sie erweisen sich eines Spions in der Tat würdig.«

Später traf ich noch auf einen echten Spion. Es gab fünf Angeklagte in dem Fall, der Haupttäter wurde neben mir eingesperrt, ein gewisser Zhou, der über zwanzig Jahre in Chongqing im Verborgenen gelebt und drei Jahre zuvor über ein Kurzwellenradio mit einer taiwanischen Geheimdienstorganisation Kontakt aufgenommen hatte. Er hatte den Auftrag und die finanziellen Mittel erhalten, um weitere vier Geheimdienstmitglieder anzuwerben. Es hieß, sie hätten inmitten der Studierendenproteste von 1989 überall Flugblätter für ein vereinigtes China unter den drei Volksprinzipien der Republik verteilt, die von den gerade gegen Korruption demonstrierenden Studierenden jedoch aufgesammelt und sofort dem Büro für Öffentliche Sicherheit gemeldet wurden.

Heraufbeschwören einer unheilbaren Krankheit

Ich war also im Gefängnis vergessen worden. Die Gefängnisleitung hatte bereits mehrmals gewechselt und keine Leitung hatte je eine mich betreffende Weisung erhalten. In dieser Ausweglosigkeit musste ich alles auf eine Karte setzen. In einer Winternacht 1998 lag ich eingewickelt in meine Bettdecke, starrte wie so oft auf die Unterseite der Treppe und dachte über alles nach, was mir das Herz schwer machte. Während ich so vor mich hin dämmerte, hörte ich eine Maus jämmerlich quieken. Ich raffte mich auf und zog mit zwei Fingern von unterhalb des Medizinschrankes eine Mausefalle hervor, der Bauch des kleinen Ding war durch den Druck aufgebrochen, aber es zappelte noch wild mit gebleckten Zähnen. Ich legte es auf den kleinen Tisch und fand allmählich meine Freude an ihm, plötzlich begann es in mir zu brodeln: Wenn man sein ganzes Leben im Knast sitzt, jede Widrigkeit fügsam annimmt, nicht einmal einen lauten Furz zu lassen wagt, ist man doch schlechter dran als diese Maus! Sie wusste Bescheid und wand sich dennoch, lieber starb sie, als sich zu fügen, und ich, am Lebensabend angekommen, wovor fürchtete ich mich eigentlich? Ich war unfähig und feige! So unfähig und feige! Ich konnte gar nicht mehr aufhören, mich zu beschimpfen.

Die Maus rackerte sich noch ein paar Minuten ab, dann war sie tot, ich riss ihr ein Hinterbein aus und fand, wie es der Teufel wollte, ein Operationsmesser, mit dem ich dem Bein vorsichtig die Haut abzog. Nackt war das Fleisch des Mausbeins fast durchsichtig, ich musste mehrmals schlucken, damit mir nicht übel wurde, dann legte ich es in Alkohol ein. Als nächstes desinfizierte ich das Messer, zündete eine Spirituslampe an und erhitzte die Messerspitze darüber. Nach diesen Vorbereitungen applizierte ich Watte auf meiner rechten Brust und operierte mich selbst.

Ohne Betäubungsmittel begann ich beim ersten Schnitt schon am ganzen Körper zu zittern, als hätte ich einen elektrischen Schlag bekommen, schnell stillte ich die Blutung. Nachdem meine Lebensgeister wieder stabil waren, fuhr ich mit der Messerspitze weiter herum, um die Wunde zu weiten. Der Schmerz war kaum auszuhalten, ich musste unbedingt schneller arbeiten. Als ich den Eindruck hatte, Brusthaut und Fleisch würden sich voneinander lösen, ließ ich mit dem Messer ab, nahm triefend vor kaltem Schweiß das Mausbein raus, schnitt ihm die Klaue ab und stopfte ein Stück vom zarten Fleisch, so groß wie die Hälfte eines Bohnensamens, in die Wunde, etwa zwei Minuten füllte ich diese auf diese Weise, dann war um mich alles Nebel. Während ich die Wunde zunähte und verband, ließ der Schmerz wieder nach, vermutlich war sie gefühllos geworden.

Danach nahm ich etwa zehn Tage ein entzündungshemmendes Medikament ein, entfernte selbst den Faden und trug noch eine Weile »Narbengeist« auf, bis die schmale Narbe immer blasser wurde. Aber das Mäusebein schmerzte dumpf im Fleisch und quälte mich so, dass ich keine Nacht mehr schlafen konnte. Tagsüber fehlte mir jede Energie, mein Gesicht wurde wachsgelb, das wirkte gerade so, als wäre ich krank. Vor den Polizisten zog ich meinen Kopf ein und hustete, was das Zeug hielt, auch wenn ich gar nichts im Hals hatte, hustete ich, irgendwann riss meine Luftröhre ein und ich hatte Blut in der Spucke, indem das schlimmer wurde, entstand blutiger Auswurf, ein deutliches Symptom für Lungenkrebs. – So habe ich mich drei Monate durchgeschlagen, bis ich mich schließlich erkältete und mein niedriges Fieber ewig nicht mehr zurückging – ein weiteres Symptom für Lungenkrebs. Ich hatte mir weiterhin jeden Tag die Wunde auf meiner rechten Brust angesehen, erst als ich mir sicher war, dass man mit bloßem Auge nichts mehr erkennen konnte, machte ich, erfahren und umsichtig, Meldung bei der Leitung und beantragte eine ärztliche Untersuchung im Gefängniskrankenhaus. Damit änderte sich mein Schicksal.

LAO WEI: Ich hab ja schon eine Menge Geschichten von Selbstverstümmelungen durch Gefangene gehört, zum Beispiel wurden Handsehnen gekappt oder Ätznatron geschluckt, oder es wurden über lange Zeit beständig winzige Mengen Arsen eingenommen, bis die Haare ausfielen und das Fleisch schwärte, was wie Leprasymptome wirkte. Aber zuletzt wurde doch alles immer durchschaut, denn die Gefängnispolizei hatte auch ihre Erfahrungen. Dass Sie damit tatsächlich durchgekommen sind, macht das schon zu einer wirklich seltenen Geschichte.

YU DONGSHAN: Ich hatte dort, ohne groß Laut zu geben, über dreißig Jahre ausgeharrt, das Gefängnis war mein Zuhause geworden, die Polizei hatte mir gegenüber in ihrer Wachsamkeit längst nachgelassen. Das CT-Gerät im Gefängnis war sehr alt, die Auflösung war schlecht, deshalb brachten der Krankenhausleiter und ein Abteilungsleiter der Gefängnisverwaltung mich höchstpersönlich für eine zweite Untersuchung nach Chongqing in ein größeres Krankenhaus. Nach gut zwanzig Minuten streckte der Arzt seinen Kopf aus dem Geräteraum, fixierte mich kurz und rief dann den Klinikleiter zu sich hinein – ich konnte mir ausrechnen, dass die Röntgenaufnahme bestätigte, dass der rechte Lungenflügel einen Tumorschatten zeigte – nur wäre der Arzt im Traum nicht darauf gekommen, dass der Schatten auf der Lunge Mausfleisch war!

Im Handumdrehen wurde ich freigelassen, das Gefängnis zahlte mir ein Entlassungsgeld von 2000 Yuan und nahm mit allen relevanten Parteien Kontakt auf, um mich in meinem alten Heimatlandkreis Pengshan wieder unterzubringen. Doch meine Eltern und meine beiden Brüder waren inzwischen gestorben, meine Neffen und Nichten kannten mich nicht, in Yujiaping konnte ich also nicht bleiben und fuhr weiter nach Chengdu, wo ich mir fürs erste eine Wohnung mietete.

Unter meiner alten Adresse von vor 30 Jahren schrieb ich als nächstes an meine Familie in Taiwan einen Brief. Auch wenn sich dort vieles geändert hatte und alles nebulös in weiter Ferne lag, musste ich es einfach versuchen. Dann begann ich, die *Digest*-Zeitschriften im ganzen Land zusammenzusuchen sowie alle Magazine, die eine *Digest*-Kolumne hatten, das waren wirklich so viele, wie ein Ochse Haare hat, auch an bekannteren gab es immer noch über 30. Ich konnte meine Artikel sortiert nach den verschiedenen Kategorien einreichen, bis ich ins Krankenhaus musste.

LAO WEI: Wurde das Mausfleisch wieder entfernt?

YU DONGSHAN: Gleich nach der Entlassung aus dem Gefängnis bin ich in ein kleines Krankenhaus gegangen, um mich erneut operieren zu lassen, den ganzen Weg schlich ich mich vorsichtig dahin, aus Furcht, jemand könnte mir folgen. Das Mausfleisch hatte sich inzwischen zu einem Geschwür ausgewachsen, nach einer Betäubung und einem Schnitt mit dem Messer spritzte ein stinkender Schwall gelber Eiter heraus. Der Arzt pickte mit einer Pinzette äußerst sorgfältig die Mausfleischreste raus, dann schabte er noch aus, reinigte gründlich und desinfizierte, das Ganze dauerte zwei Stunden und in meiner Brust blieb ein walnussgroßes Loch zurück. Im Alter lassen die Abwehrkräfte nach, doch die Wunde war nach zwei, drei Monaten verheilt und mir fiel ein großer Stein vom Herzen, ich dachte, nach meinem bisherig so bitteren Leben hätte Gott im Himmel nun ein Einsehen mit mir und würde mir ein gutes Ende bescheren. Aus meiner Familie hatte noch niemand zurückgeschrieben, hatte sich möglicherweise die Adresse geändert oder meine Frau hatte wieder geheiratet? Ich schickte deshalb nun unter Adressen, die ich recherchiert hatte, an taiwanische Zeitungen wie die *China Times* eine Suchanzeige, was daraus allerdings geworden ist, weiß ich nicht, denn »der Alte war nur kurz nochmal hemmungslos jung«.

Vor einem Monat wurde bei mir tatsächlich ein Lungenkarzinom entdeckt, in der rechten Brust, genau an der Stelle, die ich mit dem Mausbein gestopft hatte, das CT zeigte einen Tumorschatten in der Größe einer Feldbohne. Nach gut zehn Tagen, beim nächsten CT, war die Feldbohne schon zur Walnuss herangewachsen! Diesmal konnte man das nicht mehr rausnehmen, es streute zu schnell, in den Lymphknoten und Bronchien waren bereits Metastasen-Reben aufgetaucht. Gestern wurde noch eine Bauchpunktion vorgenommen und der Arzt hat gleich kapiert, dass ich dort operiert worden war, was ihm aber unklar blieb, war, warum eine Operation eine so ausufernde Infektion hinterlassen konnte. Auch ich hätte ja niemals gedacht, dass das Mausfleisch so toxisch sein würde, dass es nach und nach in meine Organe vordringen und wirklich einen Tumor ausbilden würde.

LAO WEI: Bereuen Sie es nun?

YU DONGSHAN: Nein, ich bereue nichts, ich habe noch gut drei

Jahre in Freiheit gelebt und meine letzten Jahre nicht im Gefängnis verbracht. Kürzlich habe ich sogar noch die ersehnte Antwort von meiner Familie aus Taiwan erhalten, von meinem Sohn. Meine Frau ist bereits vor vielen Jahren gestorben, meine Kinder haben ihr eigenes Leben. Hätte ich durchgehalten bis zu einem Wiedersehen, es wäre schon ein Glück gewesen, aber sie nicht mehr gesehen zu haben, macht dann letztlich auch nichts, so bleibt zumindest kein Schatten in den Herzen meiner Nachfahren.

唐存理

12

TANG CUNLI

Aus dem Umerziehungslager nach Taiwan

Anfang 2012, fünf Monate nach meiner Flucht aus China und nach einer halben Weltreise, bin ich schließlich mit Taiwan in einem anderen Land angekommen, in dem man meine Muttersprache spricht und wo ich vorübergehend bei Liu Wenxian, einem alten Freund, in der Zhonghua-Straße in Xinzhu, im Nordwesten von Taiwan, unterkam. Es regnete unaufhörlich, es gab nichts zu tun, und so saßen wir zusammen, vertrieben uns mit dem ein oder anderen Gläschen die Zeit und lobten den Tag nicht vor dem Abend. Zum Glück schneite auf einmal Tang Cunli herein, ich hatte ihn Jahre nicht gesehen, und brachte uns zu einem Teehaus an der Küste, wo wir viele Stunden im Gespräch verbrachten – in der Dunkelheit des Lebens gibt es doch immer wieder lichte Augenblicke.

Tang Cunli, hohe Statur, schwarze Kleidung, düsterer Blick, bitterer Zug um das Lächeln. Er nahm den Schal ab und hatte schon eine ganze Weile Platz genommen, bevor er, die Hände reibend, sagte: »Endlich ein bisschen wärmer geworden.«

In diesem unterbewussten Reiben der Hände erkannte ich schattenhaft die Gefangenen im Gulag der Umerziehungslager. Es war schon 18 Jahre her, doch ich kehrte im Traum immer wieder ins Gefängnis zu dem Agenten der Guomindang zurück, der Tang Cunli erstaunlich ähnlich sah: Er war 1949 untergetaucht, hatte sich bis 1980 kaum noch in der Öffentlichkeit sehen lassen und den Kontakt zu taiwanischen

Organisationen wiederaufgenommen, als er auch schon aufflog – er durchlief die Untersuchungen der Staatssicherheit, sein Agentencode war »Wüste wird Oase«. Und so lautete auch sein Spitzname im Gefängnis »Oase«. Als ich einfuhr, wurde »Oase« bereits über zehn Jahre umerzogen und war selbst nahezu zur »Wüste« geworden.

Tang Cunli, dessen Vorfahren aus Yancheng in der Provinz Jiangsu stammten, war 1940 während des antijapanischen Widerstandskriegs in der provisorischen Hauptstadt Chongqing zur Welt gekommen. Sein Vater hatte als Schüler älterer Guomindang-Größen wie Dai Jitao, Zhu Jiahua, Luo Jialun und Chen Guofu im ersten Jahrgang der Zentralen Politschule von Nanking, deren Direktor Chiang Kai-shek war, 1932 seinen Abschluss gemacht – weshalb er enge Beziehungen zur Fraktion des Büros für Untersuchung und Statistik des zentralen Exekutivkommitees der Guomindang hatte. Auch war er an der »Wiederaufbaugesellschaft«, einem Vorläufer des Büros für Untersuchung und Statistik des Militärkomitees der nationalistischen Regierung, beteiligt. Nach seinem Abschluss wurde er Leiter der Kreise Cengong und Huangping in den Südosten nach Guizhou und anschließend zum Büroleiter des Verkaufsbüros für Tabak und Spirituosen der Provinz Guizhou befördert; dem folgte ein rasanter Aufstieg als Militärberater des Offiziersausbildungsregiments von Lushan, er wurde Oberkommandierender der festen Truppenkontingente, Büroleiter des Verkaufsbüros für Tabak und Spirituosen der provisorischen Hauptstadt, Chefsekretär der Provinzregierung von Hubei bis zum Direktor des zentralen Schatzamtes. Nach der Auflösung der Guomindang war er verantwortlich für den Transport eines Teils ihrer Gelder und US-Devisen nach Taiwan.

Die Mutter Tang Cunlis war aus Jianyang in Sichuan gebürtig, hatte einen Abschluss der Staatlichen Pädagogischen Hochschule von Beiping. Sie war eine Mitschülerin von Xu Guangping, der Frau von Lu Xun, und folgte ihrem Mann überall hin. Im Winter 1948 trennte sie sich von ihm, um den Wirren des Bürgerkriegs zu entgehen, und kehrte mit ihren Kindern in die vor vielen Jahren verlassene Heimat

zurück; wider Erwarten erlitt die Nationalarmee eine erdrutschartige Niederlage und auch das hinter den Linien gelegene Sichuan wurde schnell in die Unruhen einbezogen; Tangs Mutter war alarmiert, konnte keinen Tag länger warten und schickte eine Reihe von Telegrammen, in denen sie seinen Vater, der sich in Kanton aufhielt, drängte, nach Sichuan zurückzukommen.
Der mit den Vorbereitungen für die Flucht nach Hongkong beschäftigte Vater Tangs kam schließlich nicht gegen seine familiären Gefühle an, schlug die Warnungen von Freunden und Kollegen in den Wind, wandte sich gegen den Strom und kehrte um, um mit seiner ganzen Familie dem Desaster zu entkommen. Doch es kam anders: Von einem Tag auf den anderen bekam Sichuan eine neue Regierung und Tangs Vater wurde Anfang 1950 verhaftet und erschossen.
An diesem Punkt seiner Erzählung seufzte TANG CUNLI: »Es ging um Leben und Tod, hier haben die Eltern einen großen Fehler gemacht, was für die nachfolgende Generation noch schlimme Folgen haben sollte.«

Kontrolle und Umerziehung durch Arbeit

TANG CUNLI: Nachdem der Vater »unterdrückt« worden war, war das Rückgrat der Familie gebrochen, Mutter, eine »neue Intellektuelle«, musste das alles still ertragen, zog ihre Kinder groß und kam mit der Hilfe von Verwandten mehr schlecht als recht durch die schwierige Zeit. 1951, ich war elf Jahre alt, habe ich mich mit großem Erfolg bei einer seit Urzeiten renommierten Schule beworben – der Steinhaus-Mittelschule in Chengdu.
LAO WEI: Konnten denn auch Kinder, die zu den fünf schwarzen Kategorien gehörten, auf so eine berühmte Schule?
TANG CUNLI: Die Macht war in andere Hände übergegangen und um die Leute zu beruhigen, hatte die Kommunistische Partei die

Devise ausgegeben: »Für seine Herkunft kann man nichts, nur für den Weg, den man selbst einschlägt, ist man verantwortlich.« Ich war zwar noch ein Junge, wusste aber doch, dass es nur einen Ausweg gab: ein Studium, das heißt, die eigenen Fähigkeiten ausbilden und seinen Beitrag für die Gesellschaft leisten. In der Schule war ich immer unter den Besten gewesen und habe mich zusätzlich im Selbststudium mit Universitätsfächern wie höhere Mathematik und Strömungslehre beschäftigt: Ich wollte Ingenieur werden, das war mein Traum.

Im Sommer 1957 begann die Kampagne gegen Rechts, der größte Teil der Verwandten meiner Eltern wurde zu Rechtsabweichlern. Nach meinem Oberschulabschluss nahm ich an der Aufnahmeprüfung zur Universität teil – mit dem erwarteten Resultat: Schüler, auch die Besten, die aus einer Ausbeuterfamilie stammten, sind ausnahmslos durchgefallen! Erst viele Jahre später erfuhr ich aus dem Mund eines ehemaligen hochrangigen Beamten der KPCh von der damaligen internen Anweisung Mao Zedongs: »Zieht ihre (ihre, das sind die Grundbesitzer, die Reichen, die Reaktionäre, die üblen Elemente, die Rechten, das Militär, die Polizei, die Gendarmen) Kinder nicht anders auf als wilde Tiere.«

Nach diesem Schlag taten wir uns oft zusammen, wir, das waren die besten Schüler, die als ausbeuterische Elemente vor die Tür gekehrt worden waren, tranken Tee und machten unserem Unmut Luft. Da unser Talent nicht gewürdigt wurde, verloren wir das seelische Gleichgewicht und einige Mitschüler dachten sogar daran, heimlich über die Grenze zu gehen. Einer mit Namen Ye wollte mich dazu bringen, mit ihm zu fliehen. Mir fehlte der Mut, auch hing ich an der Mutter und den Schwestern und lehnte ab. Später hat sich das zu einem Fall von gemeinschaftlichem Fluchtversuch und Überläufertum unter Führung von Ye entwickelt, in den ich ohne jeden Grund hineingezogen wurde und beinahe ein unrühmliches Ende genommen hätte.

LAO WEI: Die Zeitschrift *Sichuan Literatur* hatte einen Redak-

teur, der auch zu den rechten Studenten von 1957 gehörte und sich spontan nach Shenzhen abgesetzt hat, damals noch ein abgelegenes kleines Fischerdorf; bevor er ins Wasser stieg, hat er sich vergewissert, dass ihn niemand beobachtete, war aber noch keine zwanzig Meter geschwommen, als ihn eine Reihe von Kugeln direkt vor das Gesicht zurückbrachte. Er wurde des Landesverrats bezichtigt und hat über 20 Jahre gesessen – zum Zeitpunkt seiner Freilassung und Rehabilitierung war er schon über 50.
TANG CUNLI: Ye hat seine Rehabilitierung und Freilassung nicht mehr erlebt, er ist im Gefängnis gestorben. Im Zusammenhang mit diesem Fall sind zwei, drei Dutzend Leute verurteilt worden, die meisten habe ich nicht gekannt. Vor der Verhaftung hatte ich einen Job in den Verkehrsbetrieben von Chengdu, bei den Flachwagen, dort haben wir unter Hochdruck das örtliche Eisenbahnnetz repariert.
LAO WEI: Was heißt das?
TANG CUNLI: Das war auch so ein Spektakel beim *Großen Sprung* 1958 – die Mitte bildete eine einfache Bahnstrecke, auf der Strecke lagen drei, vier Güterwaggons und jetzt raten Sie, wie die vorwärts bewegt werden?
LAO WEI: Na, mit einer Lokomotive.
TANG CUNLI: Mit einem Auto. Das setzt auf beiden Seiten der Gleise auf und zieht keuchend und ächzend die Waggons, das hieß »mechanisierter Pferdewagen«. Am 29. Dezember 1959, erinnere ich mich, war ich am Vormittag noch am Malochen, am Nachmittag wurde ich unter Aufsicht gestellt, anschließend gab es in der Arbeiterkantine eine große Versammlung, Führungskader und Aktivisten hielten ihre Reden und heizten die kämpferische Stimmung an, bis sich ein allgemeines Gebrüll erhob: »Sperrt ihn ein, sperrt den Konterrevolutionär Tang Cunli ein!«
Und so wartete ich mit gebundenen Händen auf meine Verhaftung. Und dann schoss eine kleine Limousine auf das Werksgelände, aus dem Wagen schälten sich zwei Polizisten in Zivil, ein großer und

ein kleiner, sie marschierten, ohne rechts und links zu schauen, in die Versammlung hinein, nahmen mich aus den Händen der Aktivisten entgegen, drehten mich um und schoben mich auf den Rücksitz des Wagens. Die Menge drängte von dem Versammlungsplatz, um sich das Schauspiel nicht entgehen zu lassen, der Wagen fuhr los, um das Werksgelände herum und über die Hauptstraße direkt zum Mittleren Gericht und hielt im Hof. Ich stieg aus, wurde weiter nach vorn gebracht, es ging um ein paar Ecken, bevor ich vor einem Flachbau mit einem Schild »Büro für Umerziehung durch Arbeit, Chengdu-Stadt« auf weitere Befehle warten musste.

Am Abend ging es zur Übergabestation in einem Umerziehungslager mit irgendwelchen Zellen, einer Art Raubtierkäfige. In so einen haben sie mich hineingeworfen, etwa zehn Quadratmeter, aber mit über zwanzig Leuten drin, es war voll wie in einem überbrodelnden Suppentopf. Die Notdurft wurde in einen offenen Kübel entrichtet, der Gestank durchdrang alles. Hier war ich sechs Tage eingesperrt, die Augen blutunterlaufen, ich wälzte mich hin und her, konnte aber keinen Schlaf finden. Ich glaubte, ich würde nie wieder zu meiner Mutter zurückkommen, eine erstickende Hoffnungslosigkeit ergriff mein Gemüt.

Am Abend des 5. Januar 1960 wurde ich aus meiner Zelle gerufen und in den Verhörraum geschafft. Hinter einem Tisch saßen Seite an Seite Staatsanwalt und Protokollführer, daneben außerdem ein Schöffe. Die Prozedur dauerte etwa zehn Minuten, es ging lediglich um einen Abgleich der bereits gedruckten Urteilsschrift, Name, Alter, Adresse, persönlicher Hintergrund und Familie und Abgleich der Identität. Darunter stand als Datum: 30. 12. 1959.

LAO WEI: Bei der Umerziehung durch Arbeit hat die Öffentliche Sicherheit das letzte Wort, war da noch eine Urteilsschrift nötig?

TANG CUNLI: Die Öffentliche Sicherheit braucht kein richterliches Urteil, ein Papier mit dem Titel »Mitteilung über Umerziehung durch Arbeit« tut es. Aber mein Urteil lautete auf »Unter Aufsicht zu stellen, Einschränkung der Freiheit«.

LAO WEI: Das hat ein Gericht beschlossen? Das höre ich zum ersten Mal.

TANG CUNLI: Das war nicht wie bei den »fünf« oder den »neun schwarzen Kategorien«. Vor Ort unter Aufsicht gestellt werden, besser bei der Umerziehung durch Arbeit unter Aufsicht gestellt zu sein – das war viel ernster als die Umerziehung durch Arbeit allein.

LAO WEI: Ich verstehe das immer noch nicht.

TANG CUNLI: Der Umerziehung durch Arbeit entsprach dem Namen nach ein »innerer Widerspruch des Volkes«, da gab es keine juristischen Formalitäten. Wenn den Milizen vom Polizeirevier an dir etwas nicht gefiel, hatten sie das Recht, dich in ein Umerziehungslager zu schicken; unter Aufsicht gestellte Umerziehung durch Arbeit hingegen war ein »Widerspruch zwischen dem Feind und uns«, da gab es eine formelle Anklage und ein formelles Urteil, und unter Aufsicht stand man auf dem Gut des Umerziehungslagers.

LAO WEI: Galt man dann eher als regulärer Gefangener, statt als Insasse eines Umerziehungslagers?

TANG CUNLI: Der hatte es wohl etwas leichter! Um es kurz zu machen, damals sind nicht wenige zur Umerziehung durch Arbeit unter Aufsicht verurteilt worden. Auch kam es nicht zu einer formellen Gerichtsverhandlung, selbst Anklageschrift und Urteil wurden mir gleichzeitig in die Hand gedrückt, von einem Anwalt oder Verteidiger gar nicht zu reden. Ich habe den Eindruck, dass es so ein neumodisches Zeug wie Anwälte und Verteidiger erst seit der Reform- und Öffnungspolitik von Deng Xiaoping gibt.

Ich habe meine Urteilsschrift auswendig gelernt: »Tang Cunli, männlich, Alter 19, persönlicher Hintergrund Student, familiärer Hintergrund falsches Beamtentum, Klassenhass auf unsere Partei. Angriffe auf unser sozialistisches System als undemokratisch, Angriffe auf den Kampf gegen Rechts als Unterdrückung der Demokratie. Mit u.a. einem gewissen Ye und Zhou Bildung einer konterrevolutionären Vereinigung, Pläne für einen Grenzübertritt von Kanton nach Hongkong (oder von Tibet nach Indien) usf. Verurteilung zu 3 Jahren unter Aufsicht in einem Umerziehungslager.« Über dem Ganzen stand »Volksgericht, Bezirk Weststadt, Chengdu-Stadt«, die Anklage-Einheit war das Büro für Öffentliche Sicherheit Chengdu-Stadt, der Büroleiter war Lin Zuofu.

Der Himmel hungert

TANG CUNLI: Die Urteilsbegründung war ein bisschen sehr simpel. Beim gemeinsamen Tee habe ich mit ein paar Sätzen meine Unzufriedenheit ausgedrückt, oder, wenn es andere taten, meine Zustimmung geäußert. Bis zu dem völligen Unsinn von dem Grenzübertritt – aber ich war deswegen fast zwanzig Jahre in einem Umerziehungslager!
LAO WEI: So lange?
TANG CUNLI: Ich war zu jung und naiv und hatte auch noch mein Textbuch von der Universität dabei, dachte, ich könnte über Selbststudium etwas aus mir machen.
LAO WEI: Sie sind ausgerechnet während der großen Hungersnot eingefahren … wie haben Sie das ausgehalten?
TANG CUNLI: Die Erinnerung daran ist etwas verschwommen.
LAO WEI: Wie kann das sein?
TANG CUNLI: Ich bin nur ein einfacher Mann mit einem lausigen Gedächtnis; was ich im Kopf habe, habe ich im Kopf, was da nicht ist, kann ich mir auch nicht ausdenken. Ich bin zuerst in die Tianquan-Schwefelminen im Bezirk Ya'an geschickt worden. Das ist eine Bergregion, da ist das ganze Jahr über dicker Nebel und die Temperaturen sind extrem niedrig. Die Umerziehungsgefangenen schleppen auf den Schultern das Schwefelgestein von Stellen sehr hoch über dem Meeresspiegel zu den Schmelzen hinunter, überall

ist giftiger Rauch und es kommt oft zu Zwischenfällen – ich habe einmal mit eigenen Augen gesehen, wie in einem Großfeuer ein paar Dutzend Leute verbrannt sind. Meine Konstitution war glücklicherweise dafür nicht geschaffen, so wurde ich der Gemüsetruppe zugeteilt, nicht lange und ich hatte Hungerödeme und kam ins Krankenhaus.

LAO WEI: Wie hoch waren damals die Rationen?

TANG CUNLI: Siebenundzwanzig Pfund.

LAO WEI: Auch für die Kader?

TANG CUNLI: Bei der kleinen Waage waren 800 Gramm ein Pfund – vergoldetes Silber, vor allem aber Süßkartoffeln.

LAO WEI: Vergoldetes Silber?

TANG CUNLI: Wir haben auch Maiskörner gekocht, wo dann der Topf golden glänzte. Die Rationen reichten nicht, erfahrene Gefangene verließen sich auf ihre Nase, um zu überleben, was nicht niet- und nagelfest war, ließen sie mitgehen, auf den Feldern, auf der Erde, sie gruben sogar drei Ellen tief im Boden, was man in den Mund stecken konnte, haben sie rausgeholt. Ich galt als Studierter, mir fehlte für so etwas der Mut und der Wille, ich musste mich an die Rationen halten. Natürlich habe auch ich ein bisschen wildes Gemüse gestochen und mir hastig den Bauch vollgeschlagen, mit dem Resultat, dass es oben und unten wieder rauskam. Ich habe ein ganzes Jahr im Krankenhaus verbracht und wäre um ein Haar gestorben. Ich war mit meinen 1,80 runter auf 79 Pfund und nur noch Haut und Knochen. Selbst das Atmen wurde mir schwer, ich schnaufte wie ein Blasebalg aus Menschenhaut.

LAO WEI: Sind um Sie herum auch Leute verhungert?

TANG CUNLI: Da ist die Erinnerung verschwommen, ich weiß nicht, wie viele kamen und gingen. Am Fuß des Berges hinter dem Krankenhaus allerdings war ein wilder Friedhof, manchmal zog ein Wagen mehrere Leichen, tuckerte zu den vorher ausgehobenen Gruben und warf sie hinein, das drang durch die Wand bis ins Krankenzimmer, im Tran hörte ich Leute diskutieren: »Große Kanone geworfen!« Nach einer Weile leuchtete mir jemand mit der Taschenlampe in die Pupillen, um zu sehen, ob ich noch am Leben war. Ich hatte Angst, »als große Kanone geworfen« zu werden, konnte die Augen nicht öffnen und bemühte mich, mit den Lidern zu zucken.

LAO WEI: Ich habe als Junge einen Laster gefahren, bin oft von der Gegend dort über den Lang-Berg nach Khamba in Tibet, aber ich habe keine Ahnung, wo die Schwefelminen waren, von denen Sie sprechen.

TANG CUNLI: In Jiaojiping, wir hatten über zehntausend Gefangene, hauptsächlich wurde Schwefel geschleppt und geschmolzen. Ich erinnere mich an den *Chinesischen Archipel Gulag* von Wu Hongda, da war auch ein Lageplan von all den Umerziehungslagern enthalten, auf dem aber bei weitem nicht alles verzeichnet war. Wie viele Gefängnisse und Umerziehungslager hat China denn? Das wissen womöglich nicht einmal die Beamten im Justizministerium genau. Distrikte, Kreise, Städte, Lokaldistrikte, Provinzen, Zentralen, ich schätze, alle paar hundert Meilen gibt es ein Gefängnis, die inoffiziellen Tribunale gar nicht mitgerechnet.

LAO WEI: Da können Sie aber von Glück sagen, dass Sie während der Hungersnot lebendig herausgekommen sind!

TANG CUNLI: Aber viele Orte, viele Erinnerungen sind längst verwischt. Wenn man allein lebt, steigt jäh irgendein verblasstes Bild, der Name eines verstorbenen Freundes herauf und am ganzen Körper sträuben sich einem die Haare; aber wenn man dahin zurück *will*, kann man sich noch so den Kopf zerbrechen, die Erinnerung ist weg. Das ist wie die Asche eines Vulkans, man verbrennt sich die Hände daran, aber was im konkreten Detail zerstört wurde, ist nicht mehr zu sehen und nicht mehr zu sagen – kurz, Jiaojiping ist durch Sturzfluten von den Bergen und durch die Schwefelfeuer vollständig zerstört worden, es sind so viele gestorben, dass man 1962 zur Buchweizenfarm im Kreis Puge in der Liangberg-Präfektur umziehen musste, lange Reihen von geschlossenen Gefangenenwagen fuhren im Geleit der Öffentlichen Sicherheit über Ya'an, Rongjing, Hanyuan und dann wieder den Fluss Dadu entlang hinauf. In dem Krankenwagen, in dem ich war, drängten sich neben mir die Skelette. Nur wenn sich ab und an ein Arm bewegte, wurde man gewahr, dass es sich um ein menschliches Wesen handelte, von dem nichts übrig war als Haut, ein paar Muskeln und Knochen – und das war nicht nur bei den Kranken so, alle Gefangenen, die lebend aus Jiaojiping herausgekommen sind, sahen so aus. Wir rumpelten etwa zehn Tage durch die Gegend, als auf einmal am Straßenrand ganz normale Leute lagen, wohl von der Generation, bei der neun von zehn Häusern leerstanden. Kennen Sie Yao Qing, den Komiteesekretär des Kreises Rongjing? Er war in aller Munde, weil unter seiner Verwaltung die Zahl der Hungertoten im Kreis Rongjing die landesweit höchste war. Am Ende waren nicht einmal mehr Leichenträger aufzutreiben, so dass die Toten in den Häusern verblieben und einen bestialischen Gestank verbreiteten – bis dann eines Tages das Dach morsch wurde und krachend einstürzte. Dieser unglückselige Sekretär Yao wurde von den Kommunisten zum Sündenbock gemacht und zu achtzehn Jahren verurteilt; war dann später auf der Buchweizenfarm in derselben Gruppe wie ich – wenn ich auf die Hungertoten zu sprechen kam, war es ihm immer noch unangenehm. Man erzählte, er habe sein Urteil angefochten und immer wieder Berufung eingelegt und sei sogar rehabilitiert worden.

LAO WEI: Und der Grund für die Berufung?

TANG CUNLI: Er fand, es habe sich um politische Fehler der Führungsebene gehandelt, er selbst habe lediglich gemacht, was man ihm sagte, und man dürfe ihm deshalb nicht Hauptverantwortung aufbürden.

LAO WEI: Und dann?

TANG CUNLI: Im Januar 1963 wurde ich von der Aufsicht befreit und es ging weiter mit verlängerter Umerziehung durch Arbeit …

Erneute Verhaftung im Gefängnis

LAO WEI: Die Zeit unter spezieller Aufsicht war abgelaufen, warum dann eine Verlängerung der Umerziehung?
TANG CUNLI: Dazu gab es nichts Schriftliches, mündlich hieß es »mehrfache disziplinarische Verstöße«, also ging es weiter. Erst 1965 bekam ich eine »Benachrichtigung über die Entlassung aus der Umerziehung«, damals war ich bereits von der Buchweizen-Farm verlegt worden zur »Arbeit« in die Wuyi-Bleiminen im Kreis Butuo.
LAO WEI: Wollten Sie denn diesen »Job«?
TANG CUNLI: Wenn man aus der Großstadt als Gefangener in ein Arbeitslager in die weglose Natur verbannt wird? Wer will dann schon dort bleiben wegen dem Job? Man wurde nicht anders behandelt als die Gefangenen, man bekam nur sechzehn Yuan mehr im Monat. Doch es dauerte nicht lange, bis unter den Angestellten die »Kampagne der Vier Aufräumarbeiten« losgetreten wurde, wegen »unveränderter reaktionärer Instinkte« haben sie mich wieder herausgegriffen. Vorgeworfen wurde mir vor allem:
1. Angriff auf die Drei Roten Banner
2. Beschwerden wegen Peng Dehuai
3. Gerüchte über Genossin Jiang Qing

Das war am Vorabend der Kulturrevolution, viele glaubten, ich würde mindestens zwanzig Jahre bekommen, aber nach dem März 1963 legte sich der Sturm etwas und ich bekam acht.
Im Oktober 1966 haben sie mich festgenommen und in einen kleinen Raum des Trainingsteams gesteckt, mit mehr als zehn Mann in der Zelle. Außer beim Hofgang fand die Notdurft komplett da drin statt. Jeden Tag im Schneidersitz, die Hüfte aufrecht, neben der Zeitungslektüre war da nur das Abfassen von Besinnungstexten. Nach fünf Monaten und vier-, fünfmaliger Befragung erhielt ich aus den Händen des politischen Sektionschefs der Umerziehungsfarm meine Anklage- und Urteilsschrift, gleichzeitig! Darauf hat man

mir außer den schon genannten Vorwürfen noch einen weiteren Hut aufgesetzt: »Hass auf unsere Partei aufgrund der Hinrichtung des Vaters, Versuche umstürzlerischer Restauration und Umsturz der Diktatur des Proletariats.«

Zu guter Letzt stand unter dem Ganzen: »Militärisches Kontrollkomitee der chinesischen Volksbefreiungsarmee, Kreis Puge.« Bei der Urteilsverkündung war man noch vergleichsweise kulant, keine Fesseln, ich wurde aus der kleinen Zelle in den Verhörraum gerufen und bekam direkt die beiden Papiere ausgehändigt. Selbst die formelle Verlesung hat man sich gespart.

Damals wurden die Buchweizen- und die Wuyi-Farm zusammengelegt, und ich kam wieder in das Landwirtschaftsgeschwader der Buchweizen-Farm zu Feldbestellung und Lehre. Unter den Gefangenen hatte ich den höchsten Bildungsstand und habe viele Bauern aus dem Analphabetismus befreit. Im Daliang-Gebirge gab es nicht wenige Angehörige der völkischen Minderheit der Yi, sie hatten 1951 rebelliert, sich militärisch zur Rettung des Landes gegen die Kommunisten organisiert. Sie waren als vollkommene Analphabeten im Gefängnis gelandet und viele Jahre durch Arbeit umerzogen worden.

Nach der fortgesetzten Aufsicht und der Umerziehung hatte ich zum dritten Mal meine Strafe abgesessen und bekam eine Arbeit bei der Nebentruppe zugewiesen. Eigentlich glaubte ich, nie wieder zu meiner Mutter zurückkehren zu können. Die Konterrevolutionäre machten sich über die Umerziehungspolitik der chinesischen Kommunisten keine Illusionen, es lief darauf hinaus, dass man seine Strafe abbüßte, aber ein Leben lang nicht freikam und auf Gedeih und Verderb auf sich allein gestellt war. Erst als ich später den *Archipel Gulag* und *Die Krebsstation* von Solschenizyn gelesen habe, erfuhr ich, dass sie diese Methode »der Strafe vor Ort« von Stalin hatten. Ohne das Massaker vom 4. Juni 1989 hätte ich wie übrigens die überwiegende Mehrheit der Gebildeten, die allen möglichen Torturen ausgesetzt gewesen waren, für immer in der Schuld von

Deng Xiaoping gestanden. Denn gerade weil er die Kulturrevolution und den Klassenkampf vehement ablehnte, wurde ich 1979 rehabilitiert, kehrte heim und tat meine Pflicht als Sohn. Meine Mutter war 1987 im gesegneten Alter von vierundachtzig Jahren gestorben, damals war ich schon viele Jahre im Business, war gut gekleidet, hatte genug zu essen und dachte, Mutter würde mit einem Lächeln zu den Neun Quellen der Unterwelt gehen.

LAO WEI: Es heißt, nach der Rehabilitierung ging es Ihnen eine Weile ausgezeichnet?

TANG CUNLI: Ich wurde gleich zweimal rehabilitiert, das erste Mal 1966 auf der Buchweizen-Farm, wo ich wegen konterrevolutionärer Ansichten zu acht Jahren verurteilt war; das zweite Mal nach den drei Jahren Umerziehung durch Arbeit unter Aufsicht, zu der mich der Gerichtshof des Westbezirks von Chengdu verurteilt hatte …

LAO WEI: Normalerweise wurde die Umerziehung nach der Aufsicht um zwei Jahre verlängert, Sie hätten eigentlich noch ein drittes Mal rehabilitiert werden müssen.

TANG CUNLI: Die Partei hatte zu viele Schulden, wenn sie jede hätte begleichen wollen, wäre sie längst bankrott. Deshalb fand ich das ganz in Ordnung. Die Buchweizen-Farm hat mir im Nachhinein für die acht Jahre ein Gehalt von über dreitausend Yuan ausbezahlt.

Als ich Mutter wiedersah, war ich schon achtunddreißig und hatte nicht das Brot über Nacht. Ein Leidensgenosse aus dem Knast hat mir bei einer Baufirma einen Job als Maurer besorgt. Weil ich mir in jungen Jahren Grundkenntnisse über Kartierungsarbeiten angeeignet hatte, bin ich rasch zum Techniker aufgestiegen. Ich klebte an der Arbeit ohne einen Gedanken an Essen und Schlaf, habe eine ganze Reihe von Hochhäusern geplant und schließlich um meine wirtschaftliche Unabhängigkeit gekämpft. Danach habe ich geheiratet und eine Tochter bekommen, ein Paar, das an einem Strang zog und hart im eigenen Geschäft arbeitete und in ein, zwei Jahren eine namhafte zweistöckige Elektronik- und Metallwarenfirma hochgezogen hat, mit ein paar Dutzend Mitarbeitern, einem Umlaufvermögen von über zehn Millionen, Hunderten von Markenprodukten, einem landesweiten Verkaufsnetz, das von den Medien gerühmt wurde als »Perle der Handelswelt der Brokatstadt«, wie Chengdu genannt wird. Mich nannten sie den ersten Selfmade-Millionär der Reform- und Öffnungspolitik. Aber ich habe ein großes Tabu des Business verletzt und mich in die Studentenunruhen von 1989 hineinziehen lassen.

LAO WEI: Hatten Sie politische Forderungen?

TANG CUNLI: Patriotische Begeisterung, das war alles. Auf dem Tianfu-Platz von Chengdu waren ständig Himmel und Menschen. Jemand wie ich, erfolgreich und mit *dem* Hintergrund, stand natürlich mit den Studenten und den Stadtleuten zusammen. Ich habe mich nicht lumpen lassen und mit meinen Arbeitern und Angestellten einen großen Lieferwagen mit Nahrungsmitteln und Getränken herangekarrt. Am 4. Juni selbst haben wir auf dem Platz ein riesiges Transparent hochgezogen: »Nieder mit Li Peng, Schluss mit dem Kriegsrecht!« Ach, das waren Jahre, die Menschen hatten lautere Herzen, aber wenn das einmal vorbei ist, kommt es nicht wieder! Das Massaker auf dem Platz des Himmlischen Friedens hat jede Illusion der Massen über die Kommunistische Partei zerstört.

LAO WEI: Kaufleute sind wie Politiker, sie schätzen die Situation ab und dann richten sie ihr Fähnchen nach dem Wind, da sind Sie nicht sonderlich klug gewesen.

TANG CUNLI: Das gesamte gesellschaftliche Umfeld in den 80er Jahren war so, so konnte man sich Energie und Leidenschaft erhalten. Als am 4. Juni das Schießen begann, war mit einem Schlag alles anders, die Kommunistische Partei, das waren von Hause aus immer schon Landräuber und Gauner, die werden sich nie ändern! Das Schicksal der Reform war längst besiegelt, Freunde bei der Abteilung für Öffentliche Sicherheit haben mir privat enthüllt, dass ich auf der schwarzen Liste für Verhaftungen stand. Ich durfte nicht noch einmal einfahren! Also nahm ich wohl oder übel Frau und Tochter unter den Arm und bin aus lauter Verzweiflung von Kanton aus nach Hongkong geflohen.

Gestrandet in Taiwan

LAO WEI: So haben Sie letztlich auch noch den letzten Wunsch Ihres Vaters erfüllt.

TANG CUNLI: Ich habe in Taiwan einen Cousin väterlicherseits, über 20 Jahre älter als ich, der war in jungen Jahren für meinen Vater wie ein Sohn gewesen, weshalb er immer nach dem Verbleib von seinem früheren kleinen Bruder geforscht hat. Er hat in Regierungskreisen in Taiwan jede Menge Kontakte gehabt.

LAO WEI: Schicksal.

TANG CUNLI: Wenn man das so einfach sagen will. Als wir nach Hongkong kamen, versteckten wir uns die ganze Zeit in Shatian, im Haus eines Freundes, wagten uns vier Monate nicht vor die Tür und haben über die Hongkong Alliance bei den Regierungen von Taiwan und Westdeutschland politisches Asyl beantragt. Damals waren es bereits fünf Jahre, dass die »Joint Declaration of the Government of the United Kingdom of Great Britain and Northern Ireland and the Government of the People's Republic of China on the Question of Hong Kong« unterschrieben war, der Einfluss der Kommunisten wurde Tag für Tag größer und die Behörden von British-Hongkong haben aus Gründen der Selbsterhaltung nicht gewagt, Peking allzu sehr zu verärgern. Bevor deshalb »politisches Asyl« gewährt wurde, durfte man sich nicht den geringsten Fehler leisten, viele sind in diesem Zeitraum verhaftet und zurückgeführt worden, ohne dass nach irgendwelchen Gründen gefragt worden wäre. Doch auch wenn dem so war, wurden die Flüchtlingswellen von Mal zu Mal größer. Am 8. November 1989 wurde meine Tochter fünf Jahre alt und am Tag nach ihrem Geburtstag verhaftet! Sie hatte ganz fröhlich und ausgelassen mit gleichaltrigen Kindern aus Hongkong gespielt, als eine Gruppe Hongkonger Polizisten in das Privathaus eindrang und nach einem Festlandchinesen namens Tang Cuili fragte – sie hatten einen entsprechenden Tipp bekommen. Wir waren zum Glück nicht zu Hause, aber sie haben sich nacheinander die Kinder vorgenommen, meine Tochter wurde gezwungen, den Mund aufzumachen, und was herauskam, war nicht Kantonesisch; sie wussten auf der Stelle, dass das die Tochter von Tang Cuili war, also nahmen sie sie mit und setzten sie an einem Ort für illegale Immigrantenkinder fest.

Das Ganze führte in Hongkong zu einem Sturm der Entrüstung, die *Hongkong Times* brachte sofort einen Artikel von einem gewissen Cai mit der Schlagzeile: »Polizei dringt in Privatwohnung ein und entführt fünfjähriges Mädchen«, wir waren konfus wie die sprichwörtlichen Ameisen auf dem heißen Topf, uns blieb nichts anderes übrig, als mit großem Risiko aus der Deckung zu kommen und mit höchster Dringlichkeit mit dem taiwanischen »Rettungsservice«, mit vollem Namen »Katastrophenrettung für Landsleute auf dem chinesischen Festland« Kontakt aufzunehmen …

LAO WEI: Was für Katastrophen?

TANG CUNLI: Seit einigen Jahrzehnten waren die Regierungen diesseits und jenseits der Taiwan-Straße der Auffassung, dass der jeweilige Feind in einem »Abgrund von Leid« kämpfe, deshalb nannte man in Taiwan die Flüchtlinge vom Festland generell »Landsleute aus Katastrophengebiet«, was normalen unerlaubten Grenzübertritt ebenso einschloss wie Persönlichkeiten aus der Demokratiebewegung und Dissidenten. Damals waren Vater und Sohn Chiang Kai-shek bereits auf dem unumkehrbaren Weg des »Gegenangriffs« und der »Befreiung Taiwans von der japanischen Herrschaft«, die Guomindang reorganisierte sich, Lee Teng-hui mit seinem taiwanischen Hintergrund wurde zum Vorsitzenden gewählt und stieg zum höchsten Amt des Staatspräsidenten auf. Große Veränderungen

gingen vor sich, dazu übten die chinesischen Kommunisten großen Druck aus, um die taiwanische Unabhängigkeitsbewegung zu kontrollieren, das Konzept einer »entsinisierten« Republik Taiwan drang nach und nach in die Köpfe der Menschen. Und obwohl die Mörder-Regierung am 4. Juni 1989 schon auf die einhellige Verurteilung der internationalen Gemeinschaft stieß, blieb auch Taiwan mit seinen unverbrüchlichen Blutsbanden zum Festland nichts anderes übrig, als seine Unterstützung für die Demokratiebewegung zu erklären – doch wenn es um die konkrete Aufnahme politischer Asylanten ging, hat die Verwaltung Lee Teng-huis eine distanzierte, den beiden Chiangs diametral entgegengesetzte Haltung eingenommen und extrem hohe Hürden errichtet. So hat Taiwan trotz dem weitreichenden Einfluss der Demokratiebewegung unter den »gegebenen Umständen« nicht mehr als vierzehn »politische Flüchtlinge« aufgenommen und als ganze Familie lediglich uns.
LAO WEI: Ein ziemlicher Glücksfall.
TANG CUNLI: Und auch eine Gnade des alten Himmelsgotts! Als wir zum Bürodirektor Zhang vom Rettungsservice Kontakt aufnahmen, antwortete er, die Einreisebescheinigung für Taiwan sei bereits ausgestellt und werde uns umgehend zukommen; außerdem versprach er, sofort mit der Hongkonger Polizei in Verhandlungen einzutreten. Noch am gleichen Abend wurde unsere Tochter zurückgebracht. Ich schloss sie in die Arme, überschüttete sie mit Küssen und fragte, ob sie geweint habe? Sie sagte, sie habe nicht geweint; ich tat so, als würde ich das nicht glauben, wie sollte ein fünf Jahre altes Mädchen, das wegen seiner Eltern zwei Tage in Haft verbracht hat, nicht weinen?
Sie sagte: Der Onkel Polizist hat mich nicht gehauen und ich habe noch gefragt, wo denn meine Brille ist? Wenn sie kaputt ist, schimpft die Mama. Ich habe auch gesagt, ich will heim und dass der Onkel mich schnell heimbringen soll.
Kaum ein Tage später hat auch Westdeutschland unseren Asylantrag angenommen. Doch wir haben uns für Taiwan entschieden.

Ich war damals schon neunundvierzig Jahre alt, im Westen hätte ich wieder ganz von vorne anfangen und erst einmal die Sprache lernen müssen. Während Taiwan doch von der gleichen Art und den gleichen Wurzeln war wie wir – aus der anderen Welt kam auch der Segen des dahingegangenen Vaters – und wir erreichten im Dezember 1989 mit einem Flug der China Airlines Taipei.

LAO WEI: Ich habe im Untersuchungsgefängnis von Chongqing den Kunstlehrer einer Mittelschule getroffen, der während der Studentenunruhen in die Demonstrationen verwickelt gewesen war und sich nach deren Niederschlagung am 4. Juni 1989 nach Hongkong davongemacht hat, mit dem Resultat, dass er rückgeführt und einige Monate in Arrest gehalten wurde, eine überaus bittere Zeit; im Folgejahr hat er sein »Jahrestag der Märtyrer unseres Landes« geschrieben und wurde, nachdem er es überall verteilt hatte, erneut auf der Flucht gefasst und zu drei Jahren Haft verurteilt; nach seiner Entlassung ist er erneut über die Grenze und hat sich schließlich erfolgreich nach Dänemark durchgeschlagen, der Heimat von Hans Christian Andersen. Vor ein paar Jahren hat er mir in einem Brief geschrieben, der dänische Winter sei viel zu warm im Vergleich zum Pekinger.

TANG CUNLI: Solange man in die freie Welt flieht, ist alles, was man bekommt, ein Glücksfall, doch das Leben ist kurz und kann es mit einem diktatorischen Regime nicht aufnehmen. Erst später habe ich erfahren, dass mein Cousin väterlicherseits durch Himmel und Hölle gegangen war und alle seine Beziehungen in der Politik hatte spielen lassen, um mich zu retten. Der gegenwärtige Präsident Ma Ying-jeou, der frühere Englisch-Sekretär von Chiang Ching-kuo, hat seinen Ruf als strahlender Polit-Star wirklich verdient. Mein Cousin hat über Kollegen meines Vaters wie Chou T'ien-ku und T'eng Chieh einen Brief an Ma Ying-jeou lanciert, der einen recht großen Einfluss hatte. Chou T'ien-ku sagte sogar, wenn Taiwan mit Tang Cunli einen Nachkommen eines der Vorkämpfer unserer Partei und unseres Staates nicht aufnehmen würde, werde er mit eigenem Geld einen Pass, und sei es einen gefälschten, erstehen, ihn nach Südamerika schaffen und den Krallen der chinesischen Kommunisten entziehen.

LAO WEI: Wer war dieser Chou T'ien-ku?

TANG CUNLI: Chou T'ien-ku war der Nachrichtensekretär und -sektionschef von Chiang Ching-kuo, Mitglied des Zentralkomitees der Guomindang und beide nacheinander Kommilitonen meines Vaters auf der Zentralen Politischen Universität. Als mein Vater Kreisleiter war, amtierte er noch als Sektionschef; auf Taiwan dann hatte er aufgrund seiner wichtigen Stellung sehr großen Einfluss und wurde überall »Herr« genannt. Aufgrund der Aktivitäten einer Reihe von Leuten wie ihm selbst und T'eng Chieh, dem letzten Bürgermeister von Nanking, musste der damalige Präsident Li Teng-hui Farbe bekennen. Ich besitze noch einen handgeschriebenen Brief von Ma Ying-jeou an Chou T'ien-ku: »Wir müssen einem Mann wie Tang Cunli von der Demokratiebewegung auf dem Festland und seiner Familie unbedingt nachhaltige Aufmerksamkeit schenken …« usf. Auch wenn das etwas schwammig geschrieben ist, der Sinn ist eindeutig.

LAO WEI: Wenn ich das so höre, empfinde ich diese bürokratische Vermittlung als ausgesprochen heikel, an der Oberfläche voller Enthusiasmus, doch darunter spürt man die Kälte der Welt.

TANG CUNLI: Lee Teng-hui hat nach seiner Ankunft in Taiwan dem Team von Vater und Sohn Chiang eine Bluttransfusion verabreicht, Leute wie Ch'en Li-fu und Chou T'ien-ku haben an Macht verloren, aber ihr Prestige und ihr Einfluss blieb. Mein Cousin war vor seinem Ruhestand Leiter des Polizeibüros von Yonghe, einem Stadtteil von Taipei, von ihm gibt es noch folgende Geschichte zu erzählen: Nach der Befreiung von Shanghai 1949 wollte er eigentlich dem Aufruf des neuen Regimes zur »Selbsterneuerung« folgen, doch als er zur Registrierungsstelle für Militär- und Zivilbeamte der Guomindang kam, sank ihm beim ersten Anblick der Mut – was da zur Selbsterneuerung Schlange stand, ging vom Oberst an aufwärts, Leutnants und untere Offiziersränge konnte man an den Fingern einer Hand abzählen, während er selbst zu den Leutnants einer direkt der Nationalarmee unterstellten Einheit gehörte. Wenn es nicht lief und aus der Selbsterneuerung nichts wurde, sah er sogar einer Verhaftung und Enthauptung entgegen. Daraufhin eilte er sofort nach Hause und ist mit seiner Frau in sternenklarer Nacht an einer Reihe von Wachen vorbei über Schleichwege zur noch nicht »befreiten« Präfektur Zhoushan hinüber und dann nach Taiwan. In all der Panik blieb sein Töchterchen auf dem Festland zurück.

Aber so wurde für uns Taiwan zu einer Art Schutzsuche mit neuen Freunden und Verwandten. Wir haben zwei Monate im Gästehaus des »Rettungsservice« gewohnt, dann haben wir Mittel beschafft, um uns mit einem kleinen Geschäft auf eigene Faust durchzuschlagen; und obwohl ich nominell ein »politischer Asylant« der 89er Demokratiebewegung war, war das doch kein Beruf, von dem man sein Leben fristen konnte.

Ich war gerade erst aus dem Land heraus, ließ die Demokratiebewegung nicht aus den Augen, traf auf eine ganze Reihe von Studentenführern – und schnell erfüllte mich ein Gefühl tiefster Verzweiflung. Diese Arroganz, dieses Gegeifere war meilenweit von meinen eigenen Vorstellungen und Grundsätzen entfernt. Deshalb habe ich mich keiner politischen Bewegung mehr angeschlossen, auch wenn ich in Taiwan eine Weile Thema der Nachrichten war – neben unserem kleinen Geschäft vertiefte ich mich in verschiedene Lektüren; im Nu waren zehn Jahre vergangen, mein Töchterchen groß und auf einer konfessionellen Schule, doch weil meine Wertvorstellungen sich auch von denen meiner Frau unterschieden, haben sich unsere Wege getrennt.

So gingen die Tage und Jahre ins Land und rückblickend war das Leben nichts als Schall und Rauch.

LAO WEI: Sie haben sich über vier Monate in Hongkong versteckt, wären Sie damals verhaftet worden, hätten Sie heute keine Chance zu einem solchen Rückblick.

TANG CUNLI: In diesen Monaten habe ich in unserem Unterschlupf in der Wohnung von Freunden nichts gesehen als Bücher und Disketten, ich habe nicht gewagt, mich blicken zu lassen. Sollte sich der Wind drehen, war ich stets bereit, den Ort zu wechseln. Was ich mir sehnlichst wünschte, war: nie wieder zurück, nie wieder ins Gefängnis, nie wieder, lieber hätte ich mich umgebracht!
LAO WEI: Sind Sie mit Ihrem Leben als Taiwaner zufrieden?
TANG CUNLI: Das ist ein rechtes Dilemma. Zunächst verabscheute ich die Diktatur der Kommunistischen Partei zutiefst, dann aber war ich auch von Ch'en Shui-pian und der Unabhängigkeit Taiwans nicht begeistert. Doch auf der Insel sind achtzig Prozent der Massen für die Unabhängigkeit Taiwans und lehnen die Erpressungsversuche der chinesischen Kommunisten mit ihren Kriegsdrohungen ab. Nehmen Sie nur die Worte von Ch'en Shui-pian: »Wie kann sich das demokratische Taiwan mit der chinesischen Diktatur vereinen!« Ich habe auf beiden Seiten kein Zuhause gefunden. Auf diesen Massenversammlungen, wo in höchsten Tönen von dem »asiatischen Waisenkind« gesungen wird, wurde ich sogar angegangen: »Warum sprechen Sie nicht Taiwanisch?« Dabei bin ich Chinese, warum sollte ich Taiwanisch sprechen? Taiwan wird von den chinesischen Kommunisten unter Druck gesetzt und das soll nicht auch ich spüren? Ich bin in die freie Welt geflohen, aber ich war hilfloser Augenzeuge, wie die Guomindang, dieser hundert Jahre alte Ramschladen, jedem Sturme trotzte, von wegen »gleiche Art und gleiche Wurzeln« und »Blut ist dicker als Wasser«, das war reines Wunschdenken.

Auf der anderen Seite, auf dem Festland, waren meine Verwandten, meine Freunde, meine Erinnerungen und existentiellen Werte; während in Taiwan – wer redet denn mit dir außer im Job über das Massaker vom 4. Juni? Wer redet mit dir über den Gulag der Umerziehung? Wer redet mit dir über Hu Yaobang, Zhao Ziyang?

Äußerlich bin ich Taiwaner, im Inneren aber, in den Eingeweiden, sitzt noch immer die Ideologie der kommunistischen Diktatur.

Also lassen wir das, die Zeit vergeht, die Erinnerungen nutzen sich ab, und so nährt man sich redlich und wartet auf den Tod.
LAO WEI: Das klingt nicht sonderlich zufrieden.
TANG CUNLI: Vor kurzem habe ich Harry Wus Erinnerungen an das Umerziehungslager gelesen, ich war so erschüttert, dass ich die ganze Nacht nicht schlafen konnte. Dass ich heute so mit Ihnen plaudere, hat damit zu tun – bevor schließlich alles vergessen ist, noch ein paar Spuren hinterlassen, darum geht es wohl.

羊定清

13

YANG DINGQING

Journalist alter Schule

Am 22. Mai 2003 spät in der Nacht, ich wälzte mich schlaflos im Bett, setzte mich wieder an den Schreibtisch und schaute massenhaft Originalmaterialien zum Fehlverhalten der Justiz bei Gerichtsverfahren gegen den Bodensatz der Gesellschaft durch. Es wurde unversehens hell. Bevor ich mich wieder schlafen legte, kam es zu diesem unerwarteten Interview, das ich dann über ein Jahr beiseitelegte und fast vergessen hätte.

Ich strecke mich und führe mir die Situation damals vor Augen: Das Drachenbootfest stand vor der Tür, ein Sonnentag, der alte Herr Yang mit seinem wehenden Backenbart hatte einen Teetisch reserviert und ihn in der Nähe des Hohen Gerichts von Sichuan in die Tür eines Hotels gestellt, in dem Leute wohnten, die sich an die Obrigkeit wenden wollten – darauf stand ein Pappschild mit der Aufschrift: »Abfassung von Briefen, Beschwerden, Gesuchen und Appellen aller Art.«

In dieser einfachen Gasse gaben sich ausgesprochen viele auf Eingaben spezialisierte Unternehmen ein Stelldichein, die sogenannten Methoden, den Lebensunterhalt zu verdienen, bestanden im Großen und Ganzen aus Betteln, Abfallsammeln, Schuhputzen, stündlicher Straßenreinigung oder Kleindiebstahl, doch mit seinen 77 Jahren hatte er sich eine so elegante wie alte, mit der offiziösen Moral allerdings inkompatible Beschäftigung ausgesucht, der die Leute reichlich Hochachtung entgegenbrachten.

In dem langen, Knie an Knie geführten Gespräch erfuhr ich zunächst die reiche Geschichte des alten Herrn: In der alten Zeit hatte er in der Säuberungszeitung (Saochang Ribao) *der Guomindang-Regierung und der* Zentralzeitung (Zhongyang Ribao) *veröffentlicht, traf als Urahn des »freien Schreibens« unserer Generation immer wieder den Punkt, doch die Zeiten änderten sich, was in der alten Gesellschaft freie Meinungsäußerung war, wurde in der neuen als Verbrechen bestraft, um ein Haar wäre er umgekommen, und auch über seine Familie kam Unheil.*

Wehrdienst

LAO WEI: Unter den ganzen Leuten hier mit ihren Eingaben sind Sie an Jahren wohl der älteste?
YANG DINGQING: Ich bin in diesem Jahr 77 geworden, im gleichen Alter wie der alte Huo, der drüben an der Pforte zum Hohen Gericht Schuhe putzt.
LAO WEI: Der alte Huo ist Analphabet, aber sie waren über Jahrzehnte Journalist, sie müssen aufregende Zeiten erlebt haben!
YANG DINGQING: Ich habe alles erlebt, aber Journalist kommt nicht hin.
LAO WEI: Ich würde gerne Ihre Geschichte hören.
YANG DINGQING: Ist keine Geschichte. Und doch, du sollst es als Geschichte hören. Ich stamme aus dem Dorf Yunhe, Präfektur Yibin im Kreis Gao, geboren bin ich im Jahr fünfzehn der Republik (1926), am achten Tag des ersten Monats nach dem Mondkalender, zwei ältere Brüder über mir, zu meinen Füßen drei jüngere Schwestern, nach dem, was meine Mutter erzählte, brannten die Räucherstäbchen der Familie Yang sehr gut, von den späten Qing bis zur Republik sind aus ihr eine ganze Reihe von Absolventen der Kreisexamen hervorgegangen, einige haben sogar die kaiserlichen Exa-

men bestanden. Doch mit der Generation, die wie ich das Zeichen *ding* im Namen trug, hat die Familie aufgrund der politisch unruhigen Zeiten und der häufigen Kriegswirren einen Niedergang erlebt. Im 25. Jahr der Republik sind zwei Schwestern an den Pocken, im Jahr 28 meine beiden ältesten Brüder beim Salztragen an Erschöpfung gestorben. In der alten Gesellschaft war Salz aus Sichuan gutes Geld wert, vor allem das Salz aus dem Distrikt Ziliujing in der Präfektur Zigong – einmal an die Grenze zu Sichuan gebracht, stieg der Preis auf der Stelle um ein Vielfaches. Deshalb haben viele junge und kräftige Arbeiter aus meiner Heimat sich zusammengetan, um in Ziliujing Salz zu kochen oder zu transportieren. Damals waren Berge und Flüsse ein rechtes Hindernis und man brauchte zu Fuß über zehn Tage, was man heute mit dem Lkw in einem halben schafft, außerdem waren die Straßen eng und unwegsam. Meine beiden Brüder sind, wie es hieß, in der Nähe von Anshunchang in Guizhou gestorben, doch als Dorfbewohner die Todesnachricht heimbrachten, war schon über einen Monat vergangen, ich war noch klein, gerade in die private Klippschule gekommen, und erinnere mich vage, wie die Eltern auf der Ahnengrabstelle zwei Gräber aushoben und die Kleider begruben, die die beiden zu Lebzeiten getragen hatten. Nicht lange nach den Trauerfällen haben die Eltern darüber gesprochen, mich von der Schule zu nehmen, weil zu Hause einfach zu viele Hände fehlten, und obwohl ich noch ein Kind sei, könne ich doch die Kühe und Schweine hüten und verschiedene Arbeiten verrichten. Aber ich war der Augapfel meiner Großmutter, sie zwang meine Eltern auf die Knie, hielt den Knieenden eine Standpauke und ließ sie unter Flüchen schwören, mich studieren und weiterkommen zu lassen, damit ich mit einer steilen Karriere den Ahnen Ehre machen könne – und wenn sie das Haus abreißen und die Ziegel einzeln verkaufen müssten.

Langer Rede kurzer Sinn, im Sommer des Jahres 33 der Republik (1944) war ich 18 Jahre alt und machte meinen Abschluss an der Mittelschule des Kreises Gao. Das Zuhause war festlich dekoriert, und nachdem von überall her Verwandtschaft eingeladen worden war, haben die Eltern ein Rind und 20 Mu von ihren Trocken- und Nassfeldern verkauft und damit genug Silberdollars zusammengekratzt, damit ich in Chongqing studieren konnte. Damals wollten meine Eltern, dass ich Industrie und Handel studiere, später Geschäftsmann werde und so die durcheinandergeratenen Finanzen der Familie wieder in Ordnung bringe; ich allerdings warf mich am Vorabend des Sieges in den antijapanischen Widerstandskrieg und wie alle jungen Intellektuellen, die sich um Land und Volk Sorgen machten und mit dem Herzen an der politischen Entwicklung Anteil nahmen, ersehnte ich nichts mehr als den Pinsel gegen das Schwert einzutauschen.

Doch der Himmel ist voller Wechselfälle, ich hatte im Herbst des Jahres zu Hause ein paar Dinge zu erledigen und als ich mich vorbereitete, in Chongqing die Aufnahmeprüfung für die Whampoa-Militärakademie zu machen, wurde ich in den Außenbezirken des Kreises Gao zum Wehrdienst gepresst! Am helllichten Tag, ich war gerade auf die Straße getreten, als ein Trupp Soldaten aus dem Wald neben der Straße brach, mir einen Jutesack über den Kopf bis zu den Füßen zog – noch dachte ich, ich sei auf Bang Laoer (einen Banditen) gestoßen, und schrie in meinem Jutesack lauthals um Hilfe. Von draußen trafen mich ein paar Gewehrkolben, was so wehtat, dass ich auf der Stelle zu Boden ging und nur noch hörte, wie jemand mit folgenden Worten den Hahn spannte: »Schrei nur, du Vogel! Wir legen dich um, du Hundsfott!«

Ich machte mir vor Schreck in die Hose und bat leise um Verzeihung: »Lasst den Frischling von Studenten leben, liebe Onkels, das Geld, das ich bei mir habe, gehört euch.«

Von draußen drang folgende Antwort in den Jutesack: »Ich bin nicht dein lieber Onkel, wir sind die Nationale Revolutionsarmee der Guomindang! Wir sind mitten im Widerstandskrieg, die Japaner, verstehst du, uns fehlen Leute an der Front, tut mir leid!«

Und so stolperte ich in kompletter Finsternis zur Kampftruppe,

die in der Kreishauptstadt stationiert war – und wurde Kämpfer im Verwaltungsgebiet der Xu-Lu-Division. Später wurden wir als bessere Pferde und Ochsen zum Salzschleppen an Orte wie Yibin, Luzhou, Ziliujing, Anshun in Guizhou, Zunyi und Bijie verlegt.
LAO WEI: Und wieso hat man aus Soldaten Kulis gemacht?
YANG DINGQING: Die Verordnung der Nationalregierung über den Einzug in den Wehrdienst zu Kriegszeiten lautete: »Von drei Söhnen einen, von fünf Söhnen zwei.« Doch wenn man dann vor Ort war, herrschte das reine Chaos. Familien, die Geld hatten, wollten ihre Söhne nicht hergeben, also ließen sie Geld sehen, und die so lückenhaften Listen wurden überall aufgefüllt, indem man Männer zur Armee presste. Bei der Division dann bekam man nicht etwa ein Gewehr und wurde gedrillt, sondern versah die ersten paar Monate unbezahlte Kuli-Arbeit, und erst wer nicht erschöpft zugrunde gegangen war, wurde der regulären Truppe überstellt. Zuvor sind die Militär- und Armeerationen samt dem durch die Salzschlepperei bitter verdienten Geld ausnahmslos in den Taschen der verschiedenen Vorgesetzten verschwunden.
LAO WEI: Die Truppen mit den wehrdienstleistenden Männern waren also nichts anderes als Partner von Menschenhändlervereinigungen.
YANG DINGQING: Genau wie die der kommunistischen Partei standen auch die korrupten Beamten der Guomindang zudem unter dem Schutz politischer Anweisungen, kein Gesetz und kein Himmel. Knappe zwei Monate und die Kompanie, bei der ich war, hatte durch die Rote und Weiße Ruhr, plötzlichen Tod, Tuberkulose, Desertion und dergleichen über die Hälfte an Männern verloren. Übrig blieben kaum mehr als dreißig klapperdürre Gestelle, die, zu einem Zug zusammengezogen, vom Zug- und Kompanieführer unter Arrest gestellt, weiter Salz schleppten. Aus Angst, wir könnten uns davonmachen, wurden wir kahlgeschoren, bis auf ein Haarbüschel oben auf dem Schädel, als äußeres Merkmal, selbst zum Kacken und Wasserlassen mussten wir uns lauthals abmelden.

Am Ende hatten wir noch fünf Mann pro Gruppe, alle mit einem Seil aneinandergebunden, weglaufen konnte keiner.
Beim Sieg im antijapanischen Widerstandskrieg schleppte ich immer noch Salz über die Bergstraßen von Sichuan und Guizhou, bis eines Tages die Großkopferten im Gebiet der Divisionen von Xu und Lu eine Inspektion durchführen wollten, da pressierte es im Bataillon. Um klarzukommen, ist der Zugführer mit Männern und Waffen in der Kreisstadt von Haus zu Haus und Familie zu Familie gezogen, hat sich einfache Leute geschnappt, sie in Uniformen gesteckt und in letzter Minute die Sollstärke geschafft. Ich erinnere mich, das war schon im Jahr 34 der Republik (1945) zum Doppelzehn-Fest, wir standen bei der Inspektion, mit zweihundert Mann unterbesetzt, auf dem Exerzierplatz, während von den zwangsrekrutierten falschen Wehrpflichtigen über dreihundert da waren. Keiner wagte einen Mucks, denn der Kommandierende hatte klipp und klar gemacht: »Wenn alles glatt geht, werden Leute entlassen, doch bei dem geringsten Malheur kommt keiner weg.«

Der Lebensretter

An diesem Tag waren hohe Tiere aus der Provinzhauptstadt gekommen, an deren Hinterteil ein Trupp von lokaler Gentry-Prominenz klebte, und, wie es der Zufall wollte, war doch tatsächlich Shen Yunshan, mein Banknachbar aus der Mittelschule, unter ihnen! Ich erkannte ihn schon von Weitem, beherrschte mich aber und gab keinen Mucks von mir, bis Bruder Shen im Gefolge der Würdenträger vor die Front trat, ich unversehens die Hand nach dem rettenden Strohhalm ausstreckte und ihn leise beim Namen nannte: »Yunshan!«
Alles auf dem Platz erstarrte, der Kommandeur kam außer sich und Atem gelaufen, warf mir einen vernichtenden Blick zu und lachte

im Kopfumdrehen den Würdenträgern zu. An diesem Punkt, koste es, was es wolle, rief ich wieder: »Ich bin Dingqing! Yunshan, erkennst du mich nicht?«

Die hohen Tiere aus der Provinzhauptstadt verdrehten die Köpfe. Als Bruder Shen die Situation begriff, beeilte er sich, mir auf die Schulter zu klopfen und ins Ohr zu flüstern: »Ich werde dich retten!« Und schon war er weg.

Mein Kopf war vollkommen leer, ich dachte, das war's. Doch zu meiner Überraschung hat Shen Yunshan mich schon am Nachmittag des gleichen Tages höchstpersönlich aus dem Wehrpflichtigen-Batallion rausgeholt. Wie ein aus der Haft entlassener Gefangener habe ich erst einmal gründlich geheult. Bruder Shen hat mich mit warmen Worten getröstet. Wir hatten uns eigentlich nur ein, zwei Jahre nicht gesehen, aber er war in die Guomindang, Kreis Gao, eingetreten, konnte als Nachrichtensekretär sehr schnell Kontakte knüpfen und mich aus meiner Misere retten.

Als die Eltern zu Hause ihren Sohn, der nur noch Haut und Knochen war, erblickten, dachten sie, sie würden am helllichten Tag ein Gespenst sehen, waren eine ganze Weile ganz konfus, bevor sie einander weinend in die Arme sanken. Nach diesem Unglück war ich reichlich deprimiert, doch war ich noch nicht allzu lange zu Hause, als der Bürgerkrieg zwischen der Guomindang und den Kommunisten losbrach und ich als studierter Mensch mein Leben unter keinen Umständen auf den Feldern vertun wollte. Mitten in meine deprimierte Stimmung hinein erhielt ich einen Brief von Shen Yunshan, der mich mit lobenden Worten an meine hohen Ambitionen erinnerte und mein unter allen Kommilitonen hervorstechendes Talent herausstrich. Dann kam er auf sein eigentliches Thema zu sprechen: Er wollte mich für die Seite Regionalpolitik der *Zentralzeitung* und die *Säuberungszeitung* unter Vertrag nehmen. Ich war von der Chance, die er mir gab, überwältigt, musste in meinem Antwortbrief aber höflich ablehnen; Shen schrieb noch einmal, hakte ernsthaft nach, legte eine Reihe von Proben bei und sagte: »Ich, dein kleiner Bruder, mit meinen bescheidenen Mitteln mache in meiner Anmaßung für alle Ausgaben der *Säuberungszeitung* die Sonderberichte, ich stehe als Kuli immer zur Verfügung und empfehle deinen großartigen Stil, bitte mir keinen Korb zu geben!«

Mit dieser zweimaligen Anerkennung wurde Shens Freundlichkeit schwer wie ein Gebirge, und schließlich war Achtung kein Ersatz für Gehorsam. Innerhalb von nur gut einem Jahr habe ich über Shen ganze fünf von acht Geschichten bei der *Saochang* und bei der *Zhongyang* vier von sechs untergebracht. Thema waren jeweils regionale Begebenheiten, die harte Erntearbeit und das Chaos beim Militär. Außerdem kritisierte ich die sogenannte »Verordnung zur Wehrpflicht« und erzählte emotional von meinen eigenen Erfahrungen: »Sie greifen sich die Männer, als seien sie Räuber, für die Menschenhändler sind die Verordnungen des Staates nicht das Papier wert, auf das sie geschrieben stehen, wenn das so weiter geht, sind die Kommandanten korrupt und die Soldaten erschöpft, die Beamten stark und das Volk schwach und die kommunistischen Teufel werden diese Schwäche ausnutzen – das Land ist in Gefahr!«

LAO WEI: Da haben Sie ja den Ausgang des Bürgerkriegs regelrecht vorhergesagt.

YANG DINGQING: Das Honorar bei der *Saochang* war nicht schlecht, für eine Veröffentlichung gab es einen Silberdollar, das war auf dem Land eine schöne Stange Geld. Für die Eltern war das eine große Freude, sie standen mit den Hühnern auf und gingen mit den Hühnern ins Bett, übernahmen die gesamte Hofarbeit, damit ich mich auf die Artikel konzentrieren konnte. Die Nachbarn waren gelb vor Neid und sagten, Großvater Yang ist zu den höheren Erscheinungen aufgestiegen, das Feng-Shui wird umschlagen, Dingqing alleine ist mehr wert als eine ganze Handvoll *Herausragender Talente*. Denn dass jemand für eine große Zeitung auf Landesebene Artikel schreiben konnte, war im ganzen Kreis so selten wie ein Einhorn und die Federn eines Phönix zusammen.

LAO WEI: Sie sind so etwas wie der Gründungsvater unserer Generation, ich lebe zur Zeit auch von dem Verkauf von Artikeln.
YANG DINGQING: Wie hoch ist das Honorar?
LAO WEI: Bei weitem niedriger als bei Euch damals.
YANG DINGQING: Ich habe sogar anderthalb Jahre gutes Geld verdient. Im Sommer 48 ist Shen Yunshan nach Chongqing versetzt worden, der Kontakt ist abgebrochen und meine Artikelkarriere war zu Ende. Gegen 49 wurde die Niederlage der Guomindang bereits unübersehbar, mit der Wirtschaft ging es bergab, das Militär hatte Versorgungsschwierigkeiten, die Preise gingen durch die Decke, die Menschen waren alarmiert, die Eltern klammerten sich an die Silberdollars und wollten sie partout nicht ausgeben, doch auch die Golddollargutscheine und die Fiat-Währung der Guomindang verloren zu schnell an Wert – man ging mit einem großen Packen Gutscheine zum Markt und bekam dafür nicht mehr als zwei Pfund Salz.
Im Nu war das Jahr zu Ende und das gesamte Gebiet von Sichuan befreit. Anschließend kamen die Arbeitsgruppen aufs Land, wo sich in Etappen die Bodenreform und die Säuberung von Banditen und Hegemonen entfaltete, unsere Familie mit dem bisschen Land von einem Dutzend Mu wurde – der Klassenstatus ging nur bis zum Mittleren Bauern – dennoch von der Versammlung der armen Pächter einhellig als Grundbesitzer klassifiziert, und weshalb? Weil ich in »die Netze der Justiz geraten war«.
LAO WEI: Ihr wart in der Guomindang und deren Jugendorganisation?
YANG DINGQING: Ich war nirgendwo Mitglied.
LAO WEI: Und wieso seid Ihr dann in die »Netze der Justiz geraten«?
YANG DINGQING: Wegen der Artikel. Mit dem Wechsel der Herrschaft war die *Saodang* auf einmal Sprachrohr der Reaktion und meine Vergehen konnten natürlich nicht verziehen werden. Vater war alt, nahm sich das Ganze zu sehr zu Herzen und hat sich

nach ein paar Kampfkritiken »das Leben genommen, um seiner gerechten Strafe zu entgehen«, wie es damals hieß. Die Silberdollars, die ich in der alten Gesellschaft verdient hatte, waren unangetastet und wurden samt Haus, Ochsen, dem Land und dem Schmuck der Familie konfisziert. Ich wurde in einen dunklen Raum der Gemeindeverwaltung gesteckt, Tag und Nacht brannte eine Kerosinfunzel, wo ich meine Lebensbeichte aufschrieb, die Waffen streckte und vor Partei und Volk kapitulierte.

LAO WEI: Das war ungefähr so wie bei meinem Vater, während der Kulturrevolution. 1971 wurde er den 16.-Mai-Elementen zugeschlagen und mit ein paar hundert stinkenden Nummer Neunen in einer Volksschule außerhalb der Kreisstadt eingesperrt, wo er jeden Tag an seinem Material schrieb und Rücken an Rücken andere denunzierte. Einige hielten das nicht aus, die haben sich auf dem Abort mit einem Rasiermesser die Kehle durchgeschnitten; und damit nicht genug: Wenn sie tot waren, wurden sie auch noch auf dem betonierten Tischtennisplatz zur Schau gestellt. Während aus den Lautsprechern wieder und wieder aus dem Roten Buch Maos zitiert wurde: »Revolution ist keine Einladung zum Essen …«

YANG DINGQING: Kulturrevolution und Bodenreform waren zwei Paar Stiefel, während der Bodenreform waren die Arbeitsgruppen das Gesetz, Erschießungen, Überwachungen, Inhaftierungen, Kampfkritiken, Bestrafungen, das konnte alles an einem einzigen Satz hängen. Zum Glück bin ich gleich am Anfang der Bodenreform gefasst worden, als die Arbeitsgruppen noch verhältnismäßig milde waren, »die Armen nach ihrem Leiden befragten und die Massen mobilisierten« und den Kampf mit Argumenten führten. Nach der Einteilung in Klassen wurden die Arbeitsgruppenleiter, Kader aus anderen Provinzen im Süden, durch demobilisierte Soldaten ersetzt und man begann, den »Klassenfeind« mit Feuer und Schwert zu unterdrücken. Eine Zeitlang genügte es, wenn mehr als drei arme und mittlere Bauern irgendwelche restaurativen, illegalen Sprüche von irgendwelchen Grundbesitzern nach oben weitergaben und diese wurden auf der Stelle verhaftet, einer Kampfkritik unterzogen und erschossen. Mord wurde Mode, selbst Gruppenleiter der Vereinigung armer und mittlerer Bauern und die Kompaniechefs der Volksmiliz trugen Waffen; in der Folge wurde erst geschossen und dann gefragt, man suchte nach Vorwänden, um den Feind zu vernichten und machte erst anschließend bei der Arbeitsgruppe Meldung.

Auf dem Hinrichtungsfeld

YANG DINGQING: Wäre ich im Dorf geblieben, ich wäre auch zehn Köpfe kürzer gemacht worden, denn erst als ich nach ein paar Jahrzehnten entlassen wurde und nach Hause kam, erfuhr ich, dass die Grundbesitzer, Reichen, Reaktionäre, schlechten Elemente, die Soldaten, Polizisten, Gendarmen der Nationalisten und Spione zu 80 Prozent vernichtet waren. Von manchen Grundbesitzern war die gesamte Familie, Alte wie Junge, mit Stumpf und Stiel ausgerottet worden, nicht einmal die Wachhunde sind davongekommen. Zum Glück wurde ich recht schnell als »reaktionärer Journalist« klassifiziert und, das Problem eskalierte mehr und mehr, ein paar Tage in der Gemeinde eingesperrt, zu einer anderen Gemeinde gebracht und anschließend in das Kreisgefängnis verlegt: öffentlicher Prozess und Strafe, die ganze juristische Prozedur bis zum bitteren Ende – aber der Kopf blieb auf dem Hals.
LAO WEI: Wie bodenlos.
YANG DINGQING: Dem Himmel und der Erde sei Dank. Damals, das ist mit heute nicht zu vergleichen, musste man durch alles Mögliche hindurch: Aufklärung, Voruntersuchung, offiziellen Arrest, Mobilisierung der Staatsanwaltschaft, die Bitte um einen Anwalt und den Beginn des Gerichtsverfahrens, wenn anschließend die Anklageschrift verlesen wurde, konnte man in etwa abschätzen,

wie viele Jahre man bekommen würde. Damals, das war der reine Stumpfsinn: Man musste nur verhaftet werden, ganz gleich wer, ganz gleich mit welchem Hintergrund, ob du intelligent warst oder blöde, der reine Stumpfsinn. Niemand wusste, ob morgen sein Kopf noch auf dem Hals sitzen würde – bis zu den Massenversammlungen mit zehntausend Leuten, wo sie dich zur öffentlichen Verhandlung mit einem Strick um den Hals und auf den Rücken gebundenen Händen geführt haben und du noch nicht wusstest, was für ein Ende das nehmen würde. Die Richter sagten nacheinander ihren Spruch auf, die Sekretäre an der Seite schrieben mit fliegenden Pinseln mit, das Urteil war handgeschrieben, wenn man diese Prozedur hinter sich hatte, hatte die Seele längst ihre Höhle verlassen …
Ich erinnere mich, 1951, im Vorfrühling, da habe ich heimlich bittere Tränen vergossen, als mir zu Ohren kam, dass Shen Yunshan ihnen in den Bergen, in Gele, einem Vorort von Chongqing, ins Netz gegangen war. Wie zu erwarten hat Bruder Shen die Folter nicht ausgehalten, alles Mögliche gestanden, von wegen, er sei mein Vorgesetzter gewesen, und übergab dem Kreis die Archivaufzeichnungen von Beiträgen und Beiträgern feindlicher Zeitungen, insgesamt achtzehn Personen. Wenig später sind ihnen diese achtzehn Personen ausnahmslos ins Netz gegangen, außer den Zehn, die während der Bodenreform von den örtlichen Massen unautorisierterweise füsiliert worden waren, sind die restlichen Acht alle verurteilt worden – und ich, der ich besonders viel veröffentlicht hatte, führte die Liste an.

Bei der Erschießung von Shen Yunshan war ich dabei, während der Bodenreform war ich recht oft dabei und war das im Grunde gewohnt. Die Prozedur war im Großen und Ganzen die folgende: Nachmittags, am Tag vor Versammlung und Hinrichtung, rief die Gefängnispolizei die Leute beim Namen aus den Zellen und bestimmte eine Gruppe von Gefangenen, die den vor dem Gefängnis wartenden, bewaffneten Soldaten übergeben und von diesen irgendwohin vor die Stadt eskortiert wurden (in der Regel am Fuß der Berge oder an einem Abhang am Fluss), wo eine Grube gegraben wurde. Diese Grube war so groß wie eine Ofenplatte, halbmanntief, die Leute gruben mit Hacke und Schaufel um ihr Leben, wer auch nur ein wenig trödelte, bekam von dem Milizionär hinter ihm den Gewehrkolben ins Kreuz und fiel in den Graben, den er selbst gegraben hatte. Um die Wahrheit zu sagen, die Arbeit war zwar anstrengend und alle standen unter Strom, aber die Gefangenen taten sie gerne, wurden mit der Zeit sogar immer aufgekratzter, denn beim Graben zum Einsatz kommen hieß, vorläufig blieb der eigene Kopf oben, das war wie ein Beruhigungsmittel.

Der im Knast neben mir liegende lokale Tyrann des *Reichs des tausendjährigen Friedens*, ein vollkommener Analphabet, starb in einem Graben, den ich ausgehoben hatte, er hieß Li, seine Anklage lautete auf Verbreitung feudalistischen Aberglaubens, Zusammenrottung von Anhängern und Angriffe auf die Arbeitsgruppen, Resultat: zwei Stunden nach der »Aufdeckung« hat eine eiligst herbeigeeilte Einsatztruppe die Lage unter Kontrolle gebracht. Ich kniete auf dem Boden, und als ich sah, wie die Gewehrläufe gegen den Hinterkopf des lokalen Tyrannen gehalten wurden, wandte ich schnell den Kopf und schloss die Augen. Als der Exekutionsmilizionär das sah, schimpfte er mich einen Bastard, der ihm die Laune verderbe. Woraufhin der Begleitmilizionär mir den Kopf drehte und befahl, auf keinen Fall wegzuschauen. Was blieb mir übrig, mit den Augen vor dem Kopf starrte ich auf den lokalen Tyrannen, wie ihm die Birne auseinanderflog, die Hirnflüssigkeit, wusch, zwei Fuß hoch spritzte, und leuchtend weiß auf den Rand der Grube klatschte; danach erst kam Blut, das gluckernd aus der Quelle nach außen quoll. Der lokale Tyrann war ein geübter Reiter, sehr stabil, und fiel ein paar Sekunden nicht, einer der Soldaten trat ihn, er wankte ein-, zweimal und fiel überraschenderweise nicht in die Grube. Sein Henker gab ihm dafür noch einen Schlag und einen Tritt.

Ich übergab mich heulend, ich hatte morgens nichts gegessen und erbrach nur eine grünliche Flüssigkeit, der Henker hatte keine gute Arbeit gemacht und kam unflätig schimpfend zu mir herüber, setzte seinen Fuß auf meinen Rücken und wischte sich die Schuhsohle sauber. Ich lag da wie tot und spürte die Körperseele des lokalen Tyrannen.

LAO WEI: Haben Sie keine Albträume bekommen?

YANG DINGQING: Verwandt oder nicht, die Klasse trennt. Damals hatten nur tief verbitterte und hasserfüllte Aktivisten, die im Fell rot gefärbt waren, die Qualifikation für die ehrenvolle Aufgabe, »den Feind zu töten«. Und ich war schon so oft bei solchen Gelegenheiten dabei gewesen, ich war apathisch, wandte nicht den Kopf, zuckte nicht mit der Wimper, selbst wenn mir Gehirnflüssigkeit ins Gesicht klatschte, ich wich und wankte nicht. Mit den Händen auf dem Rücken konnte man sich auch nicht abwischen und musste die kupfermünzengroßen Spritzer an Ort und Stelle trocknen lassen.

LAO WEI: Shen Yunshan war Ihr Gönner, sind Sie auch apathisch geblieben, als er erschossen wurde?

YANG DINGQING: Ich nahm immer noch an, ich würde ihn auf dem Weg zu den Gelben Quellen der Unterwelt begleiten, denn bei dem Ausheben der Grube am Vortag war ich nicht dabei. Am nächsten Tag wurde ich in aller Frühe aus der Zelle geholt, die Handschellen wurden durch ein Seil ersetzt, nicht um den Hals und die Hände auf den Rücken, sondern unter dem Kinn und über dem Knie, zusammengezogen wie ein Knäuel, selbst die Hosenbeine waren gefesselt. Es hieß, das sei die typische Art, Tote zu fesseln, man musste entweder hüpfen oder konnte sich nur zollweise bewegen. Man kam unweigerlich zu Fall und die gebundenen Hosenbeine führten zu Inkontinenz.

Von der Situation erschrocken, ließ ich alle Hoffnung fahren, wurde von einem Gefängniswärter durch einen langen Korridor geführt und aus dem großen Gefängnistor geworfen. Ein Gorki sowjetischer Bauart stand bereit, drei weitere Gefangene und ich

wurden von Kämpfern der Volksbefreiungsarmee übernommen, auf den Wagen geschafft und, den Sternenhimmel über uns, ging es in rasender Fahrt nach Yibin.
Die öffentliche Gerichtsversammlung fand auf dem Sportplatz der Mittelschule statt. Als wir dort ankamen, war bereits helllichter Tag. Auf dem Sportplatz wehten rote Fahnen über einem Meer von Menschen. Der lokale Kommissar und der Sekretär hielten eine Rede, der vorsitzende Richter hob einen Hochtonlautsprecher und rief jeden Einzelnen mit Worten wie »den konterrevolutionären Tyrann und Grundbesitzer xxx vorführen«, insgesamt über dreißig Mal ging das so. Der ganze Platz brodelte, jeweils zwei Kämpfer der Volksbefreiungsarmee, eine Hand am Gewehr, eine Hand an dem aufgerufenen Bastard, kamen flugs durch die Gasse in diesem Menschenmeer und sprangen auf die provisorische Bretterbühne.
Shen Yunshan stand neben mir, ich hatte ihn jahrelang nicht gesehen, ehemals ein Ausbund an Leben und Kraft war er nur noch Haut und Knochen und sah aus wie der Teufel selbst. Nach einer Reihe von ohrenbetäubenden Revolutionsparolen begannen die Urteilsverkündungen: Neunzehn Todesurteile, darunter Bruder Shen, der unter anderem der Spionage, des Umsturzes und der Sabotage beschuldigt wurde.
Als die Reihe an mir war, erhoben sich Sprechchöre mit Parolen, ich spitzte die Ohren, irgendwie verhörte ich mich und verstand Todesstrafe. Shen Yunshan erstarrte, wurde gestützt, ich erstarrte nicht, machte aber in die Hose. Anschließend ging es unter dem Blau des Himmels zum Richtplatz. Die Volksbefreiungsarmee war sehr viel professioneller als die Volksmiliz, ein Befehl, und alle waren an ihrem Platz. Da es nicht genügte, dass die Kämpfer selbst ihr Gewehr vor dem Schuss inspiziert hatten, trat der zuständige Offizier zu jedem Einzelnen, zog den Hahn und stellte sicher, dass es keinen Ausfall geben würde. Auch die Patronen rieben sie ein paar Mal an den Stiefelschäften, bevor klackend geladen wurde. Dann in zwei Reihen angetreten, die erste drei Schritte vor, in einer Bewegung die

Gewehre hoch, nach der Salve sofort zurückgetreten, und die zweite Reihe machte ihre Gewehre bereit. Shen Yunshan bot keinen Widerstand, eine Salve und er sank in die Grube, als die Volksbefreiungssoldaten zurücktraten, bliesen sie den blauen Rauch von der Mündung, lachten den Kameraden zu und waren sehr zufrieden. Vor mir war ebenfalls ein Graben, aber die Mündungen zeigten nur kurz auf meine Jacke und gingen weiter. Ich wäre fast gestorben, erst als um mich herum die Schüsse fielen und es eine Weile wieder ruhig war, kam wieder Leben in mich. Als die Fesseln gelöst und gewechselt wurden, erhielt ich mein Urteil: lebenslänglich!

Große Mutterliebe

Zunächst saß ich meine Strafe im Gefängnis von Yibin ab, 62 wurde ich dann auf eine Farm im Tarimbecken in Xinjiang verlegt, 65 dann wieder in das zweite Gefängnis der Provinz Sichuan in Danzishi, Chongqing. So quälte ich mich über die Hälfte meines Lebens durch und noch immer erschien mir Shen Yunshan im Traum. Obwohl ich ihm nie etwas getan habe, fühlte ich mich ihm gegenüber doch schuldig. Was hieß hier schon Klassenkampf? Ohne klare Trennung von Richtig und Falsch hatte man wer weiß wie viele gute Menschen grundlos umgebracht!

LAO WEI: Und ob, ohne Shen Yunshan hätten Sie längst im Wehrpflichtigen-Bataillon ihr Leben gelassen.

YANG DINGQING: Erst in der Reform- und Öffnungsbewegung in den 80ern, als das Gefängnis nicht mehr so links war, habe ich gewagt, in einem Berufungsantrag auf meine bitteren Erfahrungen als Wehrpflichtiger zu sprechen zu kommen, bei welcher Gelegenheit ich auch ein gutes Wort für Shen Yunshan einlegte. Leider gab es keinerlei Zeugen, und Tote reden nicht, niemand glaubte, dass ich von der Guomindang herumgestoßen worden war.

LAO WEI: Sie waren ein Journalisten der alten Zeit.
YANG DINGQING: Zum Lachen und zum Heulen!
LAO WEI: Sie sind zig Mal von der Justiz ungerecht behandelt worden, und wissen doch nicht, wie Ihnen geschah?
YANG DINGQING: Das ist ein Buch mit sieben Siegeln, da blickt man nicht durch. Alles in allem hatte ich weder bei der Guomindang noch bei den Kommunisten ein gutes Gefühl, bin einfach zur falschen Zeit geboren, was soll man da sagen?
LAO WEI: Aber Sie haben sich über 20 Jahre gewehrt und nicht resigniert!
YANG DINGQING: Ein reines Überleben, bis heute, und vollkommen angewiesen auf die Unterweisungen meiner Mutter. Als ich jung war, haben meine Eltern alles Mögliche auf sich genommen, um mir einen Sinn fürs Studieren einzupflanzen; sie konnten nicht erwarten, etwas dafür zurückzubekommen, und dann kam die Zeitenwende: Familien zerbrachen, Menschen starben, und als das vorüber war, war von den großen Yangs nichts mehr übrig als Witwen und Waisen. Ich landete im Gefängnis, Mutter versuchte überall, etwas in Erfahrung zu bringen, und stand schließlich am Frühlingsfest 1953 persönlich vor den Gefängnismauern und schickte dem Sohn eigenhändig genähte Winterkleidung hinein! Von den ländlichen Gebieten im Kreis Gao bis nach Yibin waren es mit dem Boot über hundert Meilen, manchmal hatten die Bootsleute Mitleid mit ihr und nahmen sie ein Stück mit; aber während der fünf, sechs Tage war die alte Dame, auf einen Stock gestützt, meist allein auf ihren kleinen Füßen unterwegs. Sie beherrschte nur ein paar Schriftzeichen, und als sie ihren Sohn nicht sehen konnte, schickte sie ihm einen sehr einfach gehaltenen Brief, in dem es immer wieder hieß: »Sohn, Mama ist da, nimm's nicht so schwer, auf keinen Fall, nicht so schwer nehmen, Mama auch, wird's nicht so schwer nehmen.« Zum Drachenbootfest 54 haben sich Mutter und Sohn schließlich im Empfangsraum gesehen, sie hatte mir zwei grüne Enteneier mitgebracht; als sie mir über das Gesicht fuhr, kamen ihr die Tränen,

sie brachte kein Wort heraus. Selbst der Aufpasser Zhang an meiner Seite konnte nicht mehr, er wandte sich ab, ließ die Tür von innen aufmachen und Mutter hereinkommen.
So saßen Mutter und Sohn auf einer Bank, die alte Dame pellte mit zitternden Händen die Eier und fütterte mich, ich wehrte sie ab und fütterte wiederum sie. Als die Besuchszeit zu Ende ging, tat der Aufpasser Zhang den Mund auf und mahnte: »Yang Dingqing, arbeite hart an dir, damit deine Mutter nicht mehr traurig sein muss.«
Bevor ich nach Xinjiang verschickt wurde, ließ sie es sich nicht nehmen, alle drei Monate zum Gefängnis kommen. Ich wusste nicht einmal, wie sie draußen alleine zurecht kam, aber immer brachte sie mir etwas zu essen oder zum Anziehen mit: zwei Kuchen, drei Mantous, zwei Eier oder ein, zwei Kleidungsstücke. Damals war ich noch jung, gab die Hoffnung nicht auf, irgendwann entlassen zu werden und an Mutters Seite meinen Sohnespflichten nachzukommen. Meine Generation steht unter dem Einfluss der traditionellen Kultur, die vier Tugenden des Konfuzius Loyalität, Pietät, Menschlichkeit und Gerechtigkeit sind mir in Fleisch und Blut übergegangen, deshalb war die Sohnespflicht ein Begriff, der mir Halt gab.
Bei ihrem ersten Besuch war Mutter über fünfzig, ihr Haar pechschwarz, sie war von robuster Gesundheit und besuchte das Gefängnis bis 1983, dreißig Jahre lang. Xinjiang allerdings war sehr weit, sie hatte keine Möglichkeit hinzukommen, also ging sie wohl oder übel weiter nach Yibin und hat vor der großen Gefängnispforte drei Jahre lang geweint und geklagt: Die Zuständigen kamen mehrfach heraus und haben ihr die Sachlage erklärt, aber das nächste Mal tauchte sie wieder in Yibin auf. Vielleicht haben ihre Muttergefühle das System der Umerziehungslager gerührt, nach drei Jahren wurde ich ausnahmsweise wieder nach Sichuan zurückverlegt: Chongqing war zwar weiter weg als Yibin, aber es war doch etwas einfacher, sich zu sehen.
LAO WEI: Eine große Mutterliebe.
YANG DINGQING: Blutsbande kann man sich nicht aussuchen.

Eheleute, und wenn sie einander noch so gut sind, tragen schon schwer an zwei, drei Jahren Gefängnis, wenn es fünf werden und sie noch nicht geschieden sind, ist das ein Wunder. Deshalb, wenn die Leute das erste Mal einfahren, kommen zuerst die Frauen und Kinder ins Gefängnis und bringen etwas mit; nach einer gewissen Zeit werden die Besuche seltener; wenn du nach draußen gute Beziehungen hast, kommen auch noch drei, vier Freunde; doch mit der Zeit kommen auch die Freunde nicht mehr, am Ende bleiben nur die Mütter.

LAO WEI: Ist Ihre Mutter noch da?

YANG DINGQING: Ein Jahr nach meiner Entlassung ist sie gestorben. Ihre Familie hatte gute Gene, alle sind sehr alt geworden, alle über 90, wenn es ihnen gut ging, mindestens. Aber leider, als ich im Gefängnis saß, ist sie jedes Mal, wenn sie mich besucht hat, auf den Straßen herumgeirrt, hat gebettelt, wurde in Gewahrsam genommen und zurückgeführt – von all dem Schrecklichen hat sie im Kopf Probleme bekommen. Sie wurde vierundachtzig. Bevor sie starb, hat sie noch sehr darunter gelitten, dass ihr nun schon fast sechzig Jahre alter Sohn nicht das Glück hatte, eine Schwiegertochter heimzuführen.

張廣天

14

ZHANG GUANGTIAN

Der Gefangene Mao Zedongs

Lu Xun und Hu Feng sind als Lehrer und Schüler allgemein bekannt, sie waren Seelenverwandte und nur mit Konfuzius und seinem Schüler Yan Hui zu vergleichen. Yan Hui starb früh, und Konfuzius weinte in seinem Kummer: »Alter Himmelgott, warum hast du nicht mich genommen!?« Dieser Schüler, der »auf Anhieb alles verstand«, so seine Hoffnung, sollte einmal seinen Mantel und seine Schale erben. Lu Xun starb im Oktober 1936, seine Frau Xu Guangping gab als Allererstem Hu Feng Bescheid und betraute ihn mit der Organisation eines »Beerdigungskomitees«. Bei den Trauerfeierlichkeiten, die Stadt war wie ausgestorben, war Hu Feng unter 16 jüngeren prominenten Sargträgern ganz vorn.

Noch etwas später, die chinesischen Kommunisten hatten die Macht im Staate errungen, wurde Lu Xun vom Staatsgründer und Kaiser Mao Zedong in den Himmel erhoben. Nach dem Ausbruch der Kulturrevolution 1966, mit ihrer Bücher- und Gelehrtenverbrennung nach Vorbild von Qin Shihuangdi, wurden alle Schriftsteller, alte, neue, chinesische, ausländische, verboten, es gab nur noch die Werke von Mao Zedong und Lu Xun, Gesamtausgaben, in denen nicht ein Buch fehlte; in diesen Jahren war es auch revolutionäre Pflicht, den gesamten Lu Xun gelesen zu haben. Doch Hu Feng, der marxistische Kunsttheoretiker, auf den Mantel und Schale Lu Xuns übergegangen waren, wurde 1954 wegen der sogenannten 300 000-Worte-Schrift mit dem Titel Bericht zur Situation der künstlerischen Praxis seit Staatsgründung *hinter Gitter gebracht – durch eine eigenhändige Randnotiz von Mao Zedong, in der er das Buch als »Hauptstück einer konterrevolutionären Clique« einordnete. Insgesamt in den Fall verwickelt und einer Untersuchung unterzogen wurden über 2100 Personen, inhaftiert 92, isoliert 62, zur inneren Einkehr aller Pflichten entbunden 73 Personen – das Ganze gärte hoch zum ersten besonders großen Schriftzeichenprozess des neuen China.*

Hu Feng saß über zehn Jahre im Qincheng-Gefängnis, bevor er am Vorabend der Kulturrevolution zu 14 Jahren verurteilt und von Peking zur Umerziehung durch Arbeit zum Miaoxi-Bauerngut in Ya'an in der Provinz Sichuan verlegt wurde; Januar 1970 hat das gerade gegründete Revolutionskomitee der Provinz Sichuan die Strafe in lebenslänglich umgewandelt, ohne Revisionsmöglichkeit, und ihn anschließend zur Verbüßung seiner Strafe erneut verlegt und zwar in das 3. Gefängnis der Provinz Sichuan im Kreis Dazhu, wo er schließlich nach Ende der Kulturrevolution 1978 entlassen wurde.

Wer hätte gedacht, dass noch einmal 14 Jahren später ich selbst als »Hauptangeklagter einer konterrevolutionären Vereinigung« hier einfahren würde.

Zu diesem Zeitpunkt war Hu Feng bereits sieben Jahre tot, aufgrund der von Amts wegen verkündeten Rehabilitierung und Wiederherstellung seines Rufs war er von einem Augenblick auf den anderen eine Berühmtheit – wie Lu Xun. Selbst die Umerziehung im Gefängnis war »parallel zu modernen Entwicklungen verlaufen« und er wurde hochtönend zum »Gefangenen Mao Zedongs« erklärt, in den Bibliotheken richtete man aus diesem Grund eigens Sonderregale ein und trug sorgfältig Bücher, Zeitschriften, Bildmaterial, Übersetzungen und und und zusammen, was sich von der Ausrichtung her mit den Sonderregalen für Lu Xun vergleichen konnte.

Dass deswegen auch die Werke von Zhang Guangtian, dem Gefängniskameraden Hu Fengs, in großer Zahl auftauchten und ein Renner wurden, war nichts Ungewöhnliches. Er war, damals 63 Jahre alt, lis-

tiger Blick, im Gefängnis geblieben und hatte dort viele Jahre eine Anstellung gefunden. Ich traf ihn zwischen Gefängnistrakt, Küche und Werkstatt, wechselte bei der Gelegenheit ein paar Sätze mit ihm und bin so nach und nach mit ihm bekannt geworden. Zu dem folgenden relativ langen Gespräch kam es Ende 1992, es schneite heftig, Zhang Guangtian kam zur zweiten Produktionsbrigade, die Gefangenen arbeiteten noch in den Werkstätten, nur ich war den Anderen in den Block vorausgeeilt, weil zu meinen Aufgaben die Essensausgabe gehörte.

Hu Feng, bürgerlicher Name Zhang Guangren

LAO WEI: Wie wäre es mit einem Gespräch über Hu Feng?
ZHANG GUANGTIAN: In diesen Jahren haben sich unzählige von der Gefängnisleitung herbeizitierte Leute nach ihm erkundigt und ich, ob ich wollte oder nicht, musste Auskunft geben. Was hat es für einen Sinn, wenn heute du von ihm anfängst? Da musst du ein bisschen bluten, in Ordnung? Wie wäre es mit dreihundert? Ein so bedeutender Mann wird doch wohl dreihundert wert sein. Bei der heutigen Marktwirtschaft sind die Löhne niedrig, da bleibt einem nichts anderes übrig.
LAO WEI: Nichts anderes übrig? Mein lieber Zhang, innerhalb dieser Mauern bist du doch eine Berühmtheit. Gehst ein und aus, bringst en passant für die Gefangenen Briefe nach draußen, bringst ein bisschen was zu essen herein und auch ein paar amerikanische Pin-ups aus Hongkong und Taiwan, da machst du ordentlich Profit.
ZHANG GUANGTIAN: Und was geht dich das an? Ich habe über 20 Jahre gesessen, und über zehn Jahre hier gearbeitet, das Gefängnis war mein Zuhause. In meinem wirklichen Zuhause habe ich ein bisschen Handel getrieben, nichts Großes, aber mir nichts zuschulden kommen lassen.

Außerdem verstehe ich die Gefangenen besser als die Polizeibeamten. Ein paar von ihnen habe ich noch aufwachsen sehen, kaum dreikäsehoch wussten sie, dass es bei mir hier etwas zu rauchen gab. Natürlich, man muss sich hier an die Regeln halten, nicht wahr? Man muss. Aber so ein Umerziehungslager ist nicht der Nabel der Welt, wenn die Gefangenen hierher kommen und für Jahre hier leben, wie halten sie das aus, was meinst du? Sie wedeln sich einen von der Palme, die armen Kerle, was für ein erbärmliches Vergnügen.

LAO WEI: Lenk nicht ab. Ich gebe dir 50.

ZHANG GUANGTIAN: Bisschen knickrig.

LAO WEI: Wir reden einfach nur. Lieber Zhang, weißt du eigentlich, dass es in der Gefängnisbibliothek ein Sonderregal für die Werke von Hu Feng gibt? Neben allen möglichen Erinnerungen seiner Frau und von Mitgliedern der Hu-Feng-Gruppe sind da auch eine Menge Werke des alten Herrn selbst, auch die ausgesprochen unselige 300 000-Worte-Schrift an das Zentralkomitee der Partei des Vorsitzenden Mao Zedong. In den vergangenen zehn Jahren hat jede Zeitung im Land Artikel über den Fall Hu Feng gebracht, das macht gut und gerne hunderttausend Beiträge, wenn ich wirklich Forschungsarbeit machen wollte, dann würde ich mich direkt mit diesem Material befassen und fertig. Dich aufzusuchen allerdings ist nicht mehr als ein Freizeitgeplauder.

ZHANG GUANGTIAN: Du redest nicht um den heißen Brei herum. Gut, fünfzig sind akzeptabel, plaudern wir halt ein bisschen. Du darfst aber keine Aufzeichnungen machen, wer keinen festen Stand mehr hat, der muss auf der Hut zu sein, sonst hat das einen Einfluss darauf, was ich hier zu essen bekomme. Reden wir also über Hu Feng, im Gefängnis hieß er Zhang Guangren, »guangren«, »Mensch des Lichts« wenn wir ihn auf den Arm nehmen wollten, haben wir ihn Zhang Guanggun genannt, »guanggun« für »Mensch des Gerichts«, also »Gauner«. Damals hat keiner daran gedacht, dass er von einem Tag auf den anderen der bei weitem berühm-

teste Gefangene hier werden würde. Natürlich waren hier auch Liu Jiting und Zhang Xiting eingesperrt, stellvertretende Leiter des Revolutionskomitees von Sichuan; und dann noch zwanzig, dreißig revolutionäre Rebellenführer. Huang Lian, der Oberbefehlshaber der Kampftruppen vom 15. August in Chongqing, der heute noch in einer Brigade im Sanitärbereich arbeitet, hat am Koreakrieg teilgenommen, auf dem Feld seine Sturheit ausgebildet und hält noch nach 20 Jahren, die er jetzt in Haft ist, an der guten Gewohnheit fest, beim Lesen Randnotizen zu machen, wie er es vom Vorsitzenden Mao gelernt hat. Am häufigsten erzählt Huang Lian die Geschichte, wie das Kriegsschiff unter seinem Kommando in die Mündung des Yangzi gefahren ist, als Demonstration für die gegnerischen Fandaodi-Truppen, die das Chaomen-Kai in Chongqing besetzt hielten und am Ende von dort aus das Artilleriefeuer eröffnet haben: Ein das Kriegsschiff begleitender Schweinetransporter wurde getroffen, die Schweine retteten sich in den Fluss und für die Einwohner von Chongqing wurden einen halben Monat lang die Fleischrationen um ein halbes Pfund pro Person gekürzt.
LAO WEI: Und was war mit Zhang Guangren?
ZHANG GUANGTIAN: Ich bin wieder von Thema abgekommen. Zhang Guangren war ein Baum von einem Kerl, überragte uns alle um Haupteslänge. Er ist 1970 von der Teeplantage Miaoxi in Ya'an hierhin verlegt worden, das muss im Winter gewesen sein. Das Gefängnis hier ist sehr groß, wenn man das Haupttor hereinkommt, sind da die Wohnungen der Kader; eine Wache weiter kommt dann das Umerziehungsareal. Links ist ein Wassergraben, wenn man den entlanggeht, sind da die Gießereien und Poliererereien; rechts zieht sich ein langer Hügel, ungefähr zwei-, dreihundert Meter, zu den wichtigen Plätzen im Gefängnisinneren. Dort liegen die acht Brigaden, über zweitausend Gefangene. Ich war damals Leiter der zweiten Studiengruppe der zweiten Brigade. Der Himmel hatte sich gerade aufgehellt, als der Scharlachrote Mao (Leiter einer Großgruppe) zum Unterricht pfiff, während der Lehrbeauftragte oben

stand und mich anwies, die Koffer zu tragen. Ich ging mit ihm direkt zum zweiten Posten, wo ich auf Zhang Guangren traf. Ein Haufen Leute begleitete uns, in Uniform und im Blaumann, selbst die Politkommissare hatten sich bequemt. Ich war so verschreckt, dass ich nicht laut zu atmen wagte, und vermutete, ein hoher Beamter, mindestens auf Provinzstadt-Ebene, habe vielleicht einen Fehler gemacht. Denn normalerweise müssen neue Gefangene alleine zur Verwaltung, an den verschiedenen Posten strammstehen und Meldung machen, warten, bis der Wachposten sie durchlässt, und können dann erst weiter. Zhang Guangren wusste das auch, aber die Stimme dieses Riesen war leiser als die einer Mücke. Sein Gepäck bestand aus einer Bettrolle und einem Netz. Darin Waschutensilien, Wäsche zum Wechseln und ein paar Bücher. Die Leute waren auf den langen Hügel ausgewichen, mitten unter ihnen Zhang Guangren, der uns, wie es schien, um eine halbe Körperlänge überragte: großer Kopf, große Augen, Halbglatze, man sah sofort, dass das ein Mann mit problematischem Hintergrund war. Bedauerlicherweise war seine Kleidung nicht in Ordnung, die Mütze zu klein, am Mantel, der von einem Hühnerdarmgürtel zusammengehalten wurde, fehlten zwei Knöpfe. Ein harter, heftiger Wind wehte den Hang hinab, Zhang Guangrens Kragen flatterte, während er hustend den Hügel erklomm. Ach, es war ein desolater Anblick.

Verrückt geworden

Später dann ist Zhang Guangren der zweiten Gruppe zugeteilt worden. Die Verwaltung hat mich zu einem Vieraugengespräch aufgesucht und mich angewiesen, jede seiner Bewegungen hautnah zu beobachten und regelmäßig zu berichten – außerdem hieß es, wenn ich meine Sache gut machen würde, könnte ein Straferlass dabei herausschauen.

Wo hört das ein Gefangener schon einmal? Meine Nerven waren zum Zerreißen gespannt – insgeheim hoffte ich, dass er, wenn ich vorgab zu schlafen, einen Selbstmordversuch machen und, rechtzeitig von mir gestoppt, mir das wenigstens anderthalb Jahre ersparen würde. Damals bestanden die Zellen aus einer Reihe von Flachbauten aus rotem Backstein, davor lag der fußballfeldgroße eingezäunte Hof, von dort waren es nur ein paar Stufen zur Kantine. Ein Hof bestand aus über zweihundert Männern und galt als Produktionsbrigade. Unsere Zelle wurde beherrscht von einer Gemeinschaftspritsche aus Beton, auf der über ein Dutzend Leute nebeneinanderlagen. Ich schlief in der innersten Mitte, zum Tisch hin, richtete es so ein, dass Zhang Guangren neben mir und dem Produktionsgruppenleiter zu liegen kam. In meinem ersten Unterricht stellte ich unseren neuen Mitgefangenen vor und gab dabei eine Anordnung der Verwaltung weiter: keine privaten Fragen und Absprachen über den jeweiligen Fall. Erst danach wurde routinemäßig das Verhalten der Umerziehungsgefangenen an diesem Tag zusammengefasst und am Ende kam das Zeitungsstudium. Für das gemeinsame Gespräch teilte ich Zhang Guangren als Protokollanten ein. Er kniff unter der Lampe die kurzsichtigen Augen zusammen, klopfte sich gewohnheitsmäßig gegen den Kopf und nahm das Ganze ausgesprochen ernst. Früher hatte ich diese Arbeit gemacht, durch Zhang Guangren hatte ich es leichter. Du weißt, dass es früher jede Menge Kampagnen gab, heute wurde dies kritisiert, morgen jenes bekämpft, selbst der Verräter Song Jiang aus den Räubern vom Liangschan-Moor wurde entlarvt und kritisiert. Konfuzius und der stellvertretende Vorsitzende Lin Biao wurden in einen Sack gesteckt und alte Gräber und übergroße Standards ausgegraben. Jeder gab den immergleichen Sermon zum Besten, man bahnte sich seinen Weg durch die Zeitungsartikel und solange die Missetäter der letzten Kampagne zu den Missetätern der laufenden Kampagne wurden, ging es. Wer saß, hatte drei Preziosen: Arbeit, Reden und gute Ohren. Tag für Tag konnte man seine Schnauze trainie-

ren, selbst Stotterer lernten, sich fließend auszudrücken – denn wer nicht redete, kam nicht durch. Seit Zhang Guangren da war, waren die Studienprotokolle unserer Gruppe regelrecht brillant, ein und demselben Standpunkt konnte er alle möglichen Facetten abgewinnen, er wiederholte sich nicht, was ein wirklicher Fortschritt war.
LAO WEI: Für einen Kunsttheoretiker wie Hu Feng waren das Peanuts.
ZHANG GUANGTIAN: Ich habe ihn oft dafür gelobt, aber er war bescheiden und meinte, er habe das beim Verfassen von Selbstkritiken gelernt. Ich wagte nicht, weiter zu fragen. In diesen Jahren war ein Literat arm dran, selbst wenn er sich nichts hatte zu Schulden kommen lassen, konnte doch ohne Weiteres für ihn eine Liste aller möglichen »Verbrechen« erstellt werden, von Leuten, die buchstäblich vom Schreiben lebten, gar nicht erst zu reden. Seine Geschichte hatte etwas davon und ich habe zu viel Zeit darauf verwandt. Der Unterricht war um zehn zu Ende, die Wachhabenden machten einen Namensappell, hängten die großen Schlösser auf und die Gefangenen legten sich jeder an seinen Platz. Doch Zhang Guangren war groß und brauchte einen halben Schlafplatz zusätzlich. Ich rief alle auf, ein Stück aufzurücken, der Leiter der Produktionsbrigade war, bevor er einen Mord beging, Soldat gewesen, konnte Literaten nicht leiden und hat ihn heimlich geschlagen. Zhang Guangren verbrachte die Nacht schlaflos, den toten Fischblick auf eine Stelle fixiert, während die anderen, erschöpft von der Arbeit, wie tot ins Bett fielen. Auch ich war müde, wagte aber nicht, wie ein Toter zu schlafen. Glücklicherweise hat Zhang Guangren, wenn er sich umdrehte, für große Bewegung gesorgt, die mich immer wieder aufweckte.
Anfangs sah ich ihn Nacht für Nacht wachliegen und nahm an, er habe Probleme. Wenn ein Literat Probleme hat, ist das besonders nervig, denn erstens kämpft er nicht und macht zweitens im Knast keinen Aufruhr, sondern schneidet sich, wenn du noch nicht richtig wach bist, die Kehle durch. Erst als ich bei der Verwaltung Mel-

dung machte, erfuhr ich, dass Zhang Guangren Probleme mit der Prostata hatte. Er hatte Angst, im Tiefschlaf ins Bett zu machen und zum Gespött der Leute zu werden, deshalb verhielt er sich so. In Wirklichkeit konnte er das aber nicht, also wälzte er sich herum und stand in der Nacht auf. Zhang Guangren war ja schon in fortgeschrittenem Alter, jedes Mal, wenn er sich erleichtert hatte, rumpelte er irgendwo dagegen, einmal war es der Waschzuber, einmal eine kleine Bank, einmal die Gummischuhe der Arbeitssicherheit. Mitten in der Nacht, wenn alle ruhig waren, konnte man eine Nadel auf den Boden fallen hören, von dem Lärm, den er veranstaltete, gar nicht zu reden! Mehrere Gefangene schraken ganz konfus auf ihrer Liegestatt hoch und meinten, sie müssten zur Arbeit.
Der Nachttopf war hinter der Tür, Zhang Guangren machte lange davor herum bis er mit Mühe zwei kleine Spritzer herauspresste. Die Vorschrift für nächtliches Aufstehen besagte, man dürfe beim Urinieren kein Geräusch machen, doch Zhang Guangren kümmerte sich nicht darum, er urinierte nicht gegen die Nachttopfwand, sondern direkt nach unten. Es gluckerte und nach einer Weile fingst du an zu blinzeln, es gluckerte wieder, von diesem stockenden Wasserlassen konnte man einen Herzkasper kriegen. Ich schätze, dass er für einmal sieben Minuten brauchte, manchmal, wenn es nicht normal lief, kam er sogar auf zehn Minuten. Einmal, er war nach einer Viertelstunde noch nicht wieder auf seinem Platz, streckte ich den Kopf hinaus, um nachzusehen, und entdeckte ihn mit dem Kopf an der Wand, hastig kam ich hoch, hörte aber, wie er mit den Zähnen knirschte. Ich führte ihn zurück, er wehrte sich nach Kräften und wollte sich nicht wieder hinlegen, ich lockerte die Hand und er eilte wieder zum Nachttopf. Ach, aber im Nachttopf war nicht, was da sein sollte, es war, als ginge vom Nachttopf einfach ein besonderer Reiz aus.
LAO WEI: Ist Zhang Guangren mit euch zur Arbeit?
ZHANG GUANGTIAN: Er blieb im Hof und machte ein bisschen handwerkliche Arbeit zum Erhalt der Zellen. Jedes Mal, wenn wir

am Feierabend zurückkamen, sah ich ihn, ein Seil um die Hüften gebunden, beide Hände in den Ärmeln seiner Baumwolljacke, starr zum Himmel schauen. Er hat nie mit den normalen Gefangenen auch nur ein Wort gewechselt und redete wach noch weniger als im Schlaf. Irgendwann hatten sich dann doch alle an ihn gewöhnt und sein nächtliches Aufstehen bekam eine gewisse Regelmäßigkeit. Mit dem Frühling nahm er auf einmal etwas zu. Aber so unter Kriminellen, das hatte sicher negative Auswirkungen und er bekam mentale Probleme. Ob bei Regen oder Wind, er brachte es fertig und stand stundenlang auf der Einfriedung des Hofs, als warte er darauf, dass etwas vom Himmel falle. Ich hörte, wie der Sanitärangestellte der Brigade leise erzählte, Zhang Guangren sei in einem Gespräch mit dem Vorsitzenden Mao. Er sage:

»Vorsitzender Mao, ich hatte nichts gegen dich, ich kann mein Herz herausholen und dir zeigen. Du bist betrogen worden, aber mein … Leben ist zu Ende!« Dann schimpfte er auf die Schneeflocken, die auf ihn fielen: »Diese Teufel! Nehmt eure Pfoten da weg, ihr kriegt mich nicht klein!« Der Sanitärangestellte erzählte, ihm seien die Tränen in dicken Tropfen heruntergelaufen, keine Ahnung, was für ein Unrecht ihm geschehen war …

Eines Nachts schrak ich von irgendeinem Gerede aus dem Schlaf, doch als ich den Kopf hob, sah ich Zhang Guangren auf dem Boden stehen und aus dem hinteren Fenster starren. Auch ich warf einen Blick aus dem Fenster, spürte einen bösen, unangenehmen Wind und bekam auf der Stelle eine Gänsehaut. Du wirst nicht wissen, dass dieses Großgefängnis vor der Befreiung ein Bergfriedhof war, in ein paar Sektionen aufgeteilt, und mit Grabsteinen, die sich in alle Himmelsrichtungen neigten. Manche der Toten hatten nicht einmal eine Grube, da galten mancherorts ein paar einfache Schaufeln Erde schon als Grab. Es hatte hier eine Epidemie gegeben und dann noch eine Naturkatastrophe. Die älteren Gefangenen erzählten, das hier sei von alten und neuen Gräbern vollständig unterhöhlt gewesen, die Wege zu den Gräbern hätten vor zehn Jahren oft zu den gleichen Stellen geführt wie zehn Jahre später. Nach der Befreiung brachte die Volksregierung das in Ordnung, veränderte die alte Stadt und hat dabei auch den Bergfriedhof in der Vorstadt planiert, verfüllt und daneben ein Gefängnis errichtet. Die hier inhaftierten Kriminellen hatten alle Albträume wegen der Totengeister. Fast alle schrien und heulten und klagten uns an, wir hätten ihre alten Nester besetzt. Ich zanke mich immer noch mit wandernden Geistern und wilden Gespenstern herum, ich sage, ich habe das doch nicht gewollt, dein Nest besetzen, die Anderen wollten mich hier einsperren, das war eine Scheißidee.

Von Verbrechern geschlagen

LAO WEI: Und wie ging es Zhang Guangren damit?
ZHANG GUANGTIAN: Er war von Geistern fasziniert, er sagte, er habe Geister gesehen, die aus der tiefsten Finsternis mit einem Boot gekommen wären, um ihn zu holen. Er sagte, er sei nicht abergläubisch, aber in diesem Leben werde nur der Höllenkönig Yama ihn rehabilitieren. Am erschreckendsten aber waren seine Selbstgespräche, da war ein Dämon in seinem Kopf und schaute ihm aus den Augen. Vor ein paar Tagen war in Brigade 2 ein Konterrevolutionär, der um Mitternacht von der Pritsche herunterrollte und sich den Knöchel verstauchte. Er hatte geträumt, ein dicker alter Kerl mit Halbglatze habe ihn weggestoßen und geschimpft, das sei sein Platz – als ich das hörte, wusste ich sofort, dass Zhang Guangren zurückgekommen war, der Platz war einmal seiner gewesen und auch wenn das Gefängnis umgebaut worden ist, die Pritschen sind noch die gleichen.
Ach, ich schweife wieder ab. Kurz gesagt, an selbigem Abend habe ich mich zu Tode erschrocken, machte schleunigst bei den Wachhabenden Meldung, die riefen den Gefängnisarzt und erst, als er

ein paar Beruhigungsmittel bekommen hatte, wurde er ruhiger. Das war ein paar Tage, nachdem er weggebracht worden war.

LAO WEI: Wohin ist er gebracht worden?

ZHANG GUANGTIAN: In eine Einzelzelle der Überwachungsbrigade. Dort waren Leute unterschiedlichsten Ranges eingesperrt. Da gab es eine kleine Küche, ein Schlafzimmer und einen Freiganggraum. Die Lebensbedingungen waren nicht schlecht, auch wenn man keinerlei Kontakt zur Außenwelt hatte. Man erzählte sich, jeden Morgen werde durch zwei handbreite Gitter ein Exemplar der *Renmin ribao* gesteckt. Wenn es darin Artikel gab, die für die Umerziehung nicht hilfreich waren, wurden sie herausgeschnitten.

LAO WEI: Sogar die *Renmin ribao* wurde zensiert?

ZHANG GUANGTIAN: Die Inhaftierten waren allesamt hochgebildete Leute, die waren nicht auf den Kopf gefallen, die konnten aus einem Zeichen, einem Satz oder der Reihenfolge der Namen in der Parteizentrale jede Veränderung herausanalysieren, deshalb wurde auch die *Renmin ribao* einer strikten Untersuchung unterzogen.

LAO WEI: Hast du es nicht bedauert, als Zhang Guangren weggebracht wurde?

ZHANG GUANGTIAN: Wieso bedauert? Ich habe gehört, dass seine Frau gekommen war, die Verwaltung hatte erlaubt, dass sie sich eine Zelle teilen, um zu verhindern, dass er in seinem wirren Zustand Selbstmord begeht.

LAO WEI: Himmel, er hat sich so gequält, dass er den Verstand verloren hat, dabei hat er niemandem etwas getan.

ZHANG GUANGTIAN: Er hat einfach Pech gehabt. Einmal hat er das Essen umgeworfen.

LAO WEI: Wie das?

ZHANG GUANGTIAN: Den Gefangenen in der Brigade wird nach Gruppeneinheiten das Essen verabreicht, jede Gruppe schickt zwei Mann in die Küche, einer bekommt das Essen, der andere die Suppe, während alle sich im Kreis aufstellen und auf der Umfriedung des Hofs sitzen und warten. Die beiden Essenholer wechseln einmal die Woche. Diesmal waren ausgerechnet Zhang Guangren und ich an der Reihe. Ich zählte die Essensschalen genau mit und packte sie in den Holzlattenkorb, bevor ich sie ihm in die Hand drückte und selbst den Bottich mit der Suppe packte. Es war tiefster Winter, der zwölfte Monat im Mondjahr, kurz nach fünf, es wurde langsam dunkel, ich hatte dem alten Herrn immer wieder eingeschärft aufzupassen, weil es glatt war, aber wo hätte ich denn gedacht, dass der, kaum auf den Steinstufen draußen, padauf, da hinunterrutscht und so hinschlägt, dass er sich ewig nicht mehr berappelte. Die Schalen rollten im ganzen Hof herum, und als hätte man in ein Wespennest gestochen, schoss alles auseinander, um zu retten, was zu retten war. Es hatte gerade angefangen zu regnen, im Hof schwamm alles, die Schalen kullerten zwar herum, waren aber zum Glück nicht umgekippt. Bis auf zwei, die waren weitergekullert und in dem dünnen Matsch stecken geblieben, kamen gemeinsam wieder hervor und aus dem weißen war ein schwarzer Reis geworden. Eine war wie nicht recht gescheit auch noch nach vorn gerollt, direkt in den Abwasserkanal, eine Schale von besonderer Qualität, eine halbes Pfund schwer, aus der aß ein Metallgießer, weshalb Li Erwa aus der Gruppe sich mit Händen und Füßen draufwarf, zwei Batzen Matsch zu fassen bekam, aber nicht die Schale. Was nun? Die Küche dämpfte, gut geplant, nur eine Schale pro Mann. Li Erwa heulte wie ein Baby und hob ohne ein weiteres Wort Zhang Guangrens Schale auf und machte sich über sie her. Die beiden, die nur noch Matsch fressen konnten, gingen schimpfend auf Zhang Guangren los. Die Leute waren müde von der Arbeit, bekamen den Rücken kaum noch gerade, der Reis war lebenswichtig. Ich setzte den Bottich ab, kam aber zu spät, um zu verhindern, dass zwei, drei Mann sich Zhang Guangren vornahmen. Der Alte, von Kopf bis Fuß voll Matsch, schützte seinen Kopf, gab aber immer noch keinen Ton von sich, bis ihn ein Tritt in die Hüfte traf und er ein Aufstöhnen nicht mehr zurückhalten konnte.

Die Verwaltung trat auf den Plan und sperrte die Schläger weg. Um die Wahrheit zu sagen, ich hatte damals nicht das geringste Mitleid mit Zhang Guangren. Mit ihm war wirklich nichts anzufangen, Ausschuss, nicht einmal in der Lage, auf ein paar Stufen fest zu stehen. Die Verpflegung hier war ohnehin der reinste Fraß, und wenn eine Schale Reis in den Abwasserkanal rollte, mussten die Leute hungern. Das war während der Kulturrevolution, draußen liefen die Kampagnen, es wurde nichts produziert, die einfachen Leute im Land waren auf Essensmarken, im Monat ein halbes Pfund Fleisch und ein halber Liter Öl, sechsundzwanzigeinhalb Pfund Reis, wo man noch Vollkorn zugab, von den Gefängnissen gar nicht zu reden. Uns hat oft genug der Hunger geweckt, und wir haben oft genug nur die Spucke im Mund herumgedreht.

LAO WEI: Ihr wart wie wilde Tiere, ihr habt kein Federlesens gemacht, selbst wenn es darum ging, einen alten Mann zu schlagen.

ZHANG GUANGTIAN: So lang es etwas zu fressen gab, konntest du schimpfen, wie du wolltest. Wenn die Verwaltung nicht gewesen wäre, hätten wir Zhang Guangren längst in kleinen Stücken aufgefressen gehabt. Aber wie ich es sage, die Verwaltung war bei Zhang Guangren recht speziell, er saß im Knast und hatte seine Frau bei sich; und wir, wir konnten nur vor dem hinteren Fenster herumlungern und uns die Augen aus dem Kopf stieren, ob da nicht etwas Weibliches an den Mauern vorbeikam. Es gibt zwei Mäuler, eins unten, eins oben, bei mir haben beide jahrelang Hunger geschoben.

LAO WEI: Er galt als einer der besten Intellektuellen Chinas, wie kannst du dich mit ihm vergleichen?

ZHANG GUANGTIAN: Der kann draußen gewesen sein, was er will, einmal hier drin waren alle nur noch Verbrecher. Im Gefängnis stand es überall geschrieben: »Wer bist du? Wo bist du gewesen? Was hast du getan?«

LAO WEI: Weil Hu Feng hier eingesperrt war, ist der Ort in aller Welt bekannt …

ZHANG GUANGTIAN: Stimmt ja, in den Augen der Kriminel-

len war er ein Gegenstand unter besonderem Schutz der Regierung und wurde nicht für jede Kleinigkeit bestraft. Einmal hat er einen halben Bottich Brei in der Küche aufgefressen, heimlich, das wurde dick auf Plakate gepinselt. Vorher, als er mit den Händen arbeitete, hatte er unzählige Male von dem Brei gegessen, dass er es heimlich tat, war unter den anderen Gefangenen ein offenes Geheimnis. Wenn sich das jemand Anderes geleistet hätte, wäre er kritisiert und mit dem Klassenkampf in Zusammenhang gebracht worden; aber bei ihm hat die Verwaltung sämtliche Augen zugedrückt. Und wenn sich jemand beschwert hat, hat die Verwaltung erklärt: Zhang Guangren ist von hohem Wuchs, der ist schneller hungrig. In der Tat war die Ration von Zhang Guangren etwas größer als die der anderen, es scheint, er ist bei uns in der Gruppe nie satt geworden.
LAO WEI: Weißt du sonst noch etwas?
ZHANG GUANGTIAN: Im Augenblick fällt mir nichts weiter ein, er und ich, wir haben fast zwei Jahre Kontakt gehabt, aber von irgendwelchen freundschaftlichen Beziehungen kann nicht die Rede sein. Er war ein großer Literat, kommt in Büchern vor, und er hat sich zu weit vorgewagt, aber unbeugsam wie er war, ist er zwar übergeschnappt, aber nicht umgefallen; ich kleines Licht hätte mich in einem Mauseloch verkrochen. Von heute aus gesehen war es für ihn ein Muss, dass er auf Leute wie uns herabsah. Zhang Guangren machte mir ständig den Eindruck, als sei er von einem anderen Stern, als sei Leid etwas außerhalb von ihm, und selbst wenn sie ihn von einem Augenblick auf den anderen erschossen hätten, es wäre immer noch ganz langsam geschehen. In unserem Gefängnis gab es eine Unmenge Mäuse, die an den Klamotten, und wenn es zeitweise nichts zu fressen gab, auch den Zehen der Menschen nagten. Wurden die Zehen Zhang Guangrens angenagt, setzte er sich auf, hat die Decke von den Füßen geschüttelt, das schlechte Blut aus den einzelnen Nagestellen gedrückt und sich wieder schlafen gelegt. Diese samadhiartige Versenkung erreichen normale Leute gar nicht. Wenn sie mich, und ich war immerhin Gruppenleiter,

angefressen haben, habe ich geschrien wie am Spieß, und bin den Viechern durch die ganze Zelle hinterher, bevor ich Ruhe gab …

Dass er dann später den Verstand verloren hat, das haben wir nicht verstanden. Und unter uns gesagt, die Verwaltung auch nicht. Das ist wie mit den fliegenden Untertassen, man kann noch so viele sehen und weiß doch nicht, was sie sind.

劉德

15

LIU DE

Der verurteilte Literaturkurs

Die Geschichte von der »Verurteilung eines Literaturkurses zu sieben Jahren Gefängnis« ist mir in den 1980er Jahren zu Ohren gekommen, aber mit den Zeitläufen verändert sich alles und die Erinnerung verblasst. Erst als ich selbst wegen eines einzigen Gedichtes zu vier Jahren verurteilt wurde, erinnerte ich mich an diese Geschichte, die sich in Mianyang zugetragen hatte, das auch die Heimat meines Zellengenossen, des Dichters Li Bifeng, ist. Eines Tages kam ich ganz zufällig darauf zu sprechen und Li griff das Thema auf, redete wie ein Wasserfall, denn er hatte nicht nur an dem Literaturkurs teilgenommen, er war auch bei dem Prozess dabei.
Doch was blieb einem schon außer Trauer und Wut? Damals waren wir drei Mann hoch in unserer Zelle.

Im Nu waren weitere zehn Jahre vergangen und Li Bifeng erneut eingefahren, während ich und Liu De, der Hauptangeklagte im Fall des Literaturkurses, draußen waren. Eines Tages traf ich Lu Congwen, einen alten Freund von Liu De, im Stadtbezirk von Mianyang. Wieder kam ich ganz zufällig auf den Fall zu sprechen, Lu Congwen redete wie seinerzeit Li Bifeng endlos, telefonierte außerdem in der Gegend herum, suchte ein Taxi und wir fuhren zusammen in einen Vorort, um dort jemanden aufzusuchen.
Es wurde dunkel und düster, wir fuhren zig Kilometer und dreimal

im Kreis, bis wir schließlich an einer großen Kreuzung eine Abzweigung fanden. Der Wagen glitt langsam ein paar hundert Meter in ein labyrinthisches Dorf hinein. Es war wie in einem Traum, alle Häuser waren gleich, aus allen Fenstern im ersten und zweiten Stock streckten sich Köpfe: »Was für ein Liu De? Kenn ich nich'.«

Wir fuhren um sieben, acht Ecken weiter, erreichten schließlich in hüfttiefem Gras das »Transportlager der Xinhua-Buchhandlung in Mianyang«, stiegen aus und machten uns an der Tür bemerkbar: Niemand antwortete, bei genauerem Hinsehen war es eigentlich ein verlassener Tempel ohne Haupthalle und ohne Räucherwerk. Doch durch den Türspalt sah man, dass drinnen anscheinend eine einsame Laterne schaukelte …

Einsiedelei und Erinnerung

LIAO WEI: Endlich habe ich Sie gefunden, Liu De.

LIU DE: Diese Vorstadteinöde hier hat es Ihnen sicher nicht leicht gemacht.

LIAO WEI: Sie haben ja auch nichts, kein Telefon, kein Türschild, keine Hausnummer, die reine Einsiedelei.

LIU DE: Einsiedelei? Klingt zu sehr nach Kultur. Ich bin Wanderarbeiter, allerdings, normale Wanderarbeiter sind da und dort unterwegs, ich hingegen, für mich sind Jahrzehnte wie ein Tag, ich bin hier an das Xinhua-Bücherlager genagelt, Bücher, Bücher, Bücher, zusammenbinden, kodieren, verpacken, abladen, für fünfhundert Yuan im Monat, ich kann mir die Mieten in der Stadt nicht leisten, laufe ich also wohl oder übel bis in diese abgelegene Gegend. Wie es in dem alten Lied so schön heißt: »Nie vergisst das Klassenlos, wer mit dir Trän' und Blut vergoss«. Wenn am Firmament die Sterne herauskommen, geht es über einen Pfad mit gelbem Schlamm zum ersten Bus Richtung Innenstadt – ich bin Tagelöhner, da ist die Reisschüssel nicht garantiert, deshalb wage ich nicht, zu spät zu kommen. Zum Glück macht körperliche Arbeit so müde, da fällt man einfach um und schläft und kann sich keine unnützen Gedanken machen.

Du hast einen so weiten Weg auf dich genommen, deshalb würde ich es mir nicht verzeihen, wenn ich nicht ein paar Takte mit dir reden würde – ich stamme aus einem Bauerndorf in Sichuan, Kreis Anyue, habe von klein auf fleißig gelernt, während der zehn Jahre der Kulturrevolution mit der Schule aufgehört und als Bauer gearbeitet. Mein größtes Vergnügen war, heimlich verbotene Bücher zu lesen, weshalb ich 1977 mit dem Ende der Kulturrevolution die Aufnahmeprüfung für die Chinesisch-Abteilung der Universität Sichuan mit Auszeichnung bestanden habe.

Wir mit einem Schulabschluss zwischen 1966 und 1968 waren relativ alt, zwar sehr gut im Selbststudium und fix im Kopf, dafür aber im Stoff zurück, weshalb die Lehrer nicht wussten, was sie mit uns anfangen sollten, wenn sie nur ein wenig nicht aufpassten, würden sie womöglich beschuldigt werden und in eine unangenehme Lage kommen. Die Talente jedenfalls, die eine ganze Reihe von Jahren angesammelt hatten, hatten so ziemlich alles mitgemacht: Schulstreik, Rebellion, bewaffneten Kampf, Landverschickung. Reden und Debatten, willkürliche Festnahmen – und dabei waren sie um einiges kräftiger als die Lehrer. Aber die Verrenkungen der Geschichte machten uns zu Studenten – damals ging der Weg zum schnellen Aufstieg nur über eine Aufnahmeprüfung.

Mein Interesse am Unterricht war nicht groß, die aufregenden Sachen fanden alle außerhalb des Unterrichts statt, wie etwa das Schreiben von Gedichten, Romanen und Kritiken bei der *Jinjiang*-Literaturgesellschaft. Die Narbenliteratur war sehr angesagt, wir haben aus eigenem Antrieb Fonds eingerichtet und die Zeitschrift *Jinjiang* gegründet, die recht großen Einfluss hatte. Einen Teil haben wir an der Uni verbreitet, haben uns weiter mit den Massen verbunden und auch den Verkauf außerhalb der Uni in die Hand genommen. Chunxistraße, Zongfugasse, das Tor zur Uni, das Jinjiang-Hotel und Umgebung, das waren alles Vertriebspunkte, ein Yuan das Heft, die waren im Handumdrehen weg, wer kein Exemplar bekommen hatte, lief einem hinterher und fragte hier und da. Unsere bekanntesten Autoren damals waren Xu Hui und Gong Qiaoming, eine Dichterin und eine Schriftstellerin, ihre Gemeinsamkeit lag in einem sentimentalen Gefühl der Verletztheit, was die Leute beim Lesen zum Weinen brachte. Nach ihrem Abschluss wurden beide dem Schriftstellerverband der Provinz Sichuan zugeteilt, Xu Hui wurde Redakteurin bei der Zeitschrift *Junge Schriftsteller* und hat dann bald das Land verlassen; Gong Qiaoming mit ihrem leidenschaftlichen Herzen ist nach Tibet gegangen und hat eine ganze Reihe guter Romane geschrieben, ist aber leider bei einem Autounfall ums Leben gekommen. Und dann war da noch Wang Yuechuan, der bekannte Kritiker und Professor an der Beijing Normal University, auch ein Kommilitone aus meiner Klasse.

Der Literaturkurs

Ich bin von Natur aus eine ehrliche Haut, nach meinem Abschluss 1982 wurde ich dem lokalen Büro für Kultur und Erziehung von Mianyang zugeteilt und in der Folge Redakteur der Zeitschrift *Jiannan-Literatur*, die zur Literaturföderation gehörte. Mianyang ist ein Satellit der Provinzhauptstadt Chengdu, da schossen in den Schulen alle möglichen literarischen Gesellschaften aus dem Boden wie Bambus nach dem Regen und trugen erfreuliche Blüten. Nicht wenige Autoren aus der Gegend sind aus der *Jiannan-Literatur* hervorgegangen, wie Guo Tongxu, dem professionellen Schreiber von Yan Xin, dem großen Qigong-Meister, dessen Buch sich in mehreren hunderttausend Exemplaren verkauft hat; und dann Yu Tian, ein großer Dichter, der zu beiden Seiten der Taiwanstraße sehr viele Preise bekommen hat usf. Das war damals Trend: Um die enthusiastischen Erwartungen der Volksmassen zu befriedigen, sind die Redakteure der *Jiannan-Literatur* häufig in Schulen eingeladen worden, um den Unterricht zu übernehmen.

Der Romanredakteur Geng Fu unterhielt zu vielen Schulen enge Beziehungen, nahezu jede Woche gab es Literaturkurse, er kam kaum noch hinterher und gab die »Pflicht« an mich weiter. Am 17. Mai 1985 nach dem Abendessen hielt quietschend ein Lkw vor unserer Tür, herunter sprangen eine Reihe von Schülern und Lehrern von der Industrieschule Mianyangs und »baten« mich, brummend vor Begeisterung, ohne weitere Erklärung und wild meine Bedeutung übertreibend, auf den Lkw, und wie der Wirbelwind ging es in das Audimax ihrer Schule.

Am Anfang verloren sich hier spärliche zwanzig Zuhörer, in diesen Jahren war es an der Tagesordnung, dass man externe Literaten zum Unterricht einlud, und auch wenn ich kein bekannter Autor war, war ich doch so eingebildet, dass ich mich für etwas Besseres hielt als viele bekannte Autoren. Prompt, die Plaudertasche war kaum auf, gab es kein Halten mehr, eine Perle reihte sich an die nächste und so ging das drei Stunden fort, nicht einmal einen Schluck Wasser nahm ich zu mir. Und die Zuhörerschaft war angewachsen auf mehrere Hundert, nicht nur war kein Sitzplatz mehr frei, am Ende waren sogar die Gänge, die Fensterbänke und die Türen so dicht besetzt, dass kein Windhauch mehr durchkam. Viele konnten sich auch nicht mehr hereinquetschen, und so hingen sie in Trauben an einem über mannshohen Schutzfenster und saßen rittlings auf Baumgabeln.

Der kleine Alte, den du jetzt vor dir hast, hat mit dem Liu De von damals nichts mehr gemein – damals, wenn man mich hat machen lassen, konnte ich eine ganze Nacht durchreden. Das Thema an dem besagten Tag war *Heute und die Literatur der Gegenwart*, ich kommentierte eine ganze Reihe von Werken damaliger Autoren, wie etwa Li Guowens *Heimatland* und *Gartenstraße 5*. Da *Girlanden am Fuß der Berge* von Li Cunbao, der der Volksbefreiungsarmee angehörte, als repräsentatives Werk über den chinesisch-vietnamesischen Krieg offizielle Anerkennung genoss und eine Weile viel gelesen wurde, nahm ich ihn ins Visier und arbeitete meinen Standpunkt heraus, der im Gegensatz zu seinem »Hauptthema« stand: Da Krieg die letzte ungewollte Handhabe zwischen zwei Ländern sei, müsse jeder normale Mensch gegen jede Form des Krieges sein, wie auch jetzt gegen den Angriff Amerikas auf den Irak, gegen den ich auch sei.

An den Händen der Generäle, die andere opferten, um sich einen Namen zu machen, und als Kriegshelden gehandelt werden, klebe Blut, wie bei Henkern, das sei schon immer so gewesen. Doch *Girlanden am Fuß der Berge* steht auf der Seite dieses ungerechten Krieges, beschönige ihn und ermutige die Kämpfer, ihr Leben wegzuwerfen.

Ich fuhr fort: China und Vietnam, China und Korea seien einander früher nah gewesen wie Brüder, weil wir Schulter an Schulter gegen die amerikanischen Teufel Krieg geführt hätten; dann hätten die amerikanischen Teufel Fersengeld gegeben, und die Leute hätten einen Sozialismus mit vietnamesischem oder koreanischem Gesicht und bei der Sowjetunion Zuflucht suchen wollen, das sei ehrenrührig für uns gewesen, wir hätten sofort Streit angefangen und seien Feinde geworden. Erst sei es zu Konflikten an der Grenze zum Laoshan gekommen, dann seien Bodentruppen eingesetzt worden und wir schließlich in einem Rutsch bis zur strategisch wichtigen Stadt Liangshan ein paar Dutzend Kilometer tief auf fremdes Territorium vorgedrungen, was immer noch als »defensiver Gegenschlag« bezeichnet werde. Natürlich seien das die Handlungen des Staates, da könnten wir kleinen Leute nichts machen, aber wir könnten doch wohl immerhin unsere Meinung äußern, nicht? Es sei einfach vollkommen sinnlos, wenn Bruder- und Nachbarstaaten aufeinander losgingen und Literatur müsse bei der Einschätzung einer historischen Phase einen anderen, eher privaten Blickwinkel einnehmen …

So etwa. Ich war richtig in Fahrt gekommen und habe mich hinreißen lassen. Doch auf einmal bemerkte ich, dass sich vor der Rednertribüne ein paar düstere Gesichter aufreihten, die nicht nach Lehrern oder Schülern aussahen. Ich sah nur, wie sie eine Weile die Köpfe zusammensteckten, einer von ihnen aufstand, schnurstracks auf die Bühne kam, mir das Wort abschnitt und das Ende des Kurses verkündete. Später erst habe ich erfahren, dass das der Parteikomiteesekretär der Schule war.

Verhaftet und verurteilt

Am 26. Mai 1985, also neun Tage nach diesem Unterricht, haben Polizisten in Zivil vom Büro für Öffentliche Sicherheit Mianyang mich vom Wohnheim mitgenommen und mich im städtischen Untersuchungszentrum festgesetzt und verhört – zuvor war ich streng ermahnt worden. Das Büro für Öffentliche Sicherheit hatte Führungskräfte der Einheit, einem gewissen Xie und einem gewissen Liu, zu einem informellen Gespräch aufgesucht, damit sie mich stabilisieren und nicht »als abschreckendes Beispiel« behandelten – das Untersuchungszentrum war ein Ort für Diebe, Spieler, Bettler, Prostituierte und dergleichen Gelichter, hier war ein enormer Durchfluss, wie auf einem Viehmarkt, ich war in eine dampfkorbähnliche Zelle gequetscht, tagelang vollkommen durchgeschwitzt und musste auch noch mit den Verhören klarkommen. Es war keine Kleinigkeit, hier bis Juli gebraten zu werden, bevor man mich in ein Untersuchungsgefängnis verlegte und nach den gesetzlich vorgesehen Prozeduren die Verhöre der Inspektoren durch Voruntersuchungen ersetzt wurden, wobei es etwas gesitteter zuging und man mich weder geschlagen noch beschimpft hat. Am 26. August, auf den Tag drei Monate nach meiner Inhaftierung, schickte die Staatsanwaltschaft jemanden zur Untersuchung, anschließend wurde mir eine Anklageschrift zugestellt, und erst jetzt sah ich zum ersten Mal Wang Jian, den Verteidiger, den meine Familie engagiert hatte. Er war etwa dreißig Jahre alt, kannte sich aus und hatte den Schneid, vor Gericht auf unschuldig zu plädieren, für mich eine große Hilfe, ganz gleich, wie es ausgehen mochte.

Am Vormittag des 6. November wurde ich in Handschellen aus dem Gefängnis vor Gericht befohlen. Da die Verhandlung öffentlich war, waren über tausend Personen anwesend, der Mittlere Volksgerichtshof war brechend voll. Der Ankläger gab sich große Mühe, mich im Jargon der Kulturrevolution zu diffamieren, und beschrieb mich als schlechtes, degeneriertes, durch das liberale Denken des Kapitalismus verdorbenes Element, einen extrem gefährlichen Klassenfeind, der aus privaten Interessen gegen Partei und Gesellschaft arbeite. Als Beispiel zitierte der Ankläger die politische Abschluss-Einschätzung des Parteikomitees der Universität Sichuan und schloss: Wie sonst wäre ein guter Student, der der Parteiorganisation nahe stand, innerhalb von wenigen Jahren so degeneriert?

Anschließend verlas er Zeugenaussagen, enthüllendes Material, das über fünfzig Lehrer und Schüler der Industrieschule geschrieben hatten. Mir brummte der Schädel, denn was in diesen Zeugenaussagen gesagt wurde, hatte ich niemals von mir gegeben. Sätze wie sie in der Anklageschrift und der Urteilsbegründung zitiert wurden: »Ich will den Fall der Kommunistischen Partei sehen«, »Neue Ismen sollen die Kommunismus ersetzen und neue Parteien die Kommunistische Partei«.

Ich schaute ganz schön dumm aus der Wäsche und verlangte immer wieder – ich schrie mir die Stimme heiser –, dass diese sogenannten Zeugen vor Gericht erscheinen und mir das vor allen

Leuten ins Gesicht sagen sollten. Doch ich wurde vom Richter direkt gemaßregelt. Welche Massen hatten da was enthüllt? Das Büro für Öffentliche Sicherheit und die Schulleitung hatte sich vor den Lehrern und Schülern aufgebaut, sie instruiert und mobilisiert, wer hätte da den Mut gehabt, nichts zu schreiben? In der Kampagne gegen Lin Biao und Konfuzius während der Kulturrevolution wurden der Landesverräter und Überläufer Lin Biao und der zweitausend Jahre ältere Konfuzius in einen Sack gesteckt, hätte da nicht jeder freiwillig einen kritischen Artikel geschrieben?

Mein Anwalt hakte nach: Es gebe keine Tonbandaufzeichnungen, die Zeugen erschienen nicht vor Gericht, die sogenannten Zeugenaussagen seien von den Lehrern und Studenten alle im Nachhinein aus dem Gedächtnis gemacht worden, das schließe die Möglichkeit erzwungener und falscher Aussagen nicht aus; und es bestehe berechtigter Zweifel, ob die Lieferanten dieser Zeugenaussagen vor Ort seien. Der Ankläger konnte keine Antwort geben, woraufhin mein Anwalt prompt ausrief: »Mein Klient ist unschuldig!« und betonte, man dürfe drastische politische Äußerungen oder politische Fehler nicht mit Verbrechen verwechseln. Bald konnte sich der Staatsanwalt nicht mehr halten und der Richter mischte sich ein, schrie ständig, der Anwalt solle den Mund halten und drohte, ihn hinauswerfen zu lassen.

Durch den Rückhalt beim Richter bekam der Ankläger Oberwasser und fuhr fort, wahllos alle möglichen Beweise vorzubringen, die von den Verantwortlichen für die *Jiannan-Literatur*, diesem gewissen Xie und diesem gewissen Liu, zusammengeschusterten Aussagen wie: »Liu De ist durchweg mit der Partei unzufrieden«, selbst Witze hatte er in sein Dossier aufgenommen, Sachen wie »Fehler macht man besser wieder gut, bevor es ein Arbeitslager tut«. Selbst ein Flirt wurde als »Hooliganismus« angeprangert, die Polizei untersuchte und befragte sogar meine Freundin und andere, die mit mir in Briefkontakt standen, und bezeichnete das als »umfängliche Ursache-Wirkung-Beziehung zwischen konterrevolutionären Verbrechen und Hooliganismus«. Mein Anwalt wechselte die Farbe, so aufgebracht war er.

Ach, sie hatten das Messer, ich war der Fisch … Am Ende sah der Richter auf seine Armbanduhr und verkündete eine Pause. Die Formalitäten dauerten über eine Stunde, dann bekam ich das Urteil: sieben Jahre, Aberkennung der politischen Rechte für drei Jahre. Ich legte Berufung ein, was abgelehnt wurde. Später hat mir mein Anwalt entdeckt, dass mein Urteil schon im Vorhinein vom Komitee für Politik und Recht der Provinz Sichuan festgelegt worden war, die Verhandlung habe keinerlei Rolle gespielt.

Das war ein typischer Fall von »Bestrafung für Meinung«. In der Öffentlichen Meinung im In- und Ausland gab es einen Sturm der Entrüstung, es gab vielfach Berichterstattungen, in der Hongkonger *Wenhuibao* und *Dagongbao* gab es ins Auge fallende Schlagzeilen: »Ein von der KP erzogener antikommunistischer Student«. Es hieß, das Provinzkomittee von Sichuan habe mich als reaktionäres Musterbeispiel dem Zentralkomitee gemeldet, Qiao Shi, verantwortlich für Politik und Justiz, habe eine Randnotiz gemacht: »Ein seltener Fall für das ganze Land.« Und Liu De aus Sichuan, dieser Gegner der Partei und des Volkes wurde als Exempel in einem Atemzug mit dem Landesverräter und Überläufer Yang Wei genannt.

Ich verbüßte meine Strafe in den Kohlengruben der Rong-Berge, in der Stadt Guangyuan in der Provinz Sichuan, und zwar in der Brunnenschachttruppe, wo wir Tag und Nacht in einem mehrere Dutzend Meter tiefen Brunnenschacht gefangen waren. Und trotzdem, ich war von niedriger Statur, meine Beine waren geschmeidig, meine Haut entspannt, ich durfte am hinteren Ende der Schachtarbeit nichts als die Drecksarbeit machen, Wassergräben instand halten und Zement anrühren. Wie es mein Glück wollte, kam ich nach über einem Jahr nach oben und brachte zur Umerziehung durch Arbeit verurteilten Analphabeten das Schreiben bei. Parallel zu dieser Zeitvergeudung legte ich weiter Berufung ein, jedes Jahr gut zehn Mal, machte jedes Mal sechs Kopien des »Revisionsantrags«

und schickte diese gleichzeitig per Post an das Zentralkomitee und alle zuständigen Stellen in Provinz und Stadt.

Aber was richtet ein Stein aus, den man ins Meer wirft? Die letzten beiden Jahre suchte mich der Brigadechef auf und gab mir zu verstehen, dass ich nur einen Straferlass erreichen könne, wenn ich mit den Revisionsanträgen aufhöre. Wohl oder übel habe ich mich daran gehalten, mir wurde zweimal ein Straferlass gewährt und ich wurde anderthalb Jahre früher entlassen.

Schicksalsergeben

Zurück in der Gesellschaft erhielt ich eine ganze Menge Briefe, Zeitschriften, Bücher und Grußkarten aus England, Holland, Norwegen, Amerika, in denen ganz normale Städter und Studenten mir ihr Mitgefühl ausdrückten; darunter auch verschiedene internationale PEN-Clubs, die ausnahmslos einem inhaftierten Schriftsteller namens Liu De helfen wollten. Doch bei der Umerziehung durch Arbeit war ich wie in einem Tunnel, die Regierung hatte nach Innen wie nach Außen eine Nachrichtensperre verhängt – eine Tradition aus der Mao-Ära, je schlimmer der Druck des Feindes, umso harscher die Reaktion der Partei, so wie bei dem hinter Gitter sitzenden katholischen Kardinal Gong Pinmei, der über dreißig Jahre inhaftiert war, und für den der Westen Jahr für Jahr intervenierte, selbst der Vatikan in Rom und wichtige Regierungsvertreter sind zigmal vorstellig geworden, um über seine Freilassung zu verhandeln, und was kam dabei heraus? Eine Hostie kann ich solange in meiner Hand behalten, wie ich will. Ein Glück, dass ich nicht dafür geeignet war, im Kalten Krieg zwischen West und Ost die Hostie abzugeben.

Der Westen hielt mich hoch als einen Schriftsteller, der viel durchgemacht hat. Aber man soll sich selbst nichts vormachen, ich konnte keine Fremdsprache, außer ein paar Studien, die ich in jungen Jahren an die *Jinjiang* geschickt hatte, konnte ich auch keinerlei weitere Arbeiten vorweisen. Auf die zahllosen Einladungen hin schrieb ich selektiv nur dem englischen PEN einen Brief, in dem es im Wesentlichen hieß:

1. Ich bin eigentlich kein Schriftsteller und kann eine Einladung, die einem Schriftsteller gilt, nicht annehmen;
2. Ich habe nichts geschrieben, deshalb habe ich nicht die Voraussetzungen und auch nicht den Wunsch, Mitglied eines internationalen PEN-Clubs zu werden;
3. Als Chinese sollte ich Patriot sein, ganz gleich, was ich zu erdulden habe;
4. Wenn eine Möglichkeit besteht, im Westen eine Sightseeing-Tour zu machen, so wäre ich dazu gerne bereit, aber ohne Geld und Pass wird das nicht möglich sein.

LAO WEI: Da warst du aber ehrlich.
LIU DE: Lu Xun sagt, wenn jemand die Wahrheit sagt, wird er von den anderen nicht verstanden.
LAO WEI: Verständnis hat zwei Seiten, du hast so viele Jahre nicht, verstanden zu werden. Zuerst warst du passiv und hast gesessen, danach hast du, ohne dir darüber recht bewusst zu werden, den Impetus hervorzutreten aus der ersten Hälfte deines Lebens hinter dir gelassen und dich selbst so lange verschlossen, dass deine Seele zu deinem Gefängnis geworden ist.
LIU DE: Das ist das Schicksal eines Menschen. Mein Heimatdorf, Anyue, auf dem Land, hat einen wundersamen Wahrsager hervorgebracht, der kannte sich in der Astronomie so gut aus wie in der Geologie und war in einem Umkreis von hundert Meilen bekannt. Als ich neunzehn war, hat er nach meinen Geburtsdaten und nach einem großen roten Muttermal an meiner Hüfte an seinen Fingern abgezählt, dass ich mit zweiundzwanzig meine Heimat verlassen,

studieren und erfolgreich einen Abschluss machen würde. Damals hat kein Mensch etwas darauf gegeben, denn 1974 lebte Mao noch, die Kulturrevolution war noch im Gange, und wenn jemand aus der Stadt hinauswollte, musst er sogar ein entsprechendes Schreiben vom Revolutionskomitee der jeweiligen Einheit haben – dass ein Landei sein Dorf verlässt, um zu studieren, war das Traumgefasel eines Verrückten. Und so bat meine Mutter den Wahrsager um eine weitere Erklärung, doch der blieb ungerührt und warf nur hin: »Die Wege des Himmels sind unerforschlich.«

Tatsächlich war das große Erdbeben von Tangshan der Weg des Himmels: Im gleichen Jahr starben Zhou Enlai, Zhu De und Mao Zedong, anschließend wurde die Vierer-Bande zerschlagen und daran anschließend wurden die akademischen Prüfungen wieder eingeführt. Wie von Geisterhand geführt machte ich die Aufnahmeprüfung für die Sichuan Universität und war in einem Radius von hundert Meilen der erste Prüfungsbeste seit Dutzenden von Jahren. Noch wundersamer war, dass 1985, einen halben Monat vor den Geschehnissen, meine Mutter, die selten vor die Tür ging, auf einmal in Mianyang erschien und mich unbedingt nach Hause holen wollte, damit mir nichts passiert. Ich war noch nicht trocken hinter den Ohren und lachte Mutter für ihren Aberglauben aus. Aber sie sagte: Der Wahrsager habe gesagt, mir drohe Gefängnis und ich müsse weg aus Mianyang, weit weg, das sei ein gefährlicher Ort für mich. Und außerdem habe er gesagt: Ihr Sohn muss ehrlich sein, wenig sprechen, seine Gefühle im Zaum halten, Streitereien sind tabu – und an all das müsse ich mich halten bis zum achten Monat des Bauernkalenders von 1987, erst wenn bis dahin nichts geschehen sei, sei ich erlöst.

Ich glaubte davon nichts, Mutter verdrückte schniefend eine Träne und ist am Ende nach tausend Warnungen und zehntausend Ermahnungen wieder nach Hause. Ach, auf der ganzen Welt ist gegen Reue kein Kraut gewachsen.

Die dritte Prophezeiung kam 1992, ich war frisch verheiratet und bin mit meiner Frau in die alte Heimat und hab dem Wahrsager die Geburtsdaten meiner Frau gegeben. Er nahm meine Daten noch einmal vor, verglich beide, zählte an seinen Fingern und verband die »acht Zeichen unserer Geburtsdaten«. Schließlich wechselte er die Farbe und wollte keinerlei Schicksalsgeld annehmen. Ich habe dreimal nachgefragt, bis er folgende Worte ausstieß: »Wenn du nicht sterben willst, geh!« Ich war wie vor den Kopf geschlagen und wankte regelrecht nach Hause. Und tatsächlich, zwei Jahre später ist meine Frau aus dem ersten Stock gefallen! Sie war auf dem Balkon auf eine Bank gestiegen, um Kleider zum Trocknen aufzuhängen, als sie auf einmal von einem Windstoß erfasst wurde, stürzte und sich an einem Eisenpfosten den Schädel einschlug.

Der Wahrsager war unser direkter Nachbar, nach dem Tod meiner ersten Frau sagte er noch einmal zu mir: Heirate wieder, ändere dich, pass dich an, lerne dich ducken, komm mit allen aus, man muss auch Scheiße fressen können – denk daran, jeden Tag dreimal lachen, am Anfang ist das ungewohnt, nicht natürlich, langsam gewöhnt man sich und es wird zur zweiten Natur, man muss alles Bittere einfach weglachen, bis die Zeiten sich ändern und auf einmal alles anders ist – das gelingt bestimmt nicht auf Anhieb, deshalb muss man sich langsam abschleifen. Ich stehe unter keinem guten Stern, bin von Geburt an meine Bestimmung gebunden und habe auch noch meine Familie mit hineingezogen. Meine Mutter ist aus Ärger über mich gestorben, sie hatte eine rheumatische Herzerkrankung. Dass ich im Knast war, wurde zu Hause zwei Jahre lang verheimlicht, ist aber am Ende herausgekommen. Sie hat mit Krämpfen auf dem Boden gelegen und meinen Kosenamen gerufen, eine Sünde.

Mein Vater war von jeher Revolution, hat 1950 mit bewaffneten Arbeitstruppen den Tianlin-Berg besetzt gehalten, hat zu deren Erfolg beigetragen und seine Genossen sind vor Ort zumindest regionale Parteikomiteesekretäre geworden; aber er hing an der Heimat, hatte Angst, so weit fort zu sein, und blieb im Dorf als Leiter einer Produktionsbrigade und Buchhalter. Über zwanzig Jahre war er ein angesehener Mann, doch als das mit mir passierte, war er auf einmal der Vater eines Konterrevolutionärs und die Reputation eines ganzen Lebens war über Nacht wie weggewischt. Im Dorf und in der Umgebung zeigte man mit dem Finger auf ihn, Kader konnte er nicht mehr sein. Sogar meine beiden jüngeren Brüder wurden diskriminiert und gezwungen, von der Schule abzugehen und außerhalb zu arbeiten, irgendwo, wie es heißt, in Xinjiang und Zhejiang. Kurz, sie waren schon seit Jahren nicht mehr zu Hause. Eine blühende dörfliche Familie ist durch mich ruiniert worden. Ach, reden wir nicht mehr davon!

呂鉦

16

LÜ YU

Der geschluckte Unternehmer

Qin Shaohua, Kommilitone von Wang Yi, ein guter Freund und Verteidiger, war oft jenseits der Firewall im Netz und ein begeisterter Leser der Interviews vom Bodensatz der chinesischen Gesellschaft *von Lao Wei. Am Nachmittag des 15. September 2003 stand er auf einmal mit einem Klienten vor der Tür. Und wir drei begaben uns in einen bäuerlichen Teegarten vor der Stadtmauer.*

Der 57 Jahre alte Lü Yu war dürr wie ein Bambusstock, aber seine Stimme war tief und wohlklingend und er hatte ein stürmisches Gemüt. Als er die Brille abnahm, strahlte aus seinem verbliebenen Augen ein bezwingendes Licht, es war zu erkennen, dass dieser Mensch, obwohl er zu Unrecht im Gefängnis gesessen hatte, körperlich und geistig noch völlig intakt war, was vermutlich damit zu tun hatte, dass er 20 Jahre lang Steine gehauen hatte.

Ohne dass wir dessen gewahr wurden, verplauderten wir unter einer Bananenstaude mehrere Stunden und der Himmel wurde immer dunkler. Ein kühle Brise kam auf und die Gäste schüttelte es, jemand nieste und schimpfte: »Typisch Chengdu, komisches Wetter!«

Ich nahm Lü Yus Hand, wir standen auf und lachten uns an. Mir war nicht ganz klar, warum wir lachten? Ein mehrfacher Millionär und dann von einem Augenblick auf den anderen ohne einen Mao in der Tasche, solche Dramen gab es vom Anbeginn der Welt und heute wollte es wieder aufgeführt werden …

Aus dem Gefängnis entlassen

LÜ YU: 15. August 2002, 0.15 Uhr, die Gefängnistür knarzt, ich werde aus dem Untersuchungsgefängnis von Jiangyou-Stadt entlassen. Genau zu diesem Zeitpunkt zieht ein feiner Nieselregen über den Himmel. Nach den althergebrachten Gewohnheiten des Gefängnisses habe ich meine sämtlichen Gebrauchsartikel dagelassen, ohne Ausnahme, einschließlich der Zudecke, der Hose zum Wechseln, Handtuch, Krug und Schüssel, Zahncreme, Zahnbürste, Lebensmittel und sogar meinen Gürtel usf., das wird unter allen verteilt; ich klopfe mich ab und schüttele mich, nach Möglichkeit will ich kein Stäubchen und keine Hautschuppe mit nach draußen nehmen – doch das über zehn Kilo schwere Material, das ich in den mehr als fünf Jahren im Gefängnis aufgezeichnet habe über das Unrecht, das mir angetan wurde, halte ich fest umklammert – alles andere lasse ich hier. Frisch im Gefängnis gelandet, ist mir seinerzeit nichts anderes zu tun geblieben als schreiben, schreiben, schreiben, von morgens bis abends – zumal in der Zelle das Licht ohnehin nie ausging. So vergingen etwa ein, zwei Jahre, die Geschwindigkeit ließ unweigerlich nach, denn die Hornhaut des linken Auges war kaputt, vom Schreiben, das Auge tränte, schmerzte, konnte die Zeichen nicht mehr klar erkennen und erblindete. Das war 98. Komm ein bisschen näher, wenn du genau schaust, das rechte Auge macht mir auch Probleme.

In der Nacht meiner Entlassung trug mir ein Gangster, ein Krüppel, das Material, lief hinter dem Gefängniswärter her, über den wichtigen Platz im Innern des Gefängnisses, an ein paar Wachposten vorbei. Viele Gefangene im Untersuchungsgefängnis waren aufgestanden und klebten mit den Ohren an der Mauer, während mein Zellengenosse anscheinend keinen Schlaf fand, alles plauderte und wartete mit bloßen Oberarmen darauf, sich zu verabschieden. Normalerweise hätten sich längst die Polizeioffiziere mit Elektroknüppeln in Händen sehen lassen und uns ihr Zeichen erfolgreich aufgebrannt, aber diesmal, ich hatte zu allen ein gutes Verhältnis, drückten sie ein Auge zu.

Was sie mir aufgetragen hatten, hatte ich Wort für Wort im Kopf und hinterbrachte es ihren Familien; nur bei dem zu Tode Verurteilten war das nicht möglich, und ich schwor, zu seinem jeweiligen Jahrestag mehr Maschinenpistolen und -gewehre aus den Militärzeitschriften auszuschneiden und, seinen Namen rufend, zu verbrennen, damit er im Jenseits noch ein paar Banken ausrauben und es den Beamtenweibern von Yama, dem Höllenkönig, ordentlich besorgen konnte. Vor Freude bekam der Todgeweihte den Mund gar nicht mehr zu und rief sogar: »Immerhin, unser Bruder Lü versteht mich.«

LAO WEI: Dass man jemanden mitten in der Nacht freiließ, höre ich zum ersten Mal.

LÜ YU: Ich bin mitten in der Nacht festgenommen worden, man muss ausharren, bis die gesetzliche Frist abgelaufen ist.

LAO WEI: Deine vier Urteilsbegründungen, zwei haben das ursprüngliche Urteil aufgehoben, die Anordnung für eine Wiederaufnahme bis zur Anklageschrift und zum Revisionsurteil des Hohen Gerichtshofs der Provinz Sichuan habe ich durchgeblättert, einen derartigen Fall von wiederholten Urteilen, wiederholter Neuuntersuchung, ohne dass ein endgültiges Urteil vorliegt, bevor der Betroffene seine Strafe abgesessen hat, ein solcher Fall hat wirklich Seltenheitswert. Bruder Lü, dass du das bis heute schweigend über dich hast ergehen lassen und dir deinen Elan bewahrt hast, ohne klein beizugeben und zu verzweifeln, das war sicher nicht einfach!

LÜ YU: Wenn dir ein ähnlich großes Unrecht, eine ähnliche Achterbahn des Lebens zugemutet worden wäre …

Der Aufstieg

LÜ YU: Schon am 23. Juni 1993 brachte die *Jiangyou-Zeitung* ganzseitig eine Rede, die ich auf der feierlichen Grundlegung der Macro-Power-Engineering gehalten habe, Titel: »Ein schwerer Weg«, ein Titel, der, wie sich herausstellen sollte, präzise auf mein Leben passte. Ich komme aus Zhongjiang, einem Landkreis in der Provinz Sichuan, wo auch Huang Jiguang herstammt, der Held, der im Koreakrieg, in dem wir das Land gegen die Amerikaner unterstützt haben, sich vor die Gewehre stellte, aber am Ende überhaupt keinen Ruhm davontrug. Meine Familie, das waren Bauern, immer schon, und die kannten den Geschmack von Hunger und Kälte nur zu gut – man kann sagen, bevor ich zur Einheit kam, hatte ich noch nie weißen Reis gegessen. Zwei Mahlzeiten am Tag, immer Süßkartoffeln mit Reisbrei. Ein großer Topf Wasser, ein, zwei Handvoll Reis hinein, dazu Süßkartoffeln, das Ganze aufgekocht, davon haben sieben, acht Mäuler jahraus, jahrein ihr Leben gefristet.

Ich war erst ein paar Jahre alt, als mein Vater starb. Mutter hatte es nicht leicht, wir waren so arm, ich hatte nicht einmal eine Hose zum Wechseln, aber sie hat mich zur Schule geschickt. Wenn die Glocke der kleinen zentralen Volksschule den Unterricht beendete, stürzte eine Gruppe von Landkindern mit dem Ranzen auf dem Rücken johlend auf die gerade abgeernteten Weizenfelder und schlug sich um etwaige heruntergefallene Ähren und packte sie in den Ranzen für zu Hause – das war mein Mittagessen, meine Mutter hat die Körner gemahlen, in einem Topf geröstet und nochmal gekocht. Wenn ich nichts fand, fiel das Mittagessen aus.

Später dann habe ich die Aufnahmeprüfung für die Seidenwurm-Schule im Kreis Lezhi bestanden, und nach dem Abschluss wurde ich der Seidenwurm-Zuchtfarm im Kreis Zhongjiang als Techniker zugeteilt. Zu meinem Pech fiel das genau in die »drei Jahre große Hungersnot«, meine Monatsration belief sich auf neunzehn Pfund. Auch der Renminbi verlor sehr an Wert, die dreißig

Yuan Monatslohn reichten gerade einmal, um zwei kleine Enten zu kaufen. Ich war nur noch Haut und Knochen und konnte mich kaum noch auf den wankenden Beinen halten, die Leute riefen mir oft »Enteningenieur« nach. Noch später brach die Zuchtfarm für Seidenwürmer zusammen – wo die Leute nichts zu essen haben, wo soll da etwas für die Seidenwürmer herkommen? Also packte ich wohl oder übel mein Bündel und ging zurück in mein Dorf. Ach, die Bauern, die rackerten von früh bis spät, ein Leben lang, und ganz gleich, wie hart man arbeitet, man bleibt so arm, dass die Läuse bei einem einziehen. Ich akzeptierte dieses Leben nicht, machte mich auf den Weg und suchte ein paar hundert Meilen weiter Zuflucht bei meiner älteren Schwester, die im Kreis Luojiang beim Schienenbau arbeitete. Ihr Mann war Steinmetz, und ich lernte von ihm das Handwerk, das verstand sich von selbst. Denn dafür gab es Reis, weißen, trockenen Reis, wenn man von dem Geklopfe und Gehämmere vollkommen bedient war, hielt man eine Riesenschüssel mit hochgetürmtem trockenem Reis in Händen.

LAO WEI: Wenn es um weißen, trockenen Reis geht, bist du richtig in deinem Element.

LÜ YU: Ja, ich habe zwanzig Jahre Steine geklopft, von Luojiang bis Majiaoba, beim Bau von Schienen, Tunneln, Brücken, Staudämmen, ich war überall dabei und ganz allmählich bekam ich über die Praxis ein Gefühl für Planung, Konstruktion und Material, ich überblickte alles, verstand, wenn man reich werden wollte, musste man sich auf ein Kollektiv stützen. Am Ende war ich Subunternehmer, noch bevor auf der 3. Plenarsitzung des 11. ZK die »Befreiung der Gedanken« ausgerufen wurde, meine Gedanken waren der Zeit voraus.

Anfang der 80er Jahre habe ich über zwanzigtausend Yuan investiert und in Mianyang die Fucheng-Handelsbank gegründet. Damals konnte ich das nur als Staatsbetrieb registrieren lassen, aber das entwickelte sich relativ schnell weiter, es dauerte kein halbes Jahr und die Fucheng-Handelsbank hatte vier Filialen. 84 kehrte ich in die Gemeinde Bayi zurück, investierte über zweihunderttausend, schloss einen Werkvertrag mit der Bayi-Backsteinfabrik und verdiente zur gleichen Zeit mein Geld mit dem Großhandel von Schnaps, Kohle und Baumaterialien, im Handumdrehen war ich ein gemachter Mann und hatte die ursprüngliche Akkumulation des Kapitals abgeschlossen.

Nach der Rede Deng Xiaopings auf seiner »Reise in den Süden« war die Marktwirtschaft bereits eine vollendete Tatsache, ich verscheuchte alle möglichen Bedenken, schloss im Namen des Parteikomitees und der Verwaltung von Bayi ein paar Fabriken in der Gemeinde, die wirtschaftlich nicht gut dastanden, zusammen, gründete die Industrie-und-Bergbau-Entwicklungsgesellschaft von Bayi, Jiangyou-Stadt, und fungierte selbst als deren juristische Person und Generalmanager. Um mit der Außenwelt in Kontakt zu kommen und mich der Situation anzupassen, habe ich Anfang 93 die ursprüngliche Gesellschaft aufgelöst, machte daraus die Marke Industrie- und Bergbau-Unternehmen Jiangyou-Stadt und registrierte mich mit einem Eigenkapital von fünf Millionen Yuan.

Anschließend wurde eine glorreiche Seite in der Geschichte des Kreises Jiangyou aufgeschlagen. Ich bildete mit der Hongkonger Dingxu International Ltd. ein Joint Venture und vor Ort das erste chinesisch-ausländische Joint-Venture-Unternehmen: die Sichuan Xuyu Real Estate Commercial Enterprise Ltd.

Ich war die juristische Person, sämtliche Risiken habe ich getragen. Ich denke bis heute, ich habe den Lüs zu Hause in Jiangyou keine Schande gemacht. Der Tag, an dem das Joint-Venture-Unternehmen startete, hat die Hongkonger Seite Amy Yip und Yolinda Yan, sexy Megastars am Schlagerhimmel, zur Eröffnung eingeladen; das staatliche Fashion-Model-Team, Zhuo Lei, die angesagteste Moderatorin des Sichuan-Fernsehens. Die Konzertband des Militärbezirks Chengdu und die Gesangs- und Tanztruppe der Provinz habe ich eingeladen. Einen ganzen Tag und eine ganze Nacht, kann man sagen, war Jiangyou regelrecht ausgestorben, und es ging zehnmal verrückter zu als auf dem Karneval im Westen. Vor allem als Amy Yip, das Busenwunder, auf der Bühne erschien, waren alle aus dem Häuschen, zigtausend Köpfe wandten sich ihr zu, es gab nicht nur donnernden Applaus, sondern auch wildes Gepfeife und frische Blumen. Natürlich erschienen auch ein paar Führungsleute von Stadt, Region und Provinz auf dem Plan und ich habe auch mit Madame Wu, der Hongkonger Generalmanagerin, Gespräche geführt.

LAO WEI: Hat die Gemeindeverwaltung auch Gespräche geführt?

LÜ YU: Kein Mensch wusste, was oder wer die Gemeindeverwaltung war, denn sie haben weder Geld sehen lassen noch sich am Management beteiligt. Die in- und ausländischen Medien haben in großem Stil berichtet, von dem Unterhaltungsprogramm einmal abgesehen war das eine große Sache und »ein paar Dutzend südostasiatische Händler versammelten sich in der Heimat von Li Bai, um über gemeinsame Investitionen zu beraten«; die Veranstaltung verschlang ein paar Millionen, die Hongkonger Seite übernahm dreihundertzehntausend, für den Rest war ich verantwortlich.

LAO WEI: Geld fließt einem wie Wasser durch die Hände.

LÜ YU: Jiangyou galt als nicht entwickelte Kleinstadt und auf einmal empfing sie so viele VIPs, natürlich musste da Geld fließen. Früher hatte das Gästehaus von Jiangyou nicht einmal eine Klimaanlage, das musste geändert werden; zudem musste die Qualität der Limousinen verbessert werden, dafür habe ich über zwei Millionen ausgegeben und einen »Toyota Crown« und einen »Nissan Cedric« gekauft …

LAO WEI: Hast du dabei einmal an deine Karriere als Steinmetz zurückgedacht?

LÜ YU: Ich werde nicht vergessen, wo ich herkomme. Trotzdem. Wenn einer schon Geld hat und einen Namen, ist es einfacher, an mehr Geld und mehr Ruhm zu kommen. Nach der Eröffnung habe ich nominell ein Joint Venture für den Immobilienhandel gegründet und die Xuyu-Gemeinschaft aufgebaut. Jiangyou ist der Verkehrsknotenpunkt zwischen Jiuzhai-Tal und Huanglong und war an sich auch als Heimat von Li Bai eine kulturelle Goldgrube, deshalb habe ich mir diesen Ort ausgesucht und ihn zusammen mit der Tourismus-Gold-Linie aufgebaut, die Zeichen standen auf Wachstum. Durch eine Untersuchung an Ort und Stelle fand ich im Vorort einen Damm ganz nach meinem Geschmack, eine Messung ergab dreißig Mu. Dieses von Müll übersäte Ödland war zu berüchtigt als Ort, wo man Verbrecher erschossen hat, das ließ natürlich feng-shui-mäßig sehr zu wünschen übrig. Aber da ich mich als Erster dafür entschieden hatte, tauchten auf einmal vier, fünf Einheiten auf, die mir Konkurrenz machten, darunter u. a. die Industrie- und Handelsbank und die Agrarbank. Die bekamen ihr Geld alle vom Staat und der wertlose Totenacker kostete auf einmal das Vielfache. Als Chef eines Privatunternehmens und Steinmetz war ich noch nie willens gewesen, klein beizugeben, also suchte ich den Sekretär des städtischen Parteikomitees auf und sagte: »Raus damit, wie viel wollt ihr?«

Der Sekretär sagte: »Mindestens sechs Millionen, im Augenblick werden schon sechseinhalb Millionen geboten und der Preis steigt weiter.«

Ich fragte: »Bei welchem Preis wird gedeckelt?«

Der Sekretär antwortete: »Das Parteikomitee hat die Sache untersucht, siebeneinhalb Millionen.«

Da atmete ich erst einmal tief durch, dreißig Mu, siebeneinhalb Millionen, und das 1993 in Jiangyou, das war ein astronomischer Preis. Aber der Reiter saß schon auf dem Pferd, es ging nur noch nach vorn, der Hammer fiel und wir hatten einen Deal. Der Sekretär versicherte bei der Unterzeichnungszeremonie: »Ein Preis, den niemand bereuen wird.«

Zunächst überreichte ich dem Büro für Staatsland eine Anzahlung von zwei Millionen, dann gründete ich eine Agentur und begann mit den Bodenarbeiten für mein Projekt. Wir bereiteten eine weitere Investition von über hundert Millionen vor, um ein dreiundreißigstöckiges zentrales Gebäude zu errichten, in dem Handel, Unterhaltung, Hotel und Wohnungen ein Ganzes bildeten, um so einen historischen Höhepunkt für die neue Zeit in dieser Region zu schaffen.

Von den persönlichen Investitionen abgesehen konnte ich das Eigentum der Firma als Sicherheit einbringen und bei der Bank einen Kredit aufnehmen. Die regionalen Banken konnten nicht soviel Geld aufbringen, also habe ich über Bürgen aus meinem Arbeitsgebiet von der Taiyuan-Volksbank in Shanxi einen kurzfristigen Kredit von einskommasieben Millionen an die Mianyang-Volksbank in Sichuan bekommen; die Mianyang-Volksbank hat ein wenig die Zinsen erhöht, woraus sich ein Zinsgefälle ergab, und den Kredit an die Jiangyou-Volksbank weitergegeben, von der wiederum ich den Kredit bekam. Weil ich mich um die öffentliche Finanzierung in der Region verdient gemacht hatte, bekam ich von der Jiangyou-Volksbank drei Millionen und das zu einem besonders niedrigen Zins. Und dann habe ich noch von der Sichuan Investment drei Millionen geliehen.

Geschluckt

LÜ YU: Achtzig Prozent aller korrupten Beamten und skrupellosen Profiteure haben sich mit Bankkrediten gemästet und wenn die Kredite fällig waren und sie nicht zahlen konnten, sind sie entweder ins Ausland oder haben der Bank die ausgehöhlte Hülle einer Firma übergeben, dann versteigert mal, was bringt ein Korb voll Abfall? Aber ich war Lü Yu, ein Mann, entschlossen Dinge zu Ende zu bringen, ich arbeitete Tag und Nacht, war überall vor Ort und musste für jede Connection zahlen. Der Tiger sieht mächtig aus, doch offen oder heimlich reißt ihm das Geschmeiß die Haare aus. Damals haben zu viele Kerle Geld von mir geliehen und alle waren

bekannt und anerkannt. Der städtische Sekretär für Recht und Politik schuldet mir bis heute dreihunderttausend. Das Komitee für politische und rechtliche Fragen unterhielt eine versteckte Firma und wollte, dass ich für ihre Einlagen bürge, also habe ich ihnen wohl oder übel schriftlich eine Summe von zwei Millionen Renminbi bestätigt. Es dauerte nicht lange und die Firma des Komitees hat zwei Nicht-Regierungs-Firmen um 1,3 Millionen betrogen, die Leute haben sie angezeigt und ich wurde in den Fall hineingezogen und angeklagt. Da meine Valuta solide war und das Komitee keine hatte, habe ich ihnen wohl oder übel eine Million vorgestreckt. Ach, diese Million, die lag beiden Seiten auf dem Herzen, ich wollte das auf keinen Fall zugeben und über eine Klage an mein Geld kommen, aber die sind aus Angst vor meinen Forderungen ständig abgetaucht.
Zudem sah der Parteikomiteesekretär von Bayi, dass ich expandierte, was ihm keine Ruhe ließ. Ohne einen Mao herauszurücken, wollte er an die Börse, ich reagierte nicht, und er hasste mich dafür. Ich habe nur einen Körper, an mir können sich nicht alle Wölfe mästen. Heute ist Business nicht anders als Politik, die, die an die Spitze der Pyramide kommen, sind so selten wie eine Feder des Phönix und das Horn eines Einhorns, jeder hat Kreide gefressen und verschlingt dich mit Haut und Haar.
Wenn das Marktumfeld so normal wäre, wie die Zeitungen behaupten, wäre ich entsprechend dem Rückfluss von meinen jahrelangen Investments jetzt mindestens ein paar hundert Millionen wert. Da gerade ein Jahr um war, war der Preis des Entwicklungsgeländes explodiert, von siebeneinhalb Millionen für dreißig Mu auf fünfhunderttausend pro Mu. Die Sichuan Investment war grün vor Neid, suchte das Stadtkomitee auf und wollte, angeblich zum Schuldenausgleich, das Land schlucken und daraus, einfallslos wie sie waren, eine Immobilie machen. Damals hatte ich nach und nach bereits fünf Millionen gezahlt, doch meine Beziehungen und Wege waren nicht so wild wie die von Sichuan Investment, das war schließlich ein börsennotiertes Unternehmen.

Ich habe gehört, dass das Stadtkomitee deswegen eigens eine Versammlung einberufen hat, der Sekretär trat vehement dafür ein, sein Versprechen zu brechen und den Grund an Sichuan Invest zu geben; doch der Direktor vom Büro für Staatsland sagte: »Der gute Lü hat fristgerecht bereits fünf Millionen gezahlt, man müsste ihm zumindest ein vergleichbares Grundstück geben, sonst brechen wir die Vereinbarung.« Beide stritten sich mit hochroten Ohren, schließlich schlug der Sekretär auf den Tisch, und der Bürodirektor war seinen Job los. Ich tappte noch völlig im Dunkeln, wedelte Tag für Tag mit dem wertlosen Stück Papier im Büro für Staatsland herum, von wegen »gültige Unterschrift«, mit dem Resultat, dass das Büro zu einer »Zwangsvollstreckung« griff und siebzehn Mu Land kurzerhand an Sichuan Investment abgab.

Macht ist eine Frage des Geldes, ich hatte keinen reichen und beeindruckenden familiären Hintergrund und musste wohl oder übel die Niederlage einstecken. Mehr noch, die Xuyu-Gemeinschaft hatte schon lange die erste Phase begonnen und nun verlor ich auf halbem Weg alles. Ich wusste nicht, dass längst eine Falle um mich herum aufgebaut war, wie du gesagt hast, die Meute hatte den bereits angeschlagenen Leitwolf eingekreist und wartete darauf, sein Fleisch zu verteilen. Sichuan Investment, diese Heuchler, erschienen bei mir, um mich zu beruhigen, und versprachen mir noch einmal einen Kredit von zehn Millionen zu einem Jahreszins von dreißig Prozent. Da meine Mittel erschöpft waren, akzeptierte ich. Anfang 97 dann kam das Projekt an sein Ende und die Meute griff im Rudel an.

Irgendwann im Juni 97 bekam ich einen anonymen Anruf, ich solle mich vorsehen vor einem meiner stellvertretenden Manager. Außerdem hieß es, er habe im März an einer gegen mich gerichteten »Majiang-Versammlung im Blühenden Teehaus« teilgenommen, mit von der Partie seien außerdem Sichuan Invest gewesen, die Disziplinarkommission, drei Investoren, ein Grundstücksmakler und der Sekretär des Parteikomitees von Bayi. Ich kümmerte mich nicht darum, glaubte, der Körper fürchtet sich nicht vor seinem schiefen Schatten, doch es vergingen kaum ein paar Tage und am 16. Juni brachte der Kerl vier Schläger aus der Unterwelt dazu, mich auf offener Straße zu packen. Am ersten Tag brachten sie mich mit verbundenen Augen zum Hotel Venus auf dem Fabrikgelände von Changgang; am zweiten Tage verlegten sie mich in ein ein paar dutzend Meilen entferntes Hotel mit Namen Tongkoubanjiang; am dritten Tag schleppten sie mich in das Posthotel; am vierten in das Petroleum-Hotel in der entgegengesetzten Richtung. Nachdem sie so einen großen Kreis geschlagen hatten, brachten sie mich am fünften Tag ins Untersuchungsgefängnis.

LAO WEI: Wer war das denn, der Sie da geschnappt hat?

LÜ YU: Weiß ich nicht. Ich weiß nur, ich war gerade einmal drei Tage im Knast, als der Sekretär von Bayi mich anklagte, mich mit meinem »Kommune- und Produktionsbrigade-Unternehmen« der »Okkupation von Land« schuldig gemacht zu haben, und meinen gesamten Besitz unter den Hammer brachte. Formal waren meine beiden großen Unternehmen eigentlich etwa sechzig Millionen wert, und man hätte mindestens vierzehn Tage recherchieren müssen, aber die Meute konnte es nicht erwarten, nicht einmal die gerichtlichen und protokollarischen Formalitäten wurden eingehalten, bevor man die Beute verteilte.

»Die Staatsanwaltschaft untersucht Xuyu«, das war eine Sensation, sämtliche legalen Lizenzen wurden beschlagnahmt und meinem Sohn wurde gedroht, sich nicht der Strafvereitelung schuldig zu machen. Auch mein Projekt wurde von Sichuan Invest übernommen. Übrig blieb, wie das Gericht sich verhielt, ob sie mich zu acht oder zehn Jahren verurteilten, damit die Meute das Fleisch, das ihr zufiel, in Ruhe kauen konnte. Der Reis war gekocht, das Schwein geschlachtet, ich alter vergessener Schlammspringer würde keine Wellen mehr schlagen.

LAO WEI: Das macht für Sie vier Urteile, zwei Beschlüsse und eine Revision, das ist doch ein Ausbund an juristischer Kinderei.

LÜ YU: Blackbox-Verfahren. Nachher hat die Joint-Venture-Seite – die Hongkonger Xiangxu-Company davon Wind bekommen und vor dem hohen Gerichtshof der Provinz eine außerordentlich empörte Aussage gemacht: »Wenn behauptet wird, Lü Yu habe sich der ›Okkupation‹ schuldig gemacht, was soll denn da bitte okkupiert worden sein? Wenn es heißt, Lü Yu habe ein strafbare Handlung begangen, wer ist denn da bitte der Geschädigte? Wenn es heißt, Lü Yu sei angeklagt worden, wer ist denn da bitte der eigentliche legale Kläger?«
Eine wichtige Grundlage für die Verurteilung lautete in der abschließenden Urteilsbegründung folgendermaßen: »Das Industrie- und Bergbau-Unternehmen war unter dem kollektiven Namen der Verwaltung von Bayi, Stadt Jiangyou, beantragt worden und ist nicht mit Privatinvestitionen von Lü Yu gegründet worden. Lü Yu war lediglich eine von der Gemeindeverwaltung eingesetzte Führungskraft, Einstellungen und Entlassungen gehören zu den Befugnissen einer Gemeindeverwaltung. Die Gemeindeverwaltung hat praktisch kein Kapital investiert, das ist eine Frage nach der nicht ordnungsgemäßen Registrierung von Kapital durch die Gemeindeverwaltung und hat mit der Frage dieser Art Unternehmensaufteilung nichts zu tun …«
Was Unternehmensverbindungen angeht, so hat der Staat längst klare Bestimmungen erlassen, »wer investiert, besitzt und nutznießt«. Zwischen 93 und 97 habe ich das gesamte Kapital, das ich über Jahre angesammelt hatte, in die Aktivitäten der Firma investiert, ich habe nicht einmal mehr ruhig schlafen können, habe mir aus Erschöpfung alle möglichen Krankheiten zugezogen, bis das Unternehmen schneeballartig immer größer wurde, am Ende erreichte der Produktionswert über fünfzig, die Ertragssteuer lag bei über zehn Millionen. Ich habe dem Staat ein paar Millionen Steuern bezahlt und soll mich am Ende der »Okkupation« schuldig gemacht haben! Irgendeine »Übersicht über die Existenz von Unternehmenseigentum«, einschließlich u. a. des Kaufs von Autos,

Krediten, Geldtransfers, täglichen Ausgaben, alles Businessaktivitäten, die ich als »Rechtsperson des Unternehmens und in der Position als Generalmanager unternahm«, wurden zu Beweismitteln.
LAO WEI: Ich verstehe, die Gemeindeverwaltung war der Auffassung, sobald ich dir einen Namen gebe, musst du das Kapital beschaffen, die Verantwortung für Gewinn und Verlust tragen und das als ehrenamtlicher Generalmanager ohne Gehalt, der hinwiederum dem gesamten Personal Gehälter zahlt und als Rechtsvertreter auch noch das gesamte Risiko trägt. Wenn Profit gemacht wird, muss die Beute mit mir, der ich keinen Fen dazu beigetragen habe, geteilt werden. Wenn die Reisschale nicht reicht, wird aus dem Topf verteilt, wenn der Topf nicht reicht, dann wird man halt selbst gekocht und neu verteilt – das ist Kommunismus, du als einzelner wirst geopfert und die Meute wird fett.
LÜ YU: Ich war fertig und die haben sich gefreut wie die Schneekönige, in nur einer Woche waren die gesamten Vermögenswerte von sechzig Millionen für einen lächerlichen Schnäppchenpreis von vierzig Millionen verscherbelt und die Summe auf der Stelle in verschiedenen Kanälen verschwunden. Die Gemeindeverwaltung, das städtische Komitee für Politik und Gesetz, das staatliche Landbüro, die Investorfirmen und andere Immobilienhändler, alle haben profitiert. Der stellvertretende Manager von meinem Unternehmen ist mit seinem Anteil an dem Diebesgut nach Chengdu und hat dort eine Firma aufgemacht, die jetzt schon über dreißig Millionen an Vermögenswerten hat. Ein paar Dutzend Schuldner haben ihre Schulden nicht bezahlt, so dass ich noch im Gefängnis mit der Sichuan Invest Prozesse am Laufen hatte, um über zweikommasieben Millionen, die sie für das Land zu viel bekommen hatten, zurückzubekommen, ich habe am Ende zwar gewonnen, aber das Urteil ist bis heute nicht vollstreckt worden.
LAO WEI: Von den Außenständen abgesehen dürften deine Verbindlichkeiten auch nicht gerade gering gewesen sein?
LÜ YU: Schon, ja, die Wirtschaftsordnung war vollkommen auf

den Kopf gestellt. Diese Gemeindeverwaltung hat den Rahm abgeschöpft und sich aus dem Staub gemacht, die nächste war noch übler, meine Gläubiger ließen mich nicht aus den Fängen und wollten ihr Geld. Der Direktor der Ölfabrik aus Huayuan im Kreis Santai, ein gewisser Yang, ist an der Spitze von ein paar hundert Arbeitern und Bauern groß in Jiangyou aufmarschiert, hat die Stadt, die Gemeindeverwaltung und den Volkskongress belagert und gebrüllt, sie wollten ihr Geld samt Gewinn, insgesamt 1,4 Millionen, zurückhaben. Es ging eine Weile hoch her, sogar die Aufstandspolizei ist angerückt.

Die Gemeindeverwaltung konnte dem nicht standhalten, ist bei Gericht ebenfalls als Zeuge aufgetreten und hat zugegeben, dass der frühere Verantwortliche »an seinen Fehlern festgehalten« habe und forderte Gerechtigkeit für mich. Aber die Beute war schon verzehrt und konnte nicht wieder ausgespuckt werden. Nach anderthalb Jahren im Gefängnis wurde ich zu harten zehn Jahren verurteilt, das Mittlere Volksgericht nahm das zurück; die Strafe wurde auf sechs Jahre geändert und wieder zurückgenommen; dann gab es ein neues Urteil. Offensichtlich konnten die verschiedenen Instanzen sich nicht einig werden, manche nutzten ihre persönlichen Verbindungen, übten Druck aus, so dass das Mittlere Volksgericht wohl oder übel das abschließende Urteil fällte: sechs Jahre. Zu der Zeit hatte ich schon vier Jahre gesessen, war ruiniert und hatte keinen roten Fen mehr.

Ich bin nicht tot

LAO WEI: Vom Multimillionär zum Hungerleider, Alter, das war ein »Traum von goldener Hirse«!

LÜ YU: Als ich im Gefängnis ankam, war ich in übler Verfassung, als wäre der Löwe, das Alphatier, in einen Käfig gesperrt worden:

Wenn ich jemand zu Gesicht bekam, habe ich eine Flut von Beschimpfungen losgelassen, ich habe mich in einer Weise aufgeführt, dass der mit meinem Fall betraute Offizier der Öffentlichen Sicherheitsorgane vor den Besuchen bei mir Angst hatte. Einmal habe ich den Untersuchungsbeamten in den Senkel gestellt und mit der Faust auf den Tisch gehauen, von wegen, ich würde dem Drecksack ein paar aus der Unterwelt auf den Hals hetzen, die ihm eine reinhauen und das Maul mit Nadel und Faden vernähen. Wenig später habe ich wie von Sinnen eine Beschwerde geschrieben, mehrere zehntausend Zeichen an einem Tag; und ich war auch nicht unkreativ, wie die Titel zeigen: »Ich und die Wölfe«, »Dreck unter der Sonne«, »Trauer nach dem Urteil«, »Brief an die Stadtbevölkerung von Jiangyou« und so weiter und so fort. Erst als ich auf dem rechten Auge blind wurde, hat sich meine Verfassung allmählich gebessert. Ich hielt mein Schicksal für hart, solange sie mich aber nicht zu Tode dokterten, konnte ich zurückkommen.
Ich habe in der Zelle so viele getroffen, die schlimmer dran waren als ich, jeder hatte sein eigenes Schicksal, und ich hatte Angst, mich mit den anderen zu vergleichen; dass ich als ehemaliger hungerleidender Steinmetz auf diese Weise gequält werden konnte, das hieß doch, nicht umsonst gelebt zu haben.
Egal, wie viel sie mir aufbrummten, solange ich in ein Umerziehungslager kam, musste ich mir keine Sorgen machen. Doch wenn man ohne Urteil als Schwerverbrecher im Untersuchungsgefängnis sitzt, hängt man mental in der Luft und findet keine Ruhe. Ich habe über dreißig Todeskandidaten auf ihrem letzten Weg begleitet, manche wollten mir testamentarisch ihre Organe vermachen.
Wenn das Todesurteil einmal ausgesprochen war, wurden sie an ein Eisenbett gefesselt, zwei Eisenketten verbanden die Handschellen, zudem waren die beiden Fußfesseln arretiert. So lag der Mann da, außer die Hand mit der Kette an seinen Handschellen klirrend zu heben, konnte er sich nicht rühren, seine Notdurft musste ihm von unten abgenommen werden.

Die Fälle dieser Kandidaten waren manchmal simpel, manchmal komplex. Deshalb haben sie nach dem Urteil Einspruch erhoben und dann konnte die Revision verschieden lang dauern. Und so gab es Fälle, in denen jemand zehn Monate oder über ein Jahr auf das Strafbett gefesselt war, wenigstens aber musste er ein halbes Jahr warten, eine Zeit, in der er durch die Hölle ging. Die anderen Gefangenen versahen reihum ihren Dienst, vierundzwanzig Stunden lang, immer war jemand dafür verantwortlich, so einen zu füttern, ihm zu trinken zu geben, die Exkremente wegzuschaffen und ihm den Rücken zu waschen. Vor allem im Sommer klebte das Fleisch an dem Eisenbett, es bildeten sich Vertiefungen, das Gesäß war wundgelegen, Blut und Eiter tropften auf den Boden …
Einmal in der Woche wurde er zum Waschen losgemacht, bis sie wieder gefesselt wurden, haben viele Todeskandidaten unentwegt vor Wohlbefinden gejohlt. Ach, der Mensch ist nicht sehr anspruchsvoll, manchmal stellt es ihn zufrieden, wenn er sich waschen und am Rücken kratzen kann. In der Nacht vor der Hinrichtung habe ich für die Kandidaten unbedingt etwas Fleisch besorgen wollen; auch bei den anderen war kaum an Schlaf zu denken, sie standen um das Eisenbett herum und sahen zu, wie er sein Testament schrieb, redeten, lachten, hielten ihn aufrecht. Morgens um sieben wurde aufgeschlossen für die Dusche, es wurde so gut wie möglich aufgeräumt, die Verwaltung erschien gegen halb neun auf dem Plan und ließ ihn von den Umerziehungsgefangenen raustragen. In diesem Augenblick konnte ich hinter dem Justizbeamten her rufen: »Brüder, schießt nicht daneben, nicht dass er sich auch noch wehtut.«

Bruder Lü hatte es echt noch drauf.
Am Ende war er Manager einer Firma gewesen und wusste, was eine anständige Arbeit ist.

Ich habe den Todeskandidaten oft folgendes Versprechen gegeben: »Geh nur, Bruder, und sei ein gut gelaunter Geist! Heute Nacht verbrenne ich für dich ein Maschinengewehr.«
LAO WEI: Und wenn derjenige keine Gewehre mochte?
LÜ YU: Als Opfer verbrannt wurde, was einer mochte, wenn einer gern Schach spielte oder Majiang, dann wurde ein Schach- oder Majiang-Spiel verbrannt, wer Spaß am Sex hatte, dem schnitt man aus einer Zeitschrift den nackten Hintern von so einem Sternchen aus und verbrannte das.
LAO WEI: Waren alle diese Kandidaten schuldig und zu Recht verurteilt?
LÜ YU: Im Großen und Ganzen ja, aber es gab auch welche, die ohne Urteil und unschuldig im Knast waren. Da war dieser Junge, kaum zwanzig, ein richtiges Baby, des Diebstahls überführt, die Polizei ist ausgerückt, um ihn zu verhaften, ist die Tür rein und hat geschrien: »Keine Bewegung!« Er geriet in Panik, verließ sich auf seine rohen Kräfte, stürzte vor und griff sich eine Waffe, so wie man das in diesen Räuberpistolen aus Hongkong sieht, hat fünf-, sechsmal damit gewedelt, dass die Polizisten vor Schreck in ihren Mauselöchern verschwanden, aber man hörte einen halben Tag lang keinen Schuss. Als er wieder bei Sinnen war, stellte sich heraus, dass das Baby den Abzug nicht durchgedrückt hatte, und so nicht schießen konnte. Da tauchten die extrem aufgebrachten Beamten wieder auf, schlugen eine Weile wild auf ihn ein und warfen ihn ins Gefängnis. Ach, es ist ein Jammer, da lag er nun in der Ecke, ein schreiendes Bündel Mensch, ist nahezu eine Woche lang nicht einmal auf die Toilette, bei der Untersuchung wurde entdeckt, dass man ihm den Unterleib eingetreten hatte. Um ihn stationär behandeln zu lassen, brauchte man einen Aktenvermerk vom Stadtbüro, ohne konnte man es nur hinausschieben. Nach gut zehn Tagen starb er in der Zelle.
Und da war noch ein anderes Baby, einer aus dem Ort Houba im Kreis Jiangyou, es gab ein Gezänk zwischen seinem Weib und

den Nachbarn, er schnappte sie sich und prügelte sie bis in das eigene Haus hinein. Dann schnappte er sich eine westliche Schaufel, schlug zu und verursachte eine unbedeutende Wunde. Die Polizei erschien und vermittelte, brummte ihm fünfhundert Yuan auf und machte einen Haken darunter. Nun war er arm und konnte nicht zahlen, also hat die Polizei ihn eingesperrt; er konnte nicht zahlen und die Polizei hat das Ganze als Erregung öffentlichen Ärgernisses hochskaliert und ihn ins Untersuchungsgefängnis gebracht. Ein paar Monate später wurde Anklage erhoben, es wurde gerade hart durchgegriffen und er bekam tatsächlich lebenslänglich. Er stand sofort komplett neben sich und brüllte eine Woche lang »Lang lebe die KP!«, »Lang lebe der Vorsitzende Mao!« und hat sich mit dem Stahlplättchen eines Feuerzeugs, das er versteckt hatte, die Handgelenke aufgeschnitten, ohne Erfolg, und er hat weiter die halbe Nacht »Lang lebe der Vorsitzende Mao!« geschrien. Auf einmal wurde er still und lag steif wie ein Brett auf dem Kang, atmete nur noch ein und nicht aus. Die anderen machten schleunigst Meldung und er wurde ins Krankenhaus gebracht. Mit einer Sondergenehmigung der Verwaltung wurden seine Frau und seine Kinder herbeigerufen, um sich zu kümmern, doch es war zu spät. Morgens um fünf hat er seinen letzten Atemzug getan und ist gestorben, im Mundwinkel einen Faden Blut.

Sag nicht, ich hätte es dem Himmel zu verdanken, dass ich da lebendig rausgekommen bin. Bis heute habe ich noch oft Wahnvorstellungen und den Verdacht, dass mir jemand Gift ins Essen mischt. Aber ich habe oft genug das Gefühl gehabt, dass es besser wäre, tot zu sein als zu leben, und da war kein Gift im Spiel. Wie auch immer, das Urteil muss revidiert werden, sonst war ich umsonst im Gefängnis.

張紫葛

17

ZHANG ZIGE

Der erblindete Schriftsteller

Nach der ersten Aufzeichnung wurde das Gespräch mit dem blinden Schriftsteller Zhang Zige am 26. Dezember 2003 begonnen und am 8. Januar 2004 abgeschlossen, insgesamt sieben Sitzungen, jede Sitzung zwei Stunden. Dieses Arrangement trug der körperlichen und geistigen Belastbarkeit des behinderten alten Herren mit seinen vierundachtzig Jahren Rechnung – seine Wohnung im ersten Stock eines Dozentenwohnheims der Südwest-Volksuniversität in Chengdu, Provinz Sichuan, hatte er aufgrund seiner Gehbehinderung eine Reihe von Jahren nicht mehr verlassen.
Um den Rhythmus, den Geist und die Kohärenz des Textes zu bewahren, habe ich die Aufnahmen über drei Monate hinweg unzählige Male abgespielt, hier etwas weggenommen und da etwas hinzugefügt, präzisiert, den gesamten Gedankengang minutiös reflektiert und anschließend eine Woche mit schwerer Grippe im Bett gelegen.

Erinnerung an die Kampagne gegen Rechtsabweichler

LAO WEI: Und wo sollen wir anfangen?
Ach, wenn ich Sie so sehe, unwahrscheinlich, dass Sie einmal auf ihr Leben zurückblicken …

ZHANG ZIGE: Tue ich Ihnen leid? Nein, Sie irren sich, mein Leben war erfüllt, auch wenn ich vollständig erblindet bin, halb taub und auf einem Bein auch noch lahme, aber der Herr hat mir das Gehirn nicht genommen – um es in der Sprache der Umerziehungslager zu sagen: Er haut noch kräftig rein, ist robust und übervoll mit Erinnerungen … es ist das einzige, was ich noch tun kann! Ich halte hier dieses eiskalte Stahlblech auf den Knien und trage in die Kerbe in der Mitte ein Schriftzeichen nach dem anderen ein. Ich bin kein Schriftsteller, eher ein nicht besonders begabter Graveur, links ein Ritzer, rechts ein Ritzer, manchmal gehen die Schriftzeichen übereinander, alles ein Topf; manchmal reißen mich fünf Pferde in Stücke, der Kopf ist im Reich Zhao, Arme und Beine hingegen laufen in das Qin-Reich … nur meine Frau ist in der Lage, dieses Durcheinander in meinen Manuskripten zu entziffern und zu ordnen, sie war eine Studentin von mir und ist einunddreißig Jahre jünger als ich – für mich ist sie eine Gnade des Herrn … die Erinnerungen sind wie eine Flut und ertränken mich fast! So viele Menschen und Ereignisse, das flirrt vor meinen Augen, als ob ich nur die Hand ausstrecken müsste, um sie zu berühren und den Atem und den Herzschlag von vor Jahrzehnten zu spüren. Die Erregung treibt mir die Tränen in die Augen, ich bin ein alter Mann, vierundachtzig, und behindert, es geht nicht mehr so wie ich möchte, doch mir steigen Tränen der Erregung in die Augen. Man muss tun, was man kann, das war schon immer mein Motto. Einmal war keine Tinte mehr im Füllfederhalter, doch ich habe weiter geritzt, bis in den Abend hinein, als meine Frau nach dem Unterricht nach Hause kam, hat sie nachgesehen, aber da war überhaupt nichts! Ach, das ist mir mehr als einmal passiert …
LAO WEI: Die Schreiber heute haben keine Tinte mehr.
ZHANG ZIGE: Ich bin die alten Füllfederhalter gewöhnt.
LAO WEI: Echt? Sie haben mit einem alten Füller zehn-, zwanzigtausend Zeichen geritzt?
ZHANG ZIGE: Ich weiß auch nicht, wie viele es waren. In den letz-

ten Jahren hat es sich gut getroffen, ich habe ein Buch über Wu Mi herausgebracht und um ein Haar hätten sie mich vor den Kadi geschleppt.

LAO WEI: Sie haben die Wahrheit aufgedeckt, das lässt manchen nicht schlafen.

ZHANG ZIGE: Das war nur die Spitze des Eisbergs über die Anti-Rechts-Kampagne von 1957.

LAO WEI: Hatten Sie schon damals Ihr Augenlicht verloren?

ZHANG ZIGE: Ja, sie haben mir die Augen kaputtgeschlagen, das geschah vor meiner Verhaftung. Damals war die Anti-Rechts-Kampagne schon in vollem Gange, jede Einheit hat Quoten über die Anzahl der Rechtsabweichler herausgegeben und ich stand im Fokus. Eines Tages dann kamen drei Männer und haben sich wie Diebe in mein Haus geschlichen.

LAO WEI: Wie Diebe?

ZHANG ZIGE: Ach, das verstehen Sie nicht. Die Kampagne gegen Rechtsabweichler, das war noch nicht wie dann in der Kulturrevolution, öffentliche Gewalt in großem Stil, soweit war man damals noch nicht. Damals rochen die Zeitungen nachgerade nach Pulverdampf, aber das war auch politisch, so hat man den Rechten versprochen, keine Verhaftungen, keine Kontrolle, keine Toten; bei den Kampfversammlungen wurden keine Parolen gerufen, man wurde nicht geschlagen und nicht beschimpft. Intellektuellen gegenüber musste die Kommunistische Partei noch so tun als ob und eine Großmut zeigen, mit der die Katze mit der Maus spielt. Und dann hat sich die »individuelle Unterstützung« auf dem Campus schnell eingebürgert.

LAO WEI: Wie haben sie Sie »unterstützt«?

ZHANG ZIGE: Sie kamen die Tür herein und fragten: »Du hast noch nicht zugegeben, dass du rechts bist?« Eine Antwort konnten sie gar nicht abwarten, einer von ihnen hat die Tischdecke vom Tisch gerissen, sie mir über den Kopf geworfen und mich heimlich bestraft. Sie haben mich quer durch den Raum geprügelt, irgendet-

was verfing sich an meinem rechten Auge, es summte einmal und ich konnte nichts mehr sehen. Ich schrie jäh auf: »Ich bin blind! Du hast mir das Augenlicht geraubt!« Da haben sie von mir abgelassen. Die drei, das waren junge Lehrer mit dem entsprechenden linken Familienhintergrund von der Sorte Landeier, die als Soldaten gekämpft, bei der Truppe ein bisschen Bildung abbekommen, nach der Befreiung aufs Land versetzt, später dann an unsere Uni, um die Intellektuellen, die alte stinkende Nr. Neun, wie man damals sagte, unter Kontrolle zu bringen. An der Spitze des Spezial-Untersuchungs-Teams stand als Gruppenleiter der stellvertretende Vorsitzende der Forschungs- und Lehrabteilung für Strafrecht des Fachbereichs Politische Wissenschaften und Recht der Südwest-Universität, besonders spezialisiert auf das Erzwingen von Geständnissen durch Folter. Er packte mich am Mund und sagte mit gesenkter Stimme:
»Wie ist das so, blind sein?«
Ich sagte: »Ihr brecht das Gesetz!«
Er sagte: »Wir haben dich nicht geschlagen, oder hast du Zeugen?«
Ich sagte: »Mein Auge blutet noch.«
Er sagte: »Das hast du dir selbst beigebracht.«
Ich sagte: »Ich verlange eine Untersuchung im Krankenhaus.«
Er sagte: »Rechtsabweichlern steht das nicht zu.«
Ich sagte: »Bist du in der Kommunistischen Partei?«
Er sagte: »Wir sind heute als Stellvertreter der Organisation hier, um dir zu helfen, Zhang Zige, wenn du etwas wärst, würdest du eine gründliche Selbstkritik schreiben. Dir wird doch dein Leben mehr wert sein als eine Selbstkritik?«
Ich sagte nichts mehr. Denn wenn sie dich mir nichts, dir nichts blindschlagen, dann schlagen sie dich auch tot wie einen Hund. Ich gestand sofort alle möglichen rechtsabweichlerischen Worte und Taten, die drei Kerle machten auf der Stelle kehrt und verschwanden. Über zwanzig Jahre später hat das rechte das linke Auge in Mitleidenschaft gezogen und ich konnte auch auf dem linken Auge

nicht mehr sehen, das Untersuchungsergebnis ergab eine Perforierung der Retina.

LAO WEI: Das geschah doch an der höchsten Erziehungsanstalt für Hochbegabte in Politischen Wissenschaften und Recht. War denn da niemand, der sich mit den Gesetzen auskannte?

ZHANG ZIGE: Die sind alle abserviert worden, selbst hochangesehene Spezialisten wie Wu Mi konnten ihrem Schicksal kaum entgehen. In den fünfziger Jahren gab es kein Gesetz; mit der Kulturrevolution wurde das Wort des alten Mao Gesetz, alles, auch der Unsinn, auch der Scheiß. Das wurde Ebene für Ebene umgesetzt. Wer die absolute Macht hat, der ist das Gesetz. An der Südwest-Universität für Politische Wissenschaften und Recht war Liu Youdong, der Sekretär des Parteikomitees für den Fachbereich, das Gesetz, er war Generalsekretär des Südwest-Büros des Ministeriums für Öffentliche Sicherheit gewesen und hatte danach die Bürde eines Leiters des Amtes für Öffentliche Sicherheit in Chongqing übernommen. Ein ausgesprochen schwieriger Mensch, aber kein Schurke. Vor der Anti-Rechts-Kampagne hat er mich aufgrund meiner beruflichen Erfolge sehr gut behandelt, er war oft bei mir zu Besuch, wir tranken etwas, und er schien immer geradeheraus und vollkommen unkonventionell. 1956 diskutierte das Ständige Komitee des Fachbereichs eine Verbesserung im Umgang mit den Intellektuellen, wobei er bewusst mich als einen von zwei Professoren, die nicht in der Partei waren, als eine Art »Extrawurst« teilnehmen und Vorschläge machen ließ. Im Frühjahr 57 war landauf, landab und auf allen Ebenen von freier Meinungsäußerung die Rede. Viele demokratische Parteien machten keinen Hehl aus ihrer Meinung, nicht vor der KP und nicht vor dem Vorsitzenden Mao, die Äußerungen wurden immer schärfer – und in dieser formidablen Situation lud Liu Youdong mich in sein Haus ein, machte einen guten Tee und ermutigte mich, nicht mit meiner Meinung hinter dem Berg zu halten. Ich sagte wieder und wieder: »Sekretär Liu, wenn ich alles abwäge, habe ich gegen die Partei nichts vorzubringen!«

Liu Youdong senkte den Kopf: »Keine Einwände, sollte das möglich sein?«
Ich sagte: »Seit der Befreiung war ich immer in gehobenen Positionen eingesetzt, ich habe Russisch gelehrt, ich habe Gesetze gelehrt und übersetzt, habe dazu häufig russische Spezialisten in Limousinen herumgefahren, ich hatte ein gute und ehrenvolle Zeit, vor allem Sie haben mich gefördert.«
Liu Youdong unterbrach mich ungeduldig: »Gut, gut, wenn dem so war, dann hast du auch mir zur Ehre gereicht, die Führung in der Schule übernommen und der freien Meinungsäußerung Klang und Farbe gegeben. Von oben wird ganz schön gedrängt, wenn niemand sich frei äußert, kann ich als Sekretär nicht lockerlassen.«
Ich blieb dabei, keine Einwände zu haben, da wurde Liu Youdong ärgerlich: »Du Bücherwurm, dir fehlt es am Geist der Solidarität! Zwei Sätze, irgendwas, würden schon gehen.«
Ich sagte: »Das geht nicht.«
Er sagte: »Für was geht das nicht?? Du sagst einfach, du hast Einwände gegen die Politik der Partei gegenüber den Intellektuellen, da sei eine Kluft zur Parteiorganisation.«
Ich sagte: »Keine Einwände, keine Kluft.«
Liu Youdong sprang vor Ärger auf und hob sogar die Stimme: »Alle Wetter, diesem Zhang Zige ist nicht beizukommen!«
Damals kamen Tag für Tag die »Reden des Vorsitzenden Mao auf der höchsten Staatskonferenz« im Radio, sie zu studieren und zu ihnen Stellung zu nehmen, war für jeden Professor Pflicht. Das Fachbereichsmagazin der Südwest-Universität war im Nu zu einem Mitteilungsblatt freier Meinungsäußerung geworden, meine »Anmerkungen zu den Klassikern« wurden veröffentlicht, keine Einwände, wurde zu »sehr viele Einwände«, keine Kluft wurde zur »sehr großen Kluft«. Das überraschte mich sehr, ich suchte sofort Liu Youdong auf und erklärte das alles für »eine Verdrehung der Tatsachen« und der Herr Sekretär gab zur Antwort: »Ich lasse das ändern, die Leute auf der Straße wissen, dass wir Schulter an Schul-

ter gehen, ohne dich an der Spitze hätte man mich kaum in Rüstung und Kampf sehen wollen! Das kommt von oben, ich soll freie Meinungsäußerung mobilisieren und keine Lobgesänge, wenn ich mich auf dich verlassen wollte, müsste ich irgendwie abtreten, oder?«
Wenig später kam Zhu Anpings *Das Parteireich* heraus, dem Herrn Liu wurde bewusst, dass das kein Spiel war, in seiner Gutwilligkeit suchte er mich erneut auf und drang in mich: »Zhang Zige, einen Schritt zurück, wenn das mit der freien Meinungsäußerung so weitergeht, wird das eine Katastrophe.«
Ich sagte: »Ich habe absolut nichts gesagt.«
Er sagte: »Die Scheiße drückt und muss raus, ob du willst oder nicht. Bezieh so schnell wie möglich Stellung und zieh eine klare Trennungslinie zwischen dir und den Rechtsabweichlern.«
Auf der Stelle begutachtete er, wie ich einen Artikel schrieb mit dem Titel: »Standhaft gegen die absurden Ansichten von Zhu Anping« und schickte ihn umgehend an die *Renmin ribao*, wo er am 28. Juni 57 erschien, allerdings unter geändertem Titel: »Man darf sich nicht 3000 Fuß lange graue Haare wachsen lassen«, für Reue war es da schon zu spät! Am gleichen Tag erschien auf dem Campus eine Wandzeitung mit dem Titel »Der Wolf hat Kreide gefressen – der Rechtsabweichler Zhang Zige«. Ich bin explodiert, in das Büro des Parteikomitees gestürzt und habe gebrüllt: »Was stigmatisierst mich als Rechten?!«
Liu Youdong sagte lachend: »Du bist nicht rechts, ich vielleicht?«
Ich sagte: »Willst du mich zum Affen machen?«
Liu Youdong schrie fortwährend: »Zige, komm runter!« Zog dazu die Tür auf, streckte den Kopf nach draußen, um sich zu überzeugen, dass niemand lauschte, und sagte dann mit gesenkter Stimme: »Freie Meinungsäußerung hat auch Pflichten, es gibt auch eine Rechtsabweichlerquote. Gestern Abend beim Treffen des Komittees Chongqing-Stadt hat uns Sekretär Ren Baige namentlich berichten lassen, ich hab gerade gesagt, dass die freie Meinungsäußerung der Südwest-Politik-und-Recht im Vergleich zu anderen Unis nicht der

Rede wert ist, niemand sei zum Rechtsabweichler qualifiziert – da hat der alte Ren rot gesehen. Er ist mir ins Wort gefallen, hat eine MG-Salve auf mich losgelassen und die Karten auf den Tisch gelegt: »Zehn Prozent rechts, wenn sonst keiner die Qualifikation hat, dann wirst du als führender Kader in die Bresche springen. Ich wäre um ein Haar nicht mehr zurückgekommen, verdammte Scheiße, das war saugefährlich, oder, wie?«

Ich habe nicht angebissen, denn das hatte nichts mit mir zu tun. Liu Youdong seufzte: »Wenn man zwei Heuschrecken zusammenbindet, haben sie dann nichts miteinander zu tun? Ich habe dich persönlich für die freie Meinungsäußerung mobilisiert, dich durch deine Worte entlarvt und in die Zeitung gebracht; wenn ich Recht nicht vor Freundschaft gehen lasse und dich nicht als Rechten markiere, dann kann man mich über dich stürzen.«

Das Kind war in den Brunnen gefallen, da konnte ich mir noch so an die Brust schlagen und mit den Füßen stampfen. Liu Youdong sagte: »Dass du nicht rechts bist, geht nicht, es sei denn, du schreibst an den Vorsitzenden Mao.«

Ich sagte mich Nachdruck: »Wenn es hilft, tue ich das.«

Liu Youdong wusste nicht, ob er weinen oder lachen sollte: »Zhang Zige, vergiss es. Kopf hoch, wenn der Wind dreht, kann man euch den Rechtsabweichler-Hut wieder abnehmen. Aber wer wird das tun, wenn ich falle?«

Der Mann kannte überhaupt keine Scham.

So durfte er das nicht sagen, doch wenn er nicht so gewesen wäre, hätte er nicht weiter Beamter sein können.

LAO WEI: Sie verstehen sich aber auf Menschen.

ZHANG ZIGE: Nachdem mich die kleine Spezialgruppe blind geschlagen hatte, gab es eine Menge Diskussionen. Liu Youdong ist auf einer großen Versammlung Gerüchten entgegengetreten und hat gedroht, die Verbreiter solcher Gerüchte dingfest zu machen. Doch einmal wurde ich erneut geschlagen, ein kleines Mädchen hat das entdeckt und sofort dem Liu Youdong Bescheid gesagt. Er eilte herbei, kletterte auf das Dachfenster, sah mich kopfunter am Deckenbalken hängen, schockiert, brüllte, trat mit einem Fuß die Tür auf und schrie: »Verdammte Scheiße, macht Zhang Zige ab!« Der Chef der Spezialgruppe erschrak, doch Liu stellte wie ein alter Herr der Reaktionäre aus dem Süden den rechten Fuß auf einen Stuhl, schlug mit der Faust auf den Tisch und sagte: »Aufgrund von was schlagt ihr Zhang Zige? Er ist in der Zentrale als Rechtsabweichler registriert, wenn er jetzt umkommt, wie soll ich das denen da oben erklären?«

Der Gruppenchef stritt fortgesetzt alles ab und Liu Youdong sagte mit einem kalten Lachen: »Der wahre Konterrevolutionär bist du! Ich bin einmal Generalsekretär des Ministeriums für Sicherheit Büro Südwest gewesen, dich vor Gericht zu bringen, wäre eine meiner leichtesten Übungen.«

Der Gruppenchef ging auf der Stelle polternd auf die Knie und warf sich nieder, damit Liu ihm vergebe. Doch das Rad des Glückes dreht sich und Liu hätte nie gedacht, dass der Gruppenchef sich in der Kulturrevolution von einem Augenblick auf den anderen verändern und zum Anführer einer Rebellenfraktion werden und Liu Youdong, der, wie es damals hieß, den kapitalistischen Weg beschritt und sich überall versteckte, packen, zur Universität zurückbringen und in ein dunkles Zimmer sperren würde. »Hundsfotte, sie sparten nicht mit Prügeln«, sagte er mit knirschenden Zähnen, »die hätten mich zu Tode korrigiert.«

LAO WEI: Woher wissen Sie, dass er angegriffen worden ist?

ZHANG ZIGE: Liu selbst hat es mir erzählt. Irgendwann 1983 sind wir uns im Eingang zum Untersuchungsgefängnis der Provinz Sichuan begegnet, Liu Youdong packte mich, zitternd vor Erregung: »Zhang Zige!«, rief er, »jetzt hätte ich dich beinahe nicht gesehen.« »Dabei verdanke ich Ihnen noch immer mein Leben«, nahm ich ihn auf den Arm.

Mit einem fragenden Gesicht trat Liu dicht an mich heran und fragte zurück: »Dein Leben? Mir? Was soll das?«

Anschließend brachen Attacken gegen die Kulturrevolution nur so aus ihm heraus, er nahm sogar meine Hand, damit ich die Narbe unter seinem Unterhemd befühle. Ich fiel ihm unwillig ins Wort und fing wieder mit den alten Geschichten an. Erstaunlicherweise stand noch immer diese Frage in seinem Gesicht.
LAO WEI: Er hat Sie ruiniert und tut noch, als wisse er von nichts.
ZHANG ZIGE: Das kommt nicht hin. Denn als er sich meine bitteren Geschichten angehört hatte, seufzte er immer wieder und sagte auch ganz betroffen: »Bist du wirklich zum Rechtsabweichler gestempelt worden? Und warst auch noch über zehn Jahre in einem Umerziehungslager? Und wieso habe ich davon nie das Geringste mitbekommen?«
Ich erinnerte ihn unwillig: »Du selbst hast mich zum Rechten gestempelt und jetzt willst du nichts mehr davon wissen?«
Liu Youdong stutzte: »Hm? Echt?«
LAO WEI: Schöner Auftritt.
ZHANG ZIGE: Mir hat es dem Atem verschlagen, ich fragte mich, ob ich das falsch im Kopf hatte.
LAO WEI: Mir hat es auch den Atem verschlagen.
ZHANG ZIGE: Unter einem umgestürzten Nest bleibt kein Ei heil. In der folgenden Intensivierung des Kampfes wurden viele Rechtsabweichler der Reihe nach abgehalftert, bis dann Ende 1957 die Kampagne sich ihrem Epilog näherte. An Neujahr 1958 erschien Kang Sheng, der Kopf des chinesischen KGB, in Vertretung des Zentralkomitees der Partei an der Universität zu einer Untersuchung, womit unsere Probleme schlagartig eskalierten. Außer denen, die das Vergnügen hatten, die extreme Rechte im Schichtbetrieb zu überwachen, gab es noch einen namens Jiang Renfeng, der sich meiner besonders annahm.
Jiang, der mir gegenüber wohnte, war ein altes Untergrundmitglied der Partei und hatte am Nanchang-Aufstand vom 1. August 1927 teilgenommen. Eines Tages brüllte er von weitem: »Zhang Zige, herkommen! Ich muss dich erziehen!«

Ich antwortete sofort. Jiang schaute sich um, aber da war niemand, und so sagte er verstohlen: »Weißt du es nicht? Als Kang Sheng hier war, ist er Name für Name die Liste der Rechtsabweichler durchgegangen, hat sogar auf deinen Namen gezeigt und gesagt: ›Der Kerl muss festgenommen werden.‹ So wie es aussieht, hast du den Himmel berührt, und wirst zwei, drei Jahre nicht nach Hause kommen können.«

Ich war wie vor den Kopf geschlagen, doch Jiang sagte: »Geh heim und verabschiede dich von deiner Mutter.«

Ich sagte, dass das nicht gehe. In mehreren Schichten klebten Wandzeitungen über unseren Türen und Fenstern und versiegelten sie, niemand wagte da hinein- oder hinauszugehen, die Beschädigungen revolutionärer Wandzeitungen hätte die nächste höhere Stufe des Verbrechens bedeutet. Auch die Hintertür war vernagelt, ich konnte nur unter Überwachung durch die Volksmassen über ein zugewiesenes Fenster einsteigen. Ein das Leben symbolisierendes Seelenruf-Banner des Friedhofs fiel an einer Seite ins Auge.

Jiang Renfeng ließ mich von der Rückseite seines Hauses gebückt durch das Gebüsch: »Mach dich morgen früh heimlich auf den Weg, und komm zurück, bevor es dunkel wird«, warnte er mich immer wieder, »es ist ganz menschlich, seine Mutter sehen zu wollen, keine Angst.«

Ich tat wie geplant. Es war tiefster Winter, die Straßenlampen leuchteten noch, als ich mit dem Wagen in dem zig Kilometer entfernten Beipei meine Mutter besuchte. Sie hatte auf dem Wabenbrikettofen gerade Mantous geröstet und dem Kleinen gegeben, als sie mein Klopfen hörte, zuckte sie unweigerlich zusammen. Als die Tür aufging, fuhr ihr der Schreck in die Glieder – denn wenn ein Rechtsabweichler weglief, stand der ganzen Familie Unheil ins Haus.

Meine Mama war nicht gebildet, aber eine sehr lebenserfahrene Frau und beruhigte sich rasch. Eine Weile und es klopfte erneut an der Tür, ich verkroch mich in Windeseile unter dem Bett, doch es

war nur mein kleiner Bruder, der als Assistenzlehrer am Westkolleg arbeitete.
Ich händigte meiner Mutter ein paar alte Briefe und Photos aus, brachte es aber nicht übers Herz, mich auf der Stelle zu verabschieden.
Verlegen deutete ich auf ein Foto und versuchte einen Scherz: »Mama, ich lasse Euch hier das Foto eines Verstorbenen.«
Mutter wechselte die Farbe, als sie das hörte, starrte sie mich ärgerlich an und sagte: »Junge, nimm dich ein bisschen zusammen, es gibt keinen unüberwindbaren Flammenberg, das ist ein Märchen.« Dann tätschelte sie mich: »Komm, lass dir von deiner Mutter die Haare waschen.«
Von einem Augenblick auf den anderen war ich in die Kindheit versetzt. Denn seit ich aus dem Bauch der jungen Frau gekommen war bis zum Abschluss der Volksschule hat Mutter mir immer die Haare gewaschen. Ich hatte mich auch schon einmal widerborstig gezeigt, und ein Unwille blitzte auf, mir die Haare waschen zu lassen, woraufhin sie rasch sagte: »Wenn du irgendwann einmal eine Schwiegertochter heimbringst, muss dir deine alte Mutter nicht mehr zur Hand gehen.«
LAO WEI: Damals waren Sie noch nicht verheiratet?
ZHANG ZIGE: Was für eine Frage, wir hatten vier Kinder, gingen alle noch in die Volksschule des Westkollegs. Meine erste Frau unterrichtete an der Volksschule in Gaotanyan, das ist ein Stadtteil von Chongqing, sie wusste noch nicht, wie schwer die Probleme ihres Mannes, des Herrn Professor waren, deshalb ist sie nicht rechtzeitig zurück gewesen. Meine Mama kam mit ihrer Haarwäsche langsam zu Ende und sagte: »Junge, dir gehen ganz schön die Haare aus.« Mir sprangen die Tränen aus den Augen. Über zehn Jahre später ist sie gestorben, damals saß ich im Knast und durfte ihr nicht das letzte Geleit geben.
Ich säumte nicht und verließ mein Zuhause, wobei ich mich bei jedem Schritt dreimal umsah. Aus Angst, erkannt zu werden, has-

tete ich mit eingezogenem Kopf klammheimlich am Berghang der Südwest-Uni entlang und als ich gerade an die Ecke unterhalb der Cai-E-Straße kam, schlug mir jäh eine Hand auf die Schulter, erschreckt wandte ich den Kopf, aber es war Wu Mi. Er sagte lachend: »Ich habe dich schon längst hier vorbeischleichen sehen, ich hatte eigentlich erwartet, du würdest den gleichen Weg zurück nehmen.« Für Höflichkeiten war es zu spät, er fragte mich, wie es stehe, und ich gab ihm eine ehrliche Antwort. Er seufzte: »Hm, Mao Zedong zeigt den Gelehrten des Reiches den Rücken! Haben wir nicht die Zeiten von Ming Taizu gesehen, als nicht nur keine abweichende Meinung geäußert werden durfte und selbst bei Lobgesängen unsaubere Motive unterstellt wurden. Die Herren der Welt sind alle vom gleichen Schlag, sie werfen ohne Begründung Netze aus, unbekümmert um Fische, Krabben, Aale oder Schlammschmerlen, solange nur, was im Netz ist, nicht entkommen kann.«
Und dann warnte Wu Mi mich inständig: »Studiere den Großen Historiker Sima Qian, damit es dir nicht geht wie dem berühmten Sanlü-Beamten im Staate Chu, du weißt schon, Qu Yuan.« Viele Jahre später noch klangen mir diese Sätze im Ohr, ich ertrug die Erniedrigungen um meines Lebens willen, ging nicht in den Fluss und nahm kein Gift.
LAO WEI: Wie die Gelehrten der alten Zeit, die sich von den Eltern verabschieden mussten und sich standhaft auf den Weg machten.
ZHANG ZIGE: Es hat etwas davon. Da ich schon mit fünfundzwanzig Professor war und einmal auch Sekretär von Song Meiling, war ich in der neuen Dynastie so gefragt wie in der alten. Wegen meiner Russischkenntnisse habe ich vor der Kampagne gegen Rechtsabweichler oft sowjetische Spezialisten auf Inspektionen begleitet, hatte also eine recht hohe Stellung. Von einem Augenblick auf den anderen war ich nur noch Dreck, und wusste wirklich nicht, »was heute für ein Jahr ist«.
LAO WEI: Bei so einem Schicksal stockt einem der Atem.

Im Untersuchungsgefängnis

Am Nachmittag des 20. Januar 1958 wurde ich verhaftet. Eine Kampagne ging zu Ende, es wurden extrem viele geschnappt, aber ich war der erste Professor der Südwest-Universität für Politische Wissenschaften und Recht, der verhaftet wurde. Beamte der Öffentlichen Sicherheit eskortierten mich aus dem Haus, der ganze Sportplatz war voller Leute, und mein Kopf war voll von dem Versprechen, das das Zentralkomitee der Partei in einer früheren Nummer der *Renmin ribao* veröffentlicht hatte: »Rechtsabweichler werden nicht arretiert, nicht eingesperrt, nicht getötet ...«

LAO WEI: Dann sind Sie und ich, zeitversetzt, ja Knastbrüder.

ZHANG ZIGE: Ach?

LAO WEI: Ich war 90 bis 92 wegen konterrevolutionärer Verbrechen am Shibanpo in Haft.

ZHANG ZIGE: Im Untersuchungsgefängnis von Chongqing, am Shibanpobeili Nr. 15?

LAO WEI: Richtig, eine von Abwasser überflutete Sackgasse.

ZHANG ZIGE: Früher war das unterteilt in ein altes, ein Ost- und ein Westdorf, zu Guomindang-Zeiten war es ein Gefängnis, in dem politische Gefangene der Kommunistischen Partei einsaßen. In Chongqing gibt es eine ganze Reihe von solchen Orten, früher saßen dort die Kommunisten, dann hat die Dynastie gewechselt, sie blieben Gefängnisse oder wurden zu Ausbildungsbasen für revolutionäre Traditionen und für die großen Volksmassen geöffnet wie das Baigongguan, das Zhazidong und der Märtyrerfriedhof ...

LAO WEI: Wie viele waren damals dort eingesperrt?

ZHANG ZIGE: Keine Ahnung. Jedenfalls war es überfüllt und es wurden ununterbrochen weiter Leute hineingestopft. Als die Reihe an mir war, registriert zu werden, saßen ein Mann und eine Frau hinter einem Tisch, der Mann fragte: »Wo gearbeitet?!« Ich antwortete: »Südwest-Uni.« Da fing mein Gegenüber an zu schimpfen: »Scheißkerl! Aufgrund von was hast du an der Südwest gearbeitet?«

Ich war verwirrt und wollte gerade noch einmal antworten, doch mein Gegenüber klopfte auf den Tisch und sagte jedes Wort betonend: »Du kannst höchstens sagen, du bist in der Südwest untergekrochen und hast dir die Stellung eines Professors erschlichen. Und dann diese Mütze, die darfst du nicht so gerade auf dem Kopf tragen. Nimm sie ab, stülp sie um, mit der Innenseite nach außen kannst du sie tragen!«

Nach der Registrierung kam die Leibesvisitation, vor allen Leuten nackt ausziehen, und das Innerste nach außen stülpen, wie bei der Mütze, jede Naht wurde Zoll für Zoll befingert. Mund, Nase, Ohren, Achselhöhlen, Nabel, alles wurde inspiziert, sogar die Hoden wurden mehrmals eingehend gedrückt, am Ende dann der Befehl: »Buckeln!«. Wohl oder übel kroch ich wie ein Hund, mit dem Hinterteil zum Himmel; der Polizist zog die beiden Backen auseinander und stocherte mit einem Bambusstäbchen herum und kratzte meine Ritze entlang.

Ende der Leibesvisitation, ein knapper Ruf: »Rein da!« Und ich ging, Kleidung, Hose und Mütze auf links, mit hocherhobenen Händen über die erste Schwelle und machte Meldung. Weil mir die Stimme zitterte, bekam ich einen Tritt in den Hintern; anschließend Treppe hoch, noch einen Tritt, wie von der Tarantel gestochen kam ich dem dritten Tritt zuvor und schrie: »Meldung!« Resultat war noch ein Tritt. Später erst erfuhr ich, dass der, der mich da direkt an die Kandare nahm, von der Reinigungstruppe war, ein »roter Krimineller«, die kamen alle aus den Systemen von Polizei, Staatsanwaltschaft und Justiz, als die »Kampagne« sie zu Kriminellen gemacht hat, waren sie hierher geschickt worden, um in sich zu gehen und sich zu ändern.

Wer aus den Systemen der Diktatur kommt, wird immer noch als besserer Mensch behandelt, von den Säuberungsteams abgesehen, die auf dem Gefängnisgelände unterwegs waren, wurden Gruppenleiterstellen in den Gefängnisgebäuden stets mit ihnen besetzt.

Ich hatte nur noch ein Auge, dazu hatte die Zelle nur einen Fensterladen, das Licht war schwach, weshalb ich mich, als ich den Raum betrat, an die Wand lehnte und einen halben Tag brauchte, bis die Dinge um mich herum langsam Konturen bekamen – eine Reihe von Gemeinschaftspritschen entlang, dann abbiegen, unter den Pritschen der blanke Erdboden, sehr nass. Der Teamleiter schoss aus der Masse der Gefangenen heraus und befahl: »1143, herkommen!«

Folgsam setzte ich mich auf den Erdboden, der Teamleiter nahm auf einem Kissen Platz und erklärte mir der Reihe nach die Gefängnisregeln. Mir fiel auf, dass alle Jacke und Hose links trugen.

LAO WEI: Gab es keine Formalitäten?

ZHANG ZIGE: Was für Formalitäten?

LAO WEI: Prügel oder die immer gleichen körperlichen Strafen in neuem Gewand.

ZHANG ZIGE: Das war später. Ich hatte die Nummer 1143, keine drei Tage später hörte ich, dass es Nummern mit einer Zwei davor gab, was hieß, dass das Untersuchungsgefängnis, das normalerweise ein paar hundert Gefangene aufnahm, mit über 2000 Leuten längst zum Bersten voll war. Zwei Mahlzeiten nacheinander habe ich nie bekommen, aber mir war das Herz schwer und ich spürte keinen Hunger. Am Abend ein Pfiff und durchzählen, noch ein Pfiff und schlafen, jeder hatte nur einen Fußbreit Platz, wie mit dem Lineal gezogen, die Hände eng vor der Brust, sonst hing der Ellbogen herunter und besetzte das Territorium eines Anderen. Als ich neu war, lag ich mit dem Fuß auf dem Abtritt, wenn die Notdurft drückte, musste man erst »Meldung« rufen, und durfte erst, wenn man die mündliche Erlaubnis hatte, aufstehen und sich auf den Abtritt setzen.

LAO WEI: Man hat sich sogar zum Pinkeln hingesetzt?

ZHANG ZIGE: Wie die weiblichen Genossen auch, ja, und man musste das Geschlechtsteil mit der Hand halten, damit der Urin eng an der Innenwand entlanglief, das geringste Geräusch galt als Vergehen. Ich schlief gegen den Abtritt gestützt, einfach und bequem;

von weiter weg war das wie ein Gang durch Minengelände, jeder Schritt hieß, den Fuß zwischen menschliche Körper setzen. Ich hatte das Gefühl im Wachen wie im Träumen in Pisse und Scheiße zu ertrinken. Und mitten in der Nacht traf mich ein Pissestrahl im Gesicht. Als ich erschrocken hochfuhr, herrschte ich den Kerl an, der im Stehen urinierte: »Was machst'n?!« Unversehens mischte sich der Teamleiter ein, der Stimmen gehört hatte, beschuldigte mich aber eines Vergehens, ich musste aufstehen und mich erst auf Befehl wieder hinlegen. Ich gehorchte nicht, beide Seiten widersprachen einander, fand das Reinigungsteam heraus, ging der Sache auf den Grund, kritisierte den Teamleiter mit ein paar Worten, doch an meine Adresse hieß es: »1143, das ist ein Gefängnis hier, verstanden?!«

Am nächsten Tag blieb ein kleiner Kerl beim Hofgang zurück und ließ mich nicht aus den Augen, nutzte die Gelegenheit, dass die anderen nicht auf mich achtgaben und sagte leise zu mir: »Professor Zhang!« – vor Schreck machte ich einen richtigen Satz. Doch er stellte sich vor, er hieß Liu, war einmal Student am Fremdspracheninstitut der Südwest gewesen. Ich wagte nicht, ihm näher zu kommen, doch er machte mir Mut und sagte: »Verschaffen Sie sich etwas mehr Bewegung, wenn die Kampagne vorbei ist, werden Herr Professor wieder obenauf sein.«

LAO WEI: Hier liefen ja die Intellektuellen in Massen herum …

ZHANG ZIGE: Aber in dieser Umgebung blieb ich Liu gegenüber auf der Hut, er hatte nicht weniger üble Gewohnheiten an sich wie die Kriminellen. So war er beim Hofgang jedes Mal der erste auf der Latrine, erst dann kamen die anderen dran. Manchmal saß er, wer weiß wie lange, auf dem Topf, die hinter ihm bekamen Schwierigkeiten, wenn sie beim Pfiff, der den Hofgang beendete, nicht rechtzeitig die Hintern abgeputzt bekamen, doch er blieb da und verdrängte die anderen.

LAO WEI: Ziemliches Kameradenschwein.

ZHANG ZIGE: Später hat er eine sehr schwere Strafe bekommen.

Er konnte überhaupt nicht verstehen, dass er im Umerziehungslager war und schrieb nach kurzer Zeit einen Brief an Premierminister Zhou Enlai wegen des Unrechts, das ihm geschah. Man soll es nicht glauben, aber der Brief war noch nicht weg, als er »abgefangen« und zu einem Präzedenzfall für antireformerisches Verhalten gemacht wurde. Versammlungen, Kampfkritiken, Verschluss in einer Arrestzelle und immer wieder Quälereien, bis er schließlich fast den Geist aufgab. Ein paar Jahre später teilte ich zufällig eine Zelle mit ihm, das war in der Kohlemine XX, er trug Fesseln an Händen und Füßen und war bis auf die Knochen abgemagert. Eines Vormittags hat mich ein Kaderpolizist nach ihm sehen lassen. Er sagte, er könne nicht mehr. Ich seufzte: »Komm nochmal hoch, trink zwei Schluck Reissuppe, dann kommt die Yang-Energie zurück.«
Er schüttelte den Kopf, er hatte tagelang nichts gegessen und schüttelte noch den Kopf. Ich ermahnte ihn, sich nicht hängen zu lassen, doch er sagte: »Ich möchte den Himmel sehen.«
Ich fasste ihn unter, zog ihn hoch, er konnte die Arme nicht heben, streckte den Kopf zu dem kleinen Fenster, bis sein Gesicht an den Gitterstäben klebte. Er summte leise: »Der Himmel der befreiten Gebiete, das ist ein heller Himmel …« Tränen tropften.
Ich rief von unten: »Liu, hast du genug gesehen?«
Doch er beachtete mich nicht und fuhr mit seinem Monolog fort: »Auf dieser Seite des Himmels ist der Vorsitzende Mao, die Kommunistische Partei; auf der anderen Seite des Himmels sind Papa, Mama und die Heimat …« Da erschlaffte sein Körper und er tat seinen letzten Atemzug. Das war das erste Mal in meinem Leben, dass jemand in meinen Armen starb.
LAO WEI: Wie lange waren Sie in Untersuchungshaft?
ZHANG ZIGE: Über zehn Monate.
LAO WEI: Das ist nicht sonderlich lange.
ZHANG ZIGE: Draußen der Große Sprung in der Produktion, drin der Große Sprung bei den Urteilen, es gab mehr Inhaftierte als ein Ochse Haare hat. In Zellen von gerade mal zehn Quadratme-

tern drängten sich siebenunddreißig, achtunddreißig Männer, später waren es über fünfzig, wenn es heiß war, dampften und stanken die Leiber. Um zu verhindern, dass man nachts flach ausgestreckt schlief, lag man auf der Seite, eine Schlafhaltung, als schultere man einen Pfosten, gerade und hart. In dieser Zeit, in der die Feinde Tag für Tag mehr wurden, war der Große Sprung mehr als notwendig und zeigte sich in der Arbeit von Politik und Gesetz, in hastigen Urteilen, nicht einmal auf Namen und Alter wurde weiter eingegangen, man musste seine Taten direkt gestehen und dann gab es drei Möglichkeiten: Erschießung, Gefängnis und Freilassung.
Die Situation verlangte, dass jeder, der ins Netz ging, sich selbst und auch andere anzeigte. Da war ein kleiner Kerl, aus Hunan gebürtig, der mochte sich den Kopf zerbrechen, wie er wollte, er konnte keine verwertbaren Informationen liefern, und so zeigte er, Not macht erfinderisch, einfach auf irgendjemanden und sagte: »Gestern beim Hofgang, ich habe gesehen, wie du nach draußen gestarrt hast, ganz klar, du hast an Flucht gedacht!«
Doch sein Gegenüber gab sarkastisch zurück: »Du Dreckskerl hast gestern nicht nur nach draußen gestarrt, du hast die Wache und das MG keine Sekunde aus den Augen gelassen, du hast eindeutig eine Befreiungsaktion geplant!«
LAO WEI: Verrückt.
ZHANG ZIGE: Normal.
LAO WEI: Was?
ZHANG ZIGE: Wenn du erschossen wirst oder es völlig unklar ist, ob du im Knast stirbst und deine Kinder und Enkel »Kinder einer Blutfehde« sein werden, das heißt eine Blutfehde mit der Partei haben werden und Generationen auf schwarzen Listen landen und sich nie wieder etwas für sie ändert.
LAO WEI: Aber die Mehrheit wurde doch wohl nicht zum Tode verurteilt?
ZHANG ZIGE: Nicht zum Tode verurteilt zu sein, bedeutete nicht, dass du lebend wieder herauskamst. 58 gab es eine Rekordernte,

eigentlich hätte jeder satt werden können, aber die Leute folgten dem Ruf des Vorsitzenden Mao, fällten Bäume, machten Stahl und Kampagnen, mit dem Resultat, dass niemand die Ernte einbrachte, die verrottete auf den Feldern und die Versorgung der Städte mit Getreide war angespannt. Meine Voruntersuchung war im April, am Shibanpo, dann wurde ich verlegt in das erste Untersuchungsgefängnis in Fenghuangtai. Jeden Tag nur halbsatt, weil es in der Regierung das Wort gab, wenn man Verbrecher sich satt essen lasse, seien sie nicht bereit, ihre Probleme zuzugeben. Im Fenghuangtai gab es am Tag zwei Mahlzeiten, Weizenkleie mit Auberginen, die Kleie war sehr grob gemahlen, mancher war so hungrig, dass er lebensgefährlich anschwoll und schließlich nicht mehr aufs Klo konnte, man musste alles mit Stäbchen Stück für Stück aus ihm herauspulen. Ich blieb vergleichsweise bei Verstand und habe wenig von der Kleie gegessen, es hat mich aber immer noch aufgebläht. Das Wetter im Hochsommer, ein paar Dutzend Leute in einer Zelle und nur eine Dachluke, alles rang nach Luft und troff vor Schweiß, alles sehnte sich danach, baldmöglichst in ein Umerziehungslager zu kommen.

Ich hatte schon drei Voruntersuchungen hinter mir, bei der ersten warf man mir »Angriffe auf das ›Nicht-Experten führen Experten‹ der Kommunistischen Partei« vor, das zweite Mal »öffentliche Verleumdung« und das dritte Mal war es »Verschwörung zum Sturz der Partei«. Ich habe direkt bereitwillig alles zugegeben, denn wenn man auch nur im Geringsten etwas »bestritt«, erhob sich der Richter und gab beim Hinausgehen mit den Augen ein Zeichen nach draußen …

LAO WEI: Heißt was?

ZHANG ZIGE: Auf der Stelle »strecken«.

LAO WEI: Verstehe ich nicht.

ZHANG ZIGE: Eine Form der körperlichen Strafe. Sie lassen dich hinsetzen, Beine überkreuz, Rücken gerade, vier Leute stellen sich auf deine Beine und ziehen an deinen Händen, zwei drücken dir die Knie in den Rücken und biegen dir mit aller Kraft die Schultern nach hinten. So wird man im Rhythmus ein paarmal »gestreckt«, bis du nicht mehr kannst. Ich habe mit eigenen Augen einen gesehen, den sie auf diese Weise vor Ort so »gestreckt« haben, dass er erst ein paar Stunden später wieder aufgewacht ist – man hatte diesen Bastard denunziert: »Alle hätten gerufen: Lang lebe der Vorsitzende Mao, und er hätte gerufen: Lange lebe Rindfleisch hongshao.«

LAO WEI: Konnten Sie noch lachen?

ZHANG ZIGE: In mir drin hat nichts gelacht, aber der Mund hat immer gekichert, das ist wohl eine chinesische Angewohnheit. Kurz, solche Strafen waren an der Tagesordnung, ich werde sie nicht einzeln aufzählen. Deshalb mussten sie am Ende nichts mehr untersuchen, ich habe einfach Papier und Schreiber genommen und Punkt für Punkt geliefert, was die Regierung verlangte. Entsprechend gesetzlicher Dokumente haben sie den Kopf und den Abspann dazugesetzt und fertig waren Anklageschrift und Urteil.

LAO WEI: Ein Desaster.

ZHANG ZIGE: Da war ein Richter namens Lei Yujin, der hatte bereits Andeutungen gemacht, meinen Fall einer Revision zu unterziehen. Erst ist er eingeschlafen, dann hat er mein Geständnis zerdrückt: »Du bist wirklich ein Bastard, hat die Stirn und betrügt die Regierung! Weißt du denn nicht, dass beides eine unehrliche Haltung ist, die Verheimlichung genauso wie die Übertreibung der eigenen Vergehen! Im Grunde kann man dich verhaften oder es bleiben lassen, aber wegen der Erziehung haben dich alle verhaftet, und du …« – was dann kam, daran erinnere ich mich nicht mehr genau, ich hörte heraus, dass er mich retten wollte, aber damals wollte ich schon keinen Tag länger mehr in Untersuchungshaft bleiben.

Schließlich kam die Verhandlung. Früh am Morgen hat die Gerichtspolizei mich aus der Zelle zitiert, die Atmosphäre war auf einmal frisch, mein Kopf hielt das nicht aus und barst vor Deprimiertheit. Eine Weile und noch jemand wurde herbeizitiert, ich starrte ihn an, es war ein ehemaliger Student von mir, Wang Zhihui, später Professor an der Fremdsprachenfakultät von Sichuan. Lehrer und Schüler wurden zusammengefesselt und kamen im Gefangenenwagen zum Innenhof des mittleren Gerichtshofs der Stadt. Mir wurden die Fesseln zuerst abgenommen und der Prozess gemacht, der Vorsitzende Richter war ein Tiger von einem Jenseitsrichter und berühmt dafür. Protokollgemäß verlas der Staatsanwalt die Anklageschrift, verlas sich im Text, ich erhob die Stimme und korrigierte den Tippfehler, der Sekretär widersprach: »Das heißt so, du Schwanzlutscher! Pure konterrevolutionäre Arroganz.« Anschließend gab ich dann außer Ja und Nein keinen Ton mehr von mir. Keine Viertelstunde und das Intermezzo war zu Ende.

Ich kehrte zum Innenhof zurück und tauschte mit Wang Zhihui den Platz, keine zehn Minuten und es war vorbei. Ich fragte ihn unbemerkt, was denn sei?

Er antwortete: Nach der Lesung der Anklageschrift hat der Richter gefragt – stimmt das? Ich sagte: Alles kompletter Unsinn. Der Richter sagte: Sie haben das Recht, sich zu verteidigen. Ich sagte: Das ist einen Scheißdreck wert. Der Richter sagte: So wie Sie sich hier vor Gericht aufführen, entspricht die Anklageschrift vollkommen der Wahrheit. Ich sagte: Ihr habt das letzte Wort.

Nach einer Vertagung von ein paar Tagen wartete ich mit zwanzig, dreißig anderen vor einem kleinen Zimmer auf das Urteil. Eigentlich stand ich am Anfang der Schlange, aber drinnen wurde mein Name nicht gerufen. Erst ganz zuletzt rief ich: »Straftäter Zhang Zige angetreten zum Verhör.« Drinnen rührte sich immer noch nichts. Also machte ich notgedrungen nochmal Meldung und hörte erst da ein »Reinkommen!«.

Der Gerichtspolizist war weg, nur eine einzelne Richterin war da, auch sie eine ehemalige Studentin von mir. Sie musterte mich aufmerksam eine gute Minute, bevor sie fragte: »Wie geht es Ihnen? Alles soweit in Ordnung?«

Ich stammelte: »Ich lebe noch.«

Im Raum war es dämmrig, wir beide atmeten hastig. Ich dachte daran, wie sie auf einer Kampfversammlung gegen Rechts der Südwest-Rechtsfakultät in feuriger Haltung gesagt hatte: »Zhang Zige ist ein falscher Fünfziger und ein echter Konterrevolutionär.« Doch an diesem Ort und in dieser Situation tat es ihr vielleicht leid.
Protokollgemäß tat sie, was sie musste, und verlas die Urteilsschrift, aber sie reichte direkt zwei Papiere herüber: »Gut zuhören, das Urteil lautet fünfzehn Jahre, fünf Tage Zeit für die Berufung.« Ich antwortete auf der Stelle laut: »Melde der Gerichtsvorsitzenden, ein sehr gutes Urteil, ich werde keine Berufung einlegen.«
Das war im November 1958, die Tage begannen kühler zu werden. Nach ein paar Tagen kam ich in ein Lager zur Umerziehung durch Arbeit.

Gefängnis Nr. 2 der Provinz Sichuan

LAO WEI: Wo war das Lager?
ZHANG ZIGE: In Chongqing, Danzishi-Distrikt, Bezirk Nan'an, Gefängnis Nr. 2, Provinz Sichuan, nach außen: Postfach 2106. Hier werden vor allem alle möglichen großformatigen Elektrogeräte hergestellt, niedrige Kosten, hohe Effizienz, sehr lukrativ. Damals gab es auch Frauenbrigaden, für Kleider.
LAO WEI: Wie viele Gefangene waren da drin?
ZHANG ZIGE: Sechs Großbrigaden, jede Großbrigade hat vier Mittlere Brigaden unter sich, ich schätze, da waren gut fünftausend Leute eingesperrt, mindestens. Weil ich Professor war und den höchsten Bildungsstand hatte, wurde ich zum Leiter einer Großgruppe, kümmerte mich um alltäglichen Kram, im Vergleich zum Untersuchungsgefängnis ein kometenhafter Aufstieg. Für sämtliche Gefangenen gab es eine Großküche, der Herd hatte Ausmaße, dass zwei Leute auf ihm nebeneinanderher gehen konnten. Eine Topf-

kelle hatte an die vier, fünf Meter Länge, die konnte man nicht mit dem Arm rühren, also band man sie mit einem Seil fest und hängte sie zum Rühren an den Dachbalken … beim Essen wurde ein halbmannshoher grober Bottich an einer Holzstange getragen, dampfend heiß, vor dem Topf stand eine Mittlere Brigade an, in einer lange Reihe, ein-, zweihundert Leute, mindestens.
LAO WEI: Äußerst spektakulär.
ZHANG ZIGE: Vier von den groben Bottichen wurden aus der Küche rausgetragen, danach wurde von kleinen zu großen Gruppen Ebene für Ebene bei mir Meldung gemacht; und ich machte auf dem Absatz kehrt, nahm Haltung an und meldete der nächsthöheren Ebene, wie viele da sein sollten, wie viele krank waren, wie viele fehlten, wie viele wirklich da waren und bat um Unterweisung durch die Leitung. Dann kam von oben der Befehl »Essen fassen«, und als hochrangiges Sprachrohr machte ich wieder auf dem Absatz kehrt und nahm Haltung an: »Alles hört auf mein Kommando! Fertig! Essen fassen!«
Vier lange Schlangen wanden sich überhastet nach vorne, jeder bekam eine Kelle voll, ganz gleich, ob es sich um feste oder flüssige Nahrung handelte. Wenig später gaben zigtausend Mäuler im gleichen Moment schmatzende Laute von sich, ich überschaute das mit einem Blick und hatte das Gefühl einer Autorität, wie ich sie so nicht einmal an der Universität gehabt hatte. Einmal kam der Kommandeur einer Großbrigade zur Inspektion des Festmahls, ich begleitete ihn mit hängenden Armen, und er seufzte mir zu: »Zhang Zige, du verfickter konterrevolutionärer Professor, hast du schon einmal so eine Reisbottich-Brigade kommandiert? Wenn der amerikanische Imperialismus diesen Aufmarsch sehen würde, er würde das Zittern kriegen.«
LAO WEI: Haha.
ZHANG ZIGE: Kader der Befreiten Gebiete, keine Spur Bildung, aber für derbe Späße immer zu haben. Einmal bei der Entgegennahme frischer Gefangener beugte er sich hinunter und berührte

den Busen einer Gefangenen: »Nicht echt!« Die reagierte sofort, indem sie doch tatsächlich ihre Jacke aufknöpfte: »Melde gehorsamst, alles echt!«

»Wirklich?«, der Kommandeur der Großbrigade knetete sie lachend, »schön fett! Die reinste verdammte Bourgeoisie.«

LAO WEI: Vor allen Leuten sich so als Abschaum zu produzieren.

ZHANG ZIGE: Die umstehenden Gefangenen wagten sich nicht zu mucksen, auch unser Exekutivsekretär für Disziplin setzte ein grimmiges Gesicht auf, er war ein gebildeter kleiner Kerl, der von dem revolutionären Grobian nichts hielt, und dazwischen ich, dessen Beziehung zu diesem Kommandeur auch nicht sonderlich harmonisch war. Einmal haben zwei umgewandelte Todesstrafen die Gelegenheit einer zusätzlichen Nachtschicht genutzt, um zu fliehen, ihre Zellengenossen wurden ausnahmslos zur Rechenschaft gezogen, ausnahmslos in Hand- und Fußfesseln gelegt und in Kleinzellen geworfen. Ich war an diesem Abend der General-OvD und konnte meinem vorbestimmten Schicksal schwer entgehen, hatte aber zum Glück vor den Geschehnissen dem Großbrigade-Kommandeur einen schriftlichen Bericht überreicht mit dem Titel: »Umgewandelte Todesstrafen sollten keine Sonderschichten machen«.

Die beiden Geflohenen wurden gefasst, zurückgebracht und erschossen, der Kommandeur nahm das zum Anlass, eine Großversammlung der Gefangenen abzuhalten: »Wisst ihr, wie ernst die Lage draußen ist? Oder wisst ihr das nicht? Es verhungern Abertausende! Die Leute fressen alles, sogar Baumrinde und Graswurzeln – oder vielleicht auch gar nichts! Und ihr, ihr Klassenfeinde, habt alle eine Grundration und schlagt euch den Bauch voll mit Maiskolben und Chinawurzel. Verfickte Bande, ihr lebt wie die Maden im Speck und wisst es nicht – und haut auch noch ab und schert euch einen Dreck um die Politik der Partei zur Sonderbehandlung von Flüchtlingen!«

Anschließend las er der Reihe nach die Namen vor und ließ jeden

Gruppenleiter eine Erklärung abgeben. Im Gefängnis ist das Redenhalten eine verbreitete Routine und so begann der erste Gruppenleiter: »Der Marxismus-Leninismus lehrt uns …«
Doch seine Stimme war noch nicht verklungen, als der Kommandeur lauthals unterbrach: »Ist der Marxismus-Leninismus dazu da, euch Klassenfeinde zu erziehen? Herkommen, leg mir Fußfesseln an!«
Es erhob sich ein Gekreische, als würden Schweine geschlachtet, und es wartete eine große Fußfessel von vierzig Pfund.
Gruppenleiter Zwei fuhr völlig entgeistert fort: »Die Mao-Zedong-Ideen erziehen uns …«
Der Kommandeur unterbrach erneut: »Sind die Mao-Zedong-Ideen dazu da, um Euch Konterrevolutionäre zu erziehen? Herkommen, Fesseln anlegen!«
Im Nu lagen sieben, acht Gruppenleiter in schweren Ketten auf dem Boden. Der ganze Platz war mucksmäuschenstill, ich stand vollkommen neben mir, hörte aber jäh: »Zhang Zige!«
Ich nahm Haltung an und antwortete. Der Kommandeur der Großbrigade lächelte tückisch: »Jetzt bist du als Großgruppenleiter an der Reihe.«
Noch einmal nahm ich Haltung an und antwortete: »Jawoll!«, der Schweiß rann in Strömen. Doch unser Exekutivsekretär für Disziplin linste auf seine Armbanduhr und sagte: »Es ist schon spät, Zhang Zige, du hältst deine Rede morgen.« Und postwendend erklärte er: »Versammlung aufgehoben.«
Der Großbrigadekommandeur wechselte die Farbe, konnte aber schlecht vor allen aus der Haut fahren.
LAO WEI: Hat er Ihretwegen an der Reputation eines Vorgesetzten gekratzt?
ZHANG ZIGE: Der größte Teil der Gefängnispolizei hatte einen guten Eindruck von mir, da konnte auch der Großbrigadekommandeur es nicht zu weit treiben.
LAO WEI: Keine schlechte Mixtur.

ZHANG ZIGE: Wie sollten die Leute unter einem Dachvorsprung nicht den Kopf einziehen? Wie eines Sommers, eine Polizistin saß an einem Durchgang, um den Durchzug zu genießen, sah mich vorbeigehen, schüttelte mit voller Absicht die Beine und warf einen Schuh in die grelle Sonne. Ich roch den Braten sofort, sammelte den Schuh auf und zog ihn ihr an; wenn sie ihn noch einmal geworfen hätte, hätte ich ihn noch einmal aufgehoben und ihr angezogen.
LAO WEI: Wie öde.
ZHANG ZIGE: Schuhe aufheben galt als Ehre. Kurz, die Zeit im Gefängnis Nr. 2 war die glücklichste Zeit in meiner Lager-Karriere. Es hieß, nach der Lushan-Konferenz 59 wurde der Gefängnisdirektor zum Rechtsabweichler erklärt und seines Amtes enthoben, weil er sich für einen revolutionären Humanismus ausgesprochen hatte. Im Gefängnis kam es zu einer großen Reorganisation, ein Teil der Schwerkriminellen wurde nach Xinjiang verlegt, ein Teil tief in die Berge zu den Schwefelminen geschickt, und ein letzter Teil, darunter ich, blieb hier in den Huaying-Bergen.

Umerziehung in der Grube

Das war im August 1960, die Gefängnisverwaltung hat zunächst die umgewandelten Todesstrafen und die Lebenslänglichen in schweren Ketten in einen Wagen gesperrt und weggebracht. Pferd und Wagen der Großbrigaden wurden von bewaffneten Eskorten aus dem inneren Kreis hinausgeleitet und stellten sich an einem kleinen Durchgang auf. Vor dem Haupttor fuhren die Lkw rückwärts direkt an den kleinen Durchlass heran, die Gefangenen wurden namentlich aufgerufen, zwei Mann eine Fessel stiegen sie der Reihe nach in den Kastenaufbau, wie Schweine zum Schlachten in einen Käfig mit Eisengitter.
Ein paar tausend Leute des »Gefängnisses auf Wanderschaft« bra-

chen auf, alles genau nach Plan. Ein Tag und eine Nacht, der einzelne Gefangene hatte als Ration nur zwei kalte Mantous. Vom Nan'an-Distrikt Chongqings bis zum Beipei-Distrikt, ein Weg von nur ein paar dutzend Kilometern, dauert vom frühen Morgen bis Mitternacht. Das war eine geheime Verlegung, es durften keine größeren Brücken überquert werden und die Gefangenen waren kaum aus dem Wagen, als sie in ein öffentliches Sportstadion getrieben wurden, auf zwei basketballfeldgroßen Flächen wurde eng an eng und in Haltung durchgezählt, der Politkommissar des Gefängnisses verkündete von einer höheren Position aus den Paragraphen sowieso zur Disziplin im Lager und die schweren Strafen bei Nichtbeachtung.
Von vier Seiten her wurde der Sportplatz von gigantischen Suchscheinwerfern überkreuz bestrichen, Maschinengewehre und Wachsoldaten waren eine noch konstantere Warnung. Kaum war der Befehl »Hinlegen« gegeben, als die Masse von Gefangenen wie von einem Wirbelsturm umgeweht flatternd zu Boden ging. Körper an Körper gepresst wie bei der Weizenernte ruhte Ährenkopf an Ährenkopf. Zur Verrichtung der Notdurft musste im Lichtstrahl, grob wie ein Wasserbottich, die Hand gehoben und Meldung gemacht werden, erst nach Erlaubnis durfte man aufstehen und, ein paar Maschinengewehre auf sich gerichtet, auf geradem Weg zu dem kleinen Pfad in der Mitte vorstechen und dann wieder über den kleinen Pfad durch ein von Polizisten mit Gewehren in den Händen gebildetes Spalier zur behelfsmäßigen Latrine gelangen. Auf dem Weg dorthin Kopf einziehen und schnell gegangen und keinen Blick rechts und links.

Es ging auf die fünfte Doppelstunde, bevor mir vor Hunger eine Weile lang alles vor Augen verschwamm. Es war noch nicht hell, als die Gefangenen auf Befehl in Reih und Glied antraten, eine Pontonbrücke bauten und über den Jialing setzten, dann wieder auf die Gefangenenwagen bis zum Drei-Flüsse-Damm, von dort ging es zu

Fuß weiter, erst da wurden jedem ein Mischmehlbrötchen in die Hand gedrückt, die zweite Ration seit unserem Aufbruch. Anschließend eine halbfertige Fernstraße, einen halben Tag und über eine halbe Nacht, eng und rutschig, und bei der Ankunft am Fuß des Huaying wurde es schon wieder Abend. Der Berghang war steil, das Kinn gen Himmel gereckt konnte man doch den Gipfel nicht sehen. Hier war eine gigantische Kohlegrube, anscheinend schälte man eine Schicht der dünnen Haut des Berges ab und darunter war alles Kohle. Die Qualität war gut, sie schwitzte regelrecht durch den ganzen Berg und glitzerte. In dieser Nacht wurde am Fuß des Berges kampiert, dann erschien der für uns zuständige Politkommissar der Grubenabteilung und mahnte: »Hört zu, ihr Bastarde, wir sind hier nicht in einer Großstadt wie Chongqing, ihr seid nicht zum Vergnügen hier …« Es war der Ton, der den Gefangenen das Blut gefrieren ließ.

Hungrig und schmutzig wand man sich in den nächsten Morgen, es wurde zum Sammeln gepfiffen. Jeder trank eine Schale mit dünnem Reis, die Kolonnen wurden eingeteilt und man lernte die neuen Kader kennen. Am Berg gab es vier Schächte, auf halber Höhe Schacht 3, noch weiter oben, in der Nähe des Gipfels, die Schächte 1 und 4, Schacht 2 ganz oben auf dem Gipfel. Ich wurde Schacht 2 zugeteilt. Ein paar hundert etwas kräftigere Gefangene krochen über einen halben Tag den steilen Bergpfad hinauf, kaum war man wieder bei Atem, ging es mit den »alten Hasen« zum Praktikum in den Berg.

Einen Overall aus Recycling-Stoff, härter als rohes Ziegenleder, übergezogen, auf den Kopf einen Grubenhelm aus Bambus, hinten ein Akku, obendrauf eine Grubenlampe, das war die ganze Ausrüstung. Wir folgten dem Gruppenleiter um tausend Ecken durch die dunkle Höhle, außer unseren eigenen Schritten vernahm man an den Wänden nur das Sickern des Wassers. Schätzungsweise war das schon tausend Meter im Berg, also schon in seinen Eingeweiden. Die Leute machten in einer Senke eine Pause, dann ging es im

Gänsemarsch nach oben, zu einem von einem Elektrobohrer geschlagenen Vortrieb, wo aus Feuerholzscheiten in Stufen eine zwei, drei Meter hohe Treppe aufgestützt war. Die Gefangenen traten mit bloßen Füßen in die Abstände zwischen dem Holz und krochen auf Händen und Füßen im Gänsemarsch nach oben in den Vortrieb hinein, um dort zu graben.

Die abgebaute Kohle wurde auf Loren über Holz- und Eisenschienen hinausgeschafft, pro Mann und Wagen über eine halbe Tonne. Am Anfang bekam man sie nicht von der Stelle, aber dann wurde das Tempo auf einmal schneller, das Ganze rumpelte pfeifend davon und ließ sich nicht bremsen und man rannte wohl oder übel mit der Lore mit und riskierte dabei Kopf und Kragen. So kam es sehr leicht zu Unfällen, denn die Kohleloren schossen in einem Abstand von wenigen Minuten vorbei, wenn du nicht schneller warst als sie, brummte die nachfolgende Lore direkt auf dich drauf. Wer schnell reagierte, machte einen Satz zur Seite, und es galt als Glück gehabt, wenn man sich nur an Armen und Beinen die Haut aufschürfte; wer langsam war – ein dumpfer Knall und er wurde zwischen der Lore vorn und der Lore hinten zu Hackfleisch gemacht.

Am Ende des Jahres lagen in den Schächten überall Tote. Ich schmorte ein paar Monate, erst schlug und lud ich Kohle, dann schob ich die Loren, den ganzen Tag die Nerven zum Zerreißen gespannt. Das war zu Chongqing ein Unterschied wie Tag und Nacht, politisches Studium gab es überhaupt nicht, wenn man auf einen extremen Rechten traf, wurde das überhaupt nicht zum Thema. Wir hatten unsere Vergehen komplett vergessen und produzierten nur noch, mit allem, was wir hatten. Manchmal auf Kleingruppenversammlungen wurde aufgerechnet, wie viel von den Quoten geschafft worden war. Tag, Monat, Jahr, sie wurden höher und höher, wurden sie nicht erfüllt, wurde die Ration gekürzt, die Leute mussten Kampfkritiken über sich ergehen lassen, Gefangene und Polizeikader gingen mit Fäusten und Füßen auf einen los. Tägliche

Schichten von über zwölf Stunden, nachher waren alle vollkommen erledigt.
Ein Gefängnistrakt fasste fünfhundert bis siebenhundert Menschen, rückwärtig stießen sie an die Mauer, wenn man hinauskam, schaute man auf den Berg. Einheitlich die gleichen Mehrfach-Pritschen, auf denen die Gefangenen lagen, eine amorphe tuscheschwarze Masse. Aus Übermüdung und auch aus Mangel an Wasser war von Waschen keine Rede, nicht einmal Gesicht und Füße wurden gewaschen. Der Kohleschweiß drang in die Haut ein, waschen half da nicht. Wer sich eine Weile auf dem Berg herumgequält hatte, wurde ein halbes Leben lang nicht mehr sauber, dieser Art Schmutz troff in Schüben aus den Knochen und Träumen.
Das Wasser im Berg war nitrathaltig, herb, bitter, ein Pulvergeschmack, der direkt in die Nasenhöhlen stieg, es war ungenießbar, weshalb Wasser und Nahrungsmittel über eine Seilbahn hochgehangelt wurden und sehr wertvoll waren. Auch das Klima war alles andere als normal, stürmisch, nasskalt, im Hochsommer ging es durch die Baumwollsachen und -hosen, um die Hüfte hatten wir Stricke. Nachts zog es durch die geschlossenen Türen, Fenster, Ziegel, Mauerritzen und Dachbalken und fegte mit einem gespenstischen Heulen den Trakt durch. Bevor es ans Schlafen ging, musste man erst die Zudecke mit Steinen beschweren und sich noch etwas fester hineinkauern, wie eine Schlange zum Winterschlaf, sonst hätte der Wind sie entführt.
Hier kam man das ganze Jahr nicht vom Feuer weg, nach den Bestimmungen wurde einmal im Jahr die Gruppe gewechselt. Denn diese mörderische Kälte und Nässe konnte kein menschlicher Körper länger als ein Jahr ertragen. Ich hatte ein paar Monate im Schacht hinter mir und jedesmal nach der Schicht das Gefühl, dem Tod von der Schippe gesprungen zu sein. Zum Glück habe ich eines Tages die Gruppe gewechselt und traf auf einmal auf einen Gefangenen, der mich eine Weile von Kopf bis Fuß musterte und fragte: »Alter, bist du etwa die 1143?«

Ich bejahte und er begann sofort, wie die Vagabunden der Unterwelt die Hände zusammenzulegen und sich verneigend zu singen: »Meine Wenigkeit 1958!«
Die Beziehung zwischen diesem 1958 und mir stand unter keinem guten Stern: Früher, im Untersuchungsgefängnis, waren wir im gleichen Trakt gewesen, einmal bei einem Unterricht mit Filmvorführung saß alles auf kleinen Hockern auf einem Sportplatz. Da es nicht erlaubt war, unterwegs den Platz zu verlassen, um seine Notdurft zu verrichten, und dazu noch der Hofgang am Tage zu knapp gewesen war, waren die Leute unzufrieden und so ergab es sich, dass alles mit gekreuzten Beinen dasaß und gegen das Hinterteil des Vordermanns urinierte. Resultat, du pisst mich an, ich besorge es ihm, und so ließen wir es der Reihe nach laufen, Schritt und Schuhe der Leute waren pitschnass. Und während der hinter mir mich und ich meinen Vordermann anpisste, dreht der Bursche sich doch auf einmal und sagt lachend: »Alter, deine Nieren arbeiten hervorragend, das pladdert nicht nur gegen mein Hinterteil, ich bekomme auch noch ein schönes Fußbad.«
Im ersten Monat hielten alle den 1958 für einen ausgesprochenen Nichtsnutz, ständig bekam er Anweisungen und ständig antwortete er: »1958, Befehl verstanden.« Überraschenderweise aber wurde 1958 zu Beginn der Verfahren zum Großen Sprung auf einmal aktiv. Er nahm vor einem Polizeikader Haltung an und meldete: »1958 bittet Sie, ihn persönlich zum Gericht zu bringen, es geht um ein Geständnis!« Keine Ahnung, was er zu gestehen hatte, kurzum, als er nach ein paar Stunden wieder in der Zelle war, war er Gruppenleiter. Der ehemalige Gruppenleiter des Traktes hingegen wurde zum Gefängnistyrann erklärt.
LAO WEI: Der hat sich aber was einfallen lassen.
ZHANG ZIGE: Am Ende war er ein Freund. Das war die letzte Chance, er musste alles auf eine Karte setzen. Damals ist 1958 von rechtsradikalem politischem Fehler heruntergestuft worden auf Rumvögelei, das gab nur vier Jahre; außerdem hatte der Parteise-

kretär der Brigade ihn vor der Befreiung in die Partei eingeführt, weshalb er unter den Gefangenen im Umerziehungslager als Roter galt und sehr angesehen war.
1958 war nostalgisch, suchte den Parteisekretär auf, legte ein gutes Wort für mich ein und schon fuhr ich nicht mehr ein und kümmerte mich in der Brigade um die Propaganda.
Auch die Freiräume waren größer, selbst so ein Drückerposten wie die Fleischverteilung beim Schweineschlachten in der Grubenverwaltung gehörte dazu. Wenn die Schweine kopfunter dahingen, wurde zunächst das Kaderpolizeifleisch verteilt, ich griff mir ein Messer, 1958 wog mit der Hand, wenn die Reihe an den Parteisekretär kam, riss er mit einem Schnitt zwanzig Pfund runter, wenn das reichte, berechnete aber nur acht.
Andere Polizeikader kamen ausgesprochen billig weg, erst, was vom Rand an Reststücken übrig blieb, blieb den Gefangenen als Festmahl.
Einmal brachte der Parteisekretär 1958 und mich vom Berg runter zum Nahrungsmitteltransport, weil er uns als Vertraute ansah. Als wir an der Bachmündung ankamen, zogen wir einen Gestellwagen zur Nahrungsmittelstation, türmten nach einer Liste sackweise Reis und Nudeln darauf, zogen ihn zum Dorfplatz und verstauten alles in einem kleinen Haus. Es war keine Frage, 1958 zwinkerte nur und mir war klar, dass das ein regelrecht schwarzes Nahrungsmitteldepot war. Damals war das Leben angespannt, draußen waren die Menschen überall am Verhungern, doch der Parteisekretär knauserte mit den Lebensmittelmarken für die Gefangenen und verkaufte stattdessen die Lebensmittel schwarz.
Und hast du nicht gesehen stand eine Bauersfrau, eine richtige Schönheit, im Haus, lief direkt zum Herd, packte Reis in die Pfanne und schnitt Gemüse. 1958 stellte uns vor, das ist Frau Soundso, und flüsterte mir noch ins Ohr: »Das ist die Liebschaft vom Herrn Parteisekretär.« Und wies mich an, Feuer zu machen. Die Bauersfrau sah, dass ich eine ehrliche Haut war und plauderte mit mir, sie kam ursprünglich aus dem Kreis Wusheng, betrog ihren Mann mit

dem Parteisekretär, kam so an etwas zu essen und schaffte ein bisschen was davon nach Hause gegen die schlimmste Not.
1958 war eine Stunde weg und kam mit einem Bratenstück zurück, genug, um vier Leute satt zu machen. Der Parteisekretär und die Bauersfrau waren mit sich selbst beschäftigt, und so nahm ich mit 1958 ein heißes Bad. Damals war ein Bad schöner als heute eine Reise ins Ausland, ich saß in einem Fußbecken und schrubbte mich drei, vier Mal, der Ölschlamm fiel in Schichten ab, als häute man sich, und man fühlte sich doch noch nicht wohl. 1958 drängte ständig und witzelte dabei: »Schrubb dir nur die Pelle, Professor Stink, im nächsten Leben gehörst du zur arbeitenden Bevölkerung.«
Als wir aus der Wanne stiegen, schwamm in ihr ein Ölfilm und vor ihr standen wieder menschliche Wesen, wir hatten eine Epiphanie von der Größe des Himmels und der Erde und waren berauscht wie Unsterbliche. Und durch das Nachleuchten der sinkenden Sonne ging es, eine kleine Umerziehungsmelodie summend, zurück zum Berg – ach, der Mensch ist ein leicht zufriedenzustellendes Tier.
LAO WEI: Glückwunsch, dass Ihr die breite Straße zum Sozialismus beschritten habt.
ZHANG ZIGE: Aber das hielt nicht lange, unverhofft kommt oft, die Sache mit dem Schwarzmarkt-Getreide wurde ruchbar. Kurz darauf wurde der Parteisekretär ausgetauscht und auch 1958 kam vom Berg herunter. Und ich, weil ich mich allzu gründlich gewaschen hatte, stach unter der Masse, die sich das ganze Jahr weder Gesicht noch die Füße wusch, sogar noch in meinem Holzkohlenschwarz heraus. Und, Unglück im Glück, der neue Beamte, der sofort seinen Dienst antrat, ließ mich auf meinem ursprünglichen Posten. Ich suchte den neuen Parteisekretär auf, tief gekränkt von dem mir getanen Unrecht: ein stinkender Intellektueller mit einem kaputten Auge und Arbeit in der Grube, das passte nicht. Der Parteisekretär presste nur ein Wort durch die Zähne: »Raus!«
Mein Bad zu bereuen, war zu spät – ich verlor nicht nur meinen Status als Roter, sondern wurde auch wieder in die Grube geschickt;

außerdem durfte ich anderthalb Jahre nicht vom Berg herunter. Damals wechselten die Gefangenen an meiner Seite unentwegt und ich wurde so etwas wie ein »alter Hase«.

Schlagwetter

LAO WEI: Ich habe einmal in Erinnerungen von Ihnen gelesen, dass Sie in der Grube um ein Haar Ihr Leben gelassen hätten.
ZHANG ZIGE: Das war beim Schlagwetter, sechsunddreißig Leute, ich war der einzige, der den Pforten der Hölle entkommen ist.
LAO WEI: Kaum zu glauben.
ZHANG ZIGE: In der Umerziehungsbrigade gab es eine Reihe von Tigern: die Kochtruppe, die medizinischen Abteilung und in der Grube der Elektriker, der speziell die Grubenlampen auflud. Wer gut mit ihm stand, der bekam eine vollständig geladene, wer nicht, eine halbleere und musste dann bald blind im Stollen herumtasten. Damals fuhren ausnahmslos Rechtsabweichler ein, unter ihnen ein Prospektor, ein Experte, er wusste um die Wichtigkeit der Grubenlampen und nahm sie genau in Augenschein: Die Lampen waren zwar vollständig aufgeladen, aber wir hatten nur zwölf davon. Der Experte sagte: »Wie soll das gehen? Wollen wir Menschenleben aufs Spiel setzen?«
Dieser Experte war ein Bücherwurm, jeden Tag vor und nach der Schicht schärfte er mir ein, auf Gasentwicklungen zu achten, auf Firstbrüche und so fort, er machte die ganze Truppe kopfscheu. Außerdem schrieb er einen Bericht an die Grube über die Sicherheit in der Produktion, zog sich aber die Kritik der gesamten Brigade zu und wurde zusammengeschlagen.
»Diese Gier nach materiellen Vergünstigungen, diese Scheiß-Experten, die Leugnung der Mao-Zedong-Ideen ist eine geistige Atombombe!«, kritisierte ihn der Parteisekretär und verlängerte seine

Schicht auf vierzehn Stunden – das hieß abends um sieben ein- und morgens um neun wieder ausfahren, wodurch die Abbauquote schneller, besser und ökonomischer erfüllt wurde.
Wir waren gerade im Stollen, als der Experte wie immer hinter mir blieb, wie eine Maus, und mir ins Ohr flüsterte: »Heute geht es womöglich hinein, aber nicht mehr hinaus.« Mir stockte der Atem und ich gab zurück: »Fehlen Grubenlampen?«
Er zog mich an der Schulter und sagte: »Geh ein bisschen langsamer und spitz die Ohren!«
Eine Reihe von Leuten war schon ein paar hundert Meter drin, der Experte holte tief Luft und sagte: »Hörst du nicht das Gas?«
Ich sagte, ich höre nichts.
Er sagte, ich solle die Ohren noch einmal spitzen.
Die Gefangenen krochen bereits die Holzstiegen hoch, wurden in Gruppen auf-, den Gruppen die Arbeit zugeteilt, und zwei, drei Leute stiegen über die Stiegen aus Holzscheiten zum Vortrieb hinauf, zum elektrischen Abbau, wo sie die herabgebrochene Rohkohle abzogen; und wer unten geblieben war, tat das gleiche oder stocherte mit einem langen Eisenbohrer oben in der Bruchkohle herum. War die Kohle besonders dick, so konnte es vorkommen, dass schon nach kurzem Bohren ein großes Stück herausbrach. Alles hatte sich gerade vorschriftsmäßig an die Arbeit gemacht, als der Experte erneut tief durchatmete: »Das Gas schreit, es schreit wirklich!« Mir stockte der Atem, als ich das hörte, und tatsächlich war ein Knarren zu vernehmen und die Eisenbohrer in den Händen verstummten. Der Gruppenleiter sagte: »Das Knarren gibt es jeden Tag, sag mir nicht, wir sollen aufhören!«
Der Experte sagte: »Das Knarren jetzt ist aber nicht wie das Knarren sonst.«
Der Gruppenleiter sagte: »Und was ist da anders?« Und hob die Hand und bohrte ein Stück Bruchkohle herunter.
Der Experte schrie auf: »Nicht mehr bohren! Nicht mehr bohren! Wenn wir zu viel bohren, kann das zu einer Explosion führen!«

Doch niemand beachtete ihn und so machten sich alle voller Unruhe wieder an die Arbeit. Der Experte schob eine Weile lang diesen, drückte eine Weile lang jenen, als wäre er nicht mehr ganz bei Trost. Der Gruppenleiter schimpfte: »Hier nicht bohren, dort nicht bohren, wer übernimmt dann die Verantwortung, wenn wir nicht fertig werden?«

Mir allerdings standen die Haare zu Berge. Das Knarren wurde lauter, ich glaube, jeder sah das Züngeln der blauen Flammen. Denn die Eisenbohrer sanken wie auf Befehl zu Boden. Gegen acht Uhr hatte ich gerade unbewusst den Bohrer gegen die Decke gestoßen, als das scharfe Schreien des Gases schlagartig zu einem ohrenbetäubenden Getöse wurde und mir die Bruchkohle zur gleichen Zeit wie ein fortgesetzter dumpfer Donner entgegenkam. Die Holzstiegen fielen in sich zusammen wie Bauklötze, Mensch und Kohle war nicht mehr zu unterscheiden und pladderten aus dem Stollenloch herunter, ich knallte mit dem Hintern auf den Boden, drehte mich augenblicklich nach der Druckwelle, die ganze Decke kam krachend herunter und deckte mich zu. Ich verlor das Bewusstsein. In diesem Moment sah ich in einem äußerst hellen Lichtkranz meine Mutter, meine Frau und die Schatten von Kindern.

Als ich zu mir kam, lag ich bereits draußen auf dem Kohledamm. Das Schlagwetter hatte zu einem großflächigen Firstbruch geführt und sechsunddreißig Menschen unter sich begraben: Die Grubenleitung war alarmiert, organisierte eine Rettungsaktion, doch sie konnten nur noch sechsunddreißig schwarze Leichen ausgraben, die in einer langen Reihe auf den Kohledamm gelegt wurden, ein Brei aus Blut und Fleisch, ohne Nasen und ohne Augen.

Unmittelbar rückte die Bestattungsgruppe an und hat ausnahmslos alle schleunigst und nicht einmal in eine Strohmatte gewickelt verscharrt. Als die Reihe an mir war, waren insgesamt gerade sechsunddreißig zusammen. Zur allgemeinen Überraschung aber hustete ich spuckend und erschreckte alle zu Tode. Ein Bekannter sagte: »Er lebt noch!«

Ein anderer sagte: »Einen Scheiß tut er, vergrab ihn und fertig.«
Ein anderer sagte: »Echt? Mach uns keine Angst.«
Dann liefen viele zusammen und äußerten sich alle gleichzeitig: »Zur Hölle! … Verdammtes Glück!«
Der Gefängnisarzt kam vorbei, zog mein Lid hoch, untersuchte mich und ließ mich zum Aufwärmen in die Brigade tragen. Einem Polizisten befahl er: »Sofort ins Krankenhaus.«
Er begleitete mich, zu Fuß, ein Weg von fünfundzwanzig Kilometern, und ich kam ins Grubenspital. Erst durch die Rettungsmaßnahmen dort bin ich von den Pforten der Hölle zurückgekehrt – und hatte noch über drei Monate schwarzen Auswurf.
LAO WEI: Haben Sie keine Silikose bekommen?
ZHANG ZIGE: Ich habe schwarzen Auswurf gehustet, dicker als Tinte, erst nach zwei Monaten ist der etwas heller geworden, und der Husten hat mir nicht mehr so die Lunge zerrissen. Ein Glück, dass ich von klein auf eine recht robuste Gesundheit hatte.

Die Grabrede des Menschenfressers

Nach dem Krankenhausaufenthalt wurde ich wegen ein paar medizinischer Kenntnisse als Arzt für chinesische Medizin dabehalten, und so hatte ich nun wiederum Glück im Unglück. Einmal bin ich mit einem Rechtsabweichler namens Feng, einem Arzt der chinesischen Medizin, in die Berge, um Kräuter zu sammeln; auf halber Höhe trafen wir auf die Beerdigungstruppe, versteckten uns hastig hinter einem Sogongras-Gebüsch und schauten heimlich zu. Wir sahen lediglich sieben, acht Männer, die abwechselnd mit Eisenspaten in die Bergwand ein Loch gruben, nach einer Weile war das Loch eine Höhlung und die Höhlung wurde ausgeweitet zu einer richtigen Höhle. Ein paar beleuchteten alles mit trockenen Holzästen, nach der Arbeit waren alle vollkommen hinüber und schnauften wie die Blasebälge, dass man es hundert Meter weit hören konnte. Anschließend wurde eine löchrige Matte ausgebreitet, der Kerl, der hier das Sagen hatte, zog ein scharfes Messer aus der Tasche und begann, das Fleisch der Leiche auf der Matte hier und da zu zerteilen: Gesäß, Oberschenkel, Unterschenkel, Rücken und Arme … Ganz zum Schluss brach er den Mund auf, wobei zwei weitere Männer zur Hand gingen, die Zunge des Toten wurde nach und nach herausgepult und mitsamt der Zungenwurzel ausgelöst. Der Kerl, der hier das Sagen hatte, hielt das Messer in der blutverschmierten Hand, die tote, steife Zunge war in der Sonne schwarzrot wie eine Spielkarte, nein, eher wie eine geteilte und in Chili-Sauce getunkte Gurke. Der Kerl schnupperte auch noch daran und lachte ein eiskaltes Lachen. Die Anderen schafften die abgetrennten Leichenteile in die Höhle, Lehmstücke flogen hinterher und das Ganze wurde mit Steinen verschlossen.

Die restlichen Fleischfetzen packte man auf die Matte, alle standen einen Augenblick in stillem Respekt da, dann wurde Holz gesammelt und Feuer gemacht. Den Leuten lief sichtbar das Wasser im Munde zusammen. Der Reihe nach griff sich jeder ein Stück Fleisch und hängte es zum Grillen über das Feuer. Man wartete auf das behagliche Bruzzeln des Bratens und streute Salz darüber. Schließlich war es gar. Wie die Wölfe machten sich die Kerle, die Mäuler verschmiert von Fett und Asche, darüber her. Ein Windhauch wehte den Geruch nach verbranntem Fleisch herüber, ein betörendes Aroma, Doktor Feng und ich schauten einander an und es gurgelte in unseren Kehlen und Eingeweiden. Spasmen zogen sich durch die Nerven, und in diesem Augenblick vergaßen wir, dass wir Menschen waren.

Der Kerl, der hier das Sagen hatte, riss dem Tiger das Fressen aus den Klauen, schnitt den unkenntlichen Geschlechtsapparat in Stücke, so dass jeder einen Bissen davon hatte: »Das gibt Kraft!«, seufzte jemand, als läge ihm noch mehr auf dem Herzen.

Übrig war die Menschenzunge, die weit entfernt vom Feuer in das

Geäst eines Baumes gehängt wurde, wo sie hoch im Wind baumelte. In der Erwartung, dass dieses Abendmahl mit Menschenfleisch sein Ende nahm, wandten alle den Blick ab und hörten, wie der Kerl, der hier das Sagen hatte, folgende Leichenrede improvisierte:

»Ruhe in Frieden! Verzeih uns!
Du warst einer von uns, du bist vor uns verhungert, und hast so uns allen einen letzten Dienst erwiesen.
Wenn wir überleben wollen, bleibt uns keine Wahl, als deinen Hinterschinken zu grillen und zu essen.
Um zu überleben, haben wir sogar gegessen, was an dir vielleicht ein bisschen zäh war; alles samt Schwanz und Hoden…
Um zu überleben, blieb uns keine Wahl, verzeih!
Deine Eingeweide haben wir gemieden, es muss doch einen Unterschied geben zwischen einem Menschen und einer hungrigen alten Krähe, wie auch immer, deine Leiche bleib beieinander.
Wir haben deine Zunge aufgehängt, damit du plappern kannst, wie du willst, mit dem Wind, mit der Sonne, mit uns, du kannst alles rauslassen, was dir an reaktionären Ideen im Bauch gärt. Du warst im Leben nicht frei, zwei, drei Sätze, und du warst ein Rechtsabweichler, jetzt bist du erlöst, hast die Mütze los, die man dir aufgesetzt hat,
es hat ein Ende, verdammt. Sag, was du willst, sei so reaktionär, wie du willst, und bleib es, solange du willst.
Ruhe in Frieden. Wir werden dem Ruf der Partei nicht mehr folgen und dich melden und entlarven und müssen nun für immer Abschied nehmen von dir.
Weil wir dein reaktionäres Fleisch genossen haben, verbeugen wir uns dreimal – vor dir.«

Und damit war das Begräbnis beendet. Der Kerl, der hier das Sagen hatte, stellte sich auf die Zehenspitzen, langte noch die Zunge aus den Zweigen und stopfte sie sich wie einen Schatz in die Ho-

sentasche. Wie Doktor Feng sagte, kann eine menschliche Zunge ein Wundermittel sein, man darf sie nicht trocken werden lassen, nicht braten, nicht backen, sie überhaupt nicht in Kontakt bringen mit Feuer und Rauch, sonst verdirbt sie. Die beste Art, sie zu konservieren, ist, ihr an der frischen Luft das Wasser zu entziehen, sie sich mit einem dünnen Hanfseil um die fleischigen Teile von Nabel, Hüfte, Oberschenkel usf. zu binden und über die Körperwärme langsam zu trocknen. Wenn sie sich zusammengezogen und eine andere Farbe angenommen hat, zermahlt man sie zu einem feinen Pulver. Das wirkt Wunder bei äußeren Verletzungen, bei Blutungen, Entzündungen und Infektionen: bei alten und neuen Wunden eine Prise Zungenpulver und es wird ohne großes Bohai besser.
LAO WEI: So macht man aus allem das Beste.
ZHANG ZIGE: In diesen Jahren sind so viele, viel zu viele verhungert, da hat es nie an Nachschub gemangelt.

Schurken unter den Gefangenen

LAO WEI: Wie haben Sie die Hungersnot überstanden?
ZHANG ZIGE: Wie man es auch dreht und wendet, ich muss wieder auf 1958 zu sprechen kommen. Als ich im Krankenhaus war, hatte er zusammen mit dem alten Parteisekretär auch einen »Ortswechsel« Richtung Krankenhaus vollzogen und war Leiter der Großgruppe Küche geworden, mit größerer Macht als normale Kader. 1958 kümmerte sich noch um mich, aber der Kerl war ein übler Charakter und am Ende kam auch ich nicht mehr mit ihm klar.
LAO WEI: In welcher Richtung hat sich sein schlechter Charakter ausgewirkt?
ZHANG ZIGE: Absolute Macht führt zu absoluter Korruption, wie man heute sagen würde. 1958 war mit dem Parteisekretär verschiedentlich versetzt worden und fast so etwas wie ein persönlicher

Gefolgsmann, er hat oft als eine Art Familienangehöriger der Gefangenen Leute weggebissen. So einmal die Frau eines Gefangenen namens Yang. Sie war ein paar hundert Meilen herbeigeeilt, um ihren Mann zu sehen, die Torwachen ließen das nicht zu, da erschien 1958 auf der Bühne und setzte sich für sie ein. Die Eheleute ergriffen die seltene Gelegenheit, um sich einander anzuvertrauen und konnten sich minutenlang nicht trennen. Frau Yang hatte ihrem Mann eine Kanne rot gebratenes Schweinefleisch mitgebracht, damals wertvoller als Diamanten.

Überraschenderweise sagte 1958 nach dem Ende des Besuchs zu der Frau: »Es wird bald dunkel, ich bringe Sie ein Stück.« Am Ende versuchte er unterwegs, der Frau Gewalt anzutun. Als sie sich wehrte, bleckte er die Zähne: »Schrei nicht, erstens hat es keinen Sinn, zweitens ist das für die Umerziehung von deinem Mann nicht gut.« Die Frau wehrte sich weiter und er sagte wieder: »Wenn du aufhörst, gebe ich dir fünf Pfund Reis und dein Mann wird es leichter haben.« Daraufhin ließ sie es geschehen.

LAO WEI: Was für ein Schwein.

ZHANG ZIGE: Noch wilder war, dass er es Kadern besorgte. Zwei hochgestellte Intellektuelle waren wegen Unterernährung im Krankenhaus, nach den Vorschriften durften sie nur eine halbflüssige Diät bekommen; eine zwanzig Jahre alte Krankenschwester hat ihnen aus Mitleid und ohne Erlaubnis eine vollflüssige Diät verabreicht. Als 1958 davon erfuhr, hat er das sofort weitergegeben. In diesen Jahren war das eine Frage des politischen Standpunkts, woraufhin die kleine Krankenschwester ihre Armeeuniform ausziehen musste, der Grubenverwaltung überstellt und der Kollaboration mit konterrevolutionären Rechtsabweichlern beschuldigt wurde. Der Parteisekretär befahl 1958, sie Tag und Nacht zu bewachen, und nutzte am Ende spätnachts die Gelegenheit, die kleine Krankenschwester zu vergewaltigen. Um mir den Mund zu stopfen, gab er mir ein Weißmehl-Mantou.

Als die Kleine von meinem Hintergrund erfuhr, erzählte sie mir unter vier Augen von allen möglichen Demütigungen. Ich tröstete sie, sie solle sich keine Sorgen machen. Sie sagte, das könne sie nicht, 1958 schnüre ihr die Luft ab. Daraufhin tat ich mich mit ein paar jungen Gefangenen im Krankenhaus zusammen, wir waren uns von Anfang an einig, und die Gefühle der Massen gingen hoch: »Ein Krimineller, der eine Kaderfrau fickt, das ist ein Skandal!«

Nach ein paar Tagen sollte das Taschengeld ausgezahlt werden, doch die öffentlichen Gelder des Finanzchefs waren verschwunden. Eine derartiger Skandal alarmierte auf der Stelle den Krankenhausleiter und den Parteisekretär. Es wurde befohlen, sämtliche Gefangenen zu durchsuchen, doch ohne jedes Resultat. Der Finanzchef sagte: »Verfluchte Scheiße!«

Der Leiter des Krankenhauses fragte: »Sind alle durchsucht worden?«

Die Volksbefreiungsarmee meldete: »Alle, außer ihm!«

Damals war 1958 der höchste Gefangenenvertreter, stand mit all seiner Autorität hinter dem Parteisekretär und gab auch nicht klein bei, als die Volksbefreiungsarmee auf ihn deutete.

Der Leiter des Krankenhauses sagte: »Er ist Gefangener und keine Ausnahme!«

Daraufhin wurde 1958 durchsucht und das Geld an Ort und Stelle bei ihm gefunden. 1958 schrie etwas von Unschuld, doch der Parteisekretär versetzte ihm eine Ohrfeige. Der Leiter des Krankenhauses befahl: »Fesseln und zur Brigade mit den Wiederaufnahmen!«

In diesem Augenblick wechselten ein paar kleine Diebe mit mir einen Blick und mein Herz war auf der Stelle wie ein heller Spiegel.

1958 wurde heftig angegriffen und einer Voruntersuchung unterzogen. Er konnte das nicht auf sich sitzen lassen und stellte den Parteisekretär in seiner Gier nach Getreide bloß; das Ganze zog immer weitere Kreise, die gesamte Kochgruppe entpuppte sich als Diebesnest. 1958 war schlimmer Vergehen schuldig, es fehlte nicht viel und man hätte ihn erschossen; aber trotzdem wurde er später

wieder auf dramatische Weise rehabilitiert. Nach seiner Entlassung geriet er in die Kulturrevolution, schloss sich den Rebellen an, war in einer Arbeiter-Propagandabrigade für die Mao-Zedong-Ideen. Später wurde er rückfällig und beim Fremdgehen von einer Frau getötet. Wie man erzählt, hat sie ihn dazu gebracht, sich auszuziehen und ihm dann einen Dolch in die Herzgrube gestoßen.
LAO WEI: Ausgezeichnet, ausgezeichnet.
ZHANG ZIGE: Ich träume heute noch oft von 1958, ich sehe dann den Gefangenen Yang, dessen Frau er es besorgt hat. Er war ebenfalls Rechtsabweichler, ein Kommilitone von Yang Zhenning, dem Nobelpreisträger, der zunächst der Aufforderung, nach China zurückzukehren und Aufbauarbeit zu leisten, gefolgt und dann so tief gefallen ist. Und obwohl er sich das rotgebratene Fleisch, das seine Frau ihm mitgebracht hatte, um die Hüfte band, brachte er es doch nicht über sich, davon zu essen, nur wenn das Verlangen unerträglich wurde, hat er sich zwei Bissen davon in den Mund gesteckt, seine Mitgefangenen waren ganz grün vor Neid.
Yang war beständig auf der Hut und nahm das Fleisch sogar mit auf die Toilette. Wenn er sich niederhockte, hielt er es zunächst in beiden Händen, was ihm allerdings nicht sehr elegant erschien und er den Fleischtopf schließlich eine Elle entfernt auf den Boden stellte. Und hast du nicht gesehen bekam das Fleisch augenblicklich Beine, Yang riss die Hosen hoch und setzte ihm nach …
LAO WEI: Hat er ihn gekriegt?
ZHANG ZIGE: Einen Geist hat er gekriegt. Yang haben sie später wegen einer Kleinigkeit die Ration heruntergesetzt, er konnte nur mit Weizenkleie seinen Hunger stillen, was ihm schließlich große Probleme machte. Bei einer Untersuchung im Krankenhaus bekam er die Diagnose, Konstipation durch verhärteten Stuhl, nicht durch Medikamente aufzulösen, Operation notwendig. Eigentlich wäre das der Job des Gefangenendoktors gewesen, aber der diensthabende Kaderarzt drängte sich vor, das Leben eines Gefangenen galt nicht viel und er konnte an einem Versuchskaninchen üben.

Yang wurde in den Operationsraum gebracht, doch als er den Kaderarzt, der nicht einmal einen weißen Kittel anhatte, mit großen Schritten hereinkommen sah, schrie er dem Gefangenenarzt zu: »Operation vorbereiten.« Yang brach der kalte Schweiß aus, er rollte tatsächlich vom Operationstisch herunter und machte mit vor der Brust gefalteten Händen einen Kotau nach dem anderen: »Gefangener XXX ist es nicht wert, dass sich ein Kader die Hände an ihm beschmutzt!« Da antwortete ihm der mit der Mao-Bibel: »Sterbende retten und den Verletzten helfen, das ist revolutionärer Humanismus.«

Yangs Gejammer blieb wirkungslos, er wurde von ein paar Mann auf dem Operationstisch gehalten und anästhesiert. Der Metzger von einem Militärarzt war unbelehrbar und ignorierte völlig, was der Gefangenenarzt neben ihm unentwegt gestikulierte und mahnte. Schließlich erfolgte ein Schnitt mit dem Messer, der die blockierende Masse nicht traf, sondern den Darm zerschnitt.

Große Konfusion, alles wurde hastig wieder zugenäht und der Militärarzt stolzierte davon. Yangs Todeskampf dauerte drei Tage, dann tat er seinen letzten Atemzug. Die Angehörigen wurden benachrichtigt, vom Staub der Reise bedeckt erschien seine Frau umgehend und heulte sich fast zu Tode. Ein Glück, dass 1958, der sie befleckt hatte, da schon entlarvt war.

LAO WEI: Laut Buddhismus ist uns alles vorbestimmt, Sie sind alt und auch Ihre Höllenreise sollte bald zu Ende gehn.

ZHANG ZIGE: Danach bin ich noch zweimal in andere Gefängnisse verlegt worden, bis ich im Juli 1973 meine Strafe abgesessen hatte, entlassen wurde, nach Chongqing zurückkehrte und vier Jahre bei überwachter Arbeit zubrachte. 1978 hat dann das Zentralkomitee die Akte 55 über die Rehabilitierung der Rechtsabweichler erlassen, meine Politik wurde in die Tat umgesetzt und ich kehrte an die Südwest für Politik und Recht zurück, war wieder Professor für Chinesisch, bis ich bald darauf auf beiden Augen erblindete.

劉思湘

18

LIU SIXIANG

8000 Frauen aus Hunan nach Xinjiang

Erinnerung ist wie Treibsand, es fehlte nicht viel und die Erinnerung an diese Ereignisse wäre für immer verloren gewesen …
Ich muss unentwegt meinen Computer durchsuchen und den Dschungel meiner alten Dateien öffnen, sonst werden auch viele Ereignisse, viele Menschen, die es zweifellos gegeben hat und von denen es Aufzeichnungen gab, nach und nach in Vergessenheit geraten. Heute bin ich in Berlin und schaue zurück auf Zeiten ohne festen Wohnsitz in China, ein Wolf unter Jägern, immer auf der Hut, einsam, versteckt, umherstreifend unter Menschen und drohenden Bergen, jäh einen Satz aufschnappend, einen Menschen, eine Szene, eine Geschichte, die sprachlose Suche nach Worten sammelnd und unbewusst das Diktiergerät in der Hosentasche anstellend … ich bin schon über acht Jahre in Berlin, eine Menge seltsamer und grotesker Aufnahmen oder Aufzeichnungen umgaukeln mich und schlafen in einem Winkel des Computers oder einer Harddisk. Ich habe selbst einmal gesagt, ich hätte über 300 Persönlichkeiten interviewt, jetzt sieht es so aus, als reiche das bei weitem nicht hin, so wie die Geschehnisse aus der Vergangenheit, die ich noch einmal aufarbeiten will …

Am 18. Dezember 2001 blickte der Erzähler Liu Sixiang in einem Teehaus am Westtor von Chengdu auf die »erzwungene Hochzeit« seiner Eltern zurück und hörte gar nicht mehr auf zu seufzen. En passant kam er auch auf Li Xiaowan zu sprechen, denn sie hatte in der Hochzeitsnacht lauthals um Hilfe geschrien und wäre von ihrem Bräutigam, einem Bataillonskommandeur, beinahe mit einem Kissen erstickt worden – Grund war ein gigantischer Hochzeitsschwindel der Partei.

Staatlicher Heiratsschwindel

LAO WEI: Vor zwei Jahren erfuhr ich aus dem Mund eines Freundes, dass 200 000 Soldaten der Volksbefreiungsarmee nach Xinjiang strafversetzt worden waren, die alte Praxis des »Umpflanzens und Verwurzeln« von Grenztruppen, es ist nicht zu sagen, was das für ein Gefühl gewesen sein muss …
LIU SIXIANG: Und davon wusste er?
LAO WEI: Sein Vater war ein pensionierter Kader auf Abteilungsebene, Mitte der Achtziger aus der Präfektur Aksu in der Provinz Xinjiang in seine alte Heimat Hubei zurückgekehrt. Der alte Herr war Anfang der Fünfziger nach Xinjiang gekommen und schlug dort für sechsunddreißig Jahre Wurzeln, man kann sagen, er kennt die Südgrenze von Xinjiang wie seine Westentasche, die Geschichten gehen ihm nie aus, da reiht sich eine an die andere. Wir verstanden uns auf Anhieb und redeten einen Nachmittag beim Essen, leider vertrage ich nicht sonderlich viel und die alte Plaudertasche hatte gerade erst angefangen, da war ich schon blau wie ein Veilchen. Ich spürte, dass er vom Hundertsten ins Tausendste kam, in jungen Jahren ist er zu den Soldaten, setzte alles daran, die japanischen Besatzer zu vertreiben und dann die Reaktionäre von der Guomindang. Als er nach Xinjiang kam, war er schon Bataillonskommandeur, achtundzwanzig Jahre alt und hatte noch keine Frau. Ein einsilbiger, verhärmter Junggeselle, fuhr er einen großen Lkw mit offenem Verdeck und drang nach Westen vor und vor und vor,

es war grandios. Der Wind der Gobi war wie ein blitzendes Messer, selbst wenn man sich in die Uniform wickelte bis auf Nasenspitze und Mund, war man seinen blutigen Schnitten ausgesetzt. Dann war die Straße zu Ende, also aussteigen und zu Fuß weiter, wer nicht mehr konnte, stieg auf ein Kamel. Im uigurischen Kreis Yanqi angekommen ruhte die Truppe einen ganzen Tag, dann ging der Marsch weiter, an Korla Shehiri vorbei, am Tarimfluss entlang und immer noch kein Halt erlaubt. Tausend Meilen Gobi, das Wogen der Sandhügel, das gelegentliche Klagen der Kamele, das einen zerreißt. Ein Glück, dass das Revolutionssoldaten waren, sie hatten ein Ideal, sie waren Optimisten und erreichten am Ende mit eiserner Disziplin ihr Ziel. Aus dem Nichts bauten sie ein Wasserreservoir, tauschten das Gewehr gegen die Sichel, aus den Kriegern wurden ausnahmslos Militärarbeiter, die das Land erschlossen, die Mehrheit der in den Westen strafversetzten alten Kämpfer blieb für immer in der Fremde. Die Wege waren beschwerlich, um die Oase war alles endlos gelber Sand, sie waren wie in einem Lager zur Umerziehung durch Arbeit, erschlossen und bestellten das Land und verbrachten ein nahezu vollkommen von der Welt abgeschiedenes Leben, in dem sich das Militärische zum Kollektiven wandelte. Mit der Zeit war der größte Wunsch der Männer eine Frau zur Lösung ihrer sexuellen Probleme.

LIU SIXIANG: Was du erzählst, weiß ich schon lange, mein Vater war damals Bataillonskommandeur, 6. Division der 2. Armee. Vor etwa drei Jahren habe ich ihn für ein letztes Mal zurück an die Südgrenze begleitet, zu einem Besuch bei den alten Kameraden und seinen alten Untergebenen auf dem Bauernhof, die Hälfte war tot und um den großen Xihai-Wasserspeicher herum begraben; den Rest konnte man an den Fingern abzählen, alte Opas in ihren Siebzigern und Achtzigern, seit Jahrzehnten nicht weiter gekommen als fünfzig Kilometer im Umkreis, einige hatten noch nie einen Zug gesehen, man wusste echt nicht, ob man lachen oder weinen sollte. Einige waren demobilisierte alte Soldaten, loyal und ergeben, hatten die ganze lange Zeit die Kampfanzüge von damals nicht abgelegt, trugen in Zweier- und Dreierreihen Militärorden vor der Brust und stützten sich, wenn sie nicht mehr gehen konnten, auf einen Stock – so saßen sie auf der Türschwelle in der Sonne und warteten darauf, dass eines Tages General Wang Zhen vor der Tür stehen und sie nach Hause holen würde, oder nach Yan'an, um einen letzten Blick auf das von der Brigade 359 urbar gemachte Nanniwan zu werfen. Sie haben ein Leben lang gesungen: »Nach vorn! Nach vorn! Nach vorn! Unsere Truppe zur Sonne, unsere Spuren auf des Vaterlands Erde …!«

Mein Vater hat sich mit ihnen eine Nacht lang volllaufen lassen, sie haben eine Nacht lang gesungen und über ihre Herzkrankheiten debattiert. Ihre Frauenzimmer, Söhne und Töchter schienen das Blut des mongolischen Hirtenvolks dieser Gegend in sich zu haben, die Gesichter waren schlicht und rotbackig, die Kleinen sprachen nicht einmal fließend Chinesisch, doch alle konnten sie einstimmen: »Nach vorn! Nach vorn! Nach vorn!!«

LAO WEI: Und General Wang Zhen, hat er sie einmal empfangen?

LIU SIXIANG: Wang Zhen war längst tot, das hat auch in der Zeitung gestanden, aber alte Krieger wie sie, ohne jede Bildung, lebten einfach vor sich hin und hatten von nichts eine Ahnung. Auch mein alter Herr brachte es nicht übers Herz, sie wachzurütteln, ein Mensch ohne Hoffnung, das ist wie ein Feld ohne Sonne, das verdorrt. Ich denke, selbst wenn ihnen jemand gesagt hätte, dass Wang Zhen tot ist, sie hätten es nicht geglaubt, es hätte sie aufgebracht, wenn sie nicht sogar mit Stöcken auf den Überbringer der schlechten Nachricht losgegangen wären.

LAO WEI: Haben Sie Verwandte unter den Hirten?

LIU SIXIANG: Nein, meine Mama ist eine waschechte Hunanerin.

LAO WEI: Aus Hunan? Gab es denn weibliche Soldaten bei der kämpfenden Truppe?

LIU SIXIANG: Das Sprichwort sagt: »Hochzeit ist ein Band über tausend Meilen!« In dieser Zeit hatten nur die Parteiorganisationen diese Möglichkeit. Ich habe eine Menge Material gesammelt und werde irgendwann einmal ein Buch schreiben. General Wang Zhen, der, ohne mit der Wimper zu zucken, Uiguren umbrachte, ist auch bekannt als General der Landerschließung: Im Krieg gegen Japan hat er Nanniwan erschlossen, das Gebiet im südlichen Xinjiang ist ein paar hundertmal größer als Nanniwan … nur wie viele Leute musste man da hineinstecken? Nur Männer ging nicht, Hagestolz neben Hagestolz, und dann das widrige Umland, auf lange Sicht und ohne einen Schuss abzugeben wären die Soldaten zu Banditen geworden, zu Wölfen. Wang Zhen hat damals sicher den gleichen Gedanken gehabt, aber was sollte er machen? Die Disziplin der Revolutionstruppen war streng, Militärprostitution wäre ein Unding gewesen, und so hat Wang Zhen als Oberbefehlshaber der Grenzschutztruppen persönlich als erster Ehevermittler unter anderem an seine alten Kampfgenossen Wang Shoudao, den Gouverneur der Provinz Hunan, an Huang Kecheng, den Sekretär des Parteikomitees der Provinz, an Xiao Jinguang, den Kommandeur des Militärdistrikts, und Yuan Renyuan, den stellvertretenden Provinzgouverneur, einen Brief geschrieben und Xiong Huang, den Politkommissar der 6. Division der 2. Armee, als »Sonderbotschafter für Militärhochzeiten« zunächst zum Oberbefehlshaber Zhu De nach Peking geschickt, um nach einem Bericht über die Arbeit im Militärdistrikt Xinjiang eine Sondervollmacht zu bekommen und anschließend alle höheren militärischen und zivilen Stellen anzulaufen, um die Details auszuhandeln.

In seinem Schreiben an Wang Shoudao und Huang Kecheng hieß es: »Eine große Zahl von Soldatinnen in Hunan zusammenzuziehen, junge, unverheiratete Mädchen im Alter von achtzehn, neunzehn Jahren, Studentinnen mit einer gewissen Bildung, unabhängig von ihrem familiären Hintergrund, alles ist willkommen, solange sie nach Xinjiang kommen und weben und Kinder bekommen und aufziehen …«

Unmittelbar danach wurde, und das von Staats wegen, ein gigantischer Heiratsschwindel aufgezogen, als die »Rekrutierungsgruppe für den Militärbezirk Xinjiang« Hunan erreichte, brachten sämtliche Zeitungen Changshas Tag für Tag extragroße Sondernummern heraus: »Die Volksbefreiungsarmee rekrutiert Soldatinnen! Gehen Sie mit der Armee nach Xinjiang! Dort, in der direkten Nachbarschaft der Sowjetunion, des sozialistischen großen Bruders, gibt es überall Russischschulen. Die Rekrutinnen können Russisch lernen und in der Sowjetunion ihre Studien vertiefen; sie können zur technischen Ausbildung in eine Fabrik gehen, als Kunstsoldatinnen einer Theatergruppe beitreten; auch kann man einer Kollektivfarm sowjetischen Stils beitreten und auf weiten, üppig grünen Feldern Traktor fahren ...« – kurz, es wurde das Blaue vom Himmel versprochen, so wie man sich das Paradies vorstellte. Damals war das Land gerade erst befreit worden, die Menschen sehnten sich nach einem neuen Leben und besonders die Sowjetunion versprach das alles.

Die gesamten 50er Jahre war das Lernen von der Sowjetunion ein Trend, ihre Politik, ihre Wirtschaftsform, ihre Literatur und Lieder, ihre Kleidung, ihre Tänze drangen in die Haushalte; vor allem wurde Russisch zur ersten Fremdsprache der Chinesen. Insofern kann man diesen Schwindel durchaus als passende Antwort auf diese Mode bezeichnen: Ich richte meine Worte nach dem, was die Mädchen sich im Herzen wünschen; ich kratze dich, wo es juckt. Entsprechend kam die gesamte Gesellschaft rasch überein: Die Plätze sind beschränkt, man muss die Gelegenheit beim Schopfe packen! Man musste nur zu den Soldaten nach Xinjiang und alle schönen Wunschvorstellungen wurden im Nu Wirklichkeit und auch ein Auslandsaufenthalt war in absehbarer Zeit zu erwarten.

LAO WEI: War das nicht völlig absurd? Und das haben die Leute wirklich geglaubt?

LIU SIXIANG: Du hast keine Ahnung, wie groß damals das Ansehen der Volksbefreiungsarmee und der Kommunistischen Partei war! Wenn du Parteimitglied warst und Kader und Revolutionssoldat, dann standen deine Worte, deine Taten, deine Kleidung, selbst dein Haarschnitt und deine Mimik im Fokus und wurden von den jungen Leuten nachgeahmt, das war wie heute bei den Stars aus Hongkong und Taiwan. Vor allem Mädchen aus Ausbeuterfamilien und -klassen: Grundbesitzer, Kapitalisten und alte Soldateska, die bei der Arbeitssuche diskriminiert wurden und kaum den Kopf zu heben wagten, hörten nun plötzlich, sie könnten Soldat werden, Russisch lernen, in die Sowjetunion gehen! Die Chance zu einer Wiedergeburt!

LAO WEI: Das hat Sie so berührt?

LIU SIXIANG: Das waren die Worte meiner Mutter. Sie stammte aus einer Kleinunternehmerfamilie und ging damals auf eine Mittelschule für Mädchen. Aus ihrer Klasse haben sich über dreißig gemeldet, am Ende wurden nur fünf genommen und die wurden von den anderen derart beneidet, dass war fast schon nicht mehr normal. Mama war erst siebzehn und machte sich ein Jahr älter. Über einen halben Monat hinweg hat mein Großvater mütterlicherseits jeden Tag in aller Frühe die zwei Meilen bis zum Zeitungsbüro auf sich genommen und alle möglichen Blätter zusammengekauft, wenn er auch nur ein wenig zu spät dran war, waren die Sondernummern zur Rekrutierung bereits weg. Auf der Straße versammelten sich die Nachbarn, Hände in den Ärmeln, in kleinen Gruppen entlang der Straße und diskutierten. Sie hatte Angst, zu Hause wäre man dagegen und hat sich erst gemeldet und dann Bescheid gesagt, wurde aber wider Erwarten von den Eltern sehr unterstützt. Mein Großvater streichelte sogar ihren Hinterkopf und warf ihr bekümmert vor: Da wird man ja erdrückt, oder?! Ich war schon im Büro der Rekrutierungsgruppe, ein Meer von Menschen, die jungen Mädchen standen meilenweit für die Registrierung an! Warum hast du nicht zuerst zu Hause Bescheid gesagt?

Meine Mutter antwortete: Die neue Gesellschaft ist demokratisch, da kümmert man sich um seine Angelegenheiten selbst.

Mein Großvater sagte seufzend: Mein Klassenhintergrund ist nicht gut, ich bin keine große Hilfe, aber für dich anstehen könnte ich immer noch.

Obwohl Mama sich angemeldet hatte, hegte sie keine allzu großen Hoffnungen, doch nach knapp vierzehn Tagen bekam die Schule eine Nachricht, sie sei rekrutiert worden! Es folgte eine denkbar einfache ärztliche Untersuchung und sie war offiziell bei der Armee. Die Nacht vor der Abreise wollte keiner von den vier in der Familie ein Auge zutun und so saß man um den Ofen herum und plauderte. Meine Großmutter vergoss endlose Tränen, der Großvater hingegen machte in einem kleinen Zinnkrug Schnaps heiß und ließ sogar meinen damals noch recht kleinen Onkel zweimal nippen. Er sagte: Die Armee, eine große Ehre ist das, meine Familie wird Teil der Revolutionsarmee, sieht aus, als seien in der neuen Gesellschaft Mann und Frau gleich, was die Kommunistische Partei, was der Vorsitzende Mao sagt, darauf ist Verlass. Ich als kleiner Unternehmer, wenn man nur recht Schritt hält, gedanklich, meine ich, dann wird der Weg immer breiter.

Meine Mutter nickte rasch mit dem Kopf, sagte, stimmt, und tröstete die Großmutter: Im Nu beantrage ich Urlaub und komme dich besuchen.

Der Großvater mahnte mehrmals: Als Revolutionssoldat muss man Disziplin halten und ein Ideal haben! Und hart ran und Russisch lernen, sich ranhalten und vortun, früh krümmt sich, dem Vater keine Last und dem Vaterland eine Stütze!

LAO WEI: Ihr Großvater klingt wie ein Kader für ideologische Arbeit der KP.

LIU SIXIANG: Sich der Organisation zu nähern, war ein Zeichen der Zeit, das war in keiner Familie anders.

8000 Frauen aus Hunan kommen nach Xinjiang

Anfang Winter 1951 bestiegen über dreitausendachthundert Mädchen aus Hunan in brandneuen Uniformen, von Eltern und Verwandten verabschiedet und unter ohrenbetäubendem Abschiedsgetrommel und -gegonge nach zweimonatigem Training in Changsha einen Zug nach Westen, der den schönen Namen trug: »Auszug der Hunanerinnen.« 1952 folgten ihnen über viertausend weitere auf dem Fuß. Und dann war »8000 Frauen aus Hunan kommen nach Xinjiang« eine besonders große Schlagzeile, eine landesweite Sensation – das war etwas Neues, das hatte es in der Geschichte noch nicht gegeben, denn in den jahrtausendealten Traditionen Chinas war man gewöhnt, dass »ein guter Mann in alle Richtungen strebt«, während es das Schicksal der Mädchen war, keinen Schritt über die heimatlichen Gefilde hinaus zu tun. »Zerschlagt die feudalen Traditionen, befreit die Frau!« – war in jeder Zeitung in großer Aufmachung zu lesen.

Doch die Großeltern mütterlicherseits mit verwaister Tür und verwaistem Hof zeterten gleich etwas von nicht normal, Gäste kamen und gingen, als handele es sich um die Jahresbeste bei den Palastprüfungen. Der Tag war noch nicht angebrochen, da brachten sie alle zum Bahnhof. Die Frau Mama trug eine große rote Blume an der Brust, die anderen Mädchen aus ihrer Schule drückten sich aus den Fenstern und winkten zum Abschied, als gäbe es kein Morgen. Die Räder setzten sich in Bewegung und es dauerte keine Minute und sie sahen ihre Verwandten in diesem Leben nicht wieder.

In Xi'an angekommen gab es keinen Zug mehr, die Soldatinnen stiegen in große offene Lkw und weiter ging es nach Westen; über Lanzhou, durchgeschüttelt in öder Landschaft, weiter nach Westen. Über 40 auf einer Ladefläche, den Rucksack unter dem Hinterteil. An Trostlosigkeit und Dreck kein Unterschied zu den jungen Frauen heute, die auf der Suche nach Arbeit ihre Dörfer verlassen.

LAO WEI: Haben die Mädchen nicht mitbekommen, dass da etwas nicht mit rechten Dingen zugeht?
LIU SIXIANG: Doch, haben sie, nach Lanzhou, denn wenn die Kolonne zur Rast und zur Neuausrichtung hielt, ließen sich die regionalen Truppenkommandeure sehen, schwangen langatmige Reden, schwadronierten etwas von der dialektischen Beziehung von Revolution, Urbarmachung, Liebe und Heirat und rissen, ganz gegen ihre sonstige Ernsthaftigkeit, Witze über das Verhältnis von Mann und Frau. Anfangs waren die Mädchen verwirrt und gingen ihnen mit geröteten Gesichtern aus dem Weg; als sich das dann aber wiederholte, kamen Zweifel an der Organisation auf, wie man die Partei damals nannte. Meine Frau Mama erzählt, als sie in Xinjiang ankamen, lag über allen eine Atmosphäre der Bedrücktheit und Angst und erst da wachten sie aus ihrer revolutionären Begeisterung auf: Warum bestand die Rekrutierungsgruppe eines großen Militärdistrikts nur aus Soldatinnen? Warum war, wovon in den Rekrutierungs-Sondernummern immer die Rede war, von »Russischschulen«, »Farmen sowjetischer Art«, von »Fabriken« und »Traktoren« nicht einmal ein Schatten zu sehen? Je mehr man darüber nachdachte, umso furchtbarer wurde es, das sonst so weiche Haar stand ihnen zu Berge. Denn um sie herum war nichts als Öde und Gobi und kein Weg zurück. Und selbst wenn es einen Weg zurück gegeben hätte, man konnte doch nicht desertieren. In der Truppe herrschte Disziplin, Deserteure wurden ausnahmslos als Feinde angesehen und auf der Stelle exekutiert.
Die Soldatinnen suchten die militärischen Vorgesetzten. Manche schlugen sogar vor, man müsse Xiong Huang, dem politischen Kommissar und Leiter der Rekrutierungsgruppe, treffen. Unerwarteterweise stieß man bei den Führern auf eiserne Gesichter, jeder ein militärisches Geheimnis. Die Soldatinnen fragten geradeheraus: Wird man uns von Organisationsseite zur Heirat zwingen?
Die Führer antworteten: Nein.
Nächste Frage: Wohin geht es? In die Sowjetunion?

Antwort: Keine Ahnung.
Noch eine Frage: Was sollen wir hier tun?
Antwort: Militärgeheimnis.
In Urumtschi gab es ein wenig Rast und Neuausrichtung, niemand durfte auf die Straße, individuelle Unternehmungen waren nicht erlaubt. Unmittelbar darauf ging es für die Soldatinnen, bedröppelt wie sie waren, unter der sorgsamen Planung der Partei in verschiedene Richtungen, sie wurden aufgeteilt auf den Norden und Süden des Tianshan-Gebirges zwischen Xinjiang und der Mongolei und kamen damit in militärische Urbarmachungsfarmen, die ausschließlich von Männern bewohnt waren. In internen Materialien heißt es dazu, sie seien nach der Anzahl der unverheirateten Kader oberhalb der Kompanieebene zugeteilt worden. Die Farm meiner Frau Mama lag, vom Hauptquartier der 1. Landwirtschafts-Division in Aksu gut ein paar hundert Meilen entfernt, in einer Oase am Unterlauf des Tarim. Ein ganzes Regiment war hier gebunden, über tausend Junggesellen, wenn nicht mehr, doch laut Quoten wurden hier nicht einmal zwanzig Soldatinnen zugeteilt.
LAO WEI: Wie denn das?
LIU SIXIANG: Mama und die anderen wurden bei der Farmverwaltung in Empfang genommen, auf eine Reihe von Flachbauten verteilt und hatten eine Zeitlang nichts mit Offizieren und Mannschaften zu tun. Gleichzeitig gab der Militärbezirk Xinjiang eine spezielle Anordnung heraus, derzufolge »Liebesbeziehungen seien erst nach zehn Jahren Militärdienst und acht Jahren Dienst in der Partei erlaubt«. Ohne diese Voraussetzung sei es untersagt, eigenständig initiativ zu werden, Zuwiderhandlungen würden als Fehler eingestuft, der nicht nur ein Heiratsverbot, sondern auch eine Disziplinarstrafe nach sich ziehe. Diese Anordnung wurde auf großen Vollversammlungen von Offizieren und Mannschaften zweimal öffentlich bekanntgemacht, wodurch die überwiegende Mehrheit der jungen Männer, die im gleichen heiratsfähigen Alter waren wie meine Mama und die anderen, von deren Türen ferngehalten wurden.

Die Befolgung von Befehlen ist das A und O eines Soldaten, eine freie Partnerwahl war absolut unmöglich, zweihundert Frauen pro Farm hätten sowieso nicht ausgereicht.
LAO WEI: Aber es gab doch ein »Heiratsgesetz«, ich erinnere mich, dass im Antijapanischen Krieg in den kommunistischen Stützpunktgebieten von Shanxi, Chahar und Hebei ein Gesetz über die »Freie Partnerwahl« und gegen »Arrangierte Hochzeiten« publik gemacht wurde.
LIU SIXIANG: Die Truppe in Xinjiang, das war ein besonderes Umfeld, die regionalen Unterschiede waren immens. So waren die Produktions- und Aufbau-Corps in Xinjiang und die Regierung der Selbstverwaltungsgebiete einander gleichgestellt, unterstanden direkt dem Zentralkomitee und hatten nichts miteinander zu tun. So galten in den Regionen Gesetze, während bei der Truppe Befehle über den Gesetzen standen, und die mussten befolgt werden. Überleg doch mal, die paar nicht sehr gefestigten Frauen unter einer Horde von Männern, wenn die alle nach eigenem Gutdünken und frei hätten einen Partner suchen wollen, das Chaos wäre perfekt gewesen. Deshalb musste die Organisation auf den Plan treten.

Kommunismus der Liebe

Anfangs warteten die in ihrer Reaktion hinterherhinkenden Soldatinnen noch auf eine Zuteilung revolutionärer Arbeit, sehr schnell klärte sich die Lage jedoch: Ihre einzige revolutionäre Arbeit bestand darin, Männer zu treffen. Zunächst waren es Symposien, zu denen nur Kader von Kompanie und Bataillon an aufwärts Teilnahmeberechtigung hatten, ein leitender Offizier von der Division hielt eine Rede und stellte den jungen Frauen einen ihm unterstellten Vertrauten vor: »Leutnant Wang!« Ein Kerl wie ein Bär klappte sofort aus der ersten Sitzreihe hoch und brüllte: »Hier!«

»Ausziehen!«
»Jawoll!«
Im Handumdrehen wurde eine halbe Bronzepagode von Oberkörper sichtbar mit zahllosen schockierenden Schussnarben. Der Offizier kam mit großen Schritten herunter, packte den Leutnant Wang an der Schulter, drehte ihn einmal um die eigene Achse und erklärte im Detail die Geschichte jeder einzelnen Schussnarbe: »Das ist euer Kommandeur! Ein Diener der Republik! In der feudalistischen Gesellschaft hätte er sich längst eine Brokatrobe verdient und wäre nach Hause zurückgekehrt, in seine Heimat, nach Hunan. Ich weiß nicht, wieviele junge Frauen aus Hunan sich in so ein Bild von einem Mann verlieben würden ... ja, ja, wenn wir hier als Grenzsoldaten einen egoistischen Gedanken haben, dann den an eine Frau, Kinder und das warme Kopfende eines Kang! Aber«, betonte der Offizier mit erhobener Stimme, »für die Befreiung unseres gesamten chinesischen Volkes, für das Vorankommen und den Aufbau von Xinjiang wird unsere Jugend ein um das andere Mal im Feuer des Krieges getauft, die Gesichter sind schwarz, doch die Herzen leuchten, hier sind viele Helden der Revolution wie Kommandeur Wang, für die Liebe und Heirat immer wieder aufgeschoben wurden. Ihr jungen Frauen, mögt ihr solche Männer!?«
Dutzende von flammenden Blicken richteten sich gleichzeitig auf die zu einem Knäuel zusammengeschreckten Soldatinnen, wie meine Frau Mama erzählt, waren sie alle niedergeschmettert und zitterten am ganzen Körper, Man Yun neben ihr verbarg ihren Kopf und endlose Tränen fielen zu Boden. Der ältere Offizier stellte die Frage noch einmal: »Liebt ihr solche Männer?!«
Die Soldatinnen, die er anstarrte wie ein Tiger seine Beute, antworteten leise: »Ja.«
»Ein bisschen lauter!«
»Ja!«
Der Offizier lachte laut: »Auf unserer Farm haben wir lange nicht mehr etwas so Süßes gehört! Mädchen, die haben alle die Hosen

voll! Auch wenn hier jeder auf dem Schlachtfeld ein Tiger war, so ist er bei euch doch zahm wie ein Kätzchen, wenn ihr das nicht glaubt, dann probiert es aus!«

Im allgemeinen Gelächter erklang eine uigurische Tanzmelodie, der Offizier persönlich trat vor ein hübsches junges Mädchen mit Namen Fang Fei und breitete die Hände aus. Mit gerötetem Gesicht stand sie auf und tanzte mit dem älteren Offizier einmal vor und zurück und noch einmal vor und zurück, Kommandant Wang sah, dass alles erstarrt war, winkte und befahl: »Genossen, auf!« Da gab es ein großes Rauschen und jeder der Wölfe, die schon so lange in der Einöde gedarbt hatten, nahm ein Schäfchen, das er sich zuvor ausgeguckt hatte, ins Visier und stürzte sich darauf.

Für die jungen Mädchen gab es kein Entkommen, dafür war es zu spät, schon hatte sie ein starker Mann im Arm. Der Großteil der Offiziere stammte aus Bauerndörfern, war wenig gebildet und hatte, von den Schlachtfeldern abgesehen, zu wenig von der Welt gesehen, weshalb sie sich beim Tanzen, dieser neuen Spielerei, die in der Vergangenheit immer als »bourgeois« gegolten hatte und jetzt von einem älteren Offizier vorgemacht wurde, durchweg reichlich unbeholfen anstellten. Die etwas Intelligenteren machten es dem Offizier nach, zogen die Mädchen an sich und traten, ihn mechanisch nachahmend, den Mädchen immer wieder auf die Füße; die etwas Wilderen umfassten die Frauen wortlos, bis sie schnauften wie die Ochsen; noch anderen brannte der Latz, die konnten sich nicht beherrschen, umarmten sie mit einem Griff an den Hintern und galoppierten auf der Stelle hin und her. Meine Frau Mama sagte, mein Vater habe sich am dümmsten angestellt, er packte sie an der Hüfte, wagte die Beine nicht zu bewegen, bog den Hals nach hinten und schrie: »Melde gehorsamst, Herr Kommandant! Wie soll ich tanzen?«

Der ältere Offizier überließ Fang Fei dem Kommandeur, kam herüber, machte es vor und schlug meinem Herrn Papa kräftig auf den Rücken: »Tanz einfach, wie du willst, aber zuerst einmal musst du dich bewegen!«

Es wurde bis zehn Uhr abends getanzt, die Offiziere wollten die jungen Mädchen einfach nicht mehr loslassen. Doch der ältere Offizier stellte die Musik ab und erklärte die Zusammenkunft für beendet. Ein Wachmann vom Regiment kam herein, nahm eine weißglühende Gaslaterne herunter und geleitete die Soldatinnen zu ihren Unterkünften. Als sie über den leeren Platz kamen, konnten sie die vielen erhitzen Blicke in den Barracken ringsum spüren und beschleunigten unweigerlich den Schritt. Sie wuschen und legten sich nieder, vergruben sich Kopf an Kopf in ihren Decken und ein leises Flüstern erhob sich. Man Yun war die Klassenkameradin meiner Mutter, von lebhafter Natur, träumte gerne und machte deshalb als erste den Mund auf: »Das geht überhaupt nicht, nicht die Spur Romantik! Der Kompaniechef Liu, der mit mir getanzt hat, ist siebenundzwanzig! Ich bin erst achtzehn.«
Meine Frau Mama sagte: »Stimmt, wir sind zur Armee und nach Xinjiang, um Revolution zu machen, und nicht, um uns jemanden aus der Generation unserer Onkels zu suchen. Zuhause so früh über's Heiraten zu reden, wäre auch unmöglich.«
Dem stimmte Li Xiaowan vom Nachbarbett zu: »Ja, und wenn, dann müssten es welche sein, die vom Alter her passen und die ein bisschen Manieren haben, einen gleich halbtot zu drücken, wo gibt es denn so was?«
Man Yun sagte: »Wir müssen das der Organisation melden, Gefühle brauchen Zeit, kaum angekommen und gleich drauflos, das ist unmöglich.«
Mama sagte: »Dann verlangen wir alle, eine Russischschule besuchen zu dürfen.«
Fang Fei zog eine Schnute und sagte: »Hört auf zu träumen, wenn die Partei sagt, es wird geheiratet, dann wird geheiratet.«
Man Yun sagte: »Der Kommandant, der Held, hat ein Auge auf dich geworfen, dabei könnte er dein Vater sein.«
Fang Fei heulte wie ein Baby. Mama sagte: »Man Yun, wie kannst du so etwas sagen, wir sitzen doch alle in einem Boot!«

Da fing auch Man Yun an zu heulen, und dann heulten alle zusammen, wohlgemerkt unter den Decken, aus Angst, man könnte es sehen, und jede biss sich in den Handrücken, was sollten sie auch tun?

Fang Fei sog hörbar die Luft ein und sagte: »Und so wird Revolution gemacht? Da wäre ein sauberer Tod ja besser.«

Li Xiaowan sagte: »Und was wird aus uns, wenn du tot bist? Und was aus deinem Freund, dem Li, aus Changsha?«

Fang Fei sagte: »Ich kann mir gerade selbst nicht helfen, wie kann ich da Rücksicht auf ihn nehmen?«

Man Yun hatte einen Einfall und unterbrach sie schnell: »Wir sollten auf keinen Fall vor der Organisation die Sprache auf Freunde bringen! Das wäre nicht gut für uns und auch nicht für andere.«

Doch Li Xiaowan, die nicht begriff, beharrte: »Man darf die Organisation doch nicht belügen! Ich gehe zur Führung, aber sicher, und schütte ihr mein Herz aus, Heiraten ist etwas für das ganze Leben, das geht nur, wenn beide es wollen.«

So redeten sie, so weinten sie, und der Tag dämmerte heran, dada, das Signal zum Wecken klang durch das Lager, schon klopfte Jiang Bichun, ihr provisorischer Gruppenführer, an die Tür und weckte sie. Nach dem Frühstück ging es wieder zu einer Zusammenkunft in die große Halle. Der Politkommissar des Regiments sagte ein paar einfache Worte und erlaubte dann »freien Kontakt«. Da am helllichten Tag den Offizieren vieles verboten war, blieb nur ein törichtes Gekicher, niemand näherte sich der Gruppe der Frauen. Auch durfte nicht wieder Musik angestellt und getanzt werden, man befürchtete ein zu großes Durcheinander, womit man sich den Unmut der Krieger zuzog. Deshalb blieb ungeachtet irgendwelcher Mobilisierungen durch die Führung der Platz weiter leer. Als erster näherte sich ein Bataillonskommandeur den jungen Frauen, doch die drängten sich so eng zusammen, dass nicht einmal eine Nadel dazwischengepasst hätte. Der Bataillonskommandeur stammte aus dem Nordosten, stieß aus Verlegenheit eine unanständige

Verwünschung aus und verlor in der allgemeinen Aufregung die Schlacht.

Die freie Kontaktaufnahme funktionierte nicht und die politisch-ideologische Arbeit des eins zu eins wurde vollständig zur Entfaltung gebracht. Die Offiziere berichteten zunächst der Organisation, wen sie jeweils im Auge hatten, dann wurde nach Rang vorgegangen, der Oberkommandeur suchte jemanden für die Regimentskommandeure, die Regimentskommandeure für die Bataillonskommandeure und weiter nach diesem Muster. Wenn mehrere auf eine Person ein Auge geworfen hatten, ging der höhere Rang vor dem niederen, bei gleichem Rang ging es nach Länge der Dienstzeit und der Parteimitgliedschaft, da gab es kein Vertun.

Die Hochzeitsnacht

Die schwachen Frauen wurden »monopolisiert«. Die sogenannten vertrauten Gespräche waren zu nichts anderem da, als sich mit der Situation der zukünftigen Gatten vertraut zu machen; die Brautwerber zeigten alles nur von der besten Seite und übertrieben das Blaue vom Himmel herunter, nach ein oder zwei, fünf oder sieben Tagen dieser Mühle waren die Ohren der jungen Frauen schließlich weichgeredet und seufzend schlugen sie vor, das Objekt zu treffen. Es gab aber auch hartnäckige, bei denen die Strategie des wiederholten Angriffs nicht zum Erfolg führte und denen einfach ein »Ultimatum« gestellt wurde: Das sei eine revolutionäre Notwendigkeit, wenn eine sich keinen Mann nehme, dann sei das ein Problem ihres Klassenstandpunkts! Schlimm war es, wenn der Partner zu alt war oder von abstoßendem Äußeren und für dich vielleicht kein erfreulicher Anblick und du dich einfach versteckt hast, bis die Organisation für dich die »Hochzeitsurkunde« ausgestellt, das Brautzimmer hergerichtet, beide Beteiligte hineingeschoben und die Tür zugeschlossen hat. Ein Haufen Kerle drückte sich dann vor dem Fenster herum und lauschte, wenn pingping pangpang, Krüge und Kannen zu Bruch gingen, wenn es Zeter und Mordio gab und misslungene Selbstmordversuche, bis schließlich ein heftiges Keuchen aus dem Zimmer drang – dann lachte alles hinter vorgehaltener Hand und wusste, dass der Reis bald gar sein würde.

LAO WEI: Aber das war ja eine regelrechte Vergewaltigung.

LIU SIXIANG: Wie heißt es so schön: »Erst die Hochzeit, dann die Liebe.« – »Wenn die Partei sagt, mach, dann macht man.« Die Zeit ist lang, wer lange in der Wüste bleibt, dem heilen die Wunden aus der Hochzeitsnacht ohne sein Zutun, vor allem wenn Kinder kommen, dann vergehen die Tage ohne Sorgen.

LAO WEI: Gab es keine einzige Ausnahme?

LIU SIXIANG: Bei den insgesamt gut achttausend Frauen aus Hunan konnte das alles natürlich nicht reibungslos vonstatten gehen. Manch eine ist vor so einer Zwangshochzeit geflohen, wurde wieder eingefangen, ein paar Tage eingesperrt und am Ende zwangsweise verheiratet. Es ist aber auch vorgekommen, dass der Bräutigam eine Pistole zog und zum Schrecken der Braut auf den Tisch legte. Doch die stand nicht auf solche Praktiken, schlug weiter Lärm, Schüsse fielen, die Leute vor dem Fenster schraken auf, beeilten sich, die Tür aufzuschließen und hineinzugehen, wo sie die Braut dumm herumstehen fanden, den Unterleib nackt-glitschig, auf dem Boden eine Urinlache. Der Bräutigam fletschte die Zähne und rollte die Augen, der Regimentskommandeur gab Befehl, ihm die Waffe abzunehmen, ihn einzusperren, damit er sich über sich selbst klar werden könne und sie dann erneut zu verheiraten. So weit so gut, viel war nicht geschehen, nur das Ohr der Braut war in Mitleidenschaft gezogen.

LAO WEI: Und dann?

LIU SIXIANG: Dann bekam die Braut ein paar mentale Probleme, wenn sie ihren Bräutigam nur sah, fing sie an zu zittern, verlor die Kontrolle über ihre Körperfunktionen, trotzdem, das Ganze war vorübergehend, nach anderthalb Jahren, als sie schwanger war, verblasste die Erinnerung.

Zu den unseligsten Fällen gehört Li Xiaowan, die Klassenkameradin meiner Frau Mama, ihr Partner war Bataillonskommandeur, aus einer Familie von Kavalleristen. Erst in der Hochzeitsnacht entdeckte sie, dass ihr Angetrauter auf Gesicht und Brust Narben von Messerstichen hatte, die sich, wenn er sich erregte, scharlachrot färten, was im Lampenlicht besonders grimmig aussah. Li Xiaowan ließ ihn, vollkommen verzagt, machen, die Lampe ausblasen und ins Bett kommen. Als er sich ihr näherte, um sie zu küssen, neigte sie den Kopf, sein Mund blieb offen stehen, er wurde wütend, packte sie am Hals, um sie wie wild zu beißen! Li Xiaowan konnte nicht entkommen, nicht ausweichen und schrie, als ging es ihr ans Leben! Ihr Angetrauter drückte ihr das Kissen auf den Mund, um sie zum Schweigen zu bringen, was zu heftig geriet und sie in Ohnmacht fiel. Nur gut, dass es sie nicht das Leben gekostet hat, tags drauf sprang sie aus dem Fenster des Brautgemachs, floh zum Politkommissar des Regiments und schilderte ihm das Ganze: Der Bataillonskommandeur wurde degradiert, behielt aber seinen Posten. Doch Li Xiaowan konnte nicht auf der Farm bleiben, sie wurde notgedrungen an einen anderen Ort versetzt.

LAO WEI: Und wo war dieser »andere Ort«?

LIU SIXIANG: Glücksstadt, wo die Farm des 13. Regiments lag. Li Xiaowan war in dem dortigen Gefängnis fünf Jahre in Haft wegen »Verbreitung von Gerüchten, Unruhestiftung und Mangel an Reue«. Nach ihrer Entlassung bekam sie keine Wohnerlaubnis in ihrer Heimatprovinz Hunan, also blieb sie in Glücksstadt, arbeitete bei der Müllabfuhr und hat, um einen Schlussstrich zu ziehen, notgedrungen und in aller Eile einen alten Soldaten, einen Analphabeten, der keine politischen Probleme hatte, geheiratet.

LAO WEI: Und bei Ihrer Frau Mama lief alles glatt?

LIU SIXIANG: Sie hatte Glück, sie traf meinen Vater, eine ehrliche Haut, der sie zu nichts gezwungen hat. Er saß die halbe Hochzeitsnacht bei ihr und ließ sie überlegen, ob sie mit ihm ein ganzes Leben verbringen könne. Das nahm er noch zwei, drei weitere Nächte auf sich, bis sich ihr Herz erweichte und sie fand, dass er sich wie ein richtiger Revolutionssoldat verhalte. Er war über zehn Jahre älter als sie, weshalb er, wenn es Streit gab, sie stets gewähren lassen konnte. Während der Kulturrevolution gab es auch auf der Farm eine Revolte, der familiäre Hintergrund meiner Frau Mama war nicht gut und so wurde sie einer Kampfkritik unterzogen. Doch Vater hat sie aus einem dunklen Zimmer gerettet und ist noch in derselben Nacht mit dem Wagen nach Korla, hat sich bei einem alten Kampfgefährten im Militärdistrikt versteckt und war aus dem Schneider.

LAO WEI: Und wie geht es ihnen heute?

LIU SIXIANG: Vater ist im letzten Jahr von uns gegangen und hat die Frau Mama und meine jüngere Schwester in Urumtschi zurückgelassen. Meine Schwester hat Medizin studiert und selbst eine Ambulanz aufgemacht, die nicht schlecht läuft. Ich schreibe, was meine Frau Mama besonders schätzt, und sie erzählt mir immer von den vergangenen Dingen. Eigentlich denke ich, wenn man alt wird, fällt das Laub und man kehrt zurück zu den Wurzeln, also bin ich mit ihr zurück nach Changsha, aber von früher war niemand mehr da, wir haben überall gefragt, aber die sind alle in den drei Jahren der großen Hungersnot verhungert oder wegen schlechten Familienhintergrunds in der Kulturrevolution erschlagen worden. Auch die Straßen waren von Grund auf verändert, die alten Orte haben sich buchstäblich in Luft aufgelöst. Meine Frau Mama sagt, da sei kein einziger Bekannter mehr, die Heimat sei ein regelrechter Albtraum. Ihre Schwestern, die damals mit ihr nach Xinjiang gekommen sind, sind alle im Ruhestand, über die Hälfte ist in Urumtschi geblieben. Meine Mutter hat dort viele Bekannte und ist nicht so alleine.

FLUCHTBIBEL FÜR HONGKONG

逃港聖經

Dies ist ein Text, der tief in der Nacht des 31. Oktober 2019 von mir abschließend geordnet, zugeschnitten und gekürzt worden ist als Schlusskapitel des gesamten Buches, ein Widerhall des mittlerweile schon anderthalbjährigen blutigen Widerstands der Menschen in Hongkong.

Vor drei Jahren, am Abend des 25. Oktober, gab mir Chen Tong, der gegenwärtig in London wohnt, mit einer großen Flasche Whiskey unter dem Arm in meinem bescheidenen Zuhause die Ehre, um bei einem Glas mit mir über Hongkong zu sprechen. Bei weiter zurückliegenden illegalen Immigrationen sind zahllose Menschen Futter für Fische und Gewehre geworden; die »Drei von der Occupy-Central-Bewegung« der relativ nahen Regenschirmrevolution wurden von den Behörden zu Haftstrafen verurteilt. »Sie gehören zu Hongkongs ersten politischen Gefangenen«, seufzte Chen Tong, »wenn das so weitergeht, wird aus dem sogenannten ›Ein-Land-zwei-Systeme‹ ein ›Ein-Land-anderthalb-Systeme‹ und am Ende ist alles unter der Diktatur der Kommunistischen Partei vereint.« Und tatsächlich ist es gegenwärtig das »Auslieferungsgesetz nach China«, das versucht, private Entführungen über die Grenze zu legalisieren, die Zündschnur, die ganz Hongkong zur Explosion gebracht hat: Über zwei Millionen Menschen marschierten in brütender Hitze durch die Straßen; Poli-

zei und Bevölkerung standen sich feindlich gegenüber, über zweitausend Demonstranten sind entweder spurlos verschwunden, von einem Hochhaus oder ins Meer gesprungen, gewaltsam in den Tod getrieben oder zu Krüppeln geschlagen worden. Eine Neuinszenierung des Massakers auf dem Tian'anmen vor 30 Jahren in anderer Form. Vor ein paar Tagen hat Huang Zhifeng, der junge Held der Bewegung, das Gleiche gesagt wie der eine Generation ältere Chen Tong: »Wenn wir auf halbem Weg aufgeben, kann selbst ›Ein-Land-anderthalb-Systeme‹ kaum gehalten werden.«
Eine durchzechte Nacht, keine Ahnung wie oft mein Diktiergerät sich drehte, am Ende stand es still. Ein paar Tage später spielte ich es ab, habe Anfang und Ende geschnitten, es blieben insgesamt viereinhalb Stunden, vor allem ging es darum, wie man aus Hongkong entfliehen könnte. Das Skript, das Zeichen für Zeichen und Satz für Satz der Aufnahme folgte, umfasste über 40 000 Zeichen. Chen Tong sagte selten »ich«, dafür aber oft »du, er« und »wir«, als erzähle er irgendeine alte Geschichte, die mit ihm selbst nicht das Geringste zu tun habe. Schräg wie ich bin, habe ich den von ihm verfassten »Bericht über eine illegale Einwanderung in Hongkong« gelesen, auch über 40 000 Zeichen. Und schlagartig wurde mir klar, dass beide Texte sich zu einem großen Teil überlappten; bis hin zu dem Gebrauch von »du, er, wir« statt »ich«, was offensichtlich den damaligen Stil der »Fluchtbibel für Hongkong« fortsetzte – dieses Buch war eine Gemeinschaftsproduktion für die lebensgefährliche Flucht in die Freiheit – doch jetzt ging die Stadt der Freiheit, nach der sich in diesem Buch Zehntausende sehnten, ihrem Untergang entgegen.

Anschließend habe ich Chen Tong angerufen und ihm geschrieben, dass ich die Aufnahme so weit wie möglich kürzen und gut 10 000 Zeichen aus seinem »Bericht über eine illegale Einwanderung nach Hongkong« exzerpieren und zusammenstellen würde als Anhang meines Buchs und als Material für den Leser – wie bei meinem Die Kugel und das Opium – Leben und Tod am Platz des Himmlischen Friedens *der Anhang mit einer Liste der Toten und Verwundeten mit einer kurzen Vorstellung, die Mütter des Tian'anmen wie Ding Zilin zusammengestellt hatten. Chen Tong fand das gut und war einverstanden. Ich sagte: »Angesichts der gegenwärtigen Lage sind Bezugnahmen zur jüngsten Geschichte Hongkongs von weitreichender Bedeutung. Deshalb wird in dem Buch* Chinas ›Archipel Gulag‹: Achtzehn Gefangene und zwei Gefängnisausbrüche bis nach Hongkong *außer Ihnen noch ein weiterer Hongkongflüchtling aus der Frühzeit der Kulturrevolution vorkommen, als deutlicher Kontrast zu dem, was gerade geschieht.*

Ein Ort von idealem Feng-Shui

Die Christen haben die Bibel, wir illegalen Einwanderer haben ebenfalls unsere »Bibel«. Unsere Bibel sagt, wenn ein Rudel Wolfshunde auf dich zukommt, musst du den Kopf in die Erde stecken, die Hände um den Hals legen und das Hinterteil in die Luft strecken, je höher umso besser, und dich nicht mucksen. Die Wolfshunde wissen dann nicht weiter, sie können sich nur am Hinterteil verbeißen, am Rückgrat und an den Handrücken … die Wolfshunde der Grenzverteidigung sind alle aus Xinjiang hergeschafft und dann abgerichtet worden, direkt an die Kehle zu springen und, wenn sie sich einmal festgebissen haben, auf keinen Fall mehr loszulassen. Deshalb steht in der Bibel der rüde, kursiv gesetzte Satz: *Mit einem gut sichtbaren Hinterteil von der Kehle ablenken.* Und selbst wenn unter den Bissen das Blut strömt und der Schmerz kaum auszuhalten ist, man muss das Hinterteil hochhalten.
Wölfischer als der Wolf ist der Mensch. Sicher glaubst du, wenn die Grenztruppen jemanden bei der illegalen Einwanderung entdecken, werde erst einmal »Stehen bleiben« und »Hände hoch« gerufen, und erst, wenn das nicht geschieht, geschossen; doch meines

Wissens fangen sie schon beim »Stehen bleiben« zu schießen an, sie warten nicht, bis du die Hände hebst. Auf diese Weise sind viele schutzlos ausgelieferte Menschen erschossen worden. Deshalb steht in unserer Bibel der rüde, kursiv gesetzte Satz: *»Bei dem geringsten Geräusch fallen lassen. Und laut schreien: Ich ergebe mich …«*
LAO WEI: Wo kommt diese »Bibel« her?
CHEN TONG: Die kann man jedes Jahr auf dem Schwarzmarkt kaufen.
LAO WEI: Wer hat sie geschrieben?
CHEN TONG: Illegale Einwanderer – wenn sie gefasst werden, entlässt man sie nach ein paar Tagen, wir nennen das »die erste Bohle stehlen«. Entsprechend heißt, wenn sie das zweite, dritte Mal gefasst wurden, »die zweite, dritte Bohle stehlen« … das ist Kantonesisch, jedes Mal, wenn einer eingesperrt wird, tut er alles, um sich alles einzuprägen, das laute und leise Pfeifen der Grenztruppen und das der Patrouillen aufzulisten und es auf Routenlisten in der »Bibel« einzutragen. Das Schlimmste sind allerdings nicht die Grenztruppen, sondern die örtlichen Milizen: Wie Schatten tauchen sie auf und verschwinden, eine Gruppe besteht aus ein paar Mann, manchmal sind sie hinter den Grenztruppen, manchmal folgen sie ihnen nicht, sondern liegen an der Straße und warten, genau wie die illegalen Einwanderer es machen. Deshalb ist es unmöglich, ein Muster für ihr Auftauchen in die »Bibel« einzutragen. Aber mit ihr hat man doch sehr viel mehr Courage.
LAO WEI: Was kostet so eine »Bibel«?
CHEN TONG: Um die zehn Kuai, damals war das das Monatsgehalt eines Azubis, eine Menge Geld. Ich hatte kein Geld, also habe ich mir das Buch geliehen und es kopiert. Meine Vorlage war ebenfalls eine handgefertigte Kopie, mit allen möglichen handgezeichneten Landkarten. Später versuchte ich dann, illegal über die Grenze zu kommen, bin wieder und wieder verhaftet worden und jedes Mal, wenn ich wieder rauskam, habe ich den Ort und den Grund der Geschehnisse eingetragen und so ist das Buch auf der

Basis vieler gescheiterter Versuche immer besser geworden – und wenn man eine Seite nicht zu Ende schreiben konnte, dann hat man eine neue Seite angefangen.

LAO WEI: Ein kollektives Werk.

CHEN TONG: Richtig, richtig, und deshalb glich keine der »Bibeln«, die auf dem Schwarzmarkt kursierten, der anderen. Für einige wurden hohe Preise geboten, weil sie viele und detaillierte Landkarten und Erklärungen beinhalteten, wie etwa über die Wolfshunde, war es einer, waren es zwei oder eine ganze Rotte? Wie geht man ihnen aus dem Weg? Die Intervalle zwischen den Patrouillenpfeifen? Die Berge und Gewässer, auf die man unterwegs trifft, Höhe, Breite, Tiefe, alles wurde angemerkt. Außerdem waren auf dem Weg von Kanton zur Grenze – zehn Tage, an denen man sich tagsüber versteckte und nachts marschierte – die Tagesverstecke besonders entscheidend. Wir aus Kanton, vor allem die Hakka-Leute, achten besonders auf das Feng-Shui – Verstorbene werden eingesargt, in ein Grab gelegt, und wenn die Verwesung nur noch das weiße Gebein übrig gelassen hat, werden sie dem Sarg entnommen, in einen kleinen Behälter getan und zusammen mit den anderen Ahnen in einen Familienschrein gestellt … na, und was zurückbleibt, der Sarg und das Grab, ist dann für die illegalen Einwanderer ein Ort von idealem Feng-Shui. Das Leichenfett ist nämlich ein idealer Dünger, an solchen Orten gedeihen die Pflanzen, es gibt jede Menge Eidechsen, Schlangen und Insekten, die Leute aus der Gegend, und da sind die Milizen keine Ausnahme, fürchten sich vor dem bösen Omen und meiden dergleichen Orte instinktiv; selbst wenn sie wissen, dass in den Gräbern Leute sind, würden sie sie dort nicht anrühren.

LAO WEI: Und keine Angst vor Schlangenbissen?

CHEN TONG: Wenn man auf das Gras schlägt, verziehen sich die Schlagen, dieses Getier hat Angst vor dem Menschen. Am schlimmsten ist eher der Leichengeruch, die ersten Momente, wenn man in ein Grab steigt, ist es, als steige man in einen Topf mit Stinkendem Dofu, das raubt einem den Atem. Man braucht eine ganze Weile, bis man daran gewöhnt ist, und muss immer wieder wie eine Schildkröte den Kopf hinausstrecken, um Luft zu holen, und sich nach und nach zu etwas Schlaf zwingen. Wenn man wieder wach ist, hat man sich daran gewöhnt. Sobald es dunkel wird, kriecht man hinaus, und macht sich wieder auf den Weg, den Leichengeruch weiter am Körper, wie die heimatlosen Gespenster in Pu Songlings »Geschichten aus Liaos Studierzimmer« – darüber gibt es ausführliche Anmerkungen in unserer »Bibel« – und das gehört auch zu den verbreiteten Volksbräuchen im Süden Chinas.

Warum heimlich über die Grenze?

Warum heimlich über die Grenze?
Es gibt keinen anderen Weg. Ich war zehn Jahre auf der Insel Hainan, als »gebildeter Jugendlicher«, die Kulturrevolution war zu Ende und eine Wohnerlaubnis für Kanton wurde nicht mehr erteilt. Unser familiärer Hintergrund war nicht gut, mein Großvater war Großgrundbesitzer und hatte zwei Frauen, meine Großmutter war seine Erstfrau. Die Kommunistische Partei kam und mit ihr die Landreform, mein Großvater wurde verhaftet und Tag für Tag bekämpft – bis er es nicht mehr aushielt, sich heimlich per Schiff nach Hongkong aufgemacht hat, auf halbem Weg gefasst, zurückgebracht und in einem von der Qing-Dynastie übrig gebliebenen Gefängnis in unserer Kreisstadt Zhangjiang eingesperrt wurde. Die Arbeitsgruppen der Landreform haben ihn in eine Wasserzelle geworfen, ohne Tageslicht; wie genau er gestorben ist, weiß ich nicht, ich bin erst am 17. Mai 1951 auf die Welt gekommen. Als Großvater in seiner Wasserzelle von meiner Ankunft in der Menschenwelt erfuhr, hat er zweimal laut gelacht und war tot – mein Vater wurde in Sippenhaft genommen, in mehreren politischen Kampagnen be-

kämpft, musste oft auf der Bühne kniend vor den revolutionären Massen seine Schuld bekennen. Auch die Familie meiner Mutter hatte Großgrundbesitzer im familiären Hintergrund, sie hat zehn Kinder bekommen, neun davon Jungs, das jüngste war ein Mädchen, ich bin der sechstälteste – die Verfolgung der vergangenen beiden Generationen bekam auch ich ab und wurde von klein auf diskriminiert. Wer die Mao-Ära mitgemacht hat, weiß, dass die Situation der Nachfahren der »fünf schwarzen Kategorien«, also von Grundbesitzern, Reichen, Antikommunisten, schlechten und rechten Elementen, ausweglos war.

LAO WEI: Aber als Sie nach Hongkong flohen, war die Mao-Ära längst vorbei.

CHEN TONG: Schon richtig. Deng Xiaoping setzte die Reform- und Öffnungspolitik ins Werk, die politische Atmosphäre war entspannter, wenn nicht, wie hätte ich mehrmals bei der illegalen Einwanderung gefasst und doch wieder freigelassen werden können? 1979 war der Höhepunkt der Fluchtbewegungen von Gebildeten Jugendlichen nach Hongkong, es heißt, es seien mehrere zehntausend davongelaufen, und ich habe mich dem Lauf der Zeit angepasst. Den ersten Versuch einer illegalen Einwanderung hatte ich mir zu einfach vorgestellt, deshalb wurde ich schon auf dem Berg der weißen Wolken, kurz hinter Kanton, gefasst; beim zweiten Mal nahm ich den Zug und wurde wieder gefasst, in ein Obdachlosenheim in Zhangmutou geschickt und nach ein paar Tagen wieder freigelassen. Das Obdachlosenheim war überfüllt, in Räume, in die unter normalen Bedingungen ein gutes Dutzend Leute eingesperrt wurden, waren damals bis zu hundert Leute gepfercht – man konnte nur stehen, senkrecht, wie eine Holzlatte, die Notdurft wurde in einen Holzbottich verrichtet, wer es nicht mehr halten konnte, hat einfach an Ort und Stelle die Hosen heruntergelassen. Die Fälle unterschieden sich voneinander nur in den Details, deshalb nahm sich die Polizei nicht die Zeit für Einzelverhöre. Was natürlich mit Xi Zhongxun, Vater von Xi Jinping und Chef der Provinz Kanton, zu tun hatte: Einmal, so erzählt man sich, inspizierte Xi Zhongxun ein Auffanglager in Meilin, einem Unterdistrikt von Shenzhen: Er bekam ein paar tausend Hongkongflüchtlinge zu sehen, alles Gebildete Jugendliche, alle grün und blau geschlagen und in ein paar große Eisenkäfige gepfercht wie Vieh, ein unerträglicher Anblick – ihm kamen die Tränen und er sagte unter Schluchzen und Winken: »Lasst sie doch frei!« Später habe ich relevantes Material dazu gelesen, ihm war wohl durch den Sinn gegangen, dass sein Sohn Xi Jinping als Gebildeter Jugendlicher, er selbst saß in einem Gefängnis Mao Zedongs, massiven Diskriminierungen ausgesetzt und mit dreizehn in ein Disziplinierungslager für straffällige Jugendliche gesteckt worden war, in dem Ohrfeigen zur Hausmannskost gehörten. Xi Jinping war als Gebildeter Jugendlicher in Nord-Shaanxi, und trug sich in verzweifelten Momenten ebenfalls mit dem Gedanken an eine illegale Flucht über die Grenze.

Die Mittelroute, die Westroute, die Ostroute

Beim dritten Mal kam ich weiter als die ersten beiden Male, bis hinter Zhangmutou, wurde aber wieder gefasst und nach ein paar Tagen im Auffanglager nach Kanton zurückgeschickt. Ich zeichne es dir aus der Erinnerung auf: Das ist Hongkong, das Shenzhen, hier ist die Verbindung zu der Bergregion, das ist im Westen das Meer, das Macao, das die Halbinsel Shekou; jenseits der mittleren Route geht die Westroute von der Mündung des Perlflusses aus; die Ostroute von der Mirs Bay oder Dapeng-Bucht, hier liegt eine Insel, die Dongping-Insel, die war damals unbewohnt und ein bisschen weiter von Hongkong weg und vom Festland ein paar Kilometer, man konnte hinüberschwimmen.
Eisern entschlossene Grenzläufer haben keine Angst. Vom Fuß des Yuexiu-Bergs in Kanton führen fünfhundert Stufen zu seinem

Gipfel, dort habe ich trainiert, die bin ich tagtäglich über zehn Mal hoch und runter; anschließend zehn Kilometer schwimmen; und dann nachts auf den Berg der Weißen Wolke, um zu schauen, wie weit man in einer Nacht in den Bergen kommt, wie weit ein Berg von dem anderen entfernt ist, und dann musste man noch Vogelrufe lernen, sich orientieren und so fort.

Dieses Training habe ich über zwei Monate durchgehalten, bis ich auf dem Schwarzmarkt einen gefälschten Passierschein gekauft habe, mit einem Überlandbus nach Dongguang und dort nach Bao'an, dem heutigen Shenzhen, umgestiegen bin. Dann mit etwas Geld einen lokalen Bauern bestochen, der am Bahnhof ein heimliches Zeichen zurückließ und dann mit mir und ein paar anderen in die Berge ist, an einer Kreuzung den Hut abnahm, was heißen sollte, diesen Weg geht es hoch, wir sind da hinauf und er machte sich aus dem Staub – zu Fuß braucht man von Kanton bis Hongkong vierzig Nächte und vierzig Pfund gebratene Nudeln, eine sehr schwere Last – in den Bergen dann haben wir uns am Tag versteckt und haben uns nachts am Großen Bären orientiert, bis wir von unserem pechschwarzen Ufer aus am Horizont Lichter sahen: Hongkong. Das war keine Entfernung mehr, aber auch der gefährlichste Abschnitt des Wegs, etwa zwei, drei Kilometer, vom sogenannten Kleinen zum Großen Pflaumenstrand. Die ganze Route ging über die Berge, direkt auf Hongkong zu, und das offene Stück dazwischen war mit Stacheldraht verhaun – wenn man rüberwollte, musste man sich mit einer Drahtschere den Weg freischneiden. Viele sind hier gestorben und wer glücklich durchkam, tat mit Wunden übersät auf der anderen Seiten seinen letzten Atemzug. Denn hier gab es nicht nur Wolfshunde und Grenztruppen, hier waren auch noch die kleinen Gruppen der lokalen Miliz, für die Ergreifung eines illegalen Einwanderers gab es fünfzig Renminbi, eine ganz schöne Summe. Und selbst wenn man einen totschlug, gab es noch fünf für die Beerdigung. So konnten sie an einem Tag gut ein paar hundert Kuai machen.

LAO WEI: Und Sie sind da rübergekommen?
CHEN TONG: Ich habe mich in letzter Minute gedrückt. Wer todesmutig gegen die Mittelroute anbrandete, kannte sich nicht mit Wasser aus, aber ich. Also wandte ich mich zur Ostroute und machte mich bereit, von der Mirs Bay zur Dongping-Insel zu schwimmen, damals gab es auf der Insel nur englische Polizei oder Söldner. Beim Hinüberschwimmen ging die größte Gefahr nicht von hohen Wellen oder Strudeln aus, sondern von den Haien. Sie rochen die kleinste Wunde und kamen. Einen gewissen Schrecken verbreiteten auch die Patrouillenboote: Wenn sie einen illegalen Einwanderer entdeckten, haben sie dich in der Regel nicht festgenommen, sondern sind direkt über dich drüber, damit dich der Propeller am Bootsboden in Stücke reißt – ich hatte wirklich ein Riesenglück! Ich war kaum im Wasser, als ein Patrouillenboot auf mich zukam, jäh wurde ein Netz ausgeworfen, ich wurde eingeholt wie von Fischern, drei Tage eingesperrt und dann nach Kanton zurückgeschickt.
Neues Spiel, neues Glück, das nächste Mal nahm ich die Westroute, dort, wo heute die Universität Shenzhen ist. In der Qing-Dynastie hat man hier die Verbrecher geköpft, bei der Bodenreform in der Anfangszeit der Befreiung hat die Kommunistische Partei hier die Grundbesitzer erschossen; auch Leute, die auf der Flucht nach Hongkong totgeschlagen worden sind, wurden hier begraben. Shenzhen hat drei Geisterorte, einer ist hinter dem Hinterteil der Statue von Deng Xiaoping, dem Hauptarchitekten der Reformen, hier sind die meisten Totengeister von illegalen Einwanderern versteckt; der zweite ist der Tower der Bank of China, unter dem Fundament sind nichts als Knochen; der dritte ist die Universität Shenzhou, unser idealer Feng-Shui-Ort, man musste sich nur dort verstecken und die Grenztruppen und regionalen Milizen kümmern sich nicht um einen; der Ort ist in der Nähe der Perlflussmündung, wenn man da bei einbrechender Dunkelheit und dem Wachwechsel der Grenztruppen vorbeihuschte und ins Meer sprang, war man nach zwei Kilometern in Hongkong.

LAO WEI: Sind Sie ins Meer gesprungen?
CHEN TONG: Bin ich – und wurde wieder gefasst. Und so habe ich auf der Mittel-, der West- und der Ostroute eine schlechte Figur abgegeben und bin zurück, am Ende blieb nur noch eins: der Zug.

Auf einen Zug aufspringen

LAO WEI: Ich hatte einen Knastbruder vom 4. Juni, der war ein paar Monate in Zhangmutou eingesperrt, ist am Ende auch auf einen Zug aufgesprungen und hat wie eine Spinne am Chassis der Kabine geklebt, vor seiner Verhaftung war er nämlich Sportlehrer gewesen und hatte mehr Kraft als alle anderen.
CHEN TONG: Bei mir war das ganz anders, damals bestand unsere Grenzgängergruppe aus sechsunddreißig Leuten, jeden Abend warteten wir getrennt auf einem Gemüsefeld hinter dem Bahnhof von Kanton, für ein wenig Geld erfuhren wir, welcher Güterzug nach Hongkong fahren würde, denn auf dem Bahnhof wurden stets auf sieben, acht Gleisen Güterzüge hin und her bewegt.
LAO WEI: Haben Sie in der »Bibel« beschrieben, wie man auf so einen Güterzug kommt?
CHEN TONG: Ja, aber nicht, wie man da genau hinaufkommt, das muss man schon selbst ausmachen. Wenn zum Beispiel der Zug aus dem Bahnhof ausfährt, langsam schneller wird, zwei Streckenlampen passiert, wird man, wenn er mehr als vierzig fährt, hundertprozentig vom Sog des Zugs in den Tod gezogen, deshalb darf man da nicht aufsteigen – manche Erfahrung wurde da mit dem Leben bezahlt –; wenn der Zug an der zweiten Lampe vorbei ist und noch unter vierzig ist, kann man mit einem explosiven Antritt los und Schritt halten, ohne dass man von den Leuten auf dem Bahnsteig einfach gesehen werden könnte. Jeder Waggon hat

eine eiserne Querstange, ein knüppelähnliches Teil, wenn man da im richtigen Moment zupackt und aufspringt, ist der erste Schritt getan. Anschließend ist es ein Leichtes, aufs Dach zu klettern und sich flach auf den Bauch zu legen. Von uns sechsunddreißig waren schon nicht wenige auf diese Weise raufgekommen, dann wurde mit Werkzeug, das jeder bei sich trug, das Schutzfenster auf dem Dach aufgestemmt, hineingeglitten und die Warenkisten im Inneren als vorläufiges Versteck in eine Ecke gestapelt.

LAO WEI: Was für Warenkisten?

CHEN TONG: Hühnerfleischkonserven, eine Delikatesse, wenn man den Ring am Deckel aufzog, konnte man sich daran gütlich tun. Ich hatte ein unglaubliches Glück. Andere Waggons waren vollgestopft mit Schweinen oder Hühnern und Enten, wenn man da hineinkroch, kroch man direkt in den Gestank von Tierexkrementen.

So kauerte man über einen halben Tag in seinem Versteck, der Zug fuhr in Richtung Buji, einem alten Dorf in der Nähe von Shenzhen, wo alle Fahrzeuge, ganz gleich ob Personen- oder Güterzüge, halten und untersucht werden mussten. Denn weiter vorn war der Shenzhou-Fluss und wenn man durch den Zoll auf der Luohu-Brücke war, war man in Kowloon, einem Stadtteil von Hongkong. Als der Güterzug langsamer wurde, schlug mein Herz wie verrückt, am Ende kam er knarrend zum Stehen. Ich glaubte, es sei vorbei und zitterte am ganzen Körper, meine Klamotten waren schweißnass, die Waggontür wurde aufgezogen und ein paar Kerle sprangen auf. Durch die Spalten zwischen den Kisten konnte ich den Anführer der Truppe ausmachen, er kam direkt auf mich zu und zog genau die Kiste über meinem Kopf weg. Ich wandte das Gesicht nach oben, er senkte das Gesicht nach unten, wir schauten uns eine Sekunde direkt in die Augen und ich wollte schon aufstehen – denn in der »Bibel« steht, dass man sofort aufstehen soll, wenn man entdeckt wird, sonst werden die Grenzkontrolleure dich ausmachen und dir mit Eisenknüppeln den Schädel einschlagen – aber es geschah ein Wunder, er schob die Kiste zurück, wandte den Kopf und sagte zu den Leuten hinter ihm: »Hier ist nichts, gehen wir.« Himmel, ich hatte butterweiche Knie. Dann wurde der Waggon geschlossen, der Zug setzte sich langsam in Bewegung – das ist nun schon Jahre her und ich habe wie oft am Bahnhof von Buji nach meinem Wohltäter gefahndet … ich habe das nie vergessen können und wollte mich unbedingt revanchieren. Aber er blieb spurlos verschwunden.

So bin ich also über die Grenze nach Hongkong. Natürlich war ich ein Illegaler und konnte nicht erst an der Endstation aus meinem Versteck kriechen. Wir waren kaum durch den Zoll von Luohu, als das Halteschild »Tai Po« vorbeihuschte, ein Berg erhob sich vor mir, der Zug wurde erneut langsamer und hielt. Ich sah sieben, acht Hongkonger Polizisten auf den Waggon vor mir steigen, wahrscheinlich eine Routine-Check. Ich hielt aus und sprang nicht, bis der Zug sich wieder in Bewegung setzte und erst als er in Hill Gate einfuhr, bin ich gesprungen – die Polizisten haben mich garantiert gesehen, sind aber nicht hinter mir her, ich war es nicht wert. Nach dem Sprung vom Zug rannte ich wie von Sinnen den Berg hinauf, rannte und rannte und entdeckte, dass mir jemand folgte und laut rief: »Ich bin auch ein Illegaler! Ich bin auch ein Illegaler!« Ich hielt also inne. Der Mann fragte außer Atem eingehend nach meinem Namen, nach der Telefonnummer meiner Hongkonger Verwandtschaft und ließ mich auf dem Berg warten – ein paar Stunden später kam mein Onkel mütterlicherseits mit ihm an.

Mein Onkel stammte aus den 1950er Jahren und war während der Bodenreform der Kommunistischen Partei nach Hongkong geflohen, mein Großvater väterlicherseits starb dabei, aber er war dem Tod von der Schippe gesprungen und erst im Juni 1979 zu einem Verwandtenbesuch nach Kanton zurückgekehrt. Er hatte seine Adresse und Telefonnummer dagelassen und ist ohne ein weiteres Wort nach Hongkong abgehauen. Daraufhin bin ich selbst sofort aktiv geworden und haben in einem halben Jahr sieben Mal ver-

sucht, illegal über die Grenze zu kommen, am Ende ist es mir mit viel Glück gelungen.
Mein Onkel gab dem Mann, der ihn informiert hatte, 5000 Hongkong-Dollar, ich habe Gelegenheitsarbeiten gemacht und ihm 10 000 zurückgegeben, jeden Monat ein bisschen, es hat ein paar Jahre gedauert, bis ich alles bezahlt hatte. Wer nach Hongkong flieht und keine Unterstützung bekommt, hat es reichlich schwer. Deshalb hat mich mein Onkel bei sich zu Hause aufgenommen und schon am nächsten Tag beim Polizeirevier im Admirality-Distrikt angemeldet, er ließ sie ein Foto machen, alles eintragen und ich bekam ein Ausweispapier. Mit diesem Papier konnte ich raus und arbeiten.

DAS ZWEITE MASSAKER

Epilog

第二次屠殺

Am 4. Juni 1989 habe ich in aller Frühe das lange Gedicht »Massaker« verfasst und vorgetragen, ging dafür vier Jahre ins Gefängnis, wurde gefoltert und wandelte mich vom Dichter zum Zeugen. Ich schrieb »Kugel und Opium« und »Herr Wang, der Mann, der vor den Panzern stand«, dessen letzte Überarbeitung ich am Übergang vom Frühling zum Sommer 2019 beendete. Auf einmal stand Hongkong in Flammen und, wie 30 Jahre zuvor in Peking, floss Blut.
Die Geschichte wiederholt sich, die Szenen gleichen sich, die Konfrontationen von Sklaverei und Freiheit, Täter und Opfer entsprechen einander, allein der Zorn ist noch jung. Und so schrieb ich ein weiteres Mal ein Gedicht mit dem Titel »Das zweite Massaker« und widme es dem 4. Juni von Hongkong.

Ich bin Carrie Lam
Ich bin Hongkongs Li Peng
Ich bin ein von Geistern kontrollierter Geist
Ich verhänge ein Vermummungsverbot ab Mitternacht
Ich will euch reizen wieder und wieder
Ich vertrete Peking, halte den Daumen auf diese Stadt

Ach, ihr dort in Hongkong,
Ihr werdet es erleben, vor eurer Tür,

Dies Abschlachten, wieder, wieder
Wie 30 Jahre zuvor
Die Pekinger es erlebten, vor ihrer Tür,
Die Schüsse, Schüsse, Schüsse

Demonstranten fielen wie Gras
Wie Schneedaunen unter sengender Sonne
Zur Zeit der Mongolen in China
Kannte dies Trauerspiel jeder, der alte Himmelherr,
Den der Westen nennt: Gott
Weinte um die junge Dou E
Ihr Land, sie nannte es Mutter, hat sie geköpft
Gottes Tränen fallen, wirbelnd, als Schnee
Endlos wie zwischen den Hochhäusern
Die Parade- oder Geisterzüge der Truppen

Damals gab es keine Feuerwaffen
Sonst hätte Hongkongs Polizei durch die Geschichte hindurch
Diesem Mädchen aus alter Zeit im Voraus das Auge zerschossen

Lass die geblendete Seele hinauf
Immer drei Fuß über dem Boden, immer voran
Wenn die Kolonnen der Mörder vorrücken
Die Kugeln ihr schrilles Pfeifen verlieren, Rauchgranaten den Rauch
Wenn vom Leben zum Tod wie von der Straße zurück zum Bett
Regenschirmkaskaden auftauchen, im Traum:
»Freiheit für Hongkong! Revolution!«
Sagt der Gott: Schlaf dem Kind, Schlaf
Auf den Straßen wird so lang gekämpft
Selbst der Mond will und die Sterne: Schlaf

Schlaf, Hochhäuser, Schlaf
Schlaf, Schreien, Schlaf

Schlaf, Wahlen, Schlaf
Schlaf, verschleppten Ausbrechern, Schlaf
Schlaf, erstickte Freiheit, Schlaf
Schlaf, den Tapferen, Schlaf
Schlaf, Friede-Vernunft-Gewaltlosigkeit, Schlaf
Schlaf, den fünf großen Forderungen, Schlaf
Schlaf, der Operation Yellowbird, Schlaf
Schlaf, dem polizeigestürmten Campus, Schlaf
Schlaf, dem vergewaltigten Willen des Volkes, Schlaf
Schlaf, dem Fluss von zehn-, hunderttausend,
Ein, zwei Millionen Demonstranten, Schlaf
Schlaf, dem Gefängnis in den Xinwu-Bergen, Schlaf
Schlaf, den Gefangenentransporten nach China, Schlaf
Schlaf, wer von den Hochhäusern sprang, Schlaf
Schlaf, nachts im Meer auftauchenden Leichen, Schlaf
Schlaf, Selbstmördern ohne Testament, über 200
Selbstmördern ohne Testament, Schlaf
Schlaf, ohne Abschied Verhafteten, über 5000
Verhafteten ohne Abschied, Schlaf
Schlaf, doch kein Selbstmord! Ich nicht! Kein Selbstmord! Abend-
Sterne fallen unschlüssig um Mitternacht in dichtem Nebel aus
fernster Ferne ein Hornruf …

Schlaf, es soll nach ihnen gehen, einmal
Schlaf, es soll nach ihr gehen, einmal, dieser Carrie Lam,
Chief Executive Hongkongs und grausam wie ihr Land
Schlaf, es soll nach ihr gehen, einmal,
Sie ist getauft, die Mutter Hongkongs
Ob sie Kinder hat? Wirkliche Kinder?
Eine Mutter von Kindern kann so nicht sein
Unter den Mördern der Geschichte ist keine Frau. Vor 30 Jahren

War es Li Peng, ein Mann auch, er hat das Kriegsrecht verhängt

Schlaf, stürz, Himmel, ein
Wandert ihr in den Wolken, heimatlos
Mit Kinderliedern und Engeln. Schlaf
Zurück, Jahre zurück
Viele Hongkonger waren noch nicht auf der Welt
Wie Wellen brandeten Festländer an
Von Shenzhen, den Löwenbergen oder noch ferner der offenen See
Sie fielen, sie knieten, sie hatten eine eigene
»Fluchtbibel für Hongkong«
Darin von Hand nur ein paar Skizzen. Sie riefen
Mich dürstet, mich hungert, ich bin vergiftet,
verwundet, ich werde sterben
Schickt mich nicht zurück!!!

Es war eine schöne, mondhelle Nacht
Ein Engländer erblickte dort
Schiffe der Grenzpatrouille
Suchscheinwerfer schwankten und waren vorbei
Er sagte, kannst bleiben
Das Vaterland kommt nicht

Kannst bleiben
Das ist deiner Vorväter Geschichte
Dann kam dein Vater
Und dann kamst du, Kind
Das ist Hongkongs letzter Traum: Das Vaterland kommt nicht

Doch es kommt
Das verdammte Vaterland kommt
Und mit ihm: Verfolgung, Entführung, Gehirnwäsche, Mord

Juni bis Dezember 2019

ANHANG

Todesurteile für 13 politische Gefangene und hohe Zeitstrafen für 10 weitere.

Ein anonymes Dokument

(1970)

Nach Yang Jinians Tod verschenkte Lu Dachun, einst Yangs Mitbewohner und Mit-Petitionär, dessen gigantisches und einzigartiges Vermächtnis an mich weiter, mehrere Millionen Schriftzeichen, zwei große Leinensäcke voll, alles Klagen auf staatliche Wiedergutmachung. Ich schleppte sie nach Hause, fasste ein ums andere Mal den Entschluss, das Ganze zu ordnen, gab aber schließlich auf, weil es einfach zu umfangreich und zu deprimierend geworden wäre.

Allerdings stieß ich zu meiner Überraschung darin auf ein Schriftstück mit »Todesurteilen für politische Gefangene« aus der mittleren Phase der Kulturrevolution, ich zählte insgesamt 13 Personen, an denen die Todesstrafe sofort vollstreckt worden war.

Dieser blutgetränkte historische Bericht stammte nicht von Yang Jinian, wie ist er also in seine Hände gelangt? Darauf gibt es keine Antwort. Ich kann nur diesen »Nachlass« Yang Jinians hier anhängen, als Zeugnis seiner Geschichte und Referenz für den Leser:

auf höchsten Befehl

Die entschlossene Unterdrückung sämtlicher Konterrevolutionäre wird unsere revolutionäre Diktatur in großem Ausmaß festigen, um so die Revolution zu vollenden und das große Ziel eines sozialistischen Staates zu erreichen.

Urteilsbegründung des militärischen Überwachungskomitees des Amtes für Öffentliche Sicherheit der chinesischen Volksbefreiungsarmee zu Datong

(70) Militärstrafrecht Nr. 29

Die konterrevolutionäre Rebellengruppe »Kommunistische Liga China« wurde unter Leitung der inhaftierten Xu Guanzeng und Wang Ruqiang im März 1967 offiziell gegründet; unter der zentralen Leitung des »Hauptstadtbüros« entwickelte sie den größten Einfluss, etablierte unter sich fünf kleine Aktionsgruppen und eine Eingreiftruppe für Gefängnisausbrüche, ein kriminelles Netz von insgesamt 26 Personen. Es wurden 34 konterrevolutionäre Versammlungen einberufen, nacheinander konterrevolutionäre Programme, Linien, Organisationsstrukturen, Organisationsdisziplinen, Bedingungen für eine Mitgliedschaft, Methoden zur Kontaktaufnahme innerhalb und außerhalb des Gefängnisses und Pläne für konterrevolutionäre Aufstände verabschiedet. Bei den konterrevolutionären Programmen wurde frech herumkrakeelt, man wolle das »Führerprinzip einer Person, der Partei und der Regierung« über den Haufen werfen und öffentlich die Programme der Jugo- und die Linie der Sowjet-Revisionisten anerkennen. Man plante bei einem Krieg der Sowjet-Revisionisten gegen China eine offene konterrevolutionäre Revolte von Kriminellen und unter äußerer und innerer Zusammenarbeit von Imperialisten, Revisionisten und Konterrevolutionären den Sturz der Diktatur des Proletariats. Um diese verbrecherische Verschwörung ins Werk zu setzen, sollte eine konterrevolutionäre öffentliche Meinung aufgebaut, 65 kon-

terrevolutionäre Aufsätze, 300 konterrevolutionäre Gedichte und 179 konterrevolutionäre Briefe verfasst und das sozialistische System und die Diktatur des Proletariats in unserem Land politisch, wirtschaftlich und militärisch attackiert und diffamiert und der Große Vorsitzende Mao und die große, ruhmreiche und saubere kommunistische Partei Chinas auf das Aberwitzigste verleumdet und verunglimpft werden. Diese konterrevolutionären Aktivitäten waren vollkommen wahnwitzig und von einer bodenlosen Arroganz.
»Die kommunistische Liga Chinas« war eine organisierte Vereinigung zur Durchführung eines konterrevolutionären Umsturzes mit Führungsstrukturen, eigenen Programmen, Zielvorstellungen und Aktionsplänen. Um die Anweisung »1.31«, die der Große Vorsitzende Mao eigenhändig mit dem Vermerk »so soll es geschehen« versehen hat, vollständig umzusetzen, üble konterrevolutionäre Aktivitäten entschlossen zu unterdrücken, die Rüstung zu verstärken, das Vaterland zu schützen und die Diktatur des Proletariats zu festigen, bitten wir das Revolutionskomitee der Provinz Shanxi gemäß der Politik der Partei und der Forderungen der großen revolutionären Massen um Zustimmungen zu folgenden ganz im Einklang mit den Gesetzen stehenden Urteilen:

1. Der Hauptangeklagte Xu Guanzeng, männlich, 32 Jahre, Grundbesitzerfamilie, Student, Rechtes Element, Kreis Xinchang, Provinz Zhejiang. 1960 wegen Organisation der konterrevolutionären Vereinigung der »Liberalsozialistischen Demokraten Chinas« zum Tode verurteilt, Vollstreckung auf zwei Jahre ausgesetzt und 1962 in lebenslange Haft umgewandelt.
Der Delinquent Xu hat hartnäckig an seinem konterrevolutionären Standpunkt festgehalten und sich gegen das Volk verschworen. Im August 1966 hat er persönlich die Organisation der konterrevolutionären Rebellengruppe »Kommunistische Liga« geplant, sich selbst zum Hauptverantwortlichen und zum wichtigen Mitglied des »Hauptstadtbüros« ausgerufen. Hat wiederholt den Vorsitz bei kon-

terrevolutionären Treffen geführt, konterrevolutionäre Programme formuliert, konterrevolutionäre Mitglieder angeworben, Verantwortliche ernannt und entlassen und den Raub von Waffen unserer Verteidigungstruppen zur Durchführung eines konterrevolutionären Umsturzes geplant. Hat in der Arrestzelle auf üble Weise den Großen Vorsitzenden und die Kommunistische Partei Chinas attackiert. War dabei von bodenloser konterrevolutionärer Arroganz und wild entschlossen, sich als konterrevolutionäres Element und Feind grundlegend gegen das Volk zu stellen. Todesstrafe, sofort zu vollstrecken.

2. Der Hauptangeklagte Wang Ruqiang, männlich, 35 Jahre, kapitalistische Familie, Student, Peking. Die männliche Linie hat in Amerika studiert, Mutter, Onkel und ältere Schwestern allesamt in Amerika und Singapur. Der Gefangene war 1958 als Übersetzer in einem Pekinger Korrespondentenbüro tätig und wurde als politischer Informant der englischen Imperialisten und wegen Verleumdung und Angriffen auf unsere Partei und Regierung zu 15 Jahren verurteilt.
Der Delinquent Wang und der inhaftierte Xu Guanzeng steckten einst unter einer Decke und haben gemeinsame Sache gemacht. Im August 1966 hat er persönlich die Organisation der damaligen konterrevolutionären Clique »Wissenschaftlicher Kommunismus« (kurz Wisskong), im März 1967 Seite an Seite mit dem kriminellen Xu die »Kommunistische Liga« gegründet, war alleinverantwortlich und wichtiges Mitglied des »Hauptstadtbüros«. Leitete zahlreiche konterrevolutionäre Versammlungen und rekrutierte neue Mitglieder, hat persönlich das konterrevolutionäre Programm »20 Fragen an Kämpfer des Marxismus-Leninismus« und acht konterrevolutionäre Artikel, 12 Gedichte, 29 Drucksachen ausgeheckt und heimtückisch den Großen Vorsitzenden und die Kommunistische Partei Chinas angegriffen. In extremer Ruchlosigkeit wurde getönt, das »Führerprinzip einer Person, der Partei und der Regierung« über

den Haufen werfen zu wollen. Durch und durch reaktionär, offen kriminell und wild entschlossen, sich als konterrevolutionäres Element und Feind grundlegend gegen das Volk zu stellen. Todesstrafe, sofort zu vollstrecken.

3. Ren Daxiong, Hauptangeklagter, männlich, 38 Jahre, aus einer Familie alter Angestellter, Student, rechtes Element, Hangzhou. Sein älterer Bruder ist 1949 nach Taiwan geflohen. 1960 wegen Bildung einer konterrevolutionären Vereinigung und geplantem Landesverrat und als Überläufer zu lebenslanger Haft verurteilt.
Der Delinquent hat im April 1967 aktiv bei der konterrevolutionären Vereinigung der »Kommunistischen Liga« als Leiter einer Kleingruppe mitgewirkt. Teilnahme an der Formulierung eines konterrevolutionären Programms, Rekrutierung neuer Mitglieder, Vorbereitungen zum Waffenraub bei unseren Sicherheitskräften. Schrieb nach und nach neun konterrevolutionäre Artikel, »Kommentare zur Zeit«, in denen er unseren Großen Vorsitzenden auf das Übelste verleumdete und attackierte, grub sich aus der Arrestzelle des Gefängnisses, schloss sich mit dem Hauptangeklagten Chang Yingqing zu einer Angriffs- und Verteidigungsallianz zusammen und versuchte, mit dem Rücken zur Wand zu kämpfen. Offen reaktionär, extrem grimmig. Immer wieder straffällig geworden, selbst mit dem Tode nicht wiedergutzumachen, besonders verhasst beim Volk. Todesstrafe, sofort zu vollstrecken.

4. Liu Shiguang, Hauptangeklagter, männlich, 36 Jahre, Grundbesitzerfamilie, Student, rechtes Element, Kreis Changyi, Provinz Shandong. Der Delinquent wurde wegen Organisation der konterrevolutionären Vereinigung der »Chinesischen sozialistischen Volkspartei« zu 13 Jahren verurteilt.
Der Delinquent hat zunächst den Vorschlag gemacht, im Daqing-Gebirge in der Provinz Heilongjiang die »Kommunistische Liga«, eine Vereinigung für konterrevolutionären Umsturz, zu gründen,

Leiter einer Kleingruppe, Mitglied des »Hauptstadtbüros«. Aktive Rekrutierung von Mitgliedern, persönliche Formulierung eines konterrevolutionären Programms, Vorbereitungen zum Waffenraub bei unseren Sicherheitskräften, konterrevolutionäre Umtriebe. Persönliche Abfassung von vier reaktionären Artikeln, »Thesen zur Pflaumenblüte«, heimtückische Angriffe auf das Hauptquartier der proletarischen Klasse. Äußerst aggressive konterrevolutionäre Arroganz. Der Delinquent war Gründungsmitglied der »Wisskong« und der »Kommunistischen Liga« und einer der Konstrukteure einer Verbindung beider konterrevolutionärer Organisationen, aktiv an der Ausweitung ihrer Macht beteiligt, übelster Verbrechen schuldig, besonders verhasst beim Volk. Todesstrafe, sofort zu vollstrecken.

5. Bao Ming, Hauptangeklagter, männlich, 28 Jahre, aus einer Familie falscher Angestellter, Student, Katholik, Chongqing-Stadt. Der Vater Bao Ke war Mitglied des Zentralkomitees der Guomindang. Der Delinquent organisierte 1959 eine konterrevolutionäre, landesverräterische und überläuferische Vereinigung und wurde zu 20 Jahren verurteilt.
Der Delinquent hat aktiv die konterrevolutionäre Vereinigung der »Kommunistischen Liga« organisiert, war Leiter einer Kleingruppe, Mitglied des »Hauptstadtbüros«, hat im Gefängnis aktiv konterrevolutionäre Briefe weitergegeben, konterrevolutionäre Mitglieder rekrutiert, persönlich konterrevolutionäre Programme formuliert, vier konterrevolutionäre Artikel geschrieben und heimtückisch unsere Partei und das sozialistische System angegriffen, den Großen Vorsitzenden Mao und die unbesiegbaren Mao-Zedong-Ideen verleumdet. Häufige Aufrufe zum Raub von Waffen und bewaffneten Aufständen, als Bandit auf dem Daqing-Berg, Abstimmung mit den Sowjetrenegaten, vergebliche Versuche, sich mithilfe der imperialistischen Revisionisten der Waffengewalt zu widersetzen und konterrevolutionäre Verschwörungen ins Werk zu setzen. Verwerf-

lichster und unverzeihlichster Verbrechen schuldig, Todesstrafe, sofort zu vollstrecken.

6. Chang Yingqing, Hauptangeklagter, männlich, 30 Jahre, Angestelltenfamilie, Student, Kreis Funing, Provinz Hebei. 1962 wegen geplanten Waffen- und Bankraubs, der Versendung konterrevolutionärer Briefe an die Vertretung der englischen Imperialisten in China, Korruption und Diebstahl zu zehn Jahren verurteilt.
Der Delinquent hat aktiv bei der Gründung einer konterrevolutionären Vereinigung beratend gewirkt, bewaffnete Aufstände geplant, war Leiter einer dreiköpfigen Einsatzgruppe und Mitglied des »Hauptstadtbüros«. Aktive Rekrutierung von Mitgliedern, Weiterleitung von über 20 konterrevolutionären Briefen, Formulierung der »11 Regeln für die Organisationsdisziplin«, nach dem Ausbruch aus dem Gefängnis Eintreten für die Gründung von konterrevolutionären Stützpunktgebieten in den Taihang- und Daqing-Bergen. Abstimmung mit den Sowjetrevisionisten zur Umsetzung konterrevolutionärer Verschwörungen, dazu Bereitstellung von Zivilkleidung und großer Mengen Arzneimittel für die Flucht. Nach seiner Inhaftierung mit dem Hauptangeklagten Ren Daxiong Angriff- und Verteidigungspläne für die Allianz, plante bis zum Ende durchzuhalten, die gefälschten Rangabzeichen an den Mützen zu verbrennen und sämtliche Beweise zu vernichten. Verwerflichster Verbrechen schuldig und besonders verhasst beim Volk, Todesstrafe, sofort zu vollstrecken.

7. Ren Zongzheng, Hauptangeklagter, männlich, 32 Jahre, Grundbesitzerhaushalt, Student, Kreis Feng, Provinz Jiangsu. Seine Familie wurde während der Bodenreform bekämpft, seine Großmutter zum Tode verurteilt. Der Delinquent hat 1958 die konterrevolutionäre Vereinigung »Sozialdemokratische Partei« und den »Sozialistischen Jugendbund« gegründet und wurde zu lebenslanger Haft verurteilt.

Der Delinquent war einer der Initiatoren der konterrevolutionären Organisation der »Kommunistischen Liga« und Mitglied des »Hauptstadtbüros«. Aktive Rekrutierung von Mitgliedern, Ausbau der konterrevolutionären Macht. Bereitstellung von Zivilkleidung, Planung bewaffneter Aufstände, äußerst aggressive konterrevolutionäre Arroganz. Verwerflichster Verbrechen schuldig und besonders verhasst beim Volk. Todesstrafe, sofort zu vollstrecken.

8. Bai Weilu, Hauptangeklagter, männlich, 43 Jahre, Grundbesitzerfamilie, alter Angestellter, Guiyang-Stadt, der Vater wurde von uns unterdrückt, der Delinquent hatte einst eine wichtige Position in der Militärregierung der Räuber von Chiang Kai-shek. Hat sich 1951 zweimal in die revolutionären Truppen eingeschlichen, wurde entfernt, Umerziehung durch Arbeit. 1961 wegen Organisation einer konterrevolutionären Vereinigung und versuchten Landesverrats und Überlaufens zu 15 Jahren verurteilt.
Der Delinquent, wegen der Exekution des Vaters mit unserer Partei verfeindet, war Mitglied des »Hauptstadtbüros«, aktive Entwicklung einer konterrevolutionären Organisation, persönlicher Entwurf für ein konterrevolutionäres Programm, Abfassung konterrevolutionärer Schriften, heimtückische Angriffe auf den Großen Vorsitzenden und unsere Partei. Verbreitung konterrevolutionärer Schriften, äußerst aggressive konterrevolutionäre Arroganz, verwerflichster Verbrechen schuldig und besonders verhasst beim Volk. Todesstrafe, sofort zu vollstrecken.

9. Chen Weiquan, Hauptangeklagter, männlich, 30 Jahre, aus einem Grundbesitzerhaushalt, Student, Shenyang-Stadt. Der Delinquent wurde bereits wegen unmoralischer Aktivitäten von der Universität verwiesen. 1960 wegen Übergabe konterrevolutionärer Schriften an die ständige Vertretung der Jugo-Revisionisten, Landesverrat und Überläufertum zu dieser diplomatischen Mission zu 15 Jahren verurteilt.

Der Delinquent hat aktiv eine Vereinigung zu konterrevolutionärer Rebellion organisiert, war eines der Mitglieder der »Kommunistischen Liga«, Leiter einer Kleingruppe und Mitglied des »Hauptstadtbüros«. Aktive Abfassung reaktionärer Schriften, Angriffe auf das sozialistische System und die Diktatur des Proletariats. Verbreitung von über 20 konterrevolutionären Briefen, persönliche Auskundschaftung der Topographie, der Routen, Formulierung von Fluchtcodes, Vorbereitung bewaffneten Aufruhrs, jeder Art übelster Verbrechen schuldig, besonders verhasst beim Volk, Todesstrafe, sofort zu vollstrecken.

10. Cao Jiehong, Hauptangeklagter, männlich, 31 Jahre, mittlerer Bauernhaushalt, Student, rechtes Element, Kreis Wujin, Provinz Jiangsu. 1958 wegen der Organisation der konterrevolutionären Vereinigung »Antifaschistische Jugendliga Chinas« zu 15 Jahren verurteilt.
Der Delinquent hat aktiv die »Kommunistische Liga«, eine Vereinigung für konterrevolutionären Umsturz, organisiert, Leiter einer Kleingruppe, Mitglied des »Hautstadtbüros«. Vorbereitung von Zivilkleidung, Planung konterrevolutionärer Aufstände, Abfassung von vier konterrevolutionären Schriften, heimtückische Angriffe auf unser sozialistisches System und die Diktatur des Proletariats. Äußerst aggressive konterrevolutionäre Arroganz. Der Volkszorn nur durch Hinrichtung zu befrieden. Todesstrafe, sofort zu vollstrecken.

11. Wu Guoyan, Hauptangeklagter, männlich, 28 Jahre, aus einem Haushalt falscher Angestellter, Student, Kreis Kuandian, Provinz Liaoning, 1962 wegen Organisation der »Chinesischen Arbeitspartei«, einer konterrevolutionären Vereinigung, zu sieben Jahren verurteilt.
Der Delinquent hat mit dem Delinquenten Xu konspirativ die »Kommunistische Liga«, eine Vereinigung für konterrevolutionä-

ren Aufruhr, organisiert, Leiter einer Kleingruppe und Mitglied des »Hauptstadtbüros«. Teilnahme an der Formulierung eines konterrevolutionären Programms, Vorbereitung bewaffneten Aufruhrs, aktive Verbreitung konterrevolutionärer Schriften, Rekrutierung konterrevolutionärer Mitglieder, nach der Inhaftierung des Hauptangeklagten Wang Ruqiang Ermutigung weiterer Mitdelinquenten, »bis zum Ende am Kampf festzuhalten.« Von äußerst aggressiver konterrevolutionärer Arroganz. Schwerster Verbrechen schuldig, besonders verhasst beim Volk. Todesstrafe, sofort zu vollstrecken.

12. Tang Fuxi, Hauptangeklagter, männlich, 30 Jahre, Kaufmannsfamilie, Student, Kreis Penglai, Provinz Shandong, 1958 wegen der Organisation der konterrevolutionären Vereinigung »Gesellschaft zur Vorbereitung des Militärs des Staates Wei« zu 12 Jahren verurteilt.
Der Delinquent hat aktiv an einer Vereinigung zum konterrevolutionären Umsturz teilgenommen, war Mitglied des »Hauptstadtbüros« und verantwortlich für das Gebiet Heiliushui in Shanxi. Auskundschaftung des Geländes, der Wachen, Herstellung von Abzeichen für Kragen und Kappen, Rekrutierung von konterrevolutionären Mitgliedern, Vorbereitung bewaffneter Aufstände. Abfassung einer Unmenge reaktionärer Lyrik, heimtückische Angriffe auf unser sozialistisches System und die Diktatur des Proletariats. Verunglimpfung unseres Großen Vorsitzenden und der Kommunistischen Partei Chinas. Äußerst aggressive konterrevolutionäre Arroganz. Der Volkszorn nur durch Hinrichtung zu befrieden. Todesstrafe, sofort zu vollstrecken.

13. Guan Huanzhang, Hauptangeklagter, männlich, 45 Jahre, Kleinbesitzerhaushalt, falscher Angestellter, aus Peking-Stadt, 1948 im Umfeld der Agenten der Chiang-Banditen in der Provinz Hebei ausgebildet für die Organisation einer »Ausbildungsgruppe«,

1960 wegen Organisation der konterrevolutionären Vereinigung »Schutzbund für Demokratie und Freiheit« zu 13 Jahren verurteilt. Der Delinquent war Mitglied einer Vereinigung für konterrevolutionären Umsturz, Leiter einer Kleingruppe, konterrevolutionäre Aktivitäten, Aufbau eines konterrevolutionären Netzwerks, Vorbereitung konterrevolutionären Aufruhrs. Äußerst aggressive konterrevolutionäre Arroganz. Bekennt sich extrem unguter Haltungen schuldig. Todesstrafe, sofort zu vollstrecken.

14. Ma Rixin, Mitangeklagter, männlich, 27 Jahre, normale Stadtfamilie, Student, Tianjin-Stadt. 1963 wegen versuchten Waffenraubs, Landesverrats und Überläufertums zu Revisionisten zu acht Jahren verurteilt. Der Delinquent war Mitglied einer Vereinigung für konterrevolutionären Umsturz, Leiter einer Kleingruppe, Mitglied einer dreiköpfigen Eingreifgruppe, heimliches Horten von Militäruniformen, Fälschung von Mützen- und Kragenabzeichen, Auskundschaften des Geländes, Vorbereitung konterrevolutionärer Aufstände, wütende Aktivitäten, aggressive Arroganz. Lebenslänglich.

15. Lu Shaoshan, Mitangeklagter, männlich, 33 Jahre, wohlhabende Mittelbauernfamilie, Student, Kreis Fangshan, Peking-Stadt. 1957 wegen Organisation der konterrevolutionären Vereinigung »Partei der Volksgemeinschaft« zu 17 Jahren verurteilt.
Der Delinquent war Mitglied einer konterrevolutionären Vereinigung, Leiter einer Kleingruppe, Mitglied einer dreiköpfigen Eingreifgruppe. Vorbereitung von Attentaten auf Lehrkader, von bewaffnetem Aufruhr, Abfassung von zwei konterrevolutionären Schriften, einer Unmenge reaktionärer Lyrik, heimtückische Angriffe auf unser sozialistisches System und den Aufbau des Sozialismus, schwere Vergehen, lebenslänglich.

16. Meng Yuan, Mitangeklagter, männlich, 33 Jahre, mittlerer Bauernhaushalt, Student, Kreis Qingxu, Provinz Shanxi. 1963 wegen Organisation einer konterrevolutionären Vereinigung, Landesverrats und Überläufertums zu zwölf Jahren verurteilt.
Der Delinquent war aktives Mitglied einer Vereinigung für konterrevolutionären Umsturz, Abfassung reaktionärer Schriften und über 90 entsprechender Gedichte, Verbreitung konterrevolutionärer Propaganda, konterrevolutionäre Beeinflussung der öffentlichen Meinung in großem Stil. Aggressive Arroganz, schwere Vergehen, zu 15 Jahren verurteilt (in Verbindung mit der ersten ergibt sich eine Gesamtstrafe von 27 Jahren).

17. Wang Zuoxian, Mitangeklagter, männlich, 27 Jahre, Grundbesitzerhaushalt, Student, Kreis Weishi, Provinz Henan. 1962 wegen Organisation der konterrevolutionären Vereinigung »China Restauration« zu zehn Jahren verurteilt.
Der Delinquent war Mitglied einer Vereinigung für konterrevolutionären Umsturz, Leiter einer Kleingruppe, konterrevolutionärer Aktivitäten, schwere Vergehen. Verurteilt zu zehn Jahren (in Verbindung mit der ersten ergibt sich eine Gesamtstrafe von 20 Jahren).

18. Zhang Jiuchang, Mitangeklagter, männlich, 30 Jahre, reicher Bauernhaushalt, Student, Kreis Xinglong, Provinz Hebei. 1963 wegen versuchten Attentats auf unsere Sicherheitskämpfer zu 15 Jahren verurteilt.
Der Delinquent hält an seinem reaktionären Standpunkt fest, war Mitglied einer Vereinigung für konterrevolutionären Umsturz, Vorbereitung von Gefängnisausbrüchen und Aufruhr, Auskundschaftung des Geländes, der Wachposten. Schwere Vergehen, verurteilt zu zehn Jahren (in Verbindung mit der ersten ergibt sich eine Gesamtstrafe von 25 Jahren).

19. Yang Xifa, Mitangeklagter, männlich, 30 Jahre, mittlerer Bauernhaushalt, Verkäufer, Kreis Xingtang, Provinz Hebei. 1963 wegen Organisation einer konterrevolutionären Vereinigung zu zehn Jahren verurteilt.
Der Delinquent ist in Haft, nimmt die Umerziehung nicht an, war Mitglied einer konterrevolutionären Vereinigung, konterrevolutionäre Aktivitäten, Leiter einer Kleingruppe. Schwere Vergehen. Anhebung der Strafe um sieben Jahre (in Verbindung mit der ersten ergibt sich eine Gesamtstrafe von 17 Jahren).

20. Hao Xianglong, Mitangeklagter, männlich, 46 Jahre, armer Bauernhaushalt, Arbeiter, Peking-Stadt. 1962 wegen der Abfassung und Verbreitung konterrevolutionärer Flugblätter zu acht Jahren verurteilt.
Der Delinquent war Mitglied einer Vereinigung für konterrevolutionären Umsturz, Ideengeber für eine Vereinigung für konterrevolutionären Umsturz, Herausgabe einer Publikation für konterrevolutionäre Propaganda, ging mit konterrevolutionären Ideen konform, schwere Vergehen. Anhebung der Strafe um fünf Jahre (in Verbindung mit der ersten ergibt sich eine Gesamtstrafe von 13 Jahren).

21. Zhao Zhiqiang, Mitangeklagter, männlich, 44 Jahre, armer Bauernhaushalt, Arbeiter, Kreis Penglai, Provinz Shandong. 1961 wegen Organisation einer konterrevolutionären Vereinigung zu 13 Jahren verurteilt.
Der Delinquent war Mitglied einer Vereinigung für konterrevolutionären Umsturz, konterrevolutionäre Aktivitäten, Auskundschaften des Geländes, der Wachposten, Vorbereitungen für einen Umsturz, schwere Vergehen. Anhebung der Strafe um fünf Jahre (in Verbindung mit der ersten ergibt sich eine Gesamtstrafe von 18 Jahren).

22. Bi Fuying, Mitangeklagter, männlich, 31 Jahre, Kleinbesitzerhaushalt, Student, Weihai-Stadt, Provinz Shandong. 1960 wegen Organisation der konterrevolutionären Vereinigung »Chinesische demokratische Freiheitspartei« zu zehn Jahren verurteilt.
Der Delinquent war Mitglied einer Vereinigung für konterrevolutionären Umsturz, konterrevolutionäre Aktivitäten, schwere Vergehen. Anhebung der Strafe um drei Jahre (in Verbindung mit der ersten ergibt sich eine Gesamtstrafe von 13 Jahren).

23. Ma Xinwei, Wan Weijun, Zhang Ou, Wu Ganxiu, Mitglieder einer Vereinigung für konterrevolutionären Umsturz, normale Mitglieder; noch in der Lage, Einsicht zu zeigen, Fehler anzuzeigen, zu enthüllen und Reue zu zeigen, keine Erhöhung der Strafe notwendig.

Das relevante Material für die Fälle (siehe Anhang) ist konfisziert und dem Staatsarchiv überantwortet.

Diese Urteile
28. März 1970

ANMERKUNGEN

6 Dong Leshan (1924–1999), Autor, Hochschullehrer, renommierter Übersetzer aus dem Englischen, neben *1984* auch von Büchern wie *The Trial of Socrates, The Rise and Fall of the Third Reich* und *Red Star over China*. 1957 von den radikallinken Kommunisten Mao Zedongs als sogenannter »Rechtsabweichler« abgestempelt, während der Kulturrevolution für längere Zeit inhaftiert, zum Geständnis durch Folter gezwungen.

9 *Tian'anmen*-Massaker: friedliche Demonstrationen (vor allem von Studierenden) auf dem Platz des Himmlischen Friedens in Peking (Tian'anmen) für Demokratie und Freiheit, in der Nacht vom 3. auf den 4. Juni 1989, von der chinesischen Armee brutal und blutig niedergeschlagen. Es gab zahllose Tote und Verletzte.

9 So der deutsche Untertitel der von Liao Yiwu unter seinem Pseudonym Lao Wei geführten Interviews mit verschiedensten Zeitzeugen und Underdogs aus der chinesischen Gesellschaft.

11 Frühlings- und Herbstperiode, 770–476 v. u. Z.

12 Deng Xiaoping (1904–1997), »oberster Führer« der Volksrepublik China 1978–1990.

12 *Ein Geist wandert auf chinesischer Erde*: episches Gedicht von Sun Jingxuan (1930–2003).

14 Li Huasheng (1944–2018), bekannter chinesischer Maler aus Sichuan.

15 Liu Xiaobo (1955–2017), Menschenrechtler, scharfer Kritiker der chinesischen Diktatur, Schriftsteller und Universitätslehrer, 2009 zu elf Jahren Haft verurteilt wegen seiner Unterstützung der Charta 08, eines Manifests zum Internationalen Tag der Menschenrechte 2008, Freund Liao Yiwus. Erhielt 2010 in Abwesenheit den Friedensnobelpreis, im Krankenhaus streng bewacht an einem im Gefängnis vorher lange unbehandelten Krebs gestorben.

19 Jiang Zemin (1926–2022), Generalsekretär der Kommunistischen Partei

1989–2002, Staatspräsident der VR China 1993–2003, folgte auf Deng Xiaoping und gab seine Ämter weiter an Hu Jintao (* 1942), Generalsekretär der KPCh 2002–2012, Staatspräsident der VR China 2003–2013.

29 Feng Congde (* 1966), aus Sichuan, wichtiger Vertreter der chinesischen Demokratiebewegung, einer der Studierendenführer bei den Demonstrationen auf dem Platz des Himmlischen Friedens in Peking 1989. Erhielt zunächst Asyl in Frankreich, lebt heute in Amerika, San Francisco.

34 Opiumkriege, zwei Handelskriege, der erste, 1839–1842, zwischen Großbritannien und dem chinesischen Kaiserreich, der zweite, 1856–1860, zwischen Großbritannien und Frankreich auf der einen und dem zunehmend schwächelnden chinesischen Reich auf der anderen Seite. Auslöser des ersten Krieges war die Beschlagnahmung von Opium in chinesischen Häfen, das britische Händler in China verkaufen wollten. Beide Kriege schwächten das chinesische Kaiserreich und führten am Ende zu grundlegenden Modernisierungsdebatten in der chinesischen Elite.

34 Goebbels soll in etwa gesagt haben, eine Lüge müsse nur oft genug wiederholt werden, dann werde sie am Ende geglaubt. Belege, dass er tatsächlich Entsprechendes geäußert hat, gibt es nach unseren Recherchen allerdings nicht.

35 »Anti-Rechts-Bewegung«, China-weite Säuberungswelle unter Mao Zedong, bei der kritische und anderweitig unliebsame Personen zu »Rechten« und damit Gegnern der linken kommunistischen Revolution erklärt, eingesperrt und sogar hingerichtet wurden.

35 Chiang Kai-shek (1887–1975), ab 1925 Führer der Nationalpartei und Antagonist Mao Zedongs im chinesischen Bürgerkrieg 1927–1949, 1949 Flucht nach Taiwan mit Teilen der Nationalpartei und Nationalarmee, dort Ausrufung der provisorischen Republik China auf Taiwan, während auf dem Festland die Volksrepublik China (VR China) proklamiert wurde.

36 Qing-Dynastie (1644–1911), letzte kaiserliche Dynastie Chinas, Fremdherrschaft der Mandschu.

40 Affenkönig Sun Wukong, zentrale Figur des klassischen chinesischen Romans *Die Reise nach Westen* (16. Jh.), ein undisziplinierter, frecher Charakter, der durch einen goldenen Reif um den Kopf, den er nicht abnehmen kann, gebändigt werden soll. Zieht der Reif sich zusammen, bereitet er dem Affenkönig unerträgliche Kopfschmerzen.

47 Um die Kulturrevolution (1966–1976) nach einer heißen Anfangsphase, in der insbesondere junge Rote Garden mit Gewaltexzessen aufgehetzt von Mao Zedongs Propaganda ihre fanatische Begeisterung für eine Abschaffung der »alten« Gesellschaft auslebten, wieder unter Kontrolle zu bringen, wurden ab 1968 jugendliche Rotgardisten aus den Städten aufs Land verschickt, nicht

selten in lebensharte Grenzregionen Chinas, um dort bei Bauern das einfache Leben und harte körperliche Arbeit zu erfahren.

47 *Kuai*, größte chinesische Währungseinheit.

49 Große Hungersnot, 1959–1962, verursacht durch Mao Zedongs Politik des Großen Sprungs 1958–1962, mit geschätzten wohl mindestens 30 Millionen Hungertoten, Schätzungen gehen auch von 45 Mio. bis 60 Mio. aus; Kulturrevolution, die Große Proletarische Kulturrevolution unter Mao Zedong, 1966–1976, bis zu Maos Tod.

50 »Volkskrieg«, eine von Mao Zedongs Militärstrategien, wie die einfache Bevölkerung dazu zu gewinnen wäre, den kommunistischen Kampf bis in die entferntesten Regionen des Landes zu unterstützen, um sogenannte »Feinde« der kommunistischen Revolution zu bekämpfen.

70 *Baozi*, mit Fleisch, Gemüse, Pilzen gefüllte Knödel aus dünnem Teig, die in speziellen Bambuskörben gedämpft werden. Der Teig wird zunächst flachgedrückt oder gerollt, befüllt und um die Füllung kunstfertig verschlossen.

73 »Chiang-Banditen«, Begriff der chinesischen kommunistischen Propaganda für Gefolgsleute und Soldaten Chiang Kai-sheks (siehe oben), die nach der Flucht aus dem Festland 1949 von Taiwan her wiederholt Eroberungs- und Spionageversuche auf dem Festland unternahmen und dafür dort auch an Land gingen.

86 *Fen*, kleinste chinesische Währungseinheit.

92 *Kang*, gemauerte Bettstatt für mehrere Personen, die zum Schlafen nebeneinander liegen, auch tagsüber mit zusammengerolltem Bettzeug genutzt.

94 Jing Gangshan (* 1967), chinesischer Sänger und Schauspieler.

96 »Rote Delinquenten«, Zielscheiben politischer Kampagnen Maos aus den eigenen kommunistischen Reihen, die in Gefängnissen und Lagern landeten (siehe auch das Interview »Der erblindete Schriftsteller«).

96 Yuan, ebenfalls höchste Währungseinheit, offizieller Ausdruck für das alltags- und umgangssprachlichere »Kuai«.

113 *Mantou*, gedämpfte Hefebrötchen aus Weizenmehl und Wasser, werden vor allem in Chinas Norden gegessen. Der Teig wird gerührt, geknetet, zu einer langen »Wurst« ausgewalzt, in wenige Zentimeter breite Stücke geschnitten und nach einer Ruhezeit im Topf gedämpft.

133 »Dreifache Betonung«, eine ideologische Disziplinierungskampagne der Kommunistischen Partei (1998–2000) unter dem damaligen Generalsekretär Jiang Zemin mit dem Ziel, bei Parteimitgliedern mehr Lerneifer, politisches Bewusstsein und Aufrichtigkeit zu entwickeln.

134 Du Fu (712–770), einer der wichtigsten klassischen chinesischen Dichter, in der Bedeutung vergleichbar mit Goethe oder Schiller.

134 »Dreifachvertreten«, eine weitere Kampagne der Kommunistischen Partei

unter Jiang Zemin ab 2000; zu vertreten sind die Entwicklung der fortschrittlichen Produktivkräfte Chinas, einer fortschrittlichen Kultur und die fundamentalen Interessen des chinesischen Volkes.

134 »Betrunkene Meister«, Anspielung auf »Betrunkenes Taijiquan«, eine besondere, unkonventionelle Kampftechnik, bei der man sich wie ein Betrunkener bewegt und damit den Gegner irritiert.

137 »Hart zuschlagen«, eine großangelegte Kampagne unter Deng Xiaoping zur Kriminalitätsbekämpfung, 1983–1987, bei deren Durchführung auch zu Unrecht verhaftet, gefoltert, bestraft und zum Teil sogar exekutiert wurde.

157 Wei Jingsheng (* 1950), einer der international bekanntesten chinesischen Dissidenten und wichtiger Protagonist der Demokratiebewegung in China 1978, dafür ab 1979 für 15 Jahre in Gefängnis und Arbeitslager.

157 Liu Binyan (1925–2005), chinesischer Dissident, Journalist und Schriftsteller, Verfasser kritischer Reportagen und Erzählungen über Korruption und Misswirtschaft, dafür Verbannung und acht Jahre Arbeitslager.

157 Zhao Ziyang (1919–2005), Ministerpräsident der VR China (1980–87), Generalsekretär der Kommunistischen Partei (1987–89), Befürworter von politischen Reformen in China, mit Sympathie für die demokratischen Bestrebungen, die zu den Demonstrationen auf dem Platz des Himmlischen Friedens 1989 führten.

157 Zhang Daqian (1899–1983), einer der, auch international, berühmtesten zeitgenössischen Maler Chinas, 1917–1919 künstlerische Ausbildung in Japan, Rückkehr nach China, ab den 1950er Jahren Aufenthalte in Argentinien, Brasilien, Kalifornien, von 1978 bis zum Tod in Taiwan.

158 Zhou Enlai (1898–1976), erster Ministerpräsident der VR China 1949–1976, wichtiger Führer der Kommunistischen Partei, Mitglied seit dem Gründungsjahr 1921, davor 1917–1919 Studium in Japan, 1920–1924 in Frankreich, England, Deutschland, danach unter anderen politischen Aufgaben und Ämtern ab 1926 Vorsitzender des Politischen Ausschusses der Whampoa-Militärakademie.

158 Whampoa-Militärakademie, 1924 von der Nationalpartei unter Sun Yatsen mit Unterstützung der Sowjetunion gegründet, führende Militärakademie Chinas, erster Leiter Chiang Kai-shek, im Zuge der ersten Zusammenarbeit zwischen Nationalisten und Kommunisten Ernennung von Zhou Enlai zum Vorsitzenden des Politischen Ausschusses 1926. Die Akademie brachte wichtige Armee-Kommandeure sowohl auf Seiten der Nationalisten als auch auf Seiten der Kommunisten hervor.

158 Sun Yatsens »Drei Prinzipien des Volkes«: Sun Yatsen (1866–1925), Arzt, kurzzeitiger erster Übergangspräsident der Republik China 1912 nach dem Sturz des Kaiserreichs 1911, die von ihm entwickelten »Drei Prinzipien des Volkes«

bildeten das Fundament seiner revolutionären Idee: Sozialismus (Volkswohlstand), Demokratie (Volksrechte), Nationalismus (Volksgemeinschaft).

158 Luo Qingchang (1918–2014), langjähriger Mitarbeiter und späterer Leiter des Geheimdienstes der Kommunistischen Partei (1938–1983), nach Gründung der Volksrepublik China enge Zusammenarbeit mit dem damaligen Ministerpräsidenten Zhou Enlai.

159 Zhang Xueliang (1898/1900/1901–2001), chinesischer Kriegsherr in der Mandschurei und Teilen Nordchinas 1928–1936.

160 *Renminbi*, offizielle Bezeichnung der chinesischen Währung: »Volkswährung«.

187 Liu Wencai (1887–1949), ein Großgrundbesitzer in der Provinz Sichuan, fungierte nach seinem Tod in Mao Zedongs kommunistischer Propaganda gegen die alte Feudalgesellschaft als Archetyp eines grausamen Ausbeuters armer Bauern.

187 Qing-Kaiser Tongzhi, lebte 1856 bis 1875, Kaiser Chinas von 1861 bis zum Tod.

188 Einer Legende nach verließ Lao Zi (bekannt auch als Laotse, Lao-Tse, Lau-Dsi), angeblicher Begründer des Daoismus (ob und wann er tatsächlich lebte, ist nicht eindeutig nachweisbar, möglicherweise 6.–4. Jh. v. u. Z.), in seinen späten Jahren, unzufrieden mit den politischen Umständen, China auf einem Wasserbüffel reitend nach Westen, auf der Reise soll er sein für den Daoismus wegweisendes Werk *Daodejing*, den »Klassiker vom Weg und der Tugend« verfasst haben und anschließend verschwunden sein. Der Ort dieses legendären Geschehens wurde mit vielen daoistischen Tempeln zu einem wichtigen Ort daoistischer Verehrung.

189 Republikzeit, 1912–1949, nach Ausrufung der Volksrepublik China weiter auf Taiwan, bis heute.

192 Yue Fei (1103–1142), Feldherr des chinesischen Heeres während der Song-Dynastie (960–1279) im Kampf gegen die Eroberung durch die Dschurdschen aus der Mandschurei.

194 Hongmen-Bankett, sprichwörtlich für eine Veranstaltung, die dazu dient, einem schwer zu besiegenden Gegner eine Falle zu stellen, um ihn unschädlich zu machen; geht zurück auf den Kampf zwischen den bekannten Anführern von Aufständen gegen die Qin-Dynastie (221–207 v. u. Z) Liu Bang (256/247–195 v. u. Z, Gründer der Han-Dynastie, 206 v. u.Z–220 n. u. Z) und Xiang Yu (232–202 v. u. Z): Xiang Yu veranstaltete für Liu Bang ein Bankett, auf dem dieser getötet werden sollte, doch er konnte sich rechtzeitig davonmachen, später unterlag ihm Xiang Yu und nahm sich 202 v. u.Z das Leben.

200 Revolutionsbasis Yan'an: Die Stadt Yan'an am Gelben Fluss im Norden der Provinz Shaanxi war 1935 der Endpunkt des Langen Marschs (1934–1935) der Roten Armee der Kommunistischen Partei Chinas, um Angriffen der Na-

tionalarmee zu entkommen; wurde im Anschluss unter der Führung Mao Zedongs die politische und militärische Basis der Kommunistischen Partei und der Roten Armee.

203 Die »Vier Alten«: veraltetes Denken, traditionelle Kultur, überlieferte Gewohnheiten und Sitten, dagegen sollte zu Beginn der Kulturrevolution unter Mao Zedong und Lin Biao (1907–1971) radikal vorgegangen werden, um Platz für »neue« kommunistische Ideen zu schaffen, wobei sich fanatisierte junge Rotgardisten besonders hervortaten. Menschen, Kunstwerke, Kulturdenkmäler fielen dieser Kampagne voller gewaltsamer Zerstörung in großer Zahl zum Opfer.

209 »Appetit und Lust sind etwas ganz Natürliches«, Zitat des konfuzianischen Philosophen Menzius (auch Meng Zi, 372–290 v. u. Z., Menzius 6A:4).

212 *Der Traum der Roten Kammer*, der wahrscheinlich berühmteste klassische Roman Chinas, Autor Cao Xueqin (18. Jh.), eine Familiengeschichte, teils autobiographisch.

224 *Renmin ribao, Volkszeitung*, Tageszeitung der Kommunistischen Partei Chinas, seit 1949 offizielles Sprachrohr der kommunistischen Regierung und ihr Propagandablatt.

226 »Großes Stahlkochen«, spielt an auf die unrealistisch überzogene Erhöhung der Stahlproduktion (1958/59) durch Mao Zedong während des Großen Sprungs nach vorne, die Erfüllung der vorgegebenen Quoten erforderte das Einschmelzen von allem Metallischen und jede Menge Holz, um die Hochöfen zu befeuern.

231 Xihaigu, eines der ärmsten Gebiete Chinas, im Nordwesten gelegen, hoher Bevölkerungsanteil der muslimischen Hui-Minderheit.

231 Zhang Chengzhi (* 1948), zeitgenössischer Schriftsteller aus der Hui-Minderheit, zunächst ein atheistisch erzogener Rotgardist und Anhänger Maos, verbrachte in den 1980er Jahren sechs Jahre in Xihaigu, konvertierte dort zum Islam.

234 Hu Yaobang (1915–1989), Generalsekretär der Kommunistischen Partei 1980–87, politischer Reformer, Absetzung wegen zu milden Umgangs mit demokratischen Studierendendemonstrationen 1986, sein Tod gilt als Auslöser der Studierendendemonstrationen auf dem Platz des Himmlischen Friedens in Peking 1989.

236 *Chuanqi*-Geschichten, klassische chinesische Kurzgeschichten, entstanden in der Tang-Dynastie (618–907).

238 Guiyang, Hauptstadt der Provinz Guizhou.

238 Yuanmingyuan, der »Alte Sommerpalast«, im 18./19. Jahrhundert von der Qing-Dynastie erbaut und genutzt, im Zweiten Opiumkrieg 1860 von den Kolonialarmeen der Briten und Franzosen zerstört; heute, ohne wieder auf-

gebaut zu sein, ein von Touristen und Ausflüglern gern besuchtes Parkgelände in der Nähe der Peking und der Qinghua Universität.

240 *Mao,* Währungseinheit zwischen *Fen* und *Yuan* bzw. *Kuai.* 10 *Fen* sind 1 *Mao,* 10 *Mao* sind 1 *Kuai.*

240 Laozi (s. o.) und Zhuangzi (ca. 365–290 v. u. Z.) gelten mit ihren Schriften *Daodejing* und *Zhuangzi* als die Begründer des Daoismus, der eine zurückhaltende Regierungsweise nahelegt.

241 Die Idee des »Regieren durch Nicht-Handeln« stammt aus dem *Daodejing,* das dem daoistischen Philosophen Lao Zi zugeschrieben wird, sie impliziert eine Regierungsweise, in der nicht gegen die Natur, gegen das Dao gehandelt wird, sondern alles seinem natürlichen Verlauf folgt.

248 »Zuflucht«, buddhistische Idee, nach der man seine Bekehrung zum Buddhismus nach außen zeigt, indem man sein Leben und seinen Glauben Buddha, der buddhistischen Lehre und der buddhistischen Gemeinschaft verschreibt.

253 Röhrenförmig aufragende Wohnblocks mit sehr langen Außenfluren und Wohneinheiten, die von den Außenfluren abgehen und extrem klein sind, Küchen und Toiletten mussten gemeinschaftlich genutzt werden; gebaut seit den 1950er Jahren in China, vor allem in der zweiten Hälfte des 20. Jahrhunderts.

254 Cao Cao (155–220), einflussreicher und bis heute bekannter Kriegsherr, eine der zahlreichen Figuren des Romans *Die Drei Reiche* und anderer fiktiver Werke, in der Regel überliefert als grausamer und hinterhältiger Bösewicht. *Die Trommel schlagen und Cao Cao beschimpfen* ist der Titel einer traditionellen Pekingoper, die auf dem 23. Kapitel der Drei Reiche basiert.

254 *Die Drei Reiche,* einer der wichtigsten und bekanntesten klassischen chinesischen Romane über die historische, ereignisreiche und kriegerische Zeit der drei Reiche (ca. 208–280) Wei im Norden, Wu im Süden und Shu-Han im Westen, verfasst von Luo Guanzhong (ca. 1330–ca. 1400).

256 Nordfeldzug, Feldzug der Nationalarmee 1926 unter Chiang Kai-shek gegen Kriegsherrn in Chinas Norden, um das Reich wiederzuvereinigen, das seit der Abschaffung des Kaiserreichs 1911 zersplittert war.

256 Roter-Speer-Gesellschaft, zum eigenen Schutz gegen Kriegsherrn, Steuereintreiber und Banditen gegründete lokale Bruderschaften von Kleinbauern und Landpächtern, verbreitet vor allem im Norden Chinas.

257 »Zwischenfall von Xi'an« im Dezember 1936, zweiwöchige Gefangennahme Chiang Kai-sheks durch eigene Truppenteile unter Führung u. a. des Kriegsherrn Zhang Xueliang (s. o.), um Chiang zu einem Waffenstillstand und zur erneuten Zusammenarbeit mit den Kommunisten im Landesverteidigungskampf gegen die vordringende japanische Armee zu zwingen.

257 »Rückkehrerkorps«, Kampfeinheiten aus ehemaligen Grundbesitzern, die, durch die kommunistische Bodenreform von ihrem Land vertrieben, sich der Nationalarmee anschlossen, um ihr angestammtes Land in den sogenannten »befreiten Gebieten« zurückzuerobern.

257 »Sitzen auf der Tigerbank«, Foltermethode, bei der man jemandem aufrecht sitzend die Oberschenkel z. B. auf einer Bank fixierte, während die Unterschenkel mit Steinen unter den Füßen nach oben gedrückt wurden, so dass die Knie über lange Zeit unnatürlich verbogen waren, was enorme Schmerzen verursachte.

258 *Living Newspaper*, eine Theaterform, die im Rahmen der russischen Revolution entwickelt wurde, um ungebildeten Menschen tägliche Ereignisse und politische Ideen spielend nahezubringen; neben der Information diente diese Kunstform gleichzeitig der ideologischen Bildung im Sinne der Revolution.

260 »Zwischenfall von Süd-Anhui« im Januar 1941, ein Hinterhalt, in den die Nationalarmee die Neue 4. Armee der Kommunisten lockte, mit zahlreichen gefallenen Rotarmisten, das Ende der tatsächlichen Zusammenarbeit von Nationalpartei und Kommunistischer Partei in der Zweiten Einheitsfront gegen Japan, die in der Folge des »Zwischenfalls von Xi'an« 1937 gebildet worden war und 1946 mit der Kapitulation Japans offiziell endete, woraufhin der Bürgerkrieg zwischen Nationalisten und Kommunisten neu ausbrach, zum Sieg der Kommunisten und zur Flucht der Nationalisten nach Taiwan 1949 führte.

260 Chen Geng (1903–1961), bedeutender General der kommunistischen Volksbefreiungsarmee, einer der ersten Absolventen der Whampoa-Militärakademie, frühes Mitglied der Kommunistischen Partei, Teilnehmer am Langen Marsch nach Yan'an.

262 Yan'an-Berichtigungsbewegung, 1942–1945 im kommunistischen Revolutionsgebiet Yan'an eine ideologische Massenkampagne, welche die chinesischen Kommunisten auf die Linie Mao Zedongs einschwor, die sich vom sowjetischen Kommunismus unterschied, da dieser nach Mao an die abweichende Situation in China anzupassen war; führte zur Verfolgung und zum Tod zahlreicher Andersdenkender und festigte Maos Position in der Partei.

262 Chen Duxiu (1879–1942), Universitätsprofessor, führender Intellektueller und Autor im Umfeld der 4. Mai-Bewegung für eine moderne chinesische Kultur und Gesellschaft, für Demokratie und moderne Wissenschaft im westlichen Sinne, Gründer der für die »Neue Kulturbewegung« einschlägigen Zeitschrift *(Neue) Jugend* 1915, Mitbegründer der Kommunistischen Partei Chinas 1921 und ihr erster Generalsekretär (1921–27), als Trotzkist jedoch 1929 aus der Partei ausgeschlossen und in den 1930er Jahren für fünf Jahre im Gefängnis.

265 Zhong-Wai-Verlag, Bedeutung des Namens: »China-Auslands-Verlag«, gegründet 1942 in Chongqing, nach dem Sieg Chinas über Japan Umzug nach Peking und nach Shanghai, verlegte insbesondere zeitaktuelle Schriften über China und das Ausland sowie Übersetzungen.

268 Zou Taofen, 1895–1944, chinesischer Journalist und politischer Aktivist, machte eine Wochenzeitschrift mit dem Namen *Leben*, die sich mit politischen Entwicklungen und sozialen Probleme auseinandersetzte, sehr populär.

272 *Chinesische Jugendzeitung*, gegründet 1951, auch bekannt unter dem englischen Titel *China Youth Daily*, Zeitschrift des Kommunistischen Jugendverbands Chinas, der Jugendorganisation der Kommunistischen Partei.

273 Hu Feng (1902–1985), chinesischer Schriftsteller und Literaturtheoretiker, dessen Idee vom Schreiben vom Sozialistischen Realismus Mao Zedongs abwich, weshalb er und seine Anhänger (die »Hu-Feng-Clique«) in einem Literaturprozess als Konterrevolutionäre angeklagt wurden. Eine große Zahl weiterer unliebsamer Personen wurde in diesen Prozess mit hineingezogen. Im Interview »Der Gefangene Mao Zedongs« in diesem Buch geht es insbesondere um ihn.

276 Xi Zhongxun (1913–2002), Vater Xi Jinpings, kommunistischer Politiker und Revolutionär der frühen Generation, seit 1928 Mitglied der KPCh, seit 1956 Mitglied des Zentralkomitees, 1959–1962 stellvertretender Ministerpräsident, 1962 wegen der Biografie Liu Zhidans in Konflikt mit der Partei, insbesondere Kang Sheng (siehe unten), geraten, seiner Führungspostionen enthoben, während der Kulturrevolution verfolgt und im Gefängnis. Nach seiner Rehabilitierung nach der Kulturrevolution erneut Führungsaufgaben.

277 Zhou Yang (1908–1989), kommunistischer Politiker, marxistischer Denker und Literaturtheoretiker, nach 1949 stellvertretender Leiter der Propagandaabteilung, enger Mitarbeiter Mao Zedongs, in den letzten Jahren der Kulturrevolution jedoch im Gefängnis, danach rehabilitiert und mit neuen Ämtern betraut.

277 *Guangming ribao*, Tageszeitung, gegründet 1949 als Zeitung der Demokratischen Liga Chinas (Allianz verschiedener demokratischer Parteien), 1982 von der Kommunistischen Partei übernommen, eine der populärsten Zeitungen in China, durfte als eine der wenigen auch während der Kulturrevolution erscheinen.

277 Yan Hongyan (1909–1967), Mitglied der Kommunistischen Partei seit 1924, General der Volksbefreiungsarmee, verschiedene politische Ämter.

277 Kang Sheng (1896–1975), Spezialist für Landessicherheit und Geheimdienstoperationen, Leiter des Geheimdienstes, Politbüromitglied und wichtiger Aktivist und Ratgeber während der Kulturrevolution, später als weiteres Mit-

glied der »Viererbande« benannt, Hardliner im Sinne Maos und Leiter vieler politischer Kampagnen, gilt als Urheber des chinesischen Lagergulags.

277 Gao Gang (1905–1954), kommunistischer Armeeführer und Politiker, enger Vertrauter und Verbündeter Mao Zedongs, beabsichtigte diesen nach dessen Tod zu beerben; Mitglied der Kommunistischen Partei Chinas seit 1926, 1928 zusammen mit Liu Zhidan Auftrag zur Spionage in der Nationalarmee in Shaanxi und Gansu. Nach parteiinternen Machtkämpfen Anfang der 1950er Jahre durch eine Untersuchungskommission Feststellung von Geheimnisverrat durch Gao an Stalin seit 1949 und Brandmarkung als Vaterlandsverräter, Verlust aller Posten, letzter öffentlicher Auftritt 1954. Im gleichen Jahr zwei Selbstmordversuche mit Erfolg beim zweiten, 1955 posthum aus der Partei ausgeschlossen.

278 Xie Zichang (1897–1935), General der Volksbefreiungsarmee, gemeinsam mit Liu Zhidan Wegbereiter der Revolutionsbasis im Norden der Provinz Shaanxi, gestorben an Kampfverletzung.

279 Xu Haidong (1900–1970), General der Volksbefreiungsarmee, trotz zahlreicher Verwundungen sehr erfolgreich.

279 Yang Hucheng (1893–1949), ab 1926 zunächst unabhängiger Armeeführer (Kriegsherr) in der Provinz Shaanxi, verbündete sich dann mit den Nationalisten, wurde Anführer der Nordwestarmee der Nationalpartei, 1935 gemeinsam mit Zhang Xueliangs (siehe oben) Nordostarmee Auftrag, die Kommunisten in Yan'an aufzureiben, die sich jedoch zur Wehr zu setzen wussten.

281 Peng Dehuai (1898–1974), hoher General der Volksbefreiungsarmee, Politiker und Politbüromitglied, 1959 aufgrund seiner Kritik an Maos verfehlter Politik (»Großer Sprung«) seiner Ämter und Aufgaben enthoben, während der Kulturrevolution im Gefängnis, dort gestorben an Verletzungen durch Folter.

287 *Baojia*-System, traditionelles chinesisches System lokaler Selbstverwaltung auf der Basis von Einheiten, die als *bao* (kleinere Gruppen aus mehreren Haushalten) und *jia* (größere Gruppen aus mehreren *bao*) bezeichnet wurden; vereinfachte die Verwaltung und das Eintreiben von Steuern bzw. die Rekrutierung von Soldaten.

289 Song Xilian (1907–1993), einer der ersten Absolventen der Whampoa-Militärakademie, 1927–1930 Studium an einer Militärakademie in Japan, bekannter General und militärischer Anführer verschiedener Einheiten der Nationalarmee im Kampf gegen Kommunisten im Bürgerkrieg und Japaner im anti-japanischen Befreiungskrieg.

290 »Kampagne zur Überquerung des Jangtse« der Volksbefreiungsarmee: Militärmanöver mit Überquerung des Jangtse vom Norden aus nach dem Scheitern eines Waffenstillstandsabkommens im Bürgerkrieg in Peking 1949, um

Stellungen der Nationalarmee am Südufer anzugreifen und auch den Süden des Landes von den Nationalisten zu »befreien«.

290 Ye Fei (1914–1999), General der Volksbefreiungsarmee und Politiker, Mitglied der Kommunistischen Partei, nach 1949 auch verschiedene zivile Posten; im Zuge der »Kampagne zur Überquerung des Jangtse« mit seinen Truppen Teilnahme an der Schlacht um Shanghai im Mai 1949, anschließend Eroberung weiterer Gebiete in der Provinz Fujian, jedoch herbe Niederlage in der Schlacht von Guningtou mit über zehntausend gefallenen oder in Kriegsgefangenschaft geratenen Soldaten der Volksbefreiungsarmee, bei der Eroberung der Fujian vorgelagerten Insel Kinmen, die bis heute zu Taiwan gehört.

290 Tang Enbo (1899–1954), Armeegeneral der Nationalisten, seit der japanischen Kapitulation 1945 verantwortlich für die Region um die Städte Nanking und Shanghai, im Oktober 1949 mit seinen Truppen Teilnahme an der Schlacht um Kinmen, von dort endgültig Flucht aus China auf die Hauptinsel Taiwan.

294 Insel Huoshao, alter Name der »Grünen Insel« (Lüdao), die, südöstlich der Hauptinsel Taiwan im Pazifik gelegen lange als Gefängnisinsel, unter anderem auch für politische Dissidenten, diente.

295 *Zhongyang Ribao, Zentrale Tageszeitung* der Nationalpartei 1928–2006 (Print-Ausgabe), eine der weltweit ältesten chinesischsprachigen Zeitungen.

296 Die Phase des Kriegsrechts in Taiwan (1949–1987) und der »Mobilmachung gegen den kommunistischen Aufstand« (1948–1991) bezeichnet die ersten Jahrzehnte der Besetzung Taiwans durch die chinesischen Nationalisten unter Chiang Kai-shek, die trotz der offiziellen Bezeichnung »Republik China auf Taiwan« eine Autokratie auf der Insel Taiwan etablierte und an dem Ziel des Siegs gegen die Kommunisten und der Rückgewinnung des Festlands festhielt.

298 Liu Shahe (1931–2019), chinesischer Schriftsteller, Sohn eines während der Bodenreform hingerichteten Grundbesitzers und während der Kampagne gegen Rechtsabweichler (1957–59) als Abkömmling der Grundbesitzerklasse denunziert, bis zum Ende der Kulturrevolution zu harter Arbeit aufs Land verbannt.

298 7000-Kader-Konferenz, 11.1.–7.2.1962 in Peking, mit über 7000 Kadern der Kommunistischen Partei aus allen Teilen des Landes, über die katastrophalen Folgen des Großen Sprungs nach vorne; wichtige Rede Liu Shaoqis (siehe unten), die nur zum kleineren Teil als Ursache für die aus dem Großen Sprung resultierende dramatische Hungersnot in China eine Naturkatastrophe gelten lässt, zum deutlich größeren Teil menschliche Fehler und die extremistisch-kommunistische Politik Maos der letzten Jahre dafür

verantwortlich macht; in der Folge Übernahme von Regierungs- und Parteiverantwortung durch Liu Shaoqi und Deng Xiaoping, Einführung liberalisierender Wirtschaftsreformen, die zu wirtschaftlicher Erholung nach dem Großen Sprung nach vorne führten, vorübergehender Rückzug Maos aus der Politik.

298 Liu Shaoqi (1898–1969), Mitglied der ersten Stunde in der Kommunistischen Partei (Gründung 1921), seit 1927 Mitglied im Zentralkomitee der Partei, verschiedene hohe politische Ämter, Teilnahme am Langen Marsch 1934/35, 1959–1968 Staatspräsident der Volksrepublik China, löste Mao nach dem Desaster des Großen Sprungs und der Großen Hungersnot ab, zu Beginn der Kulturrevolution inhaftiert, in Haft gefoltert und drangsaliert bis zu seinem Tod.

305 *Gelaohui*, »Gesellschaft der älteren Brüder«, Geheimgesellschaft seit der Herrschaft der Mandschuren über China in der Qing-Dynastie (1644–1911), Widerstand und Aufstände gegen die Fremdherrschaft, Beteiligung am Sturz des Kaiserreichs in der Revolution von 1911, nach Gründung der Volksrepublik 1949 verfolgt.

310 »Der Alte war nur kurz nochmal hemmungslos jung …«, erste Zeile aus dem Gedicht *Zur Jagd in Mizhou* des berühmten klassischen chinesischen Dichters Su Shi (1037–1101, auch bekannt als Su Dongpo).

314 Damaliger Name von Beijing / Peking.

314 Lu Xun (1881–1936), einer der wichtigsten Autoren Chinas im 20. Jhd. Mit »Tagebuch eines Verrückten« schreibt er die erste Erzählung in Umgangssprache, in der er die alte feudalistische Gesellschaft Chinas als menschenfresserisch kritisiert.

315 *Chengdu shishi zhongxue*, die *Chengdu-Steinhaus-Mittelschule*, seit der Han-Dynastie (143 v. u. Z.) bestehende, älteste Schule der Welt.

315 Die *fünf schwarzen Kategorien*, von der Kommunistischen Partei während der Kulturrevolution verfolgte Elemente: Vermieter, reiche Bauern, Konterrevolutionäre, schlechte Elemente und Rechte.

322 Harry Wu (1937–2016), chinesischer Dissident, der vor allem die chinesischen Arbeitslager beschrieb: 1960 als »konterrevolutionärer Rechtsabweichler« verhaftet, 19 Jahre in Arbeitslager. 1985 Ausreise nach Amerika, als Leiter der »Laogai research foundation« Forschung zu den Arbeitslagern und den dort hergestellten Produkten.

324 *Die Drei Roten Banner* repräsentierten die Sozialistische Generallinie, den Großen Sprung und die Volkskommunen.

327 Li Peng hatte aufgrund der Studentendemonstrationen das Kriegsrecht verhängt.

328 The Hong Kong Alliance in Support of Patriotic Democratic Movements

of China, 1989 gegründete, prodemokratische Organisation, die nach dem 4. Juni 1989 die Verantwortlichen zur Rechenschaft zu ziehen versucht; von Peking als umstürzlerisch kriminalisiert.

329 Eine 1950 gegründete Organisation, die bis heute mehrfach den Namen gewechselt hat.

329 Lee Teng-hui (Li Denghui) (1923–2020), taiwanischer Politiker. Von 1988 bis 2000 erster in Taiwan gebürtiger Präsident der Republik China auf Taiwan und Vorsitzender der Guomindang.

331 Ma Ying-jeou, von 2008 bis 2016 Präsident der Republik China (Taiwan), Vorsitzender der Guomindang 2005–2007 und 2009 bis 2014.

331 Chiang Ching-kuo, (1910–1988), Sohn Chiang Kai-sheks, nach dessen Tod von 1978–1988 Präsident der Republik China.

331 Chou T'ien-ku (1913–2000), taiwanischer Politiker.

331 T'eng Chieh (1906–2004), taiwanischer Politiker.

334 Ch'en Shui-pian (*1950), 2000–2008 Präsident der Republik China auf Taiwan, Demokratische Fortschrittspartei DDP.

334 Hu Yaobang (1915–1989), Zhao Ziyang (1919–2005) Reformpolitiker der Kommunistischen Partei Chinas: Hu Yaobangs Tod am 15. April 1989 gilt als einer der Auslöser für die Studentenunruhen von 1989; Zhao Ziyang, der versucht hatte, das Massaker vom 4. Juni zu verhindern, wurde anschließend entmachtet.

335 Das englische Original liegt in deutscher Übersetzung vor unter dem Titel: *Donner der Nacht: Mein Leben in chinesischen Straflagern*, 2009

340 Ein Mu=1/15 Hektar.

340 *Armeeoffiziersakademie der Chinesischen Nationalpartei*, auch *Whampoa-Militärakademie* der Republik China, anfänglich, bis zum Bruch zwischen Guomindang und Kommunistischer Partei von Tschiang Kai-shek geleitet und mit Zhou Enlai als Vorsitzendem des politischen Ausschusses.

341 Xu-Lu-Division, in den Kreisen Xuyong und Lu in der Präfektur Luzhou in Sichuan stationierte Division.

342 Revolutionsfest am 10. 10. jedes Jahres in Taiwan zur Erinnerung an die Xinhai-Revolution 1911, die zum Sturz der Dynastie und zur Gründung der Republik China führte.

344 Herausragendes Talent, Bezeichnung für die unterste Stufe innerhalb der kaiserlichen Beamtenprüfungen im feudalen China.

345 Fiat money, ein auf das 11. Jhd. In China (Song-Dynastie) zurückgehendes Währungssystem, dessen Wert später nicht mehr auf dem Metallwert etwa von Gold-, Silber- oder Kupfermünzen basierte, sondern auf dem Vertrauen in die jeweilige das Geld ausgebende Regierung.

346 Elemente des 16. Mai, nach dem Armee Corps des 16. Mai, ultralinke Rote

Garden (1967–68), die wegen ihrer Radikalität 1967 verfolgt und verhaftet wurden. Im Rahmen dieser Aktionen verloren Tausende ihr Leben.

349 Geht auf das alte, in der heutigen Provinz Shanxi gelegene Reich Ying der Xia- und Shang-Dynastien zurück, das zur Zeit des mythischen Gelben Kaisers ein Vasallenstaat mit Namen Ying-Drache war, ein geflügelter Drache, dem ein Alter von tausend Jahren nachgesagt wurde, weshalb das alte Ying-Reich zunächst von Historikern als »Reich des tausendjährigen Drachens« und dann schließlich als »Reich des tausendjährigen Friedens« bezeichnet wurde.

355 Verhaftung und Rückführung, Maßnahme in China zwischen 1982 und 2003. Menschen ohne Meldeschein und Wohnungserlaubnis konnten verhaftet und zu ihrem eigentlichen Wohnsitz zurückgebracht werden – betroffen waren über 100 Millionen Wanderarbeiter.

358 In der chinesischen Geschichte ist es immer wieder, so etwa unter dem Gründer der Ming-Dynastie Ming Taizu, zu sog. Schriftzeichenprozessen gekommen, wo Beamte wegen des Gebrauchs bestimmter Schriftzeichen verfolgt wurden.

361 Eine Fraktion aus Chongqing während der Kulturrevolution, die eigene Zeitungen herausbrachte.

363 Nämlich Lin Biao und Konfuzius zusammen zu diskutieren.

377 Narbenliteratur bezeichnet literarische Werke, in denen unmittelbar nach der Kulturrevolution deren Verbrechen aufgearbeitet werden. Namensgeberin für diese literarische Bewegung ist die Erzählung *Narben* des Autors Lu Xinhua (1978). Lyrisches Pendant für die Narbenliteratur ist die *Obskure Lyrik*.

378 China Federation of Literary and Art Circles (CFLAC), 1949 gegründete Vereinigung, die Studien, Ausstellungen, Wettbewerbe etc. organisiert.

380 Die Schlacht von Laoshan, 1984 zwischen China und Vietnam im Rahmen des sino-vietnamesischen Konflikts von 1979–81.

383 Politische Kampagne von 1979 zur Kritik an Lin Biao und Konfuzius.

394 Gleichnamige Firma hier: https://www.dnb.com/business-directory/company-profiles.macro_power_engineering_pty_ltd.f99681de034844c2709daa1bf8399614.html

395 Fucheng ist ein anderer Name für Mianyang.

396 Ursprüngliche Akkumulation, der kapitalistischen A. vorangegangene Akkumulation, Begriff von Karl Marx in Anlehnung an Adam Smith.

396 Deng Xiaopings Reise in den Süden von 18. Januar bis 21. Februar 1992, nach dem Massaker auf dem Tian'anmen 1989 Reden zur Wiederaufnahme der Reform- und Öffnungspolitik.

398 Li Taibai, Li Bai, Li Bo (701–762) gilt neben Du Fu (712–770) als bedeutendster Dichter der chinesischen Tradition.

398 Zwei Hektar.

405 Sprichwort, verweist auf den Tang-Roman *Erzählung auf dem Kissen* oder *Erzählung von der goldenen Hirse* oder *Traum von Handan* von Shen Jiji (Daten nicht bekannt): Lu Sheng trifft in einer Herberge den Dao-Meister Lü Weng, bei dem er sich über seine Armut beklagt. Er legt sich schlafen, während in der Herberge Hirse gekocht wird, und träumt von einem Festmahl, um erwacht festzustellen, dass die Realität nichts mit seinem Traum zu tun hat, daher der Ausdruck.

413 Titel des Buchs: *Opferung für Wu Mi mit Tränen und Wein*, Wu Mi (1894–1978), Komparatist, Literaturkritiker, Erzieher und Dichter.

420 Der Nanchang-Aufstand, 31. Juli bis 1. August 1927, in Nanchang, Provinz Jiangxi. Der Aufstand gegen die Kuomitang schlug fehl, gilt aber als Geburtsstunde der Volksbefreiungsarmee.

423 Cai E (1882–1916), chinesischer Militär und wichtiger Warlord nach der Xinhai-Revolution 1911.

423 Ming Taizu (1328–1398), Gründer der Ming-Dynastie, der in sog. Schriftzeichenprozessen Beamte verfolgte, die ihn mit Schriftzeichen gepriesen hatten, in denen z. B. der Bestandteil guāng (Glanz, Licht) vorkam, was als heimliche Anspielung auf die Glatze des Kaisers verstanden und deshalb verfolgt wurde.

423 Qu Yuan (340–278 v. u. Z.), berühmtester Dichter des Altertums aus dem Staate Chu. Sein Schicksal gilt als paradigmatisch für das Schicksal von Intellektuellen in China. Er vertrat abweichende politische Ansichten, wurde seines Amtes am Hof enthoben und soll sich nach Jahren im Exil in einem Fluss ertränkt haben. Das jährlich gefeierte Drachenbootfest geht auf diese Geschichte zurück.

423 Song Meiling (1897–2003), Song Meiling war die zweite Ehefrau des chinesischen Generalissimus Chiang Kai-shek und übte als »Madame Chiang Kaishek« großen politischen Einfluss aus.

423 Zeile aus einem Gedicht von Su Shi, siehe: https://so.gushiwen.cn/mingju/juv_ab71ccebe8bc.aspx

424 Baigongguan und Zhazidong, 1943 von der Guomindang und der Sino-American Cooperative Organisation eröffnete Lager, zunächst als Thinktank im antijapanischen Krieg, ab 1947 Lager für kommunistische Kriegsgefangene.

460 Wang Zhen (1908–1993), General und einer der Acht Unsterblichen der KPCh, enger Vertrauter von Mao und später Hardliner unter Deng Xiaoping, 1989–1993 Vizepräsident der VR China.

481 Hakka, eine der acht han-chinesischen Volksgruppen, eigene Form des Chinesischen, eigene kulturelle Traditionen. Hakka leben v. a. in Kanton und auf Taiwan.

491 Carrie Lam (* 1957), chin. Politikerin, von 2017 bis 2022 Chief Executive der Sonderverwaltungszone Hongkong.

491 Li Peng (1928–2019), chin. Politiker, 1987–1998 Premierminister, 1998–2003 Vorsitzender des Ständigen Ausschusses des Nationalen Volkskongresses; wird, neben Deng Xiaoping, für das Massaker auf dem Platz des himmlischen Friedens am 4. Juni 1989 verantwortlich gemacht.

492 Chinesisches Theaterstück von Guan Hanqing (1241–1320) mit dem Titel *Das Unrecht an Dou E* oder *Schnee im Juni.* Die verwitwete Kindsbraut Dou E wird unter falscher Anklage verurteilt und hingerichtet. Anschließend belegen drei vorhergesagte Phänomene ihre Unschuld: Blutregen, Schnee im Juni und drei Jahre Dürre. Ihr Vater sorgt für Gerechtigkeit, bringt den wahren Täter vor Gericht und rehabilitiert Dou E. *Schnee im Juni* ist seither eine Metapher für Unrecht und Justizirrtum.

493 Die »Tapferen«, eine Gruppierung bei den Demonstrationen in Hongkong 2019.

493 Fünf Hauptforderungen der Hongkonger Proteste 2019: 1. Rücknahme des Gesetzentwurfs über flüchtige Straftäter und Rechtshilfe in Strafsachen (»Auslieferungsgesetz«) 2. Rücknahme der Bezeichnung »Aufruhr« für Demonstrationen 3. Rücknahme der Anklagen gegen verhaftete Demonstranten 4. Gründung einer unabhängigen Untersuchungskommission 5. Realisierung »wirklicher allgemeiner Wahlen«

493 Operation Yellow Bird, Bewegung aus Hongkong, um chinesischen Dissidenten nach dem Massaker auf dem Tian'anmen am 4. Juni 1989 über Hongkong die Flucht nach Übersee zu ermöglichen.

Liao Yiwu
Wuhan
Dokumentarroman

»Wir müssen uns die Heimat mit der Seele zurück erkämpfen.« *Liao Yiwu*

In einem bestürzend aktuellen Dokumentarroman führt uns Liao Yiwu in das Herz der ungelösten Fragen um das Virus aus Wuhan und erzählt die spannende Recherche der Hintergründe einer gewaltigen Vertuschung. Woher stammt das Virus und was geschah in der Stadt, ihren Märkten und Laboratorien? Protokolle verschwinden und neue Lügen zementieren die Geschichte vom heroischen Sieg der Partei – Propaganda, die die Menschen vergiftet wie das Virus. Nur wer die Dokumente rettet, kann die Wahrheit finden.

Aus dem Chinesischen von Brigitte Höhenrieder und Hans Peter Hoffmann
352 Seiten, broschiert
978-3-596-70937-3

Weitere Informationen finden Sie auf
www.fischerverlage.de